365일 깊이 있는 성경통독

교회: 성경통독새벽기도회로 성경통독
직장: 신우회 · 선교회에서의 성경통독
개인: 매일 3장 전후 읽기로 성경통독

전교인 성경통독대학 (1년 과정)

성경통독 365일 4

제4권(3개월분) / 전4권

구약 : 예언서 (사~말)
신약 : 요한, 요일~계

기독교문사

성경통독 365일 4

1판 1쇄 인쇄 2008년 10월 1일
1판 1쇄 발행 2008년 10월 5일

지은이 신현주
발행인 한동인

펴낸곳 (주)기독교문사
등 록 제1-c0062호
주 소 서울 종로구 충신동 5-13
출판부 T. 741-5184-5 F. 744-1634
특판부 T. 744-1633 F. 744-1635
도매부 T. 741-5181-3 F. 762-2234
직영서점 기독교문사
서울 종로구 종로5가 412-2
T. 2266-2117-9 F. 2266-6397

책값은 뒤표지에 있습니다.
ISBN 978-89-466-0947-1 94230
ISBN 978-89-466-0945-7 94230(세트)

Web www.kclp.co.kr
e-mail kclp@kclp.co.kr

기독교문사는 독자와 함께 기독교 출판문화를 이끌어 가겠습니다.
공급처 기독교문사 도매부 T. 741-5181-3 F. 762-2234

전교인 성경통독대학 (1년 과정)

성경통독 365일 4

제4권(3개월분) / 전4권

구약 : 예언서(사~말)

신약 : 요한, 요일~계

머리말

이 책은 우여곡절 끝에 출판되어 독자들을 만나게 되었습니다. 탈고는 수년 전에 했으나 기독교 출판계의 2천 년대 분위기가 성공과 감동에만 얽매여 있어서 성경 말씀에 대한 교재들 출판은 출판사의 기대를 충족시키지 못했습니다. 그러던 중 기독교문사의 전통적인 성경에 대한 자세와 저희 실로암성경학교의 의식이 같아서 출판을 하게 되었습니다. 여러 출판사의 거절에도 불구하고 이 책을 기쁨으로 출판하여 4권 완간을 해 주신 기독교문사에 감사드립니다.

제1권, 제2권이 출간되면서 초판들이 짧은 기간 안에 매진이 되어 재판을 내야 하는 상황을 만들어 주신 독자들의 의식에도 감사드립니다. 전 교회적으로 이 책을 사용하는 몇몇 큰 교회들만으로도 초판이 매진되었지만 더 많은 교회나 개인들이 이 책을 통하여 매일 성경을 읽고 통독하기를 기대하고 있습니다.

실로암성경학교는 지난 20여 년 간의 사역 중에 특히 한국 교회의 성경 읽기 운동에 힘써 오며 성경을 깊이 있고 체계 있게 통독하는 〈주간성경공부〉(5년 과정)와 〈성경통독 오십주간〉(1년 과정), 〈성서연대표〉, 〈성서대지도〉 등의 교재를 개발하였습니다. 그동안 국내외 650여 교회 5만 5천여 성도들이 실로암의 교재를 사용했으며, 해외의 교포교회들도 교재를 수입하여 사용하고 있습니다.

금번의 전체적인 개정 작업 중에 〈성경통독 365일(1년 성경통독)-신간〉은 〈성경통독 이백주간(4년 성경통독)-<주간성경공부>의 개역개정판〉과 연계하여 기존의 주간 단위의 교재 개념을 넘어서 시대의 변화에 따라 '성경통독 새벽기도회'나 개인이 매일 성경을 읽어 1년에 통독(1~2회)하는 교재로 새롭게 집필되었습니다. 기본을 잃어버리는 감이 있는 2천 년대에 말씀으로 돌아와서 성경을 통독해야 함을 인식하고 사명감으로 이 책을 발간합니다.

이 책의 진정한 저자는 늘 배려해 주신 시무하는 교회이며, 협력해 주신 제1-2권에서 언급한 여러 동역자들, 또한 시를 주신 시인들께도 감사드립니다. 특별히 사진 자료를 제공해 주신 이원희 목사님과 시험 사용과 교정 봉사에 힘써 주신 조남용 · 신정임 · 유경준 · 박성은 · 윤상은 목사님의 정성스런 노고에 감사합니다.

미흡한 면이 많음에도 저희의 성경통독 사역과 이 책의 가치를 인정해 주셔서 추천해 주신 신학자와 목회자들께, 그리고 출판을 기꺼이 맡아 주신 출판사 관계자 여러분께, 또한 이 교재를 사용해 주시는 독자 여러분께 감사드립니다.

오직 성경을 붙잡고 기도하며
실로암성경학교 대표저자 신현주 목사와 협력저자 일동

성경통독 365일 안내

〔**성경통독 365일**〕 교재로 성경을 공부하며 통독하는 이 프로그램에 참가하신 여러분을 환영하며 축하합니다. 하나님께서 여러분의 눈을 열어 주셔서 주의 기이한 법을 보며(시 119:8), 마음이 뜨거워지며(눅 24:32) 말씀의 조명 아래서 살 수 있게 되기를 바랍니다.

이 과정은 매일 일정한 분량을 읽어서 **365일, 즉 1년 동안** 성경 전체를 체계 있고 깊이 있게 통독하며 공부합니다. 누구나, 언제든지 참가할 수 있으며, 시간이나 공간적인 제한을 받지 않습니다. 아울러 신앙연륜에 관계없이 성경을 통독하며 공부할 수 있어 교회적으로 폭넓게 활용되는 장점이 있고 연계된 자료(〈성경통독 365일 가정예배 · 새벽기도회〉, 4권 완간 후 발간)를 참고하여 새벽기도회의 활용도 가능합니다.

4권으로 한 것은 구약성경의 4구분(율법, 역사, 시가, 예언)을 기준으로 하고, 신약은 복음서 4권에 서신서를 4구분한 것입니다. 매 분기 구약성경을 먼저 읽고 이어서 신약성경을 읽습니다.

커리큘럼에 복습 문제를 두어 읽은 것을 종합적으로 다시 보게 하는 일정도 들어 있습니다.

아래의 일정은 연초에 시작하는 것을 기준(1월 1일~12월 31일)으로 했으나, 연중에 시작해도 매권이 3개월씩 커리큘럼이 되어 있으므로 1년간에 마치는 것은 같습니다.

구분 권수	기간	구약 읽기		신약 읽기		합계
제1권	1월~3월 (1~90일)	창~신 (율법서)	5권	마, 행, 롬	3권	8권
제2권	4월~6월 (91~181일)	수~에 (역사서)	12권	막, 고전, 고후	3권	15권
제3권	7월~9월 (182~273일)	욥~아 (시가서)	5권	눅, 갈~벧후	15권	20권
제4권	10월~12월 (274~365일)	사~말 (예언서)	17권	요, 요일~계	6권	23권

◈ 공부에 앞서

새벽기도회에 활용하거나, 성도들이 교회의 지도로 가정에서 공부할 때의 순서

1. **기도** - 먼저 기도를 하여 하나님께서 주시는 말씀을 들을 수 있는 귀가 열리게 해야 합니다. 성령의 조명하심이 있어야 말씀을 바르게 볼 수 있습니다.
2. **정독** - 문제에 답을 달려고 하지 말고, 먼저 주어진 성경본문을 열린 마음으로 읽어서 전체적인 내용을 파악하고 하나님께서 주시는 말씀을 듣고자 하는 자세를 가집시다.
3. **해설** - 해설은 "오늘의 말씀", "말씀 묵상", "깊은 연구"의 3단계로 되어 있으므로 본문에 대한 해설을 읽으면 성경을 더욱 입체적으로 볼 수 있습니다. 고고학이나 최신 자료들은 성경연구에 많은 도움을 줄 것입니다.
4. **문제** - 성경을 읽으면 답이 눈에 보일 정도로 쉽지만 그러나 아무리 성경을 많이 아는 사람도 성경을 읽지 않고는 답을 쓸 수 없으므로 성경을 몇 번 정독하게 됩니다. 또한 지루함이 없도록 문제의 형식을 다양화했습니다.
5. **묵상** - 공부한 후에는 그 말씀을 다시금 마음에 새기고 그 말씀대로 살기 위하여 묵상을 합니다. 말씀의 적용만이 성경공부의 진정한 보람이 될 것입니다.

<서시>

흐르는 들녘

詩人 최 용 호

예처럼
가상다리 들녘에 선다
지난주보다 한 치나
더 자라버린 드넓은 벼가 자란 논두렁을
村老(촌로)가 하염없이 살포 들고 간다
물결이 잔잔히 찰랑거리는
녹색바다에 외딴 배가 흐른다
표류하는 것은
바람 따라 하늘 보며
흔들리는 풀잎처럼
밀려오는 파고에 안식하는 걸까

흐름의 모습은
내 눈 밖 수평선 저쪽으로
뵈지 않는다

언젠가 돌아온 들녘에
그 촌로는 영영 보이지 않을지도 모른다고
발목 적시는 세월에 내가 흐른다

* 시인 최용호는 〈조선문학〉으로 등단하였고, 조선문학문인회 회원, 한국기독교문인협회 회원, 신춘기독공보시동인회 회장으로 활동하고 있다. 시집으로 《디베랴 바닷가에 가고 싶다》, 동인시집 《구름 위에 돌베개》 등 다수가 있다. 영산포중앙교회 장로이다.

◀ 목　차 ▶

성경통독 365일 [4]

(네 번째 3개월)

♣♣♣♣♣♣♣♣♣♣♣♣♣♣♣♣♣♣♣♣♣♣♣♣

교재 활용 10대 지침

2천 년대의 한국 교회는 '성공과 감동' 두 가지 마인드가 주류를 이루고 있으나, 실제 더 중요한 그 바탕인 교과서, 즉 성경을 읽어 기초를 튼튼히 해야 함에도 불구하고 성경 읽기를 무시하고 당장 눈앞의 결과만 기대하는 문제가 있습니다. 힘들어도 기초를 튼튼히 세워야 합니다.

보고 듣는 것에 익숙한 디지털 시대에 읽고 써야 하는 아날로그 방식의 성경통독이 부담스러운 것은 사실이지만, 성경통독에는 왕도가 없으므로 몸과 마음과 시간을 미련하게 투자해야 합니다.

오랜 신앙생활에도 불구하고 성경통독을 하지 못한 분들이 많습니다. 교회의 성경공부 프로그램들이 성경의 일부분만을 공부하도록 짜여져 있을 뿐 아니라 일부 특정한 사람들만 참여하므로 전체적이지 못한 한계점이 있습니다. 그나마 최근에는 성경공부를 소홀히 하기까지 합니다.

이러한 문제의 해결 방안인 이 교재는 매일 성경을 체계 있고 깊이 있게 365일 동안 읽어서 1년에 성경통독을 하는 데 목표를 두었습니다. 그냥 해설만을 위한 교재가 아니라, 일정한 분량의 성경을 읽고, 읽은 것에 대한 해설을 참고하며 핵심적인 부분들을 다시 문제로 풀어 보면서 말씀을 되새깁니다. 그리고 매일 본문에 맞는 예화를 함께 넣어 적응점을 높였습니다.

교회는 공동체로서 작은 모임도 전체와 연결 지으며, 전체적인 것도 소외되는 개인이 없으면 이상적이라 할 수 있는데, 이런 면에서 〈성경통독 365일〉은 전 교인을 대상으로 할 수 있기에 특정한 요일에 모여서 일부 교인만 하는 성경공부와는 달리 이상적입니다.

1. 전 교인 가정 성경통독과 새벽기도회 진도를 맞추세요.

교회의 지도로 전 교인이 교재를 구입하고 교회의 주보에 매 주간 읽을 범위를 안내합니다.

① **'개인 성경통독'**으로 개인이 집에서 정해진 날짜대로 성경을 읽고 문제풀이를 합니다.

② **'성경통독 새벽기도회'**에 활용할 때 매일 정해진 본문을 읽으면 1년에 1번 통독이 되지만 2일분을 하루에 읽으면 1년에 2번 통독이 됩니다. 요즘엔 금요기도회 후에 토요일 새벽기도회나 주일 새벽기도회를 모이지 않는 경우가 있는데, 보충은 다른 날에 하루분을 더 읽으면 됩니다. 또는 주일 저녁에 지난 월~금(토)요일의 분량과 당일(토, 일)분을 읽어 종합할 수도 있습니다. 새벽기도회에 나올 때마다 이 교재의 커리큘럼 난에 공부(문제)한 것에 대해 확인하셔도 좋습니다.

그러나 굳이 365일에 맞추지 않고 모일 때마다 날짜를 기록(□월 □일)하면서 통독을 하면 실제 400일 이상 걸릴 수도 있습니다. 첨부된 커리큘럼은 1월 1일에 시작하여 3개월 단위로 책 한 권씩을 떼면서 12월 31일에 통독을 마치는 것을 기준으로 하였으므로 참고하시고 응용하십시오.

목회자는 '성경통독 새벽기도회'를 통하여 매일의 본문 중에서 한 단락을 간단한 설교로 하여 교인들과 진도를 같이 나갑니다(참고. 〈성경통독 365일 가정예배 · 새벽기도회〉, 4권 완간 후 발간).

③ **'성경통독반'**을 교회에서 구성하여 교인들이 집에서 3~7일분을 예습해 오고, 교회에서 매 주간에 한 번씩 목회자가 지도해 주면 매일 성경통독에 도움이 됩니다.

위의 ①②③을 적절히 조정하여 사용하세요. 주간 교재로는 〈성경통독 이백주간〉을 권합니다.

④ **'주보성경공부'**를 위하여 주보에 싣기를 원하시면 저작권자인 실로암성경학교와 계약하에 사용하셔야 합니다. 무단 복사 복제 시에는 '저작권법'의 제재를 받습니다.

2. 본서와 연결된 교재들도 활용하세요.

365일간 매일 성경을 읽어서 통독하는 데 중심을 두었고 한정된 지면에서 최대한 중요한 자료를 제공했습니다. 따라서 매일 성경 읽기를 위한 해설을 읽고 문제에 답을 달면서 재검토하는 과정에서 전체적인 읽기에 관심을 가지십시오. 〈성서연대표〉는 성경 전체를 보게 도와줍니다. 이 과정을 마친 후에는 주간 개념의 4년간 통독 프로그램인 〈성경통독 이백주간〉(전 4권)이나 50일(또는 50주간)에 통독하는 〈성경통독 오십일〉도 있습니다.

3. 복사해서 사용하거나 주보에 문제를 그대로 내지 마세요.

교재를 복사하거나 또는 문제만을 주보에 베껴 내는 것은 이 교재의 성격과 다르며 정당한 방법도 아닙니다. 성경을 통독하려는 목적이 좋은 만큼 방법도 좋게 해야 합니다. 어떤 문제들은 해설을 꼭 읽어 보아야 답을 달 수 있으며, 성경통독을 할 때에도 해설을 함께 공부해야 효과적입니다.

4. 하루에 평균 3장씩을 읽어 1년에 통독하는 과정입니다.

1년에 통독하기 위해서는 매일 성경을 읽는 습관이 중요합니다. 물론 마음만 먹으면 매일 30분 정도를 투자하여 주어진 분량을 읽고 문제에 답을 다는 것은 어려움이 없습니다.

답을 쉽게 달도록 해당 구절을 적어 놓았지만 일단 성경을 다 읽고 나중에 답을 달도록 하여 해당 범위를 통독하는 데 마음을 쓰도록 해야 합니다.

5. 어느 교단이나 사용할 수 있습니다.

신학적으로나 신앙적으로 차이가 나면 어쩌나 염려하실 필요가 없습니다. 이 교재는 목회자의 입장에서 쓰였고 이미 초교파적으로 시험 사용해 왔습니다. 해설은 늘 보편적인 입장을 견지했으며 첨예한 신학적인 문제나 논쟁이 될 만한 것들은 다루지 않았습니다.

또한 신·구약성경학자들과 중진 목회자들로부터 감수와 추천을 받아 검증된(〈성경통독 이백주간〉: '주간성경공부'를 개정) 교재로부터 파생되었으므로 교단에 관계없이 사용할 수 있습니다.

6. 어느 때든지 시작할 수 있습니다.

매년 1월 1일을 기점으로 시작하여 연말에 마치도록 계획해도 좋지만 도중에 시작해도 이듬해 그 날짜로 돌아오면 통독을 하게 되는 것은 마찬가지입니다. 3개월 단위로 교재가 발행되므로 교회가 이 프로그램을 시작하면서 어느 때든지 통독 1일째를 기점으로 커리큘럼을 작성할 수 있습니다.

교회가 이 공부를 진행하는 중에도 개인이 도중에 시작할 수 있으며, 특히 새로운 권으로 들어갈 때에 함께 시작하면 1년 후에는 처음으로 돌아오게 되므로 수료하는 시간적인 차이만 있지 성경을 통독하는 것은 같습니다. 그러나 같이 시작하여 같이 끝내야 관리가 쉽습니다.

7. 전 교인을 대상으로 하세요.

이 교재는 청장년을 위한 성경통독 과정이긴 하지만, 초·중·고등학생 모두 사용할 수 있습니다. 그러므로 교회에서는 전 교인을 대상으로 실제 성경통독에 참여할 교인들을 모집해서 교재 대금(등록금)을 받고 운영하되, 새로운 교인들이 동참하도록 개방하고 홍보해야 합니다.

세례교인은 의무적으로 참여하도록 하고, 구역장(속장)들로 하여금 전 구역원(속원)들이 함께 공부하도록 격려하되 어려운 교인이나 새신자는 교재 대금을 구역(속)에서 부담해도 좋습니다. 본인이 교재 대금을 부담해야 책임 있게 공부를 합니다. 시간을 내어 교회에 모여 공부하는 것이 아니므로 70~80퍼센트의 교인들이 참여하여 전 교인 성경통독의 붐이 일어납니다.

8. 다음 것들을 준비해야 합니다.

1) 세미나 참석 - 실로암성경학교의 세미나에 참석하여 교재의 성격과 운영지침, 공부 방법, 성경 역사 강의(성서연대표 활용법)를 듣고 실시하는 것이 남의 말만 듣고 시작하는 것보다 유리합니다. 세미나에 참석을 하지 못하더라도 실로암성경학교에 전화로 상담하시고, "교재 활용 10대 지침"을 읽고 시도하십시오. 또는 지역 목회자 모임에 강사를 초빙하여 준비할 수도 있습니다.

2) 홍보 및 설득 - 이 프로그램을 도입하기로 결정을 하면 교회적인 공감대를 얻는 것이 중요합니다. 당회와 제직회, 구역회 등에 설명도 하고 다짐도 받아야 합니다. 중직들은 성경을 잘 안다는 착각에 빠지는데, 실제는 그렇지 않습니다. 전 교회적인 성경통독의 분위기가 되도록 주보에 광고를 하며 홍보를 합니다. "매일 30분 투자로 성경 1년 1독!", "성경통독, 당신도 할 수 있다!"

3) 교재와 자료 활용 - 각자의 교재를 갖도록 필요한 수량만큼 주문하면 됩니다. 단체로 실로암성경학교로 주문 시에는 교재와 별도로 〈관리명부〉가 파일로 제공됩니다(전 4권 사용, 40명분). 이 자료를 활용하면 공부하는 교인들의 상태를 담임목사가 한눈에 보게 되어 목회적인 자료(격려 및 심방 대상)가 됩니다. 계속 공부하던 교인이 성경 읽기를 중단했다면 심방을 해야 할 대상입니다.

9. 성경통독반 모임을 가지십시오.

'개인 성경통독' 교재로만 사용할 경우 집에서 읽는 것으로 끝내지 말고 별도의 모임(성경통독반)을 갖습니다. 물론 이 교재로 '성경통독 새벽기도회'를 하더라도 3개월 단위로 전 4권이므로 각 권을 마칠 때마다 전체 모임을 가지면 좋습니다. 이 모임에 성경통독을 하다가 며칠 밀려 포기한 교인, 새로 시작하기를 원하는 교인들을 함께 참석시켜서 동기유발을 해 주십시오. 이런 모임에 성경통독의 전문가(이 책의 저자)나 성서신학자를 강사로 초빙해서 말씀을 들으면 유익할 것입니다.

10. 설교에 활용하십시오.

적어도 출석 교인의 반 정도, 또는 70~80퍼센트 이상이 성경통독에 참여하는 것을 보게 되는데, 그렇다면 이는 전 교회적인 프로그램이므로 목회자의 설교 마인드가 공부하는 교인들과 같아야 합니다. 주일 낮이나 저녁 예배 설교, 또는 수요성서 강해나 새벽 설교를 이 교재의 진도와 맞추면 성경 전체를 살펴보는 설교 계획을 갖는 장점도 있습니다. 그러나 설교 범위로는 넓기 때문에 그 중에 한 본문을 선정하여 설교를 해야 합니다.

결론적으로 이런 운영에 대해 아이템과 이끄는 일은 담임목사의 마인드와 연결됩니다. 부교역자를 통하여 운영할 때에도 마음을 쏟아야 전 교인 성경통독에 성공합니다.

한국 교회는 성경을 읽으라고만 강조했지 적절한 자료를 제시하지 못했습니다. 이 교재는 쉽게 사용하도록 커리큘럼화되었으므로 전 교회적인 프로그램으로 수용하면 큰 효과를 거둘 것입니다.

교재 구입이나 활용에 대한 문의는 언제든지 저희 실로암성경학교로 연락하십시오. 목회자 한 사람 뒤에는 은혜를 사모하는 여러 성도들이 있다는 사실을 기억하고 연구 결과를 나누기 원합니다.

(www.sbs66.net / 실로암성경학교 대표 신현주 목사, 010-5064-5554)

교과과정

성경통독 365일 (네 번째 3개월) 계획표

구약: 예언서 〈이사야~말라기〉, 신약: 〈요한복음, 요한일서~요한계시록〉

10월	전체	책	장 수	제 목	11월	전체	책	장 수	제 목	12월	전체	책	장 수	제 목
1	274	이사야	1-4	유다에 대한 책망과 약속	1	305	에스겔	1-3	에스겔의 소명	1	335	훔	1-3	니느웨의 멸망
2	275		5-8	이사야의 소명, 임마누엘	2	306		4-7	예루살렘 멸망 예언	2	336	합	1-3	의인의 고난
3	276		9-12	메시아의 탄생예고 및 왕국	3	307		8-11	대학살 환상	3	337	습	1-3	심판과 남은 백성 회복
4	277		13-17	이방 나라에 대한 예언(1)	4	308		12-14	경고와 심판	4	338	학	1-2	성전 건축을 촉구함
5	278		18-23	이방 나라에 대한 예언(2)	5	309		15-18	이스라엘을 위한 비유	5	339	스가랴	1-3	서론, 환상 1,2,3,4
6	279		24-27	하나님의 심판과 예언	6	310		19-21	여호와의 날 예언	6	340		4-6	환상 5,6,7,8
7	280		28-33	유다의 불신자에 대한 경고	7	311		22-24	심판에 대한 말씀과 교훈들	7	341		7-10	금식과 절기, 왕으로 오심
8	281		34-39	예루살렘의 위험과 그 구원	8	312		25-28	열방들에 대한 심판	8	342		11-14	이스라엘의 미래
9	282		40-43	이스라엘의 구속과 회복	9	313		29-32	애굽에 대하여	9	343	말	1-4	회개하고 돌아오라
10	283		44-47	바벨론의 유다 백성	10	314		33-36	이스라엘의 회복에 대하여	10	344	12 소예언서		단 - 말 복습
11	284		48-51	여호와의 종	11	315		37-39	마른 뼈 환상, 곡과 마곡	11	345	요한복음	1-3	하나님 아들의 출현
12	285		52-55	메시아의 고난과 영광	12	316		40-44	새성전 환상	12	346		4-6	생명의 떡 그리스도
13	286		56-59	하나님의 책망	13	317		45-48	영광스러운 미래	13	347		7-9	빛으로 오신 예수님
14	287		60-63	회복된 시온의 영광	14	318	다니엘	1-3	뜻을 정한 젊은이들	14	348		10-12	예루살렘을 향하여
15	288		64-66	하나님 나라의 완성	15	319		4-6	이상한 글씨와 뜻 해석	15	349		13-15	하나님 아들이 주신 위로
16	289	예레미야	1-4	예레미야의 소명	16	320		7-9	다니엘이 본 이상들	16	350		16-18	겟세마네 기도와 체포
17	290		5-8	유다 멸망의 예언	17	321		10-12	이스라엘 미래에 대한 이상	17	351		19-21	고난, 부활과 베드로의 고백
18	291		9-12	우상 숭배와 그 벌	18	322	겔 - 단		에스겔, 다니엘 복습	18	352		1-21	요한복음 복습
19	292		13-16	질문에 대한 하나님의 응답	19	323	호세아	1-3	이스라엘의 상징적 예언	19	353	요일	1-3	교제의 조건과 특성
20	293		17-20	철필로 기록된 죄	20	324		4-7	이스라엘의 범죄와 심판	20	354		4-5	사랑의 교제와 근거
21	294		21-24	지도자들에 대한 책망	21	325		8-10	이스라엘에 임할 형벌	21	355	요이	1	거짓교훈 대적
22	295		25-28	포로생활에 대한 예언	22	326		11-14	이스라엘의 회개와 축복	22	356	요삼	1	자발적인 접대
23	296		29-32	새 언약의 약속	23	327	욜	1-3	여호와의 날 예언	23	357	유다	1	신앙을 위한 변론
24	297		33-36	구원에 관한 약속	24	328	아모스	1-3	열방과 이스라엘의 죄	24	358	요한계시록	1-3	일곱 교회를 향한 편지
25	298		37-40	예루살렘의 멸망	25	329		4-6	이스라엘의 애가	25	359		4-6	일곱 인(印) 재앙
26	299		41-44	예루살렘 함락 후 예레미야	26	330		7-9	다섯 가지 환상	26	360		7-9	일곱 나팔 재앙
27	300		45-48	열방에 대한 예언	27	331	옵	1	에돔의 멸망	27	361		10-12	두 감람나무와 두 증인
28	301		49-52	예루살렘의 함락	28	332	욘	1-4	이방에 대한 보편적 구원	28	362		13-15	육육육과 십사만사천
29	302	애	1-3	고난당하는 자의 탄원	29	333	미	1-3	이스라엘과 유다의 심판	29	363		16-18	일곱 대접 재앙
30	303		4-5	구원을 기원하는 기도	30	334		4-7	이스라엘과 유다의 구원	30	364		19-22	새 하늘과 새 땅
31	304	사 - 애		사, 렘, 애 복습						31	365	요일 - 계		요한서신, 요한계시록 복습

일자는 1월 1일을 기점으로 했을 때의 표준 예입니다.

구약성경 책들딴 배열 비교

(유대교 / 70인역 / 기독교)

히브리 성경(24권)	
토라 (율법서)	창세기 출애굽기 레위기 민수기 신명기
네비임 (예언서)	여호수아 사사기 사무엘 열왕기 이사야 예레미야 에스겔 열두 예언자
케투빔 (성문서)	시편 욥기 잠언 룻기 아가 전도서 애가 에스더 다니엘 에스라 · 느헤미야 역대기

헬라어 성경(70인역 LXX, 44권)	
오경	창세기 출애굽기 레위기 민수기 신명기
역사서	여호수아 사사기 룻기 사무엘상 사무엘하 열왕기상 열왕기하 역대상 역대하 (제1에스드라) (제2에스드라) 에스라 · 느헤미야 에스더 (유딧) (토비트) (제1마카비) (제2마카비) (제3마카비) (제4마카비)
시와 지혜	시편 (송시) 잠언 전도서 아가 욥기 (솔로몬의 지혜) (시락의 지혜) (솔로몬의 시)
예언서	열두 예언자 이사야 예레미야 (바룩) 애가 (예레미야의 편지) 에스겔 (수산나) 다니엘 (벨과 용)
( )는 개신교에서 외경 분류	

개신교 성경(39권)	
율법서	창세기 출애굽기 레위기 민수기 신명기
역사서	여호수아 사사기 룻기 사무엘상 사무엘하 열왕기상 열왕기하 역대상 역대하 에스라 느헤미야 에스더
시가서	욥기 시편 잠언 전도서 아가
예언서	이사야 예레미야 예레미야애가 에스겔 다니엘 ----- 호세아 요엘 아모스 오바댜 요나 미가 나훔 하박국 스바냐 학개 스가랴 말라기
오늘날 교회들의 분류법	

*** 참 고 ***

1. 사무엘, 열왕기, 역대기가 후대에 상하로 나누임. 〈제2권 14쪽 참고〉
2. 에스라 · 느헤미야가 후대에 두 권으로 나누임.
3. 네비임(예언서) 일부가 후대에 역사서로 분류되기도 함.
4. 케투빔(성문서)은 시가서 외에 예언서(단, 애), 역사서(룻, 대상, 대하)로 분류되었음.
5. '열두 예언자'가 개신교에서는 12 예언서 각 권으로 나뉘었음.
6. '애가'에 예레미야를 붙인 것은 후대이나 실제는 무명이다.

자료 보너스 10 예언서란 어떤 책인가?

1. 대예언서(이사야~다니엘, 애가 포함 5권)

내용 \ 예언자	이 사 야	예 레 미 야	에 스 겔	다 니 엘
활동 연대	약 주전 740 - 680	약 주전 627 - 587	약 주전 593 - 570	약 주전 605 - 536
부름 받은 장	사 6장	렘 1:4-19	겔 1-3장	
성경적 배경	왕하 15-20장 대상 26-30장	왕하 24-25장	단 1-6장	단 1-6장
역사적 배경 (통치자 중심)	* 유다 왕 : 웃시야, 요담, 아하스, 히스기야(사 1:1)	* 유다 왕 : 요시야, 여호아하스, 여호야김, 여호야긴, 시드기야 (렘 1:2-3)	* 유다 왕 : 시드기야 * 바벨론 왕 : 느부갓네살	* 유다 왕 : 여호야김, 여호야긴 * 이방 왕 : 느부갓네살, 다리오, 벨사살
정치적 배경	* 수리아와 북 이스라엘의 유다 침공 위협 * 앗수르의 유다 침공 * 북 이스라엘 멸망	* 앗수르 패망과 바벨론 흥왕기 * 애굽, 바벨론의 적대관계 * 1차 바벨론 포로	* 2차 바벨론 포로 * 예루살렘 훼파	* 3차 바벨론 포로(전통적 견해) * 헬라의 유다 박해 때 성도들 위로 (비평적 견해)
종교적 배경	* 이방 우상의 흥왕 * 형식적 종교 * 종교 개혁(히스기야)	* 부흥기(요시야) * 요시야 이후의 영적, 도덕적 타락	최악의 영적, 도덕적 위기	* 선민으로서의 자질 상실 * 남은 자를 통한 섭리
사역 대상	유다 본토의 유다인	본토 및 포로자에 있는 유다인	바벨론 포로지의 유다인	열국 군왕 및 포로 된 유다인
경고 대상	유다(예루살렘) (사 1:1, 2:1)	유다 및 열방 (렘 1:5, 9-10, 2:1-2)	온 이스라엘 (겔 2:3-6, 3:4-10, 17)	이방 및 이스라엘 (단 2-9장)
예언 내용	* 하나님의 공의의 심판 및 남은 자의 보호 * 오실 메시아	* 상징예언에 따른 회개 촉구 * 필연적인 바벨론 포로 및 회복	* 멸망의 이유 고지 및 회복의 약속, 경건 생활의 고취	* 세계와 이스라엘의 역사를 주관하시는 하나님의 주권 * 회복의 약속, 메시아 왕국 노래
별 명	* 왕족 출신 선지자 * 메시아 복음의 선지자	* 눈물의 선지자 * 심판의 선지자	* 환상의 선지자 * 포로민들의 선지자	* 이방 세계의 선지자

예언자의 시대적 위치와 대상자를 찾는 것은 필수이다. 이 예언이 어느 왕 때인가? 이것은 대부분 예언서의 1장 1-2절에 나와 있다. 예언자의 예언 시기(활동 시기)를 보는 다음의 예를 든다. 〈연대에 대해서는 '실로암성서연대표' 및 제2권 124일째(90쪽) "자료 보너스 4" 참고〉

1. 이사야(포로 전) - 이사야 1장 1절 "유다 왕 웃시야와 요담과 아하스와 히스기야 시대에 아모스의 아들 이사야가 유다와 예루살렘에 대하여 본 이상이라" 하였다.

(1) 예언 시기 - 웃시야(783-742), 요담(742-735), 아하스(735-715), 히스기야(715-687)

(2) 예언 대상 - 주로 남 유다(예루살렘), 그리고 북 이스라엘(사마리아) 및 이방 민족

2. 에스겔(포로 중) - 에스겔 1장 1절 "제삼십년 사월 오일에 내가 그발강 가 사로잡힌 자 중에 있더니 하늘이 열리며 하나님의 이상을 내게 보이시니 여호야긴 왕의 사로잡힌 지 오년 그 달 오일이라" 하였다.

(1) 예언 시기 - 여호야긴(598년 3개월 통치)의 사로잡힌 지 오년(593년)부터 예언하였다.

(2) 예언 대상 - 바벨론에서 포로민인 유다인에게 예언했다.

3. 학개(포로 후) - 학개 1장 1절 "다리오 왕 이년 유월 곧 그 달 초하루에 여호와의 말씀이 선지자 학개로 말미암아 스알디엘의 아들 유다 총독 스룹바벨과 여호사닥의 아들 대제사장 여호수아에게 임하니라."

(1) 예언 시기 - 다리오는 유다가 아닌 바사(페르시아) 왕이다. 유다는 587년 바벨론에 멸망되어 포로가 되었다가(왕하 25장, 대하 36장), 538년 바벨론을 멸망시킨 바사에 의해 해방을 맞으나(스

1:1). 유다에는 왕이 없었으므로 바사 왕을 기준으로 한다. 다리오(522-486년) 2년은 자연히 약 주전 520년이 되는 것이다. 〈바사 왕들에 대해서는 제2권 통독 161일째 참고〉

(2) 예언 대상 - 바벨론 포로에서 귀환한 유다 백성이며, 그 대표자인 총독 스룹바벨과 제사장 여호수아(스 3:8에는 '예수아'로서 같은 인물이다)에게 한 예언이다.

예언의 시기를 바벨론 포로기를 중심으로 나누면 대체적으로 다음과 같다.
① **포로 전**(다음의 5권 외 12권), ② **포로 중**(에스겔, 다니엘), ③ **포로 후**(학개, 스가랴, 말라기)

2. 소예언서(호세아~말라기, 12권)

소예언서(소선지서)는 〈호세아〉부터 〈말라기〉까지 12권의 예언서를 말하는데, 이는 예언의 분량이 적은 것이지 예언자의 사명이 작거나 연대기적으로 분류한 것도 아니다. 소예언서를 공부함에 있어서 그 예언의 시기(대개 1장 1절에 보면 왕의 통치 연대로 예언의 시기를 알 수 있으나 12명의 소예언자 중에 6명은 알 수가 없다. 또한 예언의 시기와 기록의 시기가 다를 수 있다)를 파악해야 한다.

이 교재 각 책 문제에서는 해석적인 것은 다루지 않으며 평면적인 읽기에 중점을 두므로 교재 각 책 해설을 읽기 바라며, 구체적인 것은 소속 교회 목사님의 조언을 얻거나 적절한 참고서를 소개받아 공부할 수 있다. 특히 하나님의 말씀은 절대적이지만, 제한된 인간의 해석은 복잡하고 다양성이 있으며 절대적이 아님을 염두에 두어야 한다.

	예언서 \ 내용	이름의 뜻	사역시기	역사적 배경	경고 대상	예언 내용 및 특징
1	호세아	구원하다 구해내다	주전 745-715	북 : 여로보암 2세 남 : 웃시야, 요담, 아하스, 히스기야 왕하 15-18장	북 이스라엘	영적 음행(우상숭배)을 하는 이스라엘. 음란한 아내 고멜과 그 자식 자체가 메시지이다.
2	요 엘	여호와는 하나님이시다	? 830년경 ? 586-583	? 북 : 여로보암 2세 왕하 11:1-15:17	북 이스라엘	'여호와의 날'이 임하였음을 선포하며 메뚜기의 재앙을 통해 이방의 침입과 경책을 한다.
3	아모스	짐을 진 자	760-753	남 : 웃시야 북 : 여로보암 2세 왕하 14:23, 15:7	북 이스라엘 이방 및 유다	우상 숭배와 사치와 방종이 만연하여 이를 책망하며 경고했다. 다섯 가지의 이상을 보았다.
4	오바댜	여호와의 종	? 848-841	? 북 여로보암 2세 시대	에돔	에돔의 심판, 더 나가서 하나님의 공정한 심판과 이스라엘의 회복을 예언한다.
5	요 나	비둘기	? 793-753	? 왕하 13-14장	앗수르 수도 니느웨	유다 독자들에게 만인구원을 보여 줌. 요나를 니느웨에 보내 이방의 회개와 구원을 이룬다.
6	미 가	하나님과 같은 자 누구인가?	735-700	유다 : 요담, 아하스, 히스기야(이사야와 동시대)	사마리아와 예루살렘	사마리아와 예루살렘의 멸망, 구원, 경고의 메시지. 메시아의 탄생지점을 예고한다.
7	나 훔	위로	? 664-654	유다 : 히스기야 시대 (715-687)	앗수르 수도 니느웨	니느웨의 심판을 예언하며 아울러 세계를 지배하고 계신 하나님의 진노를 알린다.
8	하박국	하나님께 안긴 자(포옹)	? 609-605	바벨론 침략 이전	갈대아인을 두려워하는 유다인	불의한 세력(갈대아=바벨론)이 세계를 통치하는 것에 대한 의인의 고뇌와 해답(2:4).
9	스바냐	여호와께서 숨기시다	632-628	유다 : 요시야(642-609)	예루살렘과 열방	거짓 예배에 대한 하나님의 진노인 여호와의 날과 남은 자의 회복에 대한 예언이다.
10	학 개	나의 축제 나의 절기	520	바사 : 다리오 2년 6월(스가랴와 동시대)	성전 재건을 중단한 유다인	바벨론 포로에서 돌아와 성전 재건에 나섰다가 중단한 지 16년 될 때에 성전 재건 독려를 받는다.
11	스가랴	여호와께서 기억하신다	520-480	바사 : 다리오 2년 8월(학개와 동시대)	성전 재건을 중단한 유다인	성전 재건과 함께 도덕적 개혁을 촉구하였다. 여덟 가지 환상과 메시아 왕국에 대해 나온다.
12	말라기	나의 사자 (使者)	? 432-424	유다의 마지막 선지자	의문과 회의에 빠진 유다인	성전 재건 이후 침체된 영적인 분위기 속에 영적 회복을 위함. 죄를 지적하고 회개를 촉구한다.

1. 도표는 <나눔의 터>(저자 미상 CD, 1997)의 공개된 자료를 수정 보완했다. 연대는 주전(BC)이며 확정적이 아니다.
2. 사역 시기에 ?표가 있는 6권은 성경에 어느 왕 때인지 나오지 않아 학자에 따라 연대를 다르게 본다.

〈이사야〉를 소개합니다

예언서 해설

예언서의 책 이름은 모두 예언자의 이름을 따라 지어졌다. 예언서를 대예언서(이사야, 예레미야, 에스겔, 다니엘, 예레미야애가)와 소예언서(호세아~말라기)로 구분하는 것은 예언자의 능력이나 활동 범위에 의한 것이 아니라 예언서의 분량에 근거한 것이다.

제목 및 저자와 기록 연대

본서의 히브리 성경의 책 이름은 주인공 예언자의 이름을 따라 '예사야후' 또는 그 단축형 '예사야'로, '여호와는 구원이시다'라는 뜻을 갖는다.

이사야의 부친은 아모스(12 소예언서의 아모스가 아님)인데(1:1, 2:1, 13:1), 유다 왕 요아스의 작은 아들로 추정되기에 그를 왕족(왕가의 혈통)의 귀족 청년이라고 본다. 그는 주로 예루살렘에 살았고 결혼하여 '스알야숩'과 '마헬살랄하스바스'(7:3, 8:3)라는 두 아들을 낳았다.

이사야의 활동 시기(1:1, 6:1)는 웃시아 왕이 죽은 해(주전 742년)부터 요담(742-735년), 아하스(735-715년), 히스기야(715-687년), 므낫세(687-642년)의 통치 기간 중 약 60여 년간으로 오랜 세월 예언한 것으로 추정하고 있다. 저자는 전통적으로 이사야 자신일 것으로 보며 따라서 그의 말년에 본서가 기록되었다고 본다.

그러나 제2, 제3 이사야를 다른 시대로 볼 때 바벨론 포로 직전이나 포로 시대로 보는 현대 학자들의 견해가 있다.

제2, 제3 이사야에 대하여

〈이사야〉를 제1이사야(1-39장), 제2이사야(40-66장)로 구분하는 것은 18세기 독일의 되덜라인(J. C. Doderlein, 1745-1780)부터 시작된 학설이다.

1-39장의 배경은 동시대인 왕정시대이지만 이사야 40-66장은 왕정 시대의 이사야가 아닌 포로기 이후(주전 545-536년경)의 다른 이사야가 저자라는 것이다. 현대에는 제3이사야(56-66장)를 따로 나누고 주전 400년경의 기록이라 한다. 그러나 전통적으로는 왕정 시대 한 사람의 저작으로 이해한다.

배경 본문

〈이사야〉와 함께 읽을 성경의 배경은 열왕기하 15-20장과 역대하 26-32장이다. 또한 본서의 저자는 지금까지 보존되어 있는 책은 아니지만 다른 책도 썼다. 웃시야 행적(대하 26:22), 이사야의 묵시 책(원문에는 '예언', 이 책을 〈이사야〉로 보기도 한다), 또 유다와 이스라엘의 열왕기(대하 32:32) 등이다.

교훈과 메시지

1) 〈이사야〉에서의 메시아 사상

(1) 성육신(7:14-15, 9:6)
(2) 나사렛에서의 유년기(11:1-2, 7:15, 53:2)
(3) 아버지 하나님과의 관계(42:1, 50:4-5)
(4) 기적(35:5-6)
(5) 메시지(61:1-2)
(6) 이방인에 대한 특별한 사역(9:1-2)
(7) 만민에 대한 은혜로우신 사역(42:2-3)
(8) 고난과 죽음(50:6, 52:14, 53:1-10)
(9) 부활, 승천, 찬양 받으심(52:13, 53:10-12)
(10) 천년 통치(9:7, 11:3-5, 32:1, 33:22, 42:4-7, 49:1-12, 59:16-21)

2) 거룩하신 하나님의 주권

이사야가 소명 받을 때에 '높이 들린 보좌'에 앉으신 거룩하신 하나님을 뵈었다. 스랍들은 "거룩하다"를 세 번 반복하므로 최상의 존재로 표현한다. '이스라엘의 거룩하신 자'라는 이사야 특유의 여호와에 대한 칭호는 본서에 12회 나타난다. 여호와 하나님은 온 땅과 하늘의 하나님으로 유일신 신앙에 바탕을 둔다. 이사야의 메시지는 여호와의 주권적인 권능과 그의 백성을 향한 구원과 구속의 사랑에 의지할 것을 외치는 것으로서 여호와에 대한 신앙이 그 바탕에 자리잡고 있다.

3) 인간의 원죄

다른 예언자들이 인간의 '자범죄'에 대하여 지적했다면 이사야는 주로 '원죄'에 대해 지적하고 있다. 유다뿐 아니라 이스라엘, 그리고 이방 민족 모두 죄를 지었다. 거룩하신 하나님 앞에서 인간은 심각한 죄를 발견하게 되고 하나님은 이러한 죄인들을 향하여 변론하시며 순종하여 구원을 얻고 복을 받도록 부르신다(1:18-20, 55:1-5).

[오늘의 말씀] 이사야 1장~4장 : 유다에 대한 책임과 약속 → 먼저 성경 읽기

◇ 예언서는 하루 분량이 다른 책들(3장)보다 많아서 보통 4장(때로는 5장)을 읽습니다.
(1장) 〈이사야〉 전체의 서론적 의미를 내포하여 이스라엘의 죄를 지적하며 회개를 촉구한다.
(2장) 여호와의 날에는 여호와께서 홀로 높임을 받으실 것이다.
(3장) 유다에 대한 심판을 예고한다.
(4장) 그리고 예루살렘의 영광된 미래를 말한다.

[말씀 묵상]

1. 하나님께서 기름에 배 부르셨고 피를 기뻐하지 않으심은 예배를 싫어하심인가? 아니다. 하나님은 "헛된 제물을 가져오지 말라" 하신다. 그대는 교회 마당만 밟는 신자는 아닌지?(1:11-12) 형식적인 예배로 만족하고 있는가? 하나님은 먼저 그대 자신의 성결을 원하신다(1:14-16, 시 51:17).
2. "무리가 그 칼을 쳐서 보습을 만들고 그 창을 쳐서 낫을 만들 것이며 이 나라와 저 나라가 다시는 칼을 들고 서로 치지 아니하며 다시는 전쟁을 연습지 아니하리라"(2:4). 이런 세상이 오면 얼마나 좋겠나? 이 말씀이 유엔본부 앞에 새겨져 있다. 전쟁이 필요 없는 평화의 나라를 소망한다.
3. 예루살렘의 여인들의 심판에 관한 말씀에서 보면, 벗기를 즐기는 세상을 이미 2,700년 전에 이사야가 예언했다(3:16-26). 그러나 화려한 그들에 대해서도 하나님은 이런 심판을 말씀하신다. "그 때에 썩은 냄새가 향을 대신하고 노끈이 띠를 대신하고 대머리가 숱한 머리털을 대신하고 굵은 베옷이 화려한 옷을 대신하고 자자한 흔적이 고운 얼굴을 대신할 것이며"(3:24)라며 경고하신 것이다.

[깊은 연구]

1. 〈이사야〉의 사해사본 (Dead Sea Scroll)

1947년 한 베두인(무하마드, Mohammed Edh-Dhib)이 잃은 양을 찾으려고 동굴에 돌을 던졌다가 우연히 발견하게 된 사해 근처 쿰란 동굴에서 많은 성경 사본이 발견되었다. 동굴에서 나온 '사해사본' 가운데 〈이사야〉도 있는데 이는 주전 2세기경에 필사(筆寫)되었고, 높이 25cm, 총 연장 7.3m에 달하며 17장으로 이루어져 있다. 이 사본은 주후 12세기의 '표준 맛소라 사본'과 놀랄 만큼 흡사하여 성경이 신뢰를 더 얻게 했다.

■ 쿰란 동굴에서 발견된 〈이사야〉 두루마리
사해사본의 이 두루마리는 그 이전의 제일 오래된 레닌그라드 사본(1008년)이나 표준 맛소라 사본보다 천 년 이상 더 오래된 것이었으나 너무도 흡사하여 말씀에 대한 신뢰를 더해 준다.

2. 예언자의 예언 시기를 알아보라

예언서를 읽을 때에 먼저 예언의 시기를 알아야 한다. 대부분 1장 1절에 왕들의 이름이 나오므로 통독 124일째 다음에 나오는 자료보너스 4를 참고하라. 남국(유다, 예루살렘)과 북국(이스라엘, 사마리아)을 구별해야 한다.

통독	274
확인	

공부

이사야 1장~4장 : 유다에 대한 책임과 약속

1. 이사야가 예언하던 시대 유다 왕들의 이름 넷을 쓰세요(1:1, 2권 왕하, 대하 참고). -
2. 발바닥에서 머리까지 성한 곳이 없는 유다의 다음 형편은 어떠했나?(1:2-9)
   1) 땅 - 2) 성읍들 -
   3) 토지 - 4) 딸 시온 -
3. 너희가 많이 ( ) 내가 듣지 아니하리니 이는 너희의 손에 ( )이니라. - (1: 절)
4. 너희 죄가 주홍 같을지라도 ( )과 같이 희어질 것이요 진홍같이 붉을지라도 ( )같이 되리라. - (1: 절)
5. 무리가 그 칼을 쳐서 보습을 만들고 그 창을 쳐서 낫을 만들 것이며. - (2: 절)
6. 여호와께서 홀로 높임을 받으실 것이요. - (2: 절)
7. 그 은 우상과 금 우상을 그 날에 두더지와 박쥐에게 던지고. - (2: 절)
8. 너희는 인생을 의지하지 말라. - (2: 절)
9. 서로 관계있는 말씀을 줄로 연결하세요(3-4장).

1) 예루살렘과 유다의 의뢰하며 의지하는 것을 제하여 버리시되	가) 언어와 행위가 여호와를 거스려서
2) 예루살렘이 멸망하였고 유다가 엎드러졌음은	나) 그 행위의 열매를 먹을 것임이요
3) 의인에게 복이 있으리라 말하라	다) 양식, 물, 용사, 전사, 재판관, 선지자
4) 시온의 딸들이 교만하여 늘인 목, 정을 통하는 눈으로	라) 오직 당신의 이름으로 우리를 칭하게
5) 그 날에 일곱 여자가 한 남자를 붙잡고	바) 징수리에 딱지, 하체로 드러나세
6) 시온에 남아 있는 자, 예루살렘에 머물러 있는 자	바) 거룩하다 칭함을 얻으리니

▲▼△▽ -----≪제 밥도 못 찾아 먹는 주제에≫----- ▽△▼▲

미국으로 이민을 가게 된 김백두는 국내에서 가장 좋다는 KTX 특석표를 끊어 서울에서 부산으로 여행을 떠났다. 역시 특석은 성공한 사람만이 누리는 혜택이라 생각하니 자부심이 넘쳤다. 한국 수준이 맞지 않아 미국으로 간다는 생각에 어느새 일등 국민이 된 착각에 빠졌다.

중간 기착지인 대전에서 한 사람이 올라오더니 자기 좌석이라기에 차장을 불렀다. "전산처리를 할 텐데 어떻게 같은 좌석이 이중 발매가 된다는 것이오? 대한민국이 선진국 되려면 아직 멀었어!" 했다.

김백두의 표를 본 차장이 말했다. "선생님께서 좌석을 옮기셔야겠습니다." "무슨 말이오? 이중 발매가 됐다면 나중에 탄 사람에게 새로운 자리를 배정해 줘야지. 내가 왜 옮겨! 우리 미국에서는 이런 일이 없는데..."

차장은 어이가 없어 하며 말했다. "선생님은 '특석'표를 사셨습니다. 여기는 '보통석'입니다. 특등 칸으로 옮기시지요."

♧♧♧

특석표를 사고 특석의 혜택을 누리지도 못하면서 혼자 자부심에 빠진 꼴이라니 꼭 누구를 보는 것 같다. 누구? 다윗의 위대성은 그가 통일 왕국의 왕이 되었을 때에도 베들레헴의 목동 출신이라는 겸손함을 잃지 않은 데 있다. 오늘의 내가 있기까지 많은 도움의 손길들이 있었다. 물질로, 기도로, 가르침으로... 이런 것을 잊지 않는 겸손함이 필요하다. 무엇보다 영적인 복을 받았다. 이스라엘은 하나님께 바른 예배를 드리지 못하므로 당연히 누릴 복을 받지 못하였다.

(이사야 1:12) 너희가 내 앞에 보이러 오니 그것을 누가 너희에게 요구하였느뇨 내 마당만 밟을 뿐이니라

신현주, 〈좌충우돌 예화〉 〈시시콜콜 예화〉, www.sbs66.net

[오늘의 말씀] 이사야 5장~8장 : 이사야의 소명, 임마누엘 → 먼저 성경 읽기

(5장) 포도원의 노래를 통해 들포도를 맺는 이스라엘을 책망하며 희망찬 주의 날을 내다본다.
(6장) 이사야는 소명을 통해 이스라엘 백성들에게 보냄을 받는다. (이 책은 연대기적으로 기록되지는 않았다).
(7장) 임마누엘의 징조(마 1:23에 예언 성취)와 앗수르에 의한 처벌을 예언한다.
(8장) 이사야의 아들 마헬살랄하스바스의 출생은 유다가 심판당할 것임을 예고하고 있다.

[말씀 묵상]

1. **"포도원의 노래"**라 일컬어지는 5장에는 하나님의 아픔이 잘 나타나 있다. 하나님은 좋은 포도 맺기를 원하시나 이스라엘은 **'들포도'**가 되고 말았다. 하나님은 이스라엘에게 공의를 원했으나 그들은 포악하여 하나님의 기대에 어긋났다. 오늘, 하나님께서 그대에게 기대하는 바가 있는데, 들포도 교인 수준이 되어 있다면 하나님을 기쁘시게 할 수 있겠는가? 〈통독 325일째 예화를 보라〉
2. "임마누엘이여 그의 펴는 날개가 네 땅에 편만하리라 하셨느니라"(8:8, 10). 이는 앗수르의 군대가 온 유다를 점령할지라도 하나님이 그들과 함께하실(임마누엘) 것이므로 보호를 받을 것을 예언한 말씀이다. 임마누엘, 이는 메시아에 대한 예언으로(7:14) 마태복음 1장 23절에서 성취되었다. 그렇다면 그대는 임마누엘의 복을 누리고 사는가? 예수님은 임마누엘로 오셔서 임마누엘을 약속하시고 승천하셨다(마 28:20). 그러므로 성도들이 임마누엘로 사는 것은 당연한 복이고 권리이다.

[깊은 연구]

1. 〈이사야〉의 예언과 세 아기

1) 임마누엘 - "보라 처녀가 잉태하여 아들을 낳을 것이요 그 이름을 임마누엘이라 하리라"(7:14). 이는 메시아 예언으로 마태복음 1장 23절에서 성취되었다.

2) 스알야숩 - "남는 자가 돌아오리라"라는 뜻이다(7:3). 이사야는 믿지 않는 아하스 왕에게, 이 아들이 선악을 구별하는 나이가 되기 전에 아하스의 두 원수 베가와 르신이 멸망할 것이라고 말하였다. 이 예언은 앗수르 왕 디글랏빌레셀(주전 732년 다메섹 왕 르신을 살해, 왕하 16:9)과 호세아(이로부터 오래지 않아 베가를 살해, 왕하 15:30)에 의해서 문자 그대로 성취되었다.

3) 마헬살랄하스바스 - '노략품을 재빨리', '전리품을 잽싸게'라는 뜻이다(8:1-4). 이사야의 아들로서 이 이름은 북왕국 이스라엘이 앗수르의 포로로 끌려감을 가리키기 위해 붙여진 것이다.

2. 예언자(선견자, 선지자, 대언자로도 부름)의 5대 메시지

1) 하나님의 손안에 이뤄지는 역사(사 10:5-15, 겔 38:3-6, 10)
2) 하나님과의 바른 관계 촉구(사 30:15)
3) 윤리적 생활(렘 7:1-15, 암 2:6-8)
4) 하나님의 심판(사 6:13, 28:5-6, 29:6, 31:5, 암 1:11 이하)
5) 메시아 왕국(사 54:10, 렘 31:31-34, 겔 37:26-28)

통독	275
확인	

공부 이사야 5장~8장 : 이사야의 소명, 임마누엘

1. 극상품 포도를 심고 좋은 포도 맺기를 바랐으나 그 결과는?(5:1-2) -
2. 포도원은 누구이며 나무는 누구인가?(5:3-7) -
3. 만군의 여호와는 어떠하시기에 높임과 거룩하다 함을 받으시는가?(5:13-17) -
4. 기를 세우고 먼 나라들을 불러 땅 끝에서부터 오게 하는 자는 누구인가?(5:24-30) -
5. 이사야가 소명을 받던 해에 죽은 왕은?(6: 절) -
6. "거룩하다 거룩하다 거룩하다 만군의 여호와여"는 누구의 창화인가?(6: 절) -
7. "나는 입술이 부정한 사람이요...여호와이신 왕을 뵈었음이로다"는 누구의 고백인가?(6: 절) -
8. "보라 이것이 네 입에 닿았으니 네 악이 제하여졌고 네 죄가 사하여졌느니라"는 누구의 말인가?(6: 절) -
9. "그루터기는 남아 있는 것 같이 거룩한 씨가 이 땅의 그루터기니라"는 누구의 말인가?(6: 절) -
10. (7: 절) 웃시야의 손자요 요담의 아들로서 당시의 유다 왕 -
11. (7: 절) 아람 왕과 연합군을 형성해서 예루살렘을 쳤으나 이기지 못한 이스라엘 왕 -
12. (7: 절) 주께서 징조로...'보라 처녀가 잉태하여 아들을 낳을 것이요...'를 전해 준 선지자 -
13. (7: 절) 주께서 '하수 저편에서 세내어 온 삭도'는 누구를 가리키는 말인가? -
14. 이사야의 아들 마헬살랄하스바스는 어떻게 될 일을 예표하나?(8:1-4) -
15. 누구를 비유하는 말인가?(8:5-8) - 1) 실로아 물 - 2) 흉용하고 창일한 큰 하수 -
16. 마태복음 1장 23절에 나오는 말을 이사야 8장 8, 10절에서 찾아 쓰세요.
17. 이사야 자신과 그의 자녀들이 이스라엘 중에 무엇이 되나?(8:16-22) -

▲▼△▽ -----《인질과 스톡홀름 증후군》----- ▽△▼▲

미국 신문재벌의 상속녀인 패티 허스트 양이 테러리스트로 변신한 모습에 사람들은 경악을 금치 못했다. 그녀는 1974년 2월 미국의 도시게릴라 단체인 공생해방군(SLA)에 의해 납치되어 미국을 떠들썩하게 만들었다. 그런데 얼마 되지 않아 SLA와 함께 총을 들고 은행을 터는 모습이 카메라에 잡혔다. 그녀는 인질범 한 명과 못 말리는 사랑에 빠져 게릴라 대열에 서게 된 것으로 알려졌다.

이는 스톡홀름 증후군(Stockholm syndrome)의 사례로서, 1973년 스톡홀름에서 발생한 은행 강도 인질사건에서 비롯된다. 당시 인질로 잡혔던 한 여성이 인질범과 사랑에 빠진 현상을 설명한 심리학 용어이다. 인질로 잡힌 사람은 극도의 불안과 스트레스를 겪다가 이를 완화하기 위해 인질범과 동화되는 길을 선택할 수 있다고 한다. 때로는 인질범이 자신을 해치지 않는 것을 고맙게 여겨 친밀감과 동정을 느끼고 인질범을 잡으려는 경찰에는 적대감을 보인다는 설명이다.

♧ ♧ ♧

야곱의 아들들이 애굽에 곡식을 구하러 갔을 때에 요셉이 형들을 시험하기 위해 베냐민을 인질(볼모)로 삼으려 한다. 이때 베냐민 대신 자신이 인질이 되겠다고 자청한 유다는 하나님께 인정을 받았던지 훗날 가문의 상속자가 된다(창 44:33). 어떤 시(詩)에는 "나는 그대의 사랑의 인질이기에 행복합니다" 했다. 주님의 사랑에 감동된 인질이 된다면 그대는 주님과 동행하는 사랑의 증인이 된다. 이스라엘은 하나님의 포도원으로 하나님의 사랑의 포로가 되어야만 했다.

(이사야 5:1) 내가 나의 사랑하는 자를 위하여 노래하되 나의 사랑하는 자의 포도원을 노래하리라 나의 사랑하는 자에게 포도원이 있음이여 심히 기름진 산에로다

신현주, 〈좌충우돌 예화〉 〈시시콜콜 예화〉, www.sbs66.net

[오늘의 말씀] 이사야 9장~12장 : 메시아의 탄생 예고 및 왕국 → 먼저 성경 읽기

(9장) 메시아의 탄생과 통치를 예언하는데 그 이름의 다양성은 성품을 말해 준다.
(10장) 앗수르의 교만과 그들이 받을 벌, 그리고 구원받을 유다의 남은 백성에 대해 예언한다.
(11-12장) 메시아 왕국은 평화로워서 짐승과 어린아이가 함께 하며 이러한 구원에 감사한다.

[말씀 묵상]

1. 〈이사야〉에 나오는 많은 메시아에 대한 예언 중에 **"흑암에 행하던 백성이 큰 빛을 보고 사망의 그늘진 땅에 거하던 자에게 빛이 비취도다"**(9:2)라고 했다. 이 예언은 700년 후 예수님의 오심으로 성취되었다(마 4:14-16). 성경은 안팎이 서로 맞는 톱니바퀴처럼 예언과 그 성취가 여러 곳에 드러나 있다. 문제는 '주님의 빛이 그대의 심령에도 비취어 흑암과 사망의 그늘진 곳이 사라졌는가?'이다.
2. 메시아 왕국은 이렇게 표현된다. **"그 때에 이리가 어린 양과 함께 거하며 표범이 어린 염소와 함께 누우며 송아지와 어린 사자와 살진 짐승이 함께 있어 어린 아이에게 끌리며"**(11:6). 이하에 계속되는 메시아 왕국에 대한 본문을 잘 읽어보라. 오늘 우리가 사는 이 세상에서도 성도들은 언제나 약자와 함께하는 복음적인 정신, 메시아 왕국의 삶이 필요하다.

[깊은 연구]

1. 선지서를 읽는 시각은 입체적이어야 한다. (아래 그림)

1) 선지자들의 사명은 ① 그때 당시를 위한 사명과 ② 미래의 사건을 예언하는 사명이 있다.

2) 선지자들의 말씀은 대부분 역사상의 다음의 4개 시점을 대상으로 삼았다. ① 선지자의 당대, ② 다가올 포로 시기(앗수르, 바벨론)와 그 뒤의 회복, ③ 메시아의 강림, ④ 천년 왕국 시대이다. - 아래 그림 참고.
- 〈Jensen L. Irving, *A Self-study Guide,* Vol 15, p. 31〉

2. 〈이사야〉를 인용한 신약성경

아래의 신약성경을 찾으면 관주를 통하여 〈이사야〉의 어느 곳을 인용했는지를 쉽게 찾을 수 있다.

1) 세례 요한의 사역(마 3:3, 눅 3:4, 요 1:23)
2) 그리스도의 이방 사역(마 4:14-16, 12:17-21)
3) 장차 있을 그리스도의 이방 통치(롬 15:12)
4) 그리스도의 치유 사역(마 8:17)
5) 이스라엘의 눈 먼 상태(마 13:14-15, 행 28:25-27)
6) 이스라엘의 위선(마 15:7-9)
7) 이스라엘의 불순종(롬 10:16, 20)
8) 이스라엘의 구원받은 남은 자들(롬 9:27-29)
9) 그리스도의 고난(행 8:32-33)
10) 그리스도의 기름 부음(눅 4:17-19)

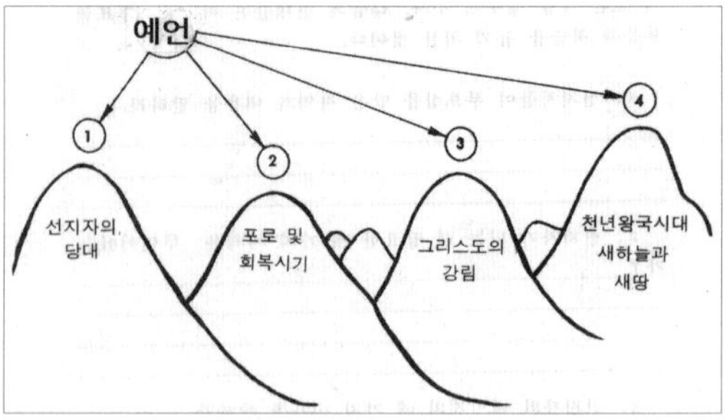

■ 예언의 4개 대상 시점

예언자들의 예언 대상은 당대뿐 아니라 미래를 내다보는 여러 시점을 보여 주는 경우가 많다. 위의 "깊은 연구"와 이 그림을 잘 살펴보라. 이 그림은 어빙 젠센(Jensen L. Irving)이 작성한 것이다.

통독	276
확인	

공부 이사야 9장~12장 : 메시아의 탄생 예고 및 왕국

1. 마태복음 4장 14-16절은 이사야 9장 몇 절의 인용인가?(9:1-7) - (9: - 절)
2. 한 아기, 즉 한 아들의 이름은?(9:1-7) -
3. 여호와께서 교만해진 이스라엘을 벌하려고 사용하는 세 나라는?(9:8-12) -
4. 므낫세는 ( )을, 에브라임은 ( )를 먹을 것이요 또 그들이 합하여 ( )를 치리라(9:18-21).
5. (10: 절) 화 있을진저 ~
6. (10: 절) 이스라엘의 빛은 불이요 ~
7. (10: 절) 그 날에 이스라엘의 남은 자와 ~

8. (10: 절) 그 날에 그의 무거운 짐이 ~
9. 다음 중 서로 관계있는 것끼리 줄로 연결하세요(11-12장).

1) 이새의 줄기에서 한 싹이 나며	가) 젖 뗀 어린아이가 독사의 굴에 손을 넣음
2) 그 입의 막대기로 세상을 치며	나) 그 뿌리에서 한 가지가 나서 결실할 것이요
3) 젖 먹는 아이가 독사의 구멍에서 장난	다) 입술의 기운으로 악인을 죽일 것이며
4) 남아 있는 백성을 위하여	라) 극히 아름다운 일을 하셨음이니
5) 전에는 내게 노하셨사오나	마) 이제는 그 노가 쉬었고 나를 안위하시오니
6) 여호와를 찬송할 것은	바) 앗수르에서부터 돌아오는 대로가 있게

▲▼△▽ -----≪동생 보기를 기다리는 어린이≫----- ▽△▼▲

유치원에 다니는 이한라 어린이는 외톨이 딸로서 동생이 있는 친구들 이야기에 주눅이 들곤 했다. 엄마한테 '나도 동생이 있으면 좋겠다'고 했으나 웃을 뿐이었다. 몇 달이 지난 어느 날, "이제 곧 동생이 생긴단다."라는 엄마의 말에 기분이 좋았다. 유치원에서도 자랑을 하였고, 선생님도 기뻐해 주셨다. 그러나 몇 주간이 지나도록 생긴다던 동생이 보이지 않자 엄마에게 물었다. 엄마는 교육적인 차원에서 자신의 옷을 걷어 배를 보이며 "아기는 이 배 속에 있단다." 하였다. 이한라 어린이는 깜짝 놀랐다.

다음 날 유치원에서 선생님이 이한라에게 물었다. "동생이 생긴다더니 언제나 볼 수 있을까?"

이한라는 슬픈 기색을 띠고 울먹이며 말했다. "선생님, 큰일 났어요. 엄마가 동생을 삼켜 버렸어요. 배가 뚱뚱해요. 내 동생이 엄마 배 속에 있대요. 어떡하면 좋아요."

♧ ♧ ♧

어린이의 특징 중에 하나는 '순수성'이다. 출생에 대한 이해를 못 하는 아이는 아기가 하늘에서 떨어지거나 시장에서 구입해 오는 것으로 알기도 한다. 그러나 성인이 되면 저절로 알게 된다. 순수성이란 가미되지 않은 있는 그대로이다. 우리가 하나님 앞에 순수성을 지닌 믿음의 사람일 때 하나님은 기뻐하신다. 예수님은 우리가 어린아이와 같지 않으면 천국에 들어가지 못한다 하였다. 이사야는 한 아기, 즉 메시아 예수님의 탄생을 예고했고 그대로 이루어졌다.

(이사야 9:6) 이는 한 아기가 우리에게 났고 한 아들을 우리에게 주신 바 되었는데 그 어깨에는 정사를 메었고 그 이름은 기묘자라, 모사라, 전능하신 하나님이라, 영존하시는 아버지라, 평강의 왕이라 할 것임이라

신현주, 〈좌충우돌 예화〉〈시시콜콜 예화〉, www.sbs66.net

[오늘의 말씀] 이사야 13장~17장 : 이방 나라에 대한 예언(1) → 먼저 성경 읽기

13장부터 23장까지는 '이방 나라에 대한 경고'가 나온다. 각 장의 예언 대상이 누구인지를 살펴보라.
(13-14장) 바벨론의 멸망에 대한 경고와 세상 통치자의 몰락에 대한 승리의 노래이다.
(15-16장) 모압에 대해 경고(예레미야 48장과 일치하는 부분)하고 유다에게 도움을 요청한다.
(17장) 다메섹과 북국 이스라엘에 대한 심판을 경고한다.

[말씀 묵상]

1. 모압에 임할 심판에 대한 말씀(15-16장) 가운데 "다윗의 장막에 왕위는 인자함으로 굳게 설 것이요"(16:5)는 메시아를 예언하고 있는 말씀이다. 힘 있는 자가 힘없는 자를 괴롭히는 이 세상에 이윽고 메시아가 등장하여 **공평과 정의**로 행하게 될 때가 올 것을 예언하고 있다. "힘이 곧 정의이다"라는 세상의 논리는 정치나 경제 세계에서 그대로 이루어졌다. 따라서 의로운 자들의 고난도 이어졌다. 메시아의 왕위는 '인자함으로'이다. 재림하실 주님은 정의와 공평을 이루시는 분이다.
2. 이사야는 **'다메섹, 모압, 바벨론의 동향'** 등 세계의 정세를 잘 알고 있는 역사에 민감한 예언자였다. "다메섹이 장차 성읍 모양을 이루지 못하고 무너진 무더기가 될 것이라"(17:1), "슬프다 많은 민족이 소동하였으되...주께서 그들을 꾸짖으시리니"(17:12-13)라고 예언하였다. 설교자가 하나님 말씀은 들려주지 않고 시사 해설만 한다면 문제겠지만 그렇다고 세계의 정세를 모르고는 복음을 바르게 전할 수 없다. 복음은 추상적인 것이 아니라 현실 속에 살아가며 괴로워하며 이 시대에서 고통당하는 사람들을 향해 들려주는 것이어야 한다. 이사야는 현실 속에서 여전히 희망을 가지고 하나님의 길을 부단히 발견하고자 했던 것이다.

[깊은 연구]

1. 계명성(루시퍼, Lucifer)은 무엇을 말하나? (사 14:12-14)

바벨론을 아침의 아들 계명성으로 보았고 바벨론의 몰락을 별이 떨어지는 것으로 비유했다.

1) '계명성'은 태양의 거대한 빛 앞에 곧 사라지는 샛별에 관한 라틴어(루시퍼, Lucifer, '빛의 운반자'라는 뜻)인데, **바벨론 왕의 교만에 대한 이 구절**을 누가복음 10장 18절과 연관하여 하나님께 반기를 든 막강한 권세를 지닌 **타락한 천사로, 사단이나 마귀로 이해**하려는 경향이 있다. 이는 분명히 인간을 가리키는 〈이사야〉 본문에 사단의 교리를 세우려는 것은 무리라는 견해이다. 신약성경에서도 사단의 몰락을 예수 그리스도께서 통치권을 넘겨받으시는 것과 관련시킨다(눅 10:18, 요 12:31, 계 12:7-12 참고).

2) "너 아침의 아들 계명성이여, 어찌 그리 하늘에서 떨어졌으며 너 열국을 엎은 자여 어찌 그리 땅에 찍혔는고...네가 네 마음에 이르기를 내가 하늘에 올라 하나님의 뭇별 위에 나의 보좌를 높이리라 내가 북극 집회의 산 위에 좌정하리라 가장 높은 구름에 올라 지극히 높은 자와 비기리라 하도다"(14:12-14).

3) 이 본문에서 다섯 번의 "내가...하리라"(I will)라는 말들은 ① "내가 하늘로 올라가리라", ② "내가 하나님의 뭇별 위에 나의 보좌를 높이리라", ③ "내가 북극 집회의 산 위에 좌정하리라", ④ "내가 가장 높은 구름에 오르리라", ⑤ "내가 지극히 높은 자와 비기리라" 하므로 교만함이 드러난다.

통독	277
확인	

공부

이사야 13장~17장 : 이방 나라에 대한 예언(1)

1. 내가 나의 거룩히 (　　　　　　)에게 명하고 나의 위엄을 기뻐하는 (　　　　　)을 불러 나의 노를 (　　　)하였느니라. - (13:　절)
2. 보라 은을 돌아보지 아니하며 금을 기뻐하지 아니하는 (　　　　　)을 내가 격동시켜 그들(바벨론)을 치게 하리니...열국의 영광이요 (　　　　　)의 자랑하는 노리개가 된 (　　　　　)이 하나님께 멸망당한 (　　　　)과 (　　　　) 같이 되리니. - (13:　절,　절)
3. 그 (　　)에는 시랑이 부르짖을 것이요 (　　　　　)에는 들개가 울 것이라. - (13:　절)
4. 야곱, 즉 이스라엘이 바벨론에서 돌아오는 '고토', '본토'는 어디를 가리키나?(14:1-2) -
5. "구더기가 네 아래 깔림이여 지렁이가 너를 덮었도다"는 누구를 조롱한 것인가?(14:11) -
6. "가장 높은 구름에 올라 지극히 높은 자와 비기리라"는 누가 마음에 이른 말인가?(14:14) -
7. "그 이름과 남은 자와 아들과 후손을 바벨론에서 끊으리라"는 누구의 말인가?(14:22) -
8. 15장에 나오는 나라나 도시의 지명을 모두 적으세요(같은 지명이 여러 번 나와도 한 번만 기록).
   -
9. (16:　절) 다윗의 장막에 왕위는 ~
10. (16:　절) 우리가 모압의 교만을 ~
11. (16:　절) 모압 사람이 그 산당에서 ~
12. 누가 멸절하여 이스라엘 자손의 영광 같이 되는가?(17:3) -
13. 그 날(심판의 날)에 고통(7-9절)을 받는 까닭은?(17:10) -

▲▼△▽ -----≪오지 마을에 다리 놓는 사람≫----- ▽△▼▲

세계 각지의 오지마을에 300개가 넘는 다리를 놓아 준 스위스 출신 토니 루티만이라는 사람이 있다. 그는 고등학교를 졸업할 무렵인 19세 때에 지진 피해 소식을 듣고서 돈을 모아 무작정 에콰도르로 떠났다. 그곳에서 연결로가 완전히 끊긴 산간마을을 발견하자 한 석유회사로부터 케이블을 얻어 현수교를 설계해 완성했다. 이 일이 계기가 되어 평생의 과업으로 삼았다.

1987년부터 2006년까지 20년 동안 중남미 벽촌에 223개, 캄보디아 오지에 90개 등 모두 313개의 현수교를 만들었다. 현재 루티만이 건설한 다리를 이용하는 사람 수는 80여 만 명에 이른다. 도움을 얻은 오지마을 사람들은 루티만에게 '스위스의 토니'라는 애칭을 붙여 주었다.

그는 도움이 필요한 마을을 발견하면 주민들과 건설계획을 의논하고 필요한 모래, 돌, 목재, 인력을 알려줘 주민들의 동의를 받은 후 기업을 돌아다니며 케이블과 강판 등을 기부받아 건설을 한다.

♧ ♧ ♧

루티만의 일에 동참하여 고정적으로 자재를 대 주거나 운송해 주는 스폰서들이 생겼다 하니 감사한 일이다. 고립된 빈민 공동체에 세상과의 연결통로를 마련해 주는 이런 독특한 사람 덕분에 세상은 더 아름다워지고 하나가 된다. 우리가 복음이 단절되어 있는 사람들에게 천국으로의 다리를 연결해 준다면 하나님께서 기뻐하신다. 당장, 우리 이웃에 외로운 사람들의 마음에 다리를 놓아 보자.

(이사야 16:5) 다윗의 장막에 왕위는 인자함으로 굳게 설 것이요 그 위에 앉을 자는 충실함으로 판결하며 공평을 구하며 의를 신속히 행하리라

신현주, 〈좌충우돌 예화〉 〈시시콜콜 예화〉, www.sbs66.net

[오늘의 말씀] 이사야 18장~23장 : 이방 나라에 대한 예언(2) → 먼저 성경 읽기

(18장) 구스〔애굽의 제25 누비아 왕조, 70인역에서는 '에디오피아'(행 8:27)〕에 임할 재앙에 대한 경고이다.
(19장) 애굽에 대한 경고로서, 애굽에 대한 하나님의 계획이 선포된다.
(20장) 애굽과 구스가 앗수르에게 질 것이라는 예언으로 이사야는 벗은 몸과 발로 상징 예언을 한다.
(21장) 세 가지 경고로서, 바벨론과 두마(북 아라비아)와 아라비아(두마 남쪽)에 관한 경고이다.
(22장) 예루살렘의 오만을 심판하는 말씀으로 이상(환상)의 골짜기를 통해 말씀하신다.
(23장) 두로와 시돈에 관한 경고이다.

[말씀 묵상]

1. 유다 왕 히스기야는 앗수르의 침입에 대항하기 위하여 애굽에 의지하기를 원했고, 이에 대해 구스 왕 샤바카(주전 711-700년)는 예루살렘에 사절을 보내어 원조를 자청하여 외교 교섭을 하게 했다. 그러나 여호와께서 앗수르를 심판하시기 때문에 구스의 자청을 거절하라는 것이다(18:2). 정치적으로는 당시 애굽까지 지배했던 구스를 의지하는 것이 사는 길 같아 보이는데 하나님은 **'구스를 의지하지 말라'**는 것이다. 보이지 않는 하나님과 당장 눈앞의 보이는 이익에 오늘을 사는 그리스도인들이 고민하고 있다.

[깊은 연구]

1. 몸으로 예언(상징예언)한 이사야 (사 20장)

앗수르의 속국인 블레셋의 도읍 아스돗은 유다, 기타 제국과 동맹하여 애굽, 구스의 원조에 의뢰하여 앗수르에 대한 반란을 일으켰다. 앗수르 왕 사르곤은 군대를 파견하여 아스돗을 공격케 해서 주전 711년에 함락시켰다. 이 함락에 이른 3년간(주전 713-711년), 이사야는 스스로 포로의 복장(벗은 몸, 벗은 발)을 하고 예루살렘 거리를 거닐며 애굽에 의존하는 정책은 무익하다는 것을 몸으로써 예언(신학에서는 '상징예언'이라고 함)하였다. 〈통독 292일째 참고〉

2. 이방 나라에 대한 예언 (사 13-23장)

1) (13-14장) - 바벨론의 멸망을 경고
2) (15-16장) - 모압에 대한 경고
3) (17장) - 다메섹에 대한 경고
4) (18장) - 구스(에디오피아)에 임할 재앙
5) (19장) - 애굽(이집트)에 대한 경고
6) (20장) - 앗수르 인의 접근
7) (21장) - ① 바벨론 정복, ② 두마(북 아라비아), ③ 아라비아에 대한 경고
8) (22장) - 환상의 골짜기에 대한 경고
9) (23장) - 두로(베니게의 항구도시)에 관한 경고

■ 이사야의 모습
이사야는 "무리가 그 칼을 쳐서 보습을 만들고 그 창을 쳐서 낫을 만들 것이며 이 나라와 저 나라가 다시는 칼을 들고 서로 치지 아니하며 다시는 전쟁을 연습지 아니하리라" 외쳤다(사 2:4).
〈모싸예 마란츠의 조각작품〉

통독	278
확인	

공부 이사야 18장~23장 : 이방 나라에 대한 예언(2)

1. 슬프다 ( )의 강 건너편 날개치는 소리 나는 땅이여 ( )를 물에 띄우고. - (18: - 절)
2. 만군의 여호와께 드릴 ( )을 가지고 만군의 여호와의 ( ) 시온산에 이르리라. - (18: 절)
3. 소안의 방백과 바로의 모사들은 어떻게 되었나?(19:5-15) -
4. 애굽에 여호와를 가리켜 맹세하는 다섯 성읍 중 하나의 이름은?(19:16-22) -
5. 그 날에 세계 중에 복이 되는 세 나라는?(19:23-25) -
6. 앗수르 왕 아모스가 군대장관을 아스돗으로 보내어 치던 해의 여호와의 말씀이다(20장). - (O, X)
7. 여호와께서 이사야에게 삼 년 동안 벗은 몸과 벗은 발로 행하라 한 것은 애굽과 구스가 앗수르 왕에게 포로로 끌려갈 일에 대한 예표이다(20장). - (O, X)
8. 어디에 대한 경고인가?(21장) - {보기} 두마(에돔) / 해변 광야(바벨론) / 아라비아
   1) 파수꾼이 가로되 아침이 오나니 밤도 오리라 -
   2) 품꾼의 정한 기한 같이 일 년 내에 게달의 영광이 다 쇠멸하리니 -
   3) 함락되었도다...그 신들의 조각한 형상이 다 부숴져 땅에 떨어졌도다 -
9. (22: 절) 이상의 골짜기에 주 만군의 ~
10. (22: 절) 내가 또 다윗 집의 열쇠를 ~
11. 23장에 나오는 나라나 도시의 이름은? -
12. '두로의 몰락'에 대한 본문을 보면 두로는 (무역 / 농업)이 발전한 나라이다(23:1-14).
13. 두로는 잊어버림이 되었다가 (칠팔 년 / 칠십 년)을 필한 후에 여호와께서 권고하신다(23:15-17).

▲▼△▽ -----≪가배차, 양탕국으로 불렸던 커피≫----- ▽△▼▲

1800년대 말 외교사절이나 선교사들이 들여온 커피를 고종은 '가배차'(珈琲茶)라 하여 즐겼다. 서민들이 운 좋게 커피를 마시게 되면 보약을 닮은 색에 '양탕(洋湯)국'이라 하였다. 1920년대에 일본식 다방이 등장했고, 대중화된 것은 해방 후 미군이 'C레이션' 상자와 함께 진주하면서부터다.

1961년 박정희 군사정권은 커피수입을 억제하여 외화낭비를 줄이려 했다. 그러나 미군 PX 등에서 흘러나왔고, 커피를 마셔야 문화인인 것으로 이해했으며 계란 노른자를 띄우고 참기름 한 방울을 더한 한국식 '모닝커피'도 나왔다. 박 정권은 커피의 내수공세에 밀려 '동서식품'을 지원하므로 인스턴트커피가 대중화되었다. 1970년대 다방의 '레지'(lady의 한국식 발음)와 1978년 처음 등장한 '자판기'는 새로운 변화를 예고했다. 1988년 서울올림픽과 함께 '커피전문점'이 등장했고, 체인점들도 들어왔다.

♧ ♧ ♧

2천 년대 한국의 커피 문화는 세계적 수준이다. 일하면서 마시는 커피 한 잔은 활력소를 주는데, 건강에 안 좋다는 말에는 자제를 하면서, 일본에서 커피를 마시는 사람들의 간암 발생률이 현저히 낮았다는 말에는 위로가 되기도 한다. 커피에 맛들여지면 다른 차를 마시기 힘들다. 커피의 강한 맛에 길들여져 다른 차들이 싱겁게 느껴지기 때문이 아닌가 싶다.

하나님은 두로의 심판이 끝나면 무역한 것으로 먹을 자료가 풍성할 것을 말씀하셨다.

(이사야 23:18) 그 무역한 것과 이익을 거룩히 여호와께 돌리고 간직하거나 쌓아두지 아니하리니 그 무역한 것이 여호와 앞에 거하는 자의 배불리 먹을 자료, 잘 입을 자료가 되리라

신현주, 〈좌충우돌 예화〉〈시시콜콜 예화〉, www.sbs66.net

[오늘의 말씀] 이사야 24장~27장 : 하나님의 심판과 예언 → 먼저 성경 읽기

24장에서 27장은 "이사야의 묵시록"이라 하는데 하나님의 세계 심판에 관한 기록이다. 묵시록이란 주로 종말의 일을 이상이나 상징으로 묘사한 부류의 문학이다. 〈묵시문학은 '다니엘'과 '요한계시록'에 붙여진 이름이다〉

(24장) 여호와께서 땅을 심판하실 것을 예언한다.

(25장) 여호와의 심판 다음에 구속받은 자들의 감사 찬송이다. 또한 기쁨의 큰 잔치가 벌어진다.

(26장) 여호와께서 그의 백성에게 승리를 주시므로 기쁨의 노래를 부른다.

(27장) 포도원에 관한 새 노래의 하나로서 희망을 노래한다.

[말씀 묵상]

1. "땅이 온전히 공허하게 되고 온전히 황무하게"(24:3) 되는 것은 다시 창조 이전의 세계로 돌아간다는 뜻이다. 그 원인은 "땅이 또한 그 거민 아래서 더럽게 되었으니 이는 그들이 율법을 범하며 율례를 어기며 영원한 언약을 파하였음이라"(5절)라 하였다. 공허한 세계의 책임이 인간 측에 있다.

2. 〈이사야〉는 예언서이지 시가서가 아님에도 노래와 후렴이 본서 전체에 나타나 있다. 그중 두드러진 것은 다음 다섯 편의 노래다. **① 포도원의 노래(5장), ② 구원받은 자의 노래(12장), ③ 포도원에 관한 새 노래(27장), ④ 꽃 피는 사막의 노래(35장), ⑤ 회복된 아내의 노래(54장)**. 27장 2-11절도 "포도원의 노래"로 5장의 포도원의 노래와 연속성을 가진다. "여호와는 포도원지기가 됨이여, 때때로 물을 주며 밤낮으로 간수하여 아무든지 상해하지 못하게 하리로다"(27:3) 하였다. 열매 맺는 포도나무를 돌보는 것은 즐겁지만 그렇지 않은 포도원을 돌보며 가꾸는 것은 아픔 속에서도 절대적인 사랑이 필요하다. 여기에 하나님의 은혜가 있다.

[깊은 연구]

1. 메시아의 왕국의 설립을 찬양 (사 25장)

25장은 이스라엘이 '메시아의 왕국'의 설립을 찬양하는 것이다. 여호와는 옛적에 정하신 뜻대로 기사를 성실함과 진실함으로 행하셨기 때문이다. 시의 형식을 갖추고 있는 1-5절은 마치 시편을 연상하게 한다(시 31:15, 86:12, 118:28, 143:10, 145:1). 모세의 노래와 유사한 점이 많이 나타나기도 한다(출 15:2 - 사 12:2, 25:1, 하나님은 나의 구원이시로다 / 출 15:7 - 사 47:14, 초개 같이 사른다 / 출 15:16 - 사 8:13, 두려워하며 놀랄 자를 삼으라).

2. 리워야단과 용은 무엇인가? (사 27:1) 〈제3권 통독 189, 193일째 참고〉

'리워야단'은 우가리트(Ugarit) 문헌에 나오는 '로탄'(Lotan), 즉 바알에게 죽임을 당한 바다 괴물과 같은 말이다. 그 문헌에 의하면 리워야단은 일곱 개의 머리가 있으며, 그 몸의 형태가 꼬불꼬불한 뱀과 같았음을 알 수 있다(27:1). 욥 3:8, 41:1, 시 74:14, 104:26에는 '악어'로 번역되었다. 리워야단은 신화적 영물로만 알려져 있고 그 존재가 밝혀지지는 않았다. 따라서 성경에서도 이 말이 단지 시적, 상징적인 의미로만 쓰이고 있다. '뱀'과 '용'은 성도들을 핍박하는 사단의 세력을 의미하기도 하지만, 여기서 '용'은 애굽을, '뱀'은 앗수르와 바벨론을 상징하는데, 이들은 틈만 있으면 이스라엘을 집어삼키려 한 적대 세력이다.

통독	279
확인	

공부

이사야 24장~27장 : 하나님의 심판과 예언

1. 여호와의 대환난 때(1절)에 누가 서로 일반이 되는지 상대되는 사람들을 기록하세요(24:1-2).
   1) 백성 - 제사장　　2) 종 -　　3) 비자 -
   4) 사는 자 -　　5) 채급하는 자 -　　6) 이자를 받는 자 -
2. 대환난(재앙)은 누구에게 오는가?(24:1-12을 읽고 답은 13절에서) -
3. 무리가 동방과 바다 모든 섬에서 여호와의 이름을 어떻게 하는가?(24:14-20) -
4. 그 날에 여호와께서 높은 군대와 땅의 왕들을 어떻게 하시는가?(24:21-23) -
5. (25:　절) 여호와여 주는 (　　　　)이시라 내가 주를 (　　) 주의 이름을 (　　) 하오리니.
6. (25:　절) (　　　)께서 이 산에서 만민을 위하여 (　　) 것과 오래 저장하였던 (　　)로 연회를 베푸시리니 곧 골수가 가득한 (　　) 것과 오래 저장하였던 (　　)로 하실 것이며.
7. (25:　절) 사망을 영원히 (　　　) 것이라 주 여호와께서 모든 얼굴에서 (　　　　) 그 백성의 수치를 온 천하에서 (　　　　) 여호와께서 이같이 (　　)하셨느니라.
8. 주를 의뢰하는 심지가 견고한 자를 무엇으로 지키시나?(26:3) -
9. 의인의 길의 특징은 무엇인가?(26:7) -
10. 다른 주들이 관할할 때에도 우리(이스라엘)는 어떻게 했나?(26:13) -
11. 주의 이슬의 특징과 그 결과는?(26:19) -
12. 여호와께서 벌하시는 리워야단을 어떻게 설명하고 있나?(27:1) -
13. 누가 돌아와서 예루살렘 성산에서 경배하는가?(27:13) -

▲▼△▽ -----《쓰레기통에서 핀 장미꽃》----- ▽△▼▲

교수가 학생들에게 질문을 했다. "자네들은 이런 경우에 어떻게 할 건가? 잘 들어보게나. 한 부부가 있는데, 남편은 매독에 걸려 있고, 아내는 심한 폐결핵에 걸려 있네. 더욱 비참한 것은, 아이가 네 명이 있었는데, 하나는 얼마 전에 병으로 죽었고, 남은 세 아이도 결핵으로 누워 지낸다네. 그런데 부인이 현재 임신까지 했다면, 자네들은 어떻게 하겠는가?" 학생들은 여기저기서 수군거리기 시작했다. 그 중 한 학생이 벌떡 일어나 말했다. "다른 것은 지금 당장 어쩔 수 없는 상황입니다. 배 속의 아이라도 낙태수술을 해야 합니다. 그것이 그 아이를 위해서도, 그 집안을 위해서도 옳은 일입니다."

그러자 교수가 말했다. "자네는 방금 베토벤을 죽였네." 이 말도 안 되는 집안에 다섯 번째 아이로 태어난 아기가 바로 악성(樂聖) 베토벤이다. 마치 쓰레기통에 장미가 핀 것과 같았다.

♧ ♧ ♧

그대가 회생 불가능한 상황을 접할 때에도 하나님은 그대를 지켜 주신다. 욥이 고통 중에 아내가 비방하고 친구들이 손가락질을 했을 때도 하나님은 욥에게서 눈을 떼지 않으셨다.
지금 불 꺼진 항구처럼 방향을 알 수 없을지라도 하나님 안에 희망이 있다. 우리가 희망을 버리지 않는 한 쓰레기통에도 꽃은 핀다. 지금 자신을 돌아보면 내세울 만한 것이 하나도 없다 하더라도 만군의 여호와께는 그대를 향하신 크고 놀라운 계획이 있으시며 기쁨의 잔치를 준비하신다.

(이사야 25:6) 만군의 여호와께서 이 산에서 만민을 위하여 기름진 것과 오래 저장하였던 포도주로 연회를 베푸시리니 곧 골수가 가득한 기름진 것과 오래 저장하였던 맑은 포도주로 하실 것이며

신현주, 〈좌충우돌 예화〉 〈시시콜콜 예화〉, www.sbs66.net

[오늘의 말씀] 이사야 28장~33장 : 유다의 불신자에 대한 경고 → 먼저 성경 읽기

28-31장에는 하나님을 거역하는 백성들에 대한 경고가 나오고, 32-33장에는 영광스러운 미래가 나온다.
(28장) 사마리아(함락 전)와 유다의 지도자들에게 미칠 화에 대해 말하나, 남은 자는 그대로 있게 될 것이다.
(29장) 입술로만 하나님을 경배하는 예루살렘에 미칠 화에 대하여 말한다.
(30-31장) 앗수르의 침략을 두려워하는 유다는 애굽을 의지하고자 하나 구원자는 오직 하나님이시다.
(32장) 미래의 의의 왕과 성령의 역사하심으로 얻게 될 항구적인 평화와 공평과 의의 시대를 내다본다.
(33장) 하나님의 함께하심으로 그의 백성은 버린 바 되지 아니한다.

[말씀 묵상]

1. 성경을 읽으면 얼마나 이해하고 깨닫는가? **"그러므로 모든 묵시가 너희에게는 마치 봉한 책의 말이라"**(29:11)라고 하였다. 우리가 성경의 인물들과 같은 자세로 서지 않으면 말씀을 이해할 수 없다. 성경이 성령에 의하여 쓰여졌으므로 성령의 조명하심이 없이는 진정한 의미는 알 수 없다. 성경에 대한 참고서들만 의지한다면 무미건조하고 보조적인 수단일 뿐 생명을 주지는 못한다.
2. **"여호와를 경외함이 너의 보배니라"**(33:6)라고 하였다. 33장은 주전 701년 앗수르의 산헤립이 예루살렘을 함락하고자 해안지방으로 공격해 왔을 때를 배경으로 한다. 유다의 히스기야는 앗수르에 협상을 원했고 산헤립은 막대한 예물을 요구하였다. 유다는 이를 수행하고자 했으나 끝내 앗수르는 이 조약을 파기하고 예루살렘 공격을 감행하려 했다. 〈제2권 통독 133일째 참고〉 앗수르의 이러한 배반 행위에 즈음하여 진술한 것이 33장이다. 우리의 보배는 강대한 어떤 세력도 아닌 여호와시다.

[깊은 연구]

1. 아리엘은 어디를 가리키나? (사 29장)

'아리엘'(29:1-2)이 문자적으로 보면 에스겔 43장 15-16절에서는 '제단 화덕'을 가리키므로 여기서는 '예루살렘'을 가리키는 말로 사용한다. 또한 '하나님의 사자(獅子)', '강한 사자'라는 의미가 있어 성읍들도 사람처럼 별명이나 애칭을 갖고 있기에 아리엘은 '시온산'(29:8), 즉 '예루살렘'을 가리킨다. 사자가 짐승의 왕인 것처럼 예루살렘은 성읍들의 왕으로 실력을 행사하였다(창 49:9). 제단 화덕이 뜨거운 것처럼 예루살렘에 다가올 포위와 고난을 예고한다. 〈더 많은 자료는 ≪독일성서공회판 해설성서≫, p. 1112 참고〉

2. 유다와 앗수르에 대한 예언적인 경고들 (사 28-33장)

28:1-6 사마리아 멸망에 대한 선포, 7-22절 애굽을 신뢰하는 어리석음을 지적, 23-29절 하나님의 목적이 확실히 이루어질 것 / 29:1-8 시온도 공격받을 것이나 원수가 궁극적으로 패배할 것, 9-16절 심판의 원인들, 17-24절 궁극적인 회복을 이야기 / 30:1-7 애굽을 신뢰하는 죄와 그 어리석음, 8-26절 백성의 믿음의 결핍과 그 특징, 영적 상호간의 관계를 묘사, 27-33절 애굽을 의존하는 것은 어리석다 / 31:4-9 여호와께서 자기 백성을 구원하실 것이며 백성은 돌아가야 한다 / 32:1-8 왕이신 주님이 공의로 통치하시기에 그 안에서만 축복이 있다. 9-10절 황폐가 계속되어 높으신 곳에서 성령이 부어질 것이다 / 33:1-24 침략하는 앗수르의 결말이 선포되며 황폐된 다음 회복될 것이다.

통독	280
확인	

공부 이사야 28장~33장 : 유다의 불신자에 대한 경고

1. 취한 자 에브라임의 (　　　　　　)이여 화 있을진저 (　　　　　　)의 성, 곧 영화로운 관 같이 기름진 골짜기에 세운 성이여...에브라임의 취한 자의 (　　　　)이 발에 (　　　) 것이라(28장).
2. ...여호와께서 그 (　　　　)에게 (　　　　　　)이 되시며 아름다운 화관이 되실 것이라(28장).
3. 보라 내가 (　　　)을 시온에 두어 기초를 삼았노니...믿는 자는 (　　　)하게 되지 아니하리로다(28장).
4. 예루살렘 멸망에 대한 말씀 중에 '아리엘'은 (시온산, 즉 예루살렘 / 열방, 즉 이방 나라)이다(29:1-8).
5. 이 백성이 입술로는 여호와를 존경하나 (마음은 / 입술은) 여호와에게서 멀리 떠났다(29:13-16).
6. 그 날에 (겸손한 자 / 빈핍한 자)가 여호와를 인하여 기쁨이 더하겠다(29:17-24).
7. 하나님께 묻지 아니하고 누구에게 피하려(의지하려) 함이 죄이며 수욕인가?(30:1-5) -
8. 어디에 대한 심판의 예언인가?(30:27-33, 31-32을 주의해 보라) -
9. (31:　절) 애굽으로 내려가는 자들은 무엇을 의뢰하며 의지하는가? -
10. (31:　절) 새가 날개 치며 그 새끼를 보호함 같이 여호와께서 하실 일은? -
11. (31:　절) 사람의 칼로 말미암지 않고 여호와의 칼 앞에서 도망하는 나라는? -
12. 장차 누가 통치할 것인가?(32:1) -
13. 의의 공효(열매)와 의의 결과는 무엇인가?(32:17) -
14. (33:　절) 너의 시대에 평안함이 있으며 ~
15. (33:　절) 너희 먼 데 있는 자들아 ~
16. (33:　절) 대저 여호와는 우리 재판장이시요 ~

▲▼△▽ -----≪신자의 여섯 가지 모습≫----- ▽△▼▲

① 고양이 신자 - 목사가 항상 등을 토닥거려 주어야 만족하는 신자이다. 조금만 관심을 덜 보이면 서운한 감정을 여지없이 노출시킨다. ② 럭비공 신자 - 어느 방향으로 튈지 도무지 종잡을 수 없는 신자이다. 이런 교인들이 무슨 일을 한다 하면 언제나 가슴이 조마조마하다. ③ 고무풍선 신자 - 가장 두려운 신자로서 바람이 잔뜩 들어 있고 내용은 없어 언제 폭발할지 알 수가 없는 실속 없는 신자이다. ④ 그네 신자 - 스스로는 아무것도 못하고 뒤에서 밀어주어야만 동작을 취하는 신자이다. 조그만 일이 생겨도 목사나 권사를 부른다. ⑤ 가오리연 신자 - 연줄을 붙잡고 있지 않으면 언제 어디로 날아갈지 모른다. 끈을 놓으면 곧바로 세상 속으로 곤두박질치는 신자이다. ⑥ 호랑나비 신자 - 주일은 교회에서 총천연색의 날개를 자랑하지만 삶의 현장에 나가면 칙칙한 삶을 사는 신자이다.

♧ ♧ ♧

이런 신자들이 교회 안에 많은 이유는 하나님의 영이 충만하지 않기 때문이므로 말씀과 기도로 충만해져야 한다. 좋은 교회가 교인들을 길러내고, 좋은 교인이 교회를 이루어 간다. "인생의 방황은 하나님을 만나면 끝나고, 신앙생활의 방황은 좋은 교회를 만나면 끝이 난다"는 전도지 문구도 보았다. 나쁜 교회도 있나? 주님께 칭찬과 복받는 신자는 변함없는 충성의 마음을 갖고, 이 땅에서의 대가에 연연하지 않고, 시기심이 없는 신자이다. 입술로만이 아니라 마음이 함께해야 한다.

(이사야 29:13) 주께서 가라사대 이 백성이 입으로는 나를 가까이하며 입술로는 나를 존경하나 그 마음은 내게서 멀리 떠났나니 그들이 나를 경외함은 사람의 계명으로 가르침을 받았을 뿐이라

신현주, 〈좌충우돌 예화〉 〈시시콜콜 예화〉, www.sbs66.net

[오늘의 말씀] 이사야 34장~39장 : 예루살렘의 위험과 그 구원 → 먼저 성경 읽기

(34장) 에돔을 심판하시듯이 또한 열방에 내릴 심판을 말씀하신다.
(35장) 반면에 구속함을 입은 하나님의 백성에 대한 축복의 미래를 보여 준다.
(36-37장) 앗수르 왕 산헤립이 예루살렘을 공격하려 하나 히스기야는 기도하므로 이 일에서 구원받는다.
(38장) 히스기야가 병들어 죽게 되었을 때에 하나님께 기도하여 병을 고침 받고 십오 년의 생명이 연장된다.
(39장) 그러나 히스기야는 바벨론 왕 므로닥발라단이 보낸 사신에게 궁중의 소유와 전 국내의 소유를 다 보여 주어 교만하므로 하나님은 이사야를 통해 "날이 이르면 모두 바벨론으로 옮긴 바 되리라" 말씀하신다.

[말씀 묵상]

1. 34장 16절의 해석은 난해하여 두 가지 모두를 생각하게 된다. 여호와의 책, 즉 예언들을 현실과 견주어 보라는 것이다. 한편 이 말씀은 앞에 나온 동물들과 새들을 가리킨다고 보면 16절을 다른 뜻으로 해석을 하게 된다. 17절과도 잘 어울린다. 해석의 양면성을 함께 생각해야 한다.
2. 앗수르 왕 산헤립의 유다에 대한 침략에 대처하는 히스기야 왕(주전 715-687년)은 무엇보다 하나님께 나가서 "여호와여 귀를 기울여 들으시옵소서 여호와여 눈을 떠 보시옵소서"라고 기도한다(37:14-20). 하나님은 "내 종 다윗을 위하여 이 성을 보호하며"(37:35)라고 하신다. 그대는 어려운 문제를 만나면 어떻게 해결하려 하는가? 먼저 여호와께 묻는 지혜가 필요하다(수 9:14-15).

[깊은 연구]

1. 히스기야 생애의 역사적 위치 (사 36-39장)

36-39장은 열왕기하 18-19장(대하 32장)과 동일하다. 같은 사건을 다른 관점에서 기록한 것이다. ① 북 이스라엘이 앗수르에 망한 것은 주전 721년이다 - 왕하 17장. ② 앗수르가 유다를 침략한 때는 주전 701년이다 - 왕하 18-19장, 렘 36-39장. ③ 앗수르는 612년 바벨론의 나보폴라살 왕에게 멸망한다. ④ 예레미야의 예언 시기는 길기 때문에 그의 예언이 어느 왕이 통치할 때인지를 살펴보고 〈열왕기〉와 〈역대기〉를 함께 보면 예언의 배경 및 연대를 연결해서 알 수 있다. 〈제2권 통독 133, 149일째 참고〉

2. 메시아에 대한 예언, 한 곳 살펴보기 (사 35:5-6)

본문은 천년왕국 시대에 가서야 궁극적으로 성취될 것이지만, 부분적으로는 그리스도의 사역을 언급한다. ① 눈먼 자의 눈이 밝아질 것이다(마 9:29, 막 8:25, 요 9:7, 마 12:22, 20:34). ② 귀먹은 자의 귀가 열릴 것이다(마 11:5, 막 7:34). ③ 저는 자의 굽은 발이 곧아질 것이다(마 9:2, 12:13, 막 2:12, 요 5:8).

■ 병들어 죽게 된 히스기야(사 38장)
이사야의 예언을 들은 히스기야는 벽을 향해 통곡하므로 죽을병에서 구원받았다(왕하 20:1-11, 대하 32:24-26). 〈10세기의 '파리의 시편'의 삽화, 파리국립도서관 소장〉

통독	281
확인	

공부 이사야 34장~39장 : 예루살렘의 위험과 그 구원

1. 열방에 임할 주의 진노 중에 특히 어느 나라 위에 내려 심판하실 것을 말했나?(34:1-7) -
2. 에돔의 궁궐과 성은 어떻게 될 것인가?(34:13) -
3. '여호와의 책'과 관련해서 이것이 예언에 대한 것인가, 동물들과 새들에 대한 것인가?(34:16) -
4. 그 때에 다음 사람은 어떻게 되는가?(35:1-6)
   1) 소경의 눈 - 2) 귀머거리의 귀 - 3) 저는 자 - 4) 벙어리의 혀 -
5. '거룩한 길' 대로를 지날 수 있는 자는?(35:7-10) -
6. 히스기야 왕 14년에 유다에 생긴 일은?(36:1) -
7. 앗수르 왕(산헤립)이 보낸 무례한 떠벌이 대변인의 이름은?(36장) -
8. 앗수르의 침략 소식을 들은 히스기야 왕은 어떻게 했나?(37:1, 2, 15) -
9. 하나님께서 이 성(예루살렘)을 보호하여 구원하는 근거를 무엇이라 했나?(37:35) -
10. 앗수르 왕 산헤립이 누구에게 죽임을 당했으며, 이어서 왕이 된 사람은?(37:38) -
11. 히스기야 왕이 죽으리라는 예언을 듣고 기도한 내용은?(38:1-3) -
12. 기도를 들으신 하나님이 이사야를 통하여 히스기야에게 주신 말씀은?(38:5-6) -
13. 히스기야에게 주어진 처방은?(38:21) -
14. 히스기야가 바벨론의 사자에게 보여 준 것은?(39:1-2) -
15. 이사야가 히스기야에게 전한 하나님의 말씀은?(39:6) -
16. 히스기야의 자손 중 몇은 어떻게 된다고 했나?(39:7) -

▲▼△▽ -----《넘어져도 일으키는 성령의 힘》----- ▽△▼▲

▷ 시내의 한 상점이 화재로 모두 타 버려서 사람들은 이 상점은 망했다고 생각했다. 다음날 아침, 잿더미가 된 상점 앞에 간판이 나붙었다. "이 집의 모든 물건은 타 버렸습니다. 그러나 나의 아내와 자식들과 희망은 타지 않았습니다. 내일부터 정상적으로 영업이 계속될 것입니다."

▷ 로버트 슐러 목사님의 딸이 교통사고로 다리 하나를 절단하였다. 그 딸은 어느 날 교회에서 청년들의 장기자랑에 의족을 한 한쪽 다리를 절뚝거리며 나와 이렇게 말하므로 모두에게 감동을 주었다. "어떻게 걷느냐보다 누구와 함께 어디를 향하여 걷느냐가 중요합니다."

▷ 이한라 집사가 길을 가고 있었다. 한 어린아이가 횡단보도 앞에 서서 차들이 질주하는 길을 건널 수가 없어 망설이다가 이 집사가 오는 것을 보고 말했다. "아줌마, 나 좀 도와주세요." 이 집사는 그 어린아이를 안고 길을 건너서 아이를 내려놓았다.

♧ ♧ ♧

그대의 힘으로 해결할 수 없는 일이 닥쳤을 때에 "주여! 나를 도와주소서" 하면 주님이 도와주신다.
믿음으로 살기가 참으로 어려운 시대이기에 "주여! 나를 도와주소서" 하며 주님을 의지해야 한다.
공포와 낙심에 사로잡혔던 제자들에게 새로운 소망과 용기를 준 것은 오순절 성령의 역사였다.
앗수르의 공격을 받았던 히스기야 왕은 여호와의 전으로 가서 도움을 요청하여 구원을 받았다.

(이사야 37:20) 우리 하나님 여호와여 이제 우리를 그의 손에서 구원하사 천하만국으로 주만 여호와이신 줄을 알게 하옵소서

신현주, 〈좌충우돌 예화〉 〈시시콜콜 예화〉, www.sbs66.net

[오늘의 말씀] 이사야 40장~43장 : 이스라엘의 구속과 회복 → 먼저 성경 읽기

40-55장은 바벨론에 사로잡혀 온 유다에 대한 위로의 말씀으로, 앞의 1-39장과는 분위기가 다르다.
(40장) 바벨론에서의 복역(포로생활)이 끝났으므로 해방에 대한 소망을 준다.
(41장) 민족들을 소환하는 소리는 준엄하나 이스라엘에게는 사랑으로 대하여 도와주리라 하신다.
(42장) 만민을 구원하시는 메시아의 예언으로 세상의 빛 하나님의 종으로 묘사된다.
(43장) 불순종한 이스라엘이지만 용서하시고 사랑하셔서 자기 백성을 구원하신다.

[말씀 묵상]

1. "두려워 말라...놀라지 말라...너를 도와주리라"(41:10). 얼마나 듣기에 좋고 감사한 말씀인가? 이스라엘을 향한 하나님의 이러한 약속은 오늘의 내게도 주어진 것이다. 이렇게 하시는 목적은 무엇일까? "너를 세워 백성의 언약과 이방의 빛이 되게 하리니..."(42:6)라는 말씀에서 보듯이 할 일을 찾아 해야 한다. 하나님께 받을 것만 생각지 말고 하나님의 은혜에 응답해야 한다.

2. 메시아의 성품은 복음서에서 얼마든지 볼 수 있다. "상한 갈대를 꺾지 아니하며"(42:2-3). 예수님은 간음하다 현장에서 잡힌 여인을 용서하시며 '다시는 죄를 범치 말라' 하셨다(요 8:1-11). "꺼져 가는 등불을 끄지 아니하고"(42:2-3)라는 예언은 거라사 지방의 귀신 들린 자에게 온전한 정신과 희망의 불길을 꺼 버리는 악한 영의 군대를 쫓아내어 주신 일에서 볼 수 있다(막 5:1-20). 오늘의 한국 교회는 상한 갈대를 꺾지 아니하며 꺼져 가는 등불을 마저 꺼 버리지 않는 사역을 해야 한다.

[깊은 연구]

1. <이사야>는 40장부터 분위기가 달라진다.

1장부터 39장은 주로 앗수르의 위협을 다루어 왔으나 40장부터는 그 위기가 사라지고 새로운 상황에 대한 말씀이 주어진다. 즉 바벨론 포로가 되지만 하나님의 택한 종 고레스에 의해 고국으로 돌아오게 되므로 위로를 준다. 40장에서 48장은 포로생활의 막바지에 이른 바벨론의 유다 백성에 대해 말씀하고 있다. 〈40장부터 55장을 '제2이사야', 56장부터 66장을 '제3이사야'로 분류하는 경향에 대해서는 15쪽 이사야 해설 참고〉

2. <이사야>의 대표적 인물 10인(1)

1) 이사야 - 선지자로서 이 책의 저자이다. 하나님의 영광을 보았다(6:1-3). 하나님의 신실하심을 보여주는 징조를 악한 왕 아하스에게 전하도록 명령받았다(7:3). 두 아들에게 장차 일어날 일을 예언하는 이름을 지어 주었다(스알야숩, 마헬살랄하스바스, 7:3, 8:3). 하나님께서 애굽과 구스에게 내리실 환난을 상징적으로 나타내기 위해 삼 년 동안 맨발로 벌거벗고(아마도 상반신만) 지낼 것을 명령받았다(20:1-6).

2) 아하스(7:1-25) - 히스기야의 악한 아비로 유다의 곤고한 시기에 하나님께서 신실함을 보이신 은혜로운 징조를 거부하였다.

3) 셉나(22:15-25) - 이 사람은(아마도 히스기야 통치 초기의) 방탕하고 이기적인 궁중 관리인이었으며, 하나님으로부터 질책을 받고 무시당하였다. 〈이어지는 인물들은 다음 쪽 아래를 보세요.〉

통독	**282**
확인	

공부 이사야 40장~43장 : 이스라엘의 구속과 회복

1. “외치는 자의 소리여 가로되...”는 (눅 3:4-6 / 벧전 1:24-25)에 세례 요한으로 성취되었다(40:3-5).
2. 인생을 풀과 꽃으로, 하나님의 말씀의 영원성은 (눅 3:4-6 / 벧전 1:24-25)에 인용되었다(40:6-8).
3. 우상은 〔장인(匠人) / 장색(匠色)〕이 부어 만들었고 (장인 / 장색)이 금으로 입혔고...(40장).
4. 여호와를 (사랑 / 앙망)하는 자는 새 힘을 얻으리니 독수리의 (날개 / 소리) 치며 올라감...(40장).
5. (41장) 1) 섬들아 ~ 2) 민족들아 ~ 3) 가까이 나아오라 ~
6. (41장) 1) 나의 종 ~ 2) 나의 택한 ~ 3) 나의 벗 ~
7. (41장) 1) 두려워 말라 ~ 2) 놀라지 말라 ~ 3) 너를 도와주리라 ~
8. (41장) 시온에 이르기를 너희는 보라 그들을 보라 하였노라 ~
9. (41장) 그들의 모든 행사는 공허하며 허무하며 ~
10. 하나님은 누구를 ‘보라’ 하셨는가?(42:1-4) - 내가 붙드는
11. 하나님께서 종을 세워 하시는 두 가지 일은?(42:5-9) - 백성의 ( )과 이방의 ( )이 되게
12. 우상을 의뢰하며 ‘너희는 우리의 신이라’ 하는 자는 어떻게 되나?(42:17) -
13. 하나님은 왜 이스라엘을 귀머거리와 소경이라 했나?(42:18-20을 읽고 답은 20절에서) -
14. (43: 절) 너는 두려워 말라 ~
15. (43: 절) 내 이름으로 일컫는 자 ~
16. (43: 절) 보라 내가 새 일을 ~
17. (43: 절) 이 백성은 내가 나를 위하여 ~

▲▼△▽ -----≪<이사야>의 대표적 인물 16인(2)≫----- ▽△▼▲

4) **엘리아김**(36:3) - 이기적인 셉나를 대신하였으며, 앗수르 왕 산헤립의 침략으로 인한 위기 때에 히스기야의 대변인이다.

5) **랍사게**(36:2) - 앗수르 왕 산헤립이 예루살렘을 포위할 때의 오만한 앗수르의 떠벌이 대변인이다.

6) **산헤립**(37:21) - 예루살렘을 파괴하려는 앗수르의 왕이자 총사령관인 산헤립의 계획은 하나님께서 보내신 죽음의 천사들에 의해 완전히 좌절되었다.

7) **히스기야**(36:1) - 하나님께서 예루살렘을 구원하실 당시에 왕위에 있었던 유다의 제13대 왕(주전 715-687년 통치)으로, 후에 하나님으로부터 생명을 십오 년 연장받았다(왕하 18-20장).

8) **므로닥발라단**(39:1) - 히스기야의 병세 회복을 축하한다는 명목으로 정탐꾼들을 친선사절로 가장하여 보낸 바벨론의 왕이다. 정탐꾼들의 진짜 사명은 예루살렘의 부(富)가 어느 정도인지, 어디에 있는지를 알아내는 것이었다.

9) **외치는 자**(40:3-5) - ‘세례 요한’이라고 언급되지는 않았으나 마태복음 3:1-3, 마가복음 1:2-3, 누가복음 3:2-6, 요한복음 1:23과 비교하면 세례 요한에 대한 예언이다.

10) **고레스**(44:28, 45:1) - 바사의 왕으로, 그의 이름과 그가 유다의 남은 자들에게 베풀어 줄 일(예루살렘으로 돌아가 성전을 재건하도록 허락함)을 이사야(제2이사야)가 예언하였다(동시대 예언으로 보면 출생 2세기 전의 예언의 성취).

[오늘의 말씀] 이사야 44장~47장 : 바벨론의 유다 백성 → 먼저 성경 읽기

(44-45장) 하나님은 이방인 고레스를 '나의 목자'라고 하시며 그를 통해 행하실 구원을 말씀하신다.
(46-47장) 벨과 느보를 섬기는 바벨론의 우상은 파괴되며 그 나라도 몰락할 것이다(3-14장, 렘 50-51장).

[말씀 묵상]

1. "너희가 노년에 이르기까지...백발이 되기까지 내가 너희를 품을 것이라"(46:4). 하나님의 이스라엘 집의 남은 자에 대한 위로의 약속이면서 개인의 삶에도 그대로 적용된다. 시편 기자도 "하나님이여 내가 늙어 백수가 될 때에도 나를 버리지 마시며"(시 71:18)라고 하였다. 장수 자체가 귀한 것이 아니고 하나님께서 품어 주심 안에 사는 것이 복된 것이다.

[깊은 연구]

1. 고레스의 역사적 위치 (사 44-45장)

고레스(주전 539-530년 통치)는 바사의 초대 왕('제국'의 황제로서)이다. 〈통독 152일, 319일째 참고〉. 그는 유다인들로 하여금 바벨론의 포로생활로부터 예루살렘으로의 귀환을 도왔고 성전 건축을 허락하였다(스 1장). 그가 〈이사야〉에 언급된 것은 제2이사야에 대한 것으로 해석해야 한다는 주장도 있다(이사야 개요 참고). "고레스에 대하여는 이르기를 그는 나의 목자라 나의 모든 기쁨을 성취하리라"(44:28), "나 여호와는 나의 기름 받은 고레스의 오른손을 잡고 열국으로 그 앞에 항복하게 하며"(45:1).

2. 여수룬은 무엇인가? (사 44장)

이스라엘(야곱)의 별명으로 '여수룬'이라 하였다. 이 말은 이스라엘을 시적으로 높여 부르는 이름으로 '올곧은 자', '정직한 자'인데, 그렇다면 이는 야곱이란 이름의 통상적인 뜻(속이는 자)과 반대인 셈이다. 하나님은 "나의 종 야곱, 나의 택한 이스라엘"(44:1)이라 하여 영광스러운 호칭을 주었다. 그러면서 "나의 종 야곱 나의 택한 여수룬아 두려워 말라"(44:2) 하며 격려한다.

3. 〈이사야〉에서의 그리스도

〈이사야〉의 예언에는 특히 메시아 그리스도에 대한 예언이 많다. ① 성육신(7:14-15, 9:6), ② 나사렛에서의 유년기(11:1-2, 53:2, 7:15), ③ 아버지 하나님과의 관계(42:1, 50:4-5), ④ 기적(35:5-6), ⑤ 메시지(61:1-2), ⑥ 이방인에 대한 특별한 사역(9:1-2), ⑦ 만민에 대한 은혜로우신 사역(42:2-3), ⑧ 고난과 죽음(50:6, 52:14, 53:1-10), ⑨ 부활, 승천, 찬양 받으심(52:13, 53:10-12), ⑩ 천년 통치(9:7, 42:4-7, 59:16-21, 11:3-5, 49:1-12, 32:1, 33:22).

■ 바벨론의 궁중 복원도
예언자들은 다가올 바벨론으로 인한 유다의 멸망을 예언하였고 또한 바벨론의 파멸도 예고되었다(사 3-14장, 렘 50-51장). 전설적인 이 공중정원이 웅장하게 복원된 이시탈문 뒤로 보인다.

통독	283
확인	

공부 　이사야 44장~47장 : 바벨론의 유다 백성

1. 이스라엘(야곱)에 대한 별명은?(시적으로 높여 부르는 말, 44:1-2) -
2. 살아 계신 하나님에 비하여(6-8절), 죽어 있는 우상과 그 허망함을 말한 구절은? - (42: - 절)
3. 하나님께서 야곱(이스라엘)을 '내 종이라'고 하는 근거는?(44:21) -
4. 다음에 대하여 무엇이라 이르셨나?(44:28)
   1) 고레스: 　2) 예루살렘: 　3) 성전:
5. 하나님의 기름 받은 바사의 왕으로 유다인에게 해방령을 준 자는?(45:1-7, 스 1:1-4)-
6. 빛도 짓고 어두움도 창조하며 평안도 짓고 환난도 창조하는 자는?(45:1-13) -
7. 다 여호와로 의롭다 함을 얻고 자랑하리라는 자들은 누구인가?(45:20-25) -
8. "나 외에 다른 이(신)가 없느니라"라는 말씀이 나온 절 6곳은?(45장) -
9. '벨'이나 '느보'는 바벨론의 무엇인가?(46:1-2, 렘 50:2) - 우상 이름( ), 사람 이름( )
10. "노년에 이르기까지...백발이 되기까지 품을 것이라"는 누구를 향한 말인가?(46:3-7) -
11. "나를 누구에 비기며..."에서 '나'와 '누구'는 각각 누구인가?(46:5)
12. 하나님께서 이스라엘을 위하여 시온에 베푸시는 것은?(46:8-13) - 영광( ), 구원( )
13. 〈맞는 것에 O표,13-16문, 47장〉 / 보수(절)는? 1) 원수를 갚는 것(報讐), 2) 일에 대한 대가(報酬)
14. 구속자(절)는? 1) 행동이나 뜻을 제한하는 자(拘束者), 2) 죄로부터 건져서 살려준 자(救贖者)
15. 주모(절)는? 1) 집안(나라) 살림을 주장하는 부인(여왕)(主母), 2) 주동이 되어 모략을 꾀함(主謀)
16. 사술(절)은? 1) 못된 꾀로 남을 속이는 수단(詐術), 2) 요사스런 술법이나 간교한 수단(邪術)

▲▼△▽ -----《옛 것과 새 것의 교체》----- ▽△▼▲

바닷가재는 성장하기 위하여 때때로 껍질을 벗어 버려야 한다. 껍질은 외부로부터의 상처에서 자신을 보호해 주지만, 가재는 성장할 때마다 옛 껍질을 벗어 버려야 한다. 만약 옛집을 포기하지 않는다면 이 옛 껍질은 곧 가재의 감옥이 된다. 바닷가재가 견디기 힘든 기간은 단지 낡은 껍질이 벗어지고 새 껍질이 형성될 때까지의 짧은 기간 동안이다. 상처를 입기 쉬운 이 기간 동안 바닷가재는 분명히 두려울 것이다. 바다의 조류는 가재를 산호나 해초가 있는 곳으로 휘몰아 간다. 배고픈 고기떼들은 가재를 잡아먹을 기세이다. 낡은 껍질은 단지 잠시 이 기간 동안에만 아쉽게 여겨질 뿐이다.

마찬가지로 성도는 변화하고 성장하기 위해 그동안 의존해 온 우리의 껍질, 즉 구조나 외형을 벗어 버려야 한다. 그대는 가재처럼 새 껍질은 좋아하고, 새 껍질을 얻기까지의 과정은 싫어하지는 않는가?

♧ ♧ ♧

새 옷을 사서 그 옷을 입으려면 먼저 헌옷을 벗어야만 한다. 옛 것을 버려야 새 것을 얻을 수 있다. "옛 사람이 예수와 함께 십자가에 못 박힌 것은 죄의 몸이 멸하여 다시는 우리가 죄에게 종노릇하지 아니하려 함이라"(롬 6:6) 하였다. 또한 "옛 사람을 벗고 새 사람을 입으라"(엡 4:22-24)라는 권면을 받는다. "새 포도주는 새 부대에 넣는다"(막 2:22)며 새 사고를 요구한다.

여호와께서는 이 모든 것을 주관하신다. 하나님은 이방의 고레스 왕을 통하여서도 일하신다.

(이사야 45:7) 나는 빛도 짓고 어두움도 창조하며 나는 평안도 짓고 환난도 창조하나니 나는 여호와라 이 모든 일을 행하는 자니라 하였노라

신현주, 〈좌충우돌 예화〉 〈시시콜콜 예화〉, www.sbs66.net

[오늘의 말씀] 이사야 48장~51장 : 여호와의 종 → 먼저 성경 읽기

(48장) 이스라엘은 패역하여 거역함에도 하나님은 참으시며 당신의 이름과 영광을 다른 자에게 주지 않으신다.
(49장) 여호와의 종은 이방의 빛이시며 절망자를 위로하며 동정과 회복을 이루신다(42:1-7도 보라).
(50장) 여호와의 종의 고난과 배척이 처음 언급된다(53장에서는 구체적으로 언급).
(51장) 하나님의 분노의 잔을 마신 이스라엘은 흑암 중에 낙망하고 있으나 하나님은 그들을 위로한다.

[말씀 묵상]

1. 이스라엘에 대한 하나님의 짝사랑은 48장 1-2절에 온갖 수식으로 장식되었다. 그럼에도 그들은 하나님이 보시기에 "네 목의 힘줄은 무쇠요 네 이마는 놋이라"(48:4)라고 할 수밖에 없었다. 하나님께서 나를 보실 때는 어떤 모습일까? 무쇠 같은 꼿꼿한 목에 힘을 빼고(출 32:9, 행 7:51), 단단하게 굳은 놋쇠 같으면서도 번쩍이고 싶은 교만을 버려야 한다.
2. 하나님은 "너는 나의 종이요 내 영광을 나타낼 이스라엘이라"(49:3) 하여 사명을 부여하셨다. 그러나 이스라엘은 선민(選民)사상에 사로잡혀 이 일을 감당하지 못했다. 출애굽하고 시내산에 도착했을 때도 "너희가 내게 대하여 제사장 나라가 되며 거룩한 백성이 되리라"(출 19:6) 하셨다. 하나님께서 나를 구원하신 목적은 나만 믿으라는 것이 아니라 구원의 소식을 전하라는 것이다.

[깊은 연구]

1. 메시아에 대한 노래 (여호와의 종, 사 42-53장)

① **첫 번째 노래** - 42:1-7(이스라엘을 사랑과 공의로 다스릴 메시아에 대한 예언으로 그는 상한 갈대를 꺾지 않고...진리로 공의를 베푸는 분이다. 백성의 언약과 이방의 빛이 되신다). ② **두 번째 노래** - 49:1-7(메시아는 탄생 때부터 이름(예수)이 주어질 것(49:1, 마 1:21)과 이스라엘뿐 아니라 이방인들을 구원하실 분이라는 사실이 예언되었다). ③ **세 번째 노래** - 50:4-11(그리스도는 아버지께서 가르치신 대로 말씀할 것이며 수난과 모욕을 당하실 것을 예언하고 있다). ④ **네 번째 노래** - 52:13-53:12(특별히 고난 받으실 모습을 예언하고 있다. 자기 백성들의 죄를 짊어질 '고난의 종'이 오실 것이다).

2. 종 되신 메시아에 대한 예언 (사 49:6)

'종'은 천한 위치의 사람이지만 '하나님의 종'이라고 하면 자랑스러운 위치이다. 메시아는 "여호와 보시기에 존귀한 자"(49:5)로 그의 종이 된다고 하였다. 여호와의 종은 이중적인 요소를 함께 지닌다.

1) **지극히 낮아지신 종** - 육신으로 세상에 오셨다. 천하게 마구간에서 나시었다. 고국에서 쫓기어 애굽으로 내려갔다. 머리 둘 곳조차 없으셨다. 제자에게 배신당하셨다. 죄인처럼 감금당하셨다. 매를 맞고 조롱을 당하시며 침 뱉음을 당하셨다. 십자가에 못 박혀 죽으셨다. 무덤 속에 장사되었다.

2) **높아지셔서 존귀해지신 종** - 죽으시고 음부에 내려가셔서 옥에 있는 영들에게 전도하시고 지옥의 권세를 무너뜨린 후에 부활하셨다. 죽음의 권세를 이기시고 40일간 무리들에게 나타나셨으며, 그 후 승천하셔서 하나님 우편에 앉으셨다. 빌립보서 2장 5-12절은 두 상태, 즉 비하(卑下)와 승귀(昇貴)를 말한다.

통독	284
확인	

공부 이사야 48장~51장 : 여호와의 종

1. 내가 알거니와 너는 완악하며 네 목의 힘줄은 (   )요 네 이마는 (   )이라. - (48:   절)
2. 나는 네게 (   ) 가르치고 너를 마땅히 (   )로 인도하는 너희 하나님 여호와라. - (48:   절)
3. 너희는 (   )에서 나와서 (   ) 인을 피하고 즐거운 소리로 이를 (   )하여 들리며 땅 끝까지 반포하여 이르기를 여호와께서 그 종 (   ) 하라. - (48:   절)
4. 너(하나님의 종)를 무엇으로 삼아 무엇을 하게 하시는가?(49:6) -
5. 여호와께서 장차 어떻게 하시겠다고 하시나?(49:8) -
6. 모든 육체가 여호와를 누구로 알게 될 것인가?(49:26) -
7. 너희(유다)는 무엇을 인하여 팔렸고, 그 어미는 무엇을 인하여 보냄을 입었는가?(50:1) -
8. 학자의 혀를 주사 무엇 하게 하시는가?(50:4) -
9. '고난당하는 메시아'의 모습으로 볼 수 있는 구절은?(50:4-9에서 한 절, 마 26:67) - (50:   절)
10. 주 여호와께서 도우신 결과 '아니하는' 세 가지는?(50:7, 9) - (예시가 본문과 똑같지는 않음)
    1) 내가 (   ) 아니한다, 2) 내가 (   )를 당치 아니한다, 3) 나를 (   )할 자 없다
11. 흑암 중에 행하여 빛이 없는 자라도 어떻게 해야 하나?(50:10) -
12. "아브라함과 너희를 생산한 사라를 생각하여 보라"고 한 이유는?(51:1-3) -
13. 하나님께 귀를 기울여야 하는 이유는 무엇이 여호와에게서 나오기 때문인가?(51:4-6) -
14. 영원히 있고 폐하지 아니하는 것은 무엇인가?(두 단어를 쓰세요, 51:6, 8) -
15. 이스라엘은 무엇을 마셨으며, 하나님께서는 분노의 큰 잔을 어떻게 하시나?(51:17-23) -

▲▼△▽ -----≪마라토너의 두 번째 눈물≫----- ▽△▼▲

1968년 제19회 멕시코올림픽 마라톤 경기 때의 일이다. 수백 명의 마라토너들이 출발신호와 함께 뛰쳐나갔으나 한 선수가 옆 사람과 부딪치면서 스텝이 꼬여 길 위에 나뒹굴었다. 그는 가난한 나라 아프리카 탄자니아의 '아쿠와리'였다. 의사들이 뛰기 힘들다고 진단을 하자 절망의 눈물을 글썽거리다가 벌떡 일어나 달렸다. 한 발 뛰고 넘어지고 다시 일어났다가 넘어지면서 몸이 아닌 정신으로 달렸다.

메인 스타디움에 도착했을 때는, 언제 올지 모르는 가난한 나라의 부상당한 흑인 마라토너를 기다리는 심판들의 무의미한 몸짓만이 결승점의 전조등 속에 흔들리고 있었다. 그러나 그는 마라톤 풀코스를 완주했다. 결승점을 넘어서자 그대로 넘어졌다. 사람들이 담요를 덮어 주고 안아 일으켰을 때 그의 눈에선 눈물이 하염없이 흘러내렸지만 가장 아름답고 행복한 미소를 볼 수가 있었다.

♧ ♧ ♧

올림픽은 많은 영웅들을 배출하는데, 메달이나 월계관이 아닐지라도 이처럼 아름다운 영웅들이 탄생하여 알려진다. 아쿠와리의 완주는 조국을 위한 헌신이었다.
우리가 천국을 향하는 일에 힘들고 어려운 일을 만나도 두려워 말고 하나님의 은혜로 또 일어서야 하는 것이다. 포기하지 않는 것은 천국을 향한 그리스도인의 정신이기에 바울은 달려갈 길을 위해 자신의 생명을 귀히 여기지 않았다. 하나님은 당신의 백성을 특별한 방법으로 연단하신다.

(이사야 48:10) 보라 내가 너를 연단하였으나 은처럼 하지 아니하고 너를 고난의 풀무에서 택하였노라

신현주, 〈좌충우돌 예화〉 〈시시콜콜 예화〉, www.sbs66.net

[오늘의 말씀] 이사야 52장~55장 : 메시아의 고난과 영광 → 먼저 성경 읽기

(52장) 하나님은 이방에 있는 이스라엘에게 구원을 나타내실 것을 말씀하신다.
(53장) 메시아의 고난에 대한 구체적인 묘사가 되어 있다(복음서의 수난 장면들을 함께 보라).
(54장) 하나님은 그의 백성에게 사랑을 확약하신다.
(55장) 장막터를 넓혀서 이제는 누구나 초청한다. 돈 없이 값없이 와서 하나님을 만나라 하신다.

[말씀 묵상]

1. 믿음은 하나님으로 인해 희망을 갖는 것이다. 바벨론 포로생활로 지친 자들에게 **"시온이여 깰지어다 깰지어다"**(52:1)라고 했듯이 예수님도 제자들을 향해 **"깨어 있으라"**(마 24:42 등)라는 말씀을 자주 하셨다. 우리는 눈에 보이는 현실에 집착하기 쉽다. 38년 동안 병을 앓아 온 사람이나 주변의 사람들은 단념했으나 예수님은 **"네가 낫고자 하느냐"**(요 5:6) 하시므로 새 현실을 제시한 것이다. 포로생활이 일상화된 자에게 **"깰지어다"** 하심처럼 그대에게도 **"깰지어다"**라고 말씀하신다.
2. **"그가 찔림은 우리의 허물을 인함이요…곤욕을 당하여 괴로울 때도 그 입을 열지 아니하였음이여"**(53:5, 7). 53장의 이러한 예언대로 예수님께서 친히 고난을 겪으신다. 그분의 낮아지심과 고난은 자기 백성들을 위한 것이다. 이러한 은혜를 안다면 어찌 이렇게 살고 있는가?
3. 주님의 초청은 한없는 은혜이다. **"돈 없이 값없이 와서 포도주와 젖을 사라"**(55:1) 하시는 하나님의 은혜의 초청은 계속되어서 예수님은 **"수고하고 무거운 짐 진 자들아 다 내게로 오라"**(마 11:28) 하신다. 목마름을 해소해 보려고 방황하는 인생에게 이보다 더 큰 은혜의 초청은 없다.

[깊은 연구]

1. 메시아의 고난 예언과 성취

1) 이사야의 예언이 신약성경에서 성취되었다. 예언과 성취를 연결하는 것은 조금만 관심을 가지면 쉬운 일이다.

① 53:5-9 → 마 27:11-13, 26-31, 41-44, 57-60
② 53:4-6, 10-12 → 롬 5:6-9, 18-19, 벧전 2:21-24, 빌 2:5-13

2) 그 외에 이사야 53장과 베드로전서 2장을 비교한다.

이사야	베드로전서	비교(중심 내용)
53:4	2:21	죄인들을 위해 고난 받으심
53:5	2:24	대속자 예수 그리스도
53:6	2:25	죄인들을 하나님께로 인도하심
53:7	2:23	그리스도의 순종하는 인내심
53:9	2:22	궤사가 없는 의인의 입
53:12	2:24	죄를 대속하기 위해 십자가를 지심

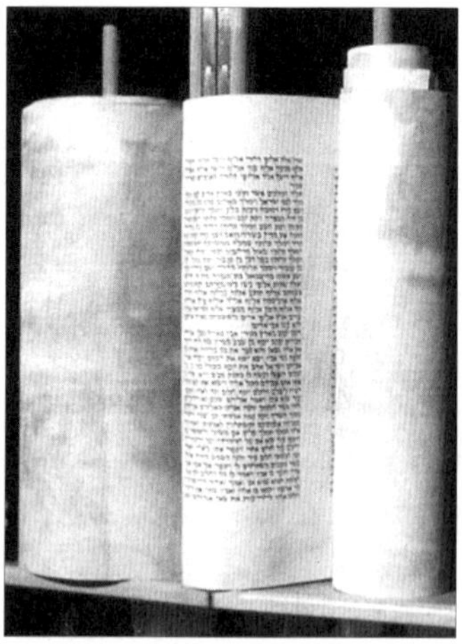

■ 두루마리 성경
성경이 책으로 만들어지기 전에는 단편으로 파피루스나 양피지 두루마리에 기록되었다. 이사야나 예레미야의 예언도 이런 두루마리에 기록되었을 것이다.

통독	285
확인	

공부 이사야 52장~55장 : 메시아의 고난과 영광

1. (52:　절) 시온이여 깰지어다 ~
2. (52:　절) 좋은 소식을 가져오며 ~
3. (52:　절) 여호와께서 너희 앞에 행하시며 ~
4. 그는 주 앞에 자라나기를 (　　　) 같고 마른 땅에서 나온 (　　　) 같아서 고운 모양도 없고 (　　　)도 없은즉 우리의 보기에 (　　　)할 만한 (　　　) 것이 없도다. - (53:　절)
5. 그가 찔림은 (　　　)을 인함이요 그가 상함은 (　　　)을 인함이라 그가 징계를 받음으로 우리가 (　　　) 그가 채찍에 맞음으로 (　　　)을 입었도다. - (53:　절)
6. 그가 곤욕을 당하여 괴로울 때에도 그 (　　　) 하였음이여. - (53:　절)
7. 장막터를 넓혀야 하는 이유는 무엇인가?(54:2-3) -
8. 하나님에 대한 다양한 칭호나 수식을 쓰세요(54:5에서 여섯 가지).
   1) 너를 지으신 자　2)　3)　4)　5)　6)
9. 하나님께서 '아니하리라' 하신 네 가지는?(54:9-10) -
10. 하나님께서 자녀들에게 어떻게 해 주신다고 하셨나?(54:11-17) -
11. 〈55장, 맞는 것에 O표, 11-13문〉 / 너희 목마른 자들아 물로 나아오라 돈 (없는 자 / 있는 자)도 오라 너희는 와서 (거저먹되 / 사 먹되) 돈 없이 값없이 와서 포도주와 젖을 (사라 / 팔라).
12. 내가 너희에게 영원한 (규례 / 언약)을 세우리니 곧 (다윗 / 다수)에게 허락한 확실한 은혜니라
13. 여호와를 (만날 수 없을 때도 / 만날 만한 때에) 찾으라 가까이 계실 때에 그를 (부르짖으라 / 부르라).

▲▼△▽ -----≪황제펭귄 수컷의 생명 품기≫----- ▽△▼▲

우리가 무더위에 지칠 때, 영하 40도 눈보라가 몰아쳐 체감온도가 영하 60도까지 떨어지는 남극대륙에서 수만 마리의 황제펭귄 수컷들이 가슴에 알을 품고 길고 긴 겨울을 보낸다.

겨울이 시작되기 직전 황제펭귄 암컷들이 알을 낳고 먹이를 찾아 바다로 뛰어들면 가슴에 알을 품은 수만 마리의 수컷들만 남는다. 두 달간 동면한 상태로 알을 품는데, 이 기간 동안 체중이 40% 정도 줄어든다. 그 자리에 서서 아무리 배가 고파도 알을 품은 채 먹이사냥을 나갈 수도 없는 수컷들만 겨울을 견딘다. 무리의 가장자리에서 몸이 얼게 되면, 무리 안쪽에 있는 수컷들이 자리를 바꿔 가며 서로의 체온으로 추위를 견딘다. 어둠과 추위를 견딜 수 있는 것은 생명을 품었기 때문이다.

알이 부화될 무렵 돌아온 암컷이 새끼를 돌보며, 교대한 수컷은 한 달 정도 바다로 나가 먹이를 섭취한다. 영양을 보충하고 수컷이 돌아온 이후에는 번갈아 가며 새끼를 돌본다.

♧ ♧ ♧

생명을 품은 존재는 아무리 춥고, 어둡고, 길고, 처절한 삶의 현장이라도 봄이 찾아와 알이 부화되어서 새끼가 태어나기 전까지는 견딜 수 있기에 결코 포기하지 않는다.
이처럼 생명을 품은 것은 귀하여서 마치 태아가 병들어도 임신부는 그 아기를 살리려고 한다.
그리스도는 우리의 허물과 죄악 때문에 찔림과 상함을 당하시고 우리의 구원을 이루셨다.

(이사야 53:5) 그가 찔림은 우리의 허물을 인함이요 그가 상함은 우리의 죄악을 인함이라 그가 징계를 받음으로 우리가 평화를 누리고 그가 채찍에 맞음으로 우리가 나음을 입었도다

신현주, 〈좌충우돌 예화〉 〈시시콜콜 예화〉, www.sbs66.net

[오늘의 말씀] 이사야 56장~59장 : 하나님의 책망 → 먼저 성경 읽기

56-66장은 다가오는 구원의 때를 내다본다. 즉 회복된 예루살렘의 삶과 의무에 대한 예언이다.
(56장) 모든 민족이 하나님의 백성이 되는 것을 말씀한다. 백성의 목자들에 대한 탄식을 한다.
(57장) 하나님의 백성 가운데 벌어지는 우상 숭배를 규탄한다.
(58장) 거짓 금식과 참 금식에 대한 교훈을 한다. 그리고 안식일 준수에 대한 상급을 말한다.
(59장) 선지자는 백성들의 죄를 지적하고, 백성들은 죄를 고백하며, 하나님은 구원을 작정하신다.

[말씀 묵상]

1. "내 집은 만민의 기도하는 집이라"(56:7). 유다인들의 일반적인 인식은 자신들만 구원받는다는 선민사상에 근거하여 이방인을 무시했다. 그러나 56장 1-8절에는 이방인에 대한 언약을 말씀하고 있다. 만민의 기도하는 집이니 결국은 이방인도 성전에서 기도하며 하나님을 만나게 되는 것이다. '주의 집에 거하는 자는 복이 있다'(시 84:4)는 고라 자손들의 시처럼 성전에 모이기를 힘써야 한다.
2. 당시의 유다인들은 종교의식을 열심히 준수하면 안심이라는 생각에 빠져 있었다. 그들은 "우리가 금식하되 주께서 보지 아니하심은 어찜이오며..."(58:3) 하면서 자신의 의를 내세우며 응답하시지 않는 하나님께 불만을 갖고 있었다. 하나님은 "너희가 금식하는 날에 오락을 찾아 얻으며 온갖 일을 시키는도다 보라 너희가 금식하면서 다투며 싸우며 악한 주먹으로 치는도다"(58:3-4)라고 답변하신다. 6절 이하에는 기뻐하는 금식을, 예수님은 금식할 때의 태도를 가르치셨다(마 6:16-18).
3. "여호와의 손이 짧아 구원치 못하심도 아니요 귀가 둔하여 듣지 못하심도 아니라 오직 너희 죄악이 너희와 너희 하나님 사이를 내었고 너희 죄가 그 얼굴을 가리워서 너희를 듣지 않으시게 함이니"(59:1-2) 하여 응답의 전제 조건은 죄의 해결임을 말씀한다.

[깊은 연구]

1. 부패한 지도자의 특징 (사 56:9-12)

1) 소경(10절) - 영안이 어두운 죄인들로서 가야 할 곳을 모르며(59:10) 사람들을 죄악의 구덩이로 인도한다(마 15:14).

2) 무지하며 벙어리(10절) - 하나님에 대한 지식과 선한 일에 대한 지식이 없다. 이방의 침략에 대한 경고를 하지 않는 것은 사명을 모르고 짖지 못하는 벙어리 개와 같다(마 23:2-7).

3) 게으름(10절) - "꿈꾸는 자요 누운 자요 잠자기를 좋아하는 자"라는 표현처럼 게으른 직무 태만자이다(마 25:26).

4) 탐욕(11절) - 탐욕은 족한 줄을 몰라서 자기 이익만을 도모한다(시 78:18, 렘 5:28, 눅 11:39, 행 16:19).

5) 술 취함(12절) - 포도주와 독주에 취하는 방탕한 자들이며 하나님 보시기에 악하다(사 5:11, 잠 23:30).

■ 상아로 만든 거룹상(像)(사 37:16)
상아로 정교하게 조각된 이 거룹상은 주전 860년경의 것으로 사마리아 아합 궁에서 출토되었다. 한글 성경에는 '그룹'으로 음역된 거룹(Cherub, 게루빔, 케루빔)은 '초자연적인 존재'로 이해해 왔다.

통독	286
확인	

공부

이사야 56장~59장 : 하나님의 책망

◇ 다음 물음에 보기에서 찾아 답하세요(56장, 1-4문). {보기} 기도 / 복 / 이방인 / 파수꾼

1. 안식일을 지켜 더럽히지 아니하며 악을 행치 아니하는 사람, 그 인생에게는 무엇이 있나? -
2. "여호와께서 나를 그 백성 중에서 갈라내시리라 말하지 말라"는 누구에게 한 말인가? -
3. '내 집(하나님의 집)은 만민이 무엇 하는 집'이기에 이방인도 기꺼이 받는가? -
4. '소경, 벙어리 개, 꿈꾸는 자, 누운 자, 잠자기를 좋아하는 자'는 누구를 비유한 말인가? -
5. (57: , 절) ( )의 자식, 간음자와 ( )의 씨 너희는 가까이 오라...너희가 상수리나무 사이, 모든 푸른 나무 아래서 ( )을 피우며 골짜기 가운데 바위틈에서 자녀를 ( ).
6. (57: 절) 나를 의뢰하는 자는 ( )하겠고 나의 ( )을 기업으로 얻으리라.
7. (57: 절) 내가 높고 거룩한 곳에 거하며 또한 ( )하고 마음이 ( )와 함께 거하나니 이는 겸손한 자의 영을 소성케 하며 ( )의 마음을 소성케 하려 함이라.
8. 잘못된 금식의 예를 두세 가지 써 보라(58:3-5). -
9. 하나님이 기뻐하시는 금식은?(58:6-7) -
10. 안식일을 지키는 자세는?(58:13) -
11. 여호와의 손이 짧아 구원치 못하심이요 귀가 둔하여 듣지 못하심이다. - (O, X /59: 절)
12. 이스라엘의 죄악이 이스라엘과 하나님 사이를 내었다. - (O, X /59: 절)
13. 이스라엘에게는 허물이 함께했으나 그들은 죄악을 알지 못하였다. - (O, X /59: 절)
14. 이스라엘과의 언약은 하나님의 신과 말이 영원토록 입에서 떠나지 아니하리라는 것이다. - (O, X /59: 절)

▲▼△▽ -----≪직업이 녹아나는 생활≫----- ▽△▼▲

▷ 농생물학박사 김백두와 커피를 마시게 되었다. 김 박사는 탁자에 주어진 설탕과 분말크림을 조심스레 퍼 넣더니 젓는데 잔과 스푼 부딪치는 소리가 너무 크고 빨라서 호텔 안의 사람들이 다 쳐다볼 정도였다. 김 박사는 무안해하며 커피를 마셨다. "제가 늘 실험실에서 시약들을 용해하느라고 젓던 습관으로 인해 커피 마실 때도 무의식적으로 이렇게 직업 티를 낸다니까요."

▷ 글을 늘 쓰는 이한라 박사가 교회 주방에서 봉사를 한다. 주방 일을 잘 못할 것으로 여긴 오 권사가 시험을 하느라고 호박채를 썰도록 했다. 그런데 말달리는 소리처럼 엄청나게 빠른 속도로 채를 써는 것이 아닌가? 모두들 놀라 하는데 이 박사가 말했다. "제가 늘 컴퓨터로 일을 하다 보니까, 자판을 두드리던 속도가 요리에서도 나타나더라구요. 그래도 손가락을 다친 적은 없답니다."

♧ ♧ ♧

"직업은 못 속인다"라는 말처럼 생활에서 그 직업이 드러나게 된다. 전에는 선볼 때 취미가 무엇인지를 물었는데, 요즘은 자신이 좋아하는 일을 하려는 경향이 강하여 실제 직업이 취미인 경우가 많다. '직업'은 해야만 하는 일이고, 취미는 하고 싶은 일인데, 이 둘이 하나인 사람은 행복하다.
성도는 마땅히 세상에서 무의식중에라도 생명에 이르는 그리스도의 향기를 발해야 한다. 그대, 그리스도인다운 모습으로 사는가? 성도는 무의식중에도 교회와 그리스도를 사랑하는 존재이다.

(이사야 56:7) 내가 그를 나의 성산으로 인도하여 기도하는 내 집에서 그들을 기쁘게 할 것이며 그들의 번제와 희생은 나의 단에서 기꺼이 받게 되리니 이는 내 집은 만민의 기도하는 집이라 일컬음이 될 것임이라

신현주, 〈좌충우돌 예화〉 〈시시콜콜 예화〉, www.sbs66.net

[오늘의 말씀] 이사야 60장~63장 : 회복된 시온의 영광 → 먼저 성경 읽기

(60장) 회복된 시온의 영광에 대해 말씀한다.
(61장) 메시아의 초림과 재림에 대한 예언으로 백성들이 가질 기쁨과 영광을 말한다(눅 4:16-21).
(62장) 계속적으로 이스라엘의 구원과 영광, 새로운 칭호들에 대해 예언한다.
(63장) 열방에 대한 하나님의 승리와 백성을 위한 자비와 도움을 구하는 기도가 나온다.

[말씀 묵상]

1. 하나님은 새로운 이름을 주셨다. "오직 너를 헵시바라 하며 네 땅을 쁄라라 하리라"(62:4). 이처럼 구원받은 유다를 히브리어로 '**헵시바**'('나의 기쁨이 그녀 안에 있다'라는 뜻)라 하고 그 땅을 '**쁄라**'('결혼한 여자'라는 뜻)라고 했는데, 이는 유다 사람들이 바벨론 포로로 인해 황폐해졌던 땅은 복구되고 회복되어(61:4-5) 결혼의 기쁨과 같은 즐거움을 갖게 된다는 것이다. 여러 곳에서 하나님과 그의 백성과의 관계를 남편과 아내의 관계로 묘사한다(62:5, 49:18, 54:5-6, 엡 5:22-32, 계 19:7). 신랑 신부가 모든 것을 주며 서로 기뻐하듯이 그대의 신앙에도 이런 즐거움이 있어야 한다.

[깊은 연구]

1. 기름을 붓는 일에 대하여 (사 61:1)

1) "여호와께서 내게 기름을 부으사"(61:1)

기름 부음이 의미하는 것은 성별(聖別/ 레 8:11, 민 7:1), 하나님께서 선택하신 자에게 주시는 직위에 대한 임명(출 29:7, 삼상 10:1, 왕상 19:16, 대하 22:7), 특별한 명예(삼상 24:6,10), 특권의 수여(시 105:15), 하나님의 은혜(시 23:5)로 볼 수 있다.

2) 누구에게 기름을 부었나?

(1) 제사장에게 기름을 부었다(출 29:7, 30:30). / 성전 예배의 주관자

(2) 선지자에게 기름을 부었다(왕상 19:16). / 하나님 말씀의 전달자

(3) 왕에게 기름을 부었다(삼상 16:13, 왕하 9:3). / 이스라엘 백성의 통치자

3) 기름 부음을 받으면 따라오는 것들

기름 부음을 받는 사람들에게는 직분과 함께 성령께서 같이하시며 또 성령이 주시는 능력도 받게 된다(삼상 10:1, 16:13-14, 단 9:24). 이러한 일을 완전히 행하신 분은 영적 선지자(눅 24:19)시며, 대제사장(슥 3:1-5, 히 4:14)이시고, 만왕의 왕(눅 1:32-33, 딤전 1:17) 되신 그리스도시다.

■ 남쪽에서 본 오늘날 시온산
이사야 60장은 회복된 시온의 영광을 말해 준다. 오늘날의 시온산은 도시화되었다.

통독	287
확인	

공부 이사야 60장~63장 : 회복된 시온의 영광

1. (60:   절) 일어나라 빛을 발하라 ~
2. (60:   절) 전에는 네가 버림을 ~
3. (60:   절) 다시는 낮에 해가 네 빛이 ~
4. 어디에 일부 인용되었는지 맞는 것에 O표(61:1-4). - 갈 6:6-10 (   ), 눅 4:16-21 (   )
5. 슬퍼하는 자에게 무엇으로 대신하나?(61:3) - 1) 재: 2) 슬픔: 3) 근심:
6. 너희(유다)는 무엇이라 일컬어지는가?(61:6) - 1) 여호와의   2) 하나님의
7. 열방이 여호와의 행하심을 보고 인정하는 말은?(61:9) -
8. 하나님께서 입히시고 더하신 옷은?(61:10) -
9. 62:1-4을 읽고 시온에 대한 히브리어 칭호 두 가지의 뜻을 쓰세요(전면의 해설 참고).
   1) 헵시바 -   2) 쁄라 -
10. 곡식을 원수에게, 포도주를 이방인에게 주지 않고 추수한 자가 먹고 무엇을 하는가?(62:8-9) -
11. 사람들이 너(유다)를 일컬어 하는 말들은?(62:12, 4가지) -

◇ 다음 말씀이 되게 줄로 연결하여 완성하세요(12-15문, 63장).

12. 에돔에서 오며	가) 그들은 나의 백성이요	a) 거짓을 행치 아니하는 자녀라
13. 여호와께서 말씀	나) 큰 능력으로 걷는 자	b) 주의 이름을 우리의 구속자라
14. 여호와의 신	다) 주의 백성을 인도하사	c) 의를 말하는 자, 구원하기에 능한 자
15. 주는 우리 아버지시라	라) 아브라함은 우리를 모르고	d) 이름을 영화롭게 하셨도다

▲▼△▽ -----≪용기를 주는 교인들의 예쁜 어록≫----- ▽△▼▲

▷ 금년에 처음 임명받은 집사님이 사무실로 찾아왔다. 그는 고등학교 교사로 있다가 결혼하면서 그만둔 분으로 삶이 성실한 두 아이 엄마다. "목사님 미국 가시는데 미국 가는 비행기에서 '찐 계란' 사 잡수시라고 준비했습니다." 하며 봉투를 내밀었다.

▷ 설교 못한다고 아내에게 구박(실제는 학대)을 받는 목사에게 집사님이 말했다. "목사님 설교를 듣고 있노라면 금방 시간을 잊어버리고, 조금 있다가는 나이를 잊어버리고, 나중에는 나 자신을 잊어버린다니까요. 설교가 끝났을 때는 또 다른 나, 변화된 느낌으로 마음속에 행복이 가득합니다."

▷ 권사님이 말한다. "교회에 전화를 하면 언제나 목사님과 연락이 되어 그렇게 든든할 수가 없어요. 언제나 그 자리에 계시고 어느 시간이건 연락이 됩니다. 지난번 새벽 2시에 할머니께서 돌아가셨을 때에도 그 시간에 바로 오셔서 응급실에서 기도해 주신 후에 영안실로 갔기에 위로가 되었어요."

♧ ♧ ♧

기차여행 때처럼 비행기에서 계란을 파는 것이 아님을 알지만, 액수가 적다는 말을 애교 있게 표현한 것이다. 설교는 답이 없으나 경험으로는, 철저한 본문 연구와 기도로 깊은 영성을 힘입어서 한다. 목사는 24시간 연락이 되어야 하며 신발 방향도 차의 방향도 바깥을 향해 있어야 한다.
하나님은 우리의 모든 것을 새롭고 좋게 만들어 주시며 기쁨을 주시기를 원하신다.

(이사야 61:3) 무릇 시온에서 슬퍼하는 자에게 화관을 주어 그 재를 대신하며 희락의 기름으로 그 슬픔을 대신하며 찬송의 옷으로 그 근심을 대신하시고 그들로 의의 나무 곧 여호와의 심으신바 그 영광을 나타낼 자라

신현주, 〈좌충우돌 예화〉〈시시콜콜 예화〉, www.sbs66.net

[오늘의 말씀] 이사야 64장~66장 : 하나님 나라의 완성 → 먼저 성경 읽기

(64장) 63장 15절부터 계속된 자비와 도움을 구하는 기도는 감동적이다.
(65장) 여기에 대한 하나님의 응답으로서 새 하늘과 새 땅에 대한 새로운 창조를 말씀하신다.
(66장) 예루살렘의 장래 구원과 악인들에 대한 심판, 그리고 모든 민족이 여호와를 공경할 것을 예언한다.

[말씀 묵상]

1. 63장 후반을 통해 당시 이스라엘은 하나님께 선택된 민족임에도 참으로 합당치 못한 상태에 있었음을 알 수 있다. 그러한 곤란 속에서도 여전히 그들은 "그러나 여호와여 주는 우리 아버지시니이다"(64:8)라는 자세를 잃지 않았다. 현실이 자신에게 부당한 것으로 여겨져도 하나님의 선택과 사랑의 관계를 다르게 보지는 않았다. 이처럼 신앙의 자세는 변치 않는 것으로 작은 일로 변하는 현대 교인들에게 경종을 울린다. "그러나 여호와여 주는 우리 아버지시니이다."
2. "보라 내가 새 하늘과 새 땅을 창조하나니"(65:17). 택하신 백성들을 위하여 새 하늘과 새 땅을 창조하시어 기쁨과 즐거움을 주신다. 이는 그리스도를 통하여 이루어지는 하나님의 나라이다(마 3:2, 4:17, 12:22-29). 영원한 나라(롬 14:17, 벧후 1:11)의 시민이 된 성도들은 이미 임한 나라를 전파하며(행 8:12), 그리스도의 재림으로 완성되도록 기도해야 한다(마 6:10, 계 7:10).

[깊은 연구]

1. 돼지고기를 먹는 문제에 대하여 (사 65:4, 66:17)

출애굽 당시 광야에서 주신 율법에 정(淨)한 것과 부정(不淨)한 음식, 즉 먹을 수 있는 것과 먹지 못할 것을 나누어 주셨다(레 11장, 신 14장). 이러한 음식 규례는 이방인과 구별하여 이스라엘은 선택받은 백성이라는 증거였으며, 광야생활의 위생과도 관계가 있었을 것이다. 따라서 율법에 금한 것을 먹는 이스라엘에 대하여 진노를 발하셨다(66:17). 그러나 복음 시대에는 음식으로 정과 부정을 나누지는 않는다(행 10:9-16). 신약 시대의 우리는 유다인들이나 일부 교파의 성도들처럼 음식에 제한을 두지는 않는다. 〈제1권 통독 35, 76일째 참고〉

■ 경주에서 발견된 돌십자가(1956년)
기독교와 한국의 접촉은 언제인가? 네스토리안들이 635년 당나라 초기에 알로펜을 파송하여 중국에서 경교(景敎)라는 독특한 종교로 발전하였다. 당나라와 교류가 잦았던 통일신라에 영향을 미쳤을 것이라는 주장들이 있다. 사진은 마리아상과 함께 경주에서 출토된 돌십자가이다. 〈숭실대학교 기독교박물관 소장〉

2. 벌레가 죽지 아니하며 그 불이... (사 66:24)

마가복음 9장 48절에 인용된 본문으로 예루살렘 남쪽에 위치한 힌놈의 골짜기(히, 게 힌놈)는 시체들이 드러나는 장소이다. 신약에서 '지옥'으로 번역된 '게헨나'는 히브리어의 헬라어식 음역이다. 아하스 왕 때는 이곳에서 아이들이 암몬족의 신 몰렉에게 제물로 바쳐졌다(왕하 16:3, 대하 28:3 외). 이곳은 예루살렘의 쓰레기장이 되었고 지옥에 대한 묘사가 되었다. 〈통독 290일째 참고〉

통독	288
확인	

공부 이사야 64장~66장 : 하나님 나라의 완성

1. 주의 대적으로 ( )을 알게 하시며 열방으로 ( )에서 떨게 하옵소서. - (64: 절)
2. 주께서 기쁘게 ( )와 주의 길에서 ( )를 선대하시거늘 우리가 ( )하므로 주께서 진노하셨사오며 이 현상이 이미 오랬사오니. - (64: 절)
3. 여호와여 주는 우리 ( )시니이다 우리는 ( )이요 주는 ( )시니 우리는 다 주의 손으로 지으신 것이라. - (64: 절)
4. 하나님께서 어떤 죄악에 대하여 보응하시는가?(65:6-7) -
5. 다음의 곳은 어떤 곳이 되나?(65:10) - 1) 샤론: 2) 아골 골짜기:
6. 하나님을 섬기지 않는 자들이 당할 일은?(65장 13절-3가지, 14절-1가지, 15절-2가지)
   - 주릴 것,
7. 언제 '이전 것은 기억되거나 마음에 생각나지 아니할' 것인가?(65:17) -
8. 새 하늘과 새 땅의 창조로 변화될 많은 일들 중에 관심이 가는 6가지를 자유롭게 쓰세요(65:18-25).
   1) 백 세에 죽는 자가 아이겠다 2) 3)
   4) 5) 6)
9. (66: 절) 무릇 마음이 가난하고 ~
10. (66: 절) 보라 내가 그에게 평강을 ~
12. (66: 절) 나의 지을 새 하늘과 ~
11. (66: 절) 매 월삭과 매 안식일에 ~

▲▼△▽ -----《당신 먼저 가서 기다려!》 ▽△▼▲

▷ 가끔 특별시에 가면, 터미널 앞의 걸인을 시작으로 지하철에서도 찬송소리를 듣게 된다. '예수님 믿는 사람이 이렇게도 많나?' 또는 '믿는 사람들이 구제를 잘 하기에 사업목적상 찬송가를 트나?' 하는 생각이 든다. 한 걸음 더 나가 지하도 입구나 심지어는 지하철 안에서도 "예수 천당, 불신 지옥" 하면서 예수님을 전하는 분들을 보면 복음 전파의 효과를 떠나서 그분들의 용기와 헌신에 감격한다.

▷ 한 전도자가 늦은 저녁, 모두들 지친 지하철에서 적막을 깨고 "예~수 믿고 천당 갑시다. 예~수..." 하며 계속 외치자 피곤에 지친 승객들의 짜증스런 표정이 역력했다. 마침내 한 승객이 일어나 그 전도자를 향하여 외치자 잠시 고요를 지나 순간 차 안은 폭소가 터졌다.

"당신 먼저 천당 가서 기다리고 있어, 여기선 조용히 하구!"

♧ ♧ ♧

비록 전도 효과가 미약하다 해도, 한국 교회의 성장은 이런 분들의 공이 있음도 인정해야 하며 선한 열정을 배운다. 이 땅에 모든 것을 걸고 사는 그대가 정말 예수 믿고 천국 간다는 확신이 있는가? 먼 훗날 남의 이야기처럼 들리나? 복음 전파가 반사회적이어서는 안 된다. 바울은 투기나 분쟁으로 하든, 착한 뜻으로 하든 전파되는 것은 그리스도이기에 기뻐했다(빌 1:13-15). 전도대상자를 빼앗아 갔다고 열 받지 말라. 우리는 새 하늘과 새 땅을 바라보며 사는 자이다.

(이사야 66:22) 나 여호와가 말하노라 나의 지을 새 하늘과 새 땅이 내 앞에 항상 있을 것 같이 너희 자손과 너희 이름이 항상 있으리라

신현주, 〈좌충우돌 예화〉 〈시시콜콜 예화〉, www.sbs66.net

〈예레미야〉를 소개합니다

제목에 대한 해설

본서의 히브리어 성경의 책 이름은 '이르메야후'(예레미야)로 예언자의 이름을 따라 붙여졌다. 70인역(LXX)이나 불가타역(Latin Vulgate)들도 모두 예레미야의 이름을 책 이름으로 정하였고, 후대의 영어역이나 한글 성경도 역시 이를 따르고 있다.

저자와 기록 연대

저자는 전통적으로 예레미야 자신이라는 데 이견이 없었다. 본문 36장에 의하면 여호야김 4년에 여호와께서 선지자에게 두루마리를 취하여 모든 예언을 기록하라 하므로 바룩을 통하여 기록하게 되는데, 그때를 주전 605년경으로 본다. 본서에는 찬란한 문학형식들이 혼합되어 있다. 즉 산문과 시, 냉소와 애가, 행동을 통한 비유, 자서전과 역사가 담겨 있다.

현대 학자들은 기본 전승은 예레미야로부터 왔으나 일부(특히 50-51장 등)는 주전 5세기 후반에서 4세기 초반에 다른 사람에 의하여 첨가되었다고 주장하기도 한다.

예레미야의 생애와 사역

예레미야는 제사장과 선지자적 성격을 겸비한 선지자로서 '눈물의 선지자', '고독의 선지자'라는 별명이 있다. 예레미야에 대해서는 열왕기하 22-25장과 역대하 34-36장을 함께 읽으면 다른 예언자들보다 자세한 정보를 얻을 수 있다.

예레미야는 아나돗 제사장 힐기야의 아들로 젊은 나이인 요시야 13년(주전 626년)에 예언을 시작하여 여호아하스, 여호야김, 여호야긴, 그리고 시드기야 때 주전 587년 바벨론에 의해 예루살렘이 함락되는 것을 지켜보았고 이후 얼마 동안 지속되었다. 즉 예레미야는 민족의 비극적인 상황에서 약 40년간 예언하였다. 예레미야가 소명을 받던 이때에는 앗수르 왕이 죽던 해로(주전 626년) 북방에서는 신흥 바벨론이 앗수르를 제압할 때이며 남방에서는 애굽이 재기할 때이다.

즉 남국 유다가 멸망해 가는 쇠퇴기에 예언을 하여 하나님의 공의와 사랑을 전하였는데, 메시지는 심판과 구원이라는 양면성을 가지고 있다.

연대기적 배열

〈예레미야〉의 기록이 연대기적으로 되어 있지는 않으므로 연대기적으로 배열하여 읽는 것이 필요하다. 시대순으로 사건을 배열하여 본다. 〈해당 본문은 강사문 외 4인 공저, 《구약성서 개론》, p. 657-665 참고〉

제1기 - 626년 예레미야의 소명에서 621년 요시야의 종교개혁 이전까지

제2기 - 626년 요시야 종교개혁 이후부터 609년 요시야 죽음까지

제3기 - 609년 요시야 죽음부터 605년 갈그미스 전쟁까지

제4기 - 605년 갈그미스 전쟁부터 597년 여호야긴의 포로까지

제5기 - 598년 여호야긴 포로에서부터 587년 유다 예루살렘 멸망까지

교훈과 메시지

1) 회개의 메시지

예레미야는 에스겔처럼 초월적 신관(렘 23:23)보다 내재적(內在的) 신관을 갖는다. 여호와는 예레미야를 이해하고 알고 계시며(9:24), 북방의 모든 족속을 불러서 유다를 심판하시며(1:15), 이방의 역사까지 지배하시므로 느부갓네살까지도 '그의 종'(27:6), '그의 도구'(27:6-9)로 사용하셔서 역사 속에서 활동하신다. 예레미야는 하나님의 백성을 구원에 이르도록 하기 위하여 죄와 심판과 회개와 용서를 끊임없이 선포하였다(3:1-4:4). 예루살렘 멸망을 예언했으며 멸망 이후 예레미야의 메시지는 급격히 변화하여 주로 개인 신앙과 새 역사의 메시지로 발전하게 된다.

2) 미래 예언과 메시아 사상

예레미야의 신관이 내재적이었으므로 예레미야의 예언에는 전우주적으로 펼쳐지는 종말론적인 심판과 구원의 시각은 없다. 역사 안에서 일어나는 이스라엘 회복에 관한 현실적인 미래의 대망이 있을 뿐이다. 이러한 미래에 대한 소망의 메시지는 역시 새 계약의 약속에서 절정에 이르며 다윗에게서 난 의로운 가지(David a righteous Branch)에 관한 두 개의 메시아 예언으로 이어지게 된다(23:5-6, 33:15-16).

〈예레미야애가(哀歌)〉를 소개합니다

제목에 대한 해설

히브리 성경의 책 이름에 예레미야라는 말은 없고 히브리인들이 1장 1절의 첫 단어인 '에카'라고만 불렀다. 이 말은 탄식의 부르짖음인 '아, 어찌하여!' 또는 '슬프다!'라는 감탄사인데, 한글 애가(哀歌)와 발음이 유사하다. 랍비들은 이 말 대신에 애가(哀歌)라는 뜻을 가진 '키노드'라 했으며, 70인역(LXX: 주전 3세기의 구약성경 헬라어역)에서도 이를 제목으로 채택했다.

키노드 앞에 '예레미야'를 붙인 〈예레미야애가〉는 시리아역이나 불가타역(Latin Vulgate: 4세기 말 제롬이 번역)에서부터 시작된 것으로 현대의 성경들은 이를 따르나 히브리 원문에는 익명의 애가이다.

〈애가〉는 후대의 성경들이 예언서로 분류한 것과는 다르게 히브리 성경에서는 성문서에 두었다.

저자와 기록 연대

저자는 예루살렘의 멸망을 지켜본 예레미야로 보고 따라서 그 저작 연대를 주전 587년 예루살렘 멸망 직후로 보게 된다. 이는 역대하 35장 25절의 진술과 또 〈예레미야〉와 일치하는 시대상황 때문이다. 그러나 현대 학자들은 예루살렘의 멸망을 보는 관점이 다르며 '주'라는 용어가 〈애가〉에는 3장에서만 14번 나오지만 〈예레미야〉에는 한 번밖에 나오지 않는다는 등 여러 가지 이유로 예레미야 저작설에 의문을 제기한다.

본서의 특징

본서는 단순히 예루살렘 멸망을 되새기게 하려 하기보다는 과거의 교훈을 통해 어려운 재난에 직면할지라도 하나님을 믿는 신앙의 자세를 굳게 지키도록 하기 위한 목적이 있다.

다섯 두루마리(메길로트: Megilloth / 전도서, 아가, 룻기, 애가, 에스더)에 속했던 것으로 〈애가〉는 아브월(태양력 7, 8월) 제9일 예루살렘 성전이 파괴된 날에 낭독되었는데 항상 5장 21절을 22절 뒤에 반복 낭독함으로 긍정적인 내용에 가까워지도록 했다. 로마 가톨릭에서는 지금까지 이것을 고난주간의 마지막 3일 동안에 읽고 있다.

형식적으로 본서는 이합체시(離合体詩)로 되어 있는데 1-4장은 시적 운율을 지녔고 5장은 기도문에 가깝다. 이합체시란 시의 각 절이 히브리어 알파벳 22자의 순서대로 되어 있는 것으로 언어유희와 함께 기억에 도움을 주려는 뜻이 있었을 것이다.

시대적 배경

〈예레미야애가〉는 주전 587년 예루살렘 성전이 파괴되고(2:6 이하), 기름 부음 받은 왕도 함정에 빠지고(4:20), 가나안 땅의 유업과 집이 외인에게 들어간(5:2) 때의 멸망의 상황을 애도하고 있다. 본서 전체의 분위기가 침울하고 비통하므로 예루살렘 멸망 사건을 목도한 사람에 의해서 기록되었다고 본다. 따라서 주전 587년 예루살렘 멸망에 관한 기록으로 시대적 배경은 〈예레미야〉와 같다. 열왕기하 25장의 예루살렘 멸망의 기록과 같은 상황의 묘사로 되어 있다.

교훈 및 메시지

1) 민족적인 탄식

〈욥기〉가 개인의 탄식이라면 〈예레미야애가〉는 민족적이고 역사적인 고난에서의 탄식이다. 〈애가〉에는 하나님의 심판이 하나님의 의를 드러내는 행동의 결과가 나타나 있으며, 예루살렘의 파괴는 하나님의 명령에 반역한 결과로서 피할 수 없는 재난이라는 사실이 언급되어 있다. 그럼에도 본서는 제사장적 중보기도의 형태로 기록되어 하나님의 심판에 대하여 항변하는 가운데서도 예언자적인 사고의 흐름이 깊이 흘러가고 있다. 이런 가운데서도 저자는 미래의 소망을 찾을 수 있는 가능성을 하나님의 신실성에 두고 있다.

2) 지혜사상도 보인다

〈예레미야애가〉의 신학에는 '남은 자'의 깊은 슬픔과 상한 마음과 애통하는 것으로서 예언자의 메시지에 깊이 뿌리박고 있다. 본서의 시적이면서도 신학적으로 표현들은 고난의 문제가 민족과 역사의 차원에서 묵상된 지혜사상에 의해서 더욱 풍부하게 문학적으로 표현되는 과정을 거쳤다고 볼 수 있다.

[오늘의 말씀] 예레미야 1장~4장 : 예레미야의 소명 → 먼저 성경 읽기

〈예레미야〉를 크게 나누면 1-45장은 "유다에 대한 심판 예언"이고, 46-52장은 "열방에 대한 심판 예언"이다.
(1장) 아나돗 제사장의 아들 예레미야는 선지자로 부름(요시야 13년부터 시드기야 11년)을 받는다.
(2장) 하나님은 자기 백성의 부정을 여러 측면에서 책망하신다.
(3장) 하나님은 "이스라엘아 돌아오라" 하며 애타게 부르시나 그들은 우상 숭배에 빠져 있다.
(4장) 이스라엘은 불순종하여 재앙은 다가오고 백성들로 인해 예레미야는 슬퍼한다.

[말씀 묵상]

1. 예레미야는 소명을 받을 때에 **"나는 아이라 말할 줄을 알지 못하나이다"**(1:6)라고 하였다. 하나님께 부름 받는 사람들은 언제나 겸손함으로 부름에 사양하는 경우가 많으나 결국은 하나님께서 사명과 함께 능력을 주시므로 그 사명을 감당하게 된다. 모세는 **"나는 입이 뻣뻣하고 혀가 둔한 자니이다"**(출 4:10-17) 하였으며, 기드온은 숨어서 타작을 하다 소명을 듣고 **"나의 집은 므낫세 중에 극히 약하고 나는 내 아비 집에서 제일 작은 자니이다"**(삿 6:15) 하였다. 그대는 핑계만 댈 것이 아니라 이 시대의 쓰임 받는 일꾼이 되어야 한다.

[깊은 연구]

1. 예레미야 생애의 주요 사건 (주전, 연대기적으로 정리)

627년 예레미야가 선지자로 부름을 받는다. 앗수르의 마지막 왕 아슈르바니팔이 죽는다.
621년 성전 수리를 하다가 율법 책을 발견하고 요시야의 종교개혁이 시작된다.
612년 앗수르의 수도 니느웨가 바벨론에게 함락된다.
609년 애굽이 앗수르를 지원하기 위하여 북진하므로 요시야 왕이 저지하려다가 므깃도에서 전사한다. 앗수르에서 귀국하는 길에 바로느고가 새 왕 여호아하스를 폐위하고 여호야김을 왕으로 세운다.
605년 애굽 군대가 갈그미스에서 바벨론 왕 느부갓네살에게 참패한다.
604년 느부갓네살이 아람(수리아)과 유다와 블레셋 성읍을 정복한다.
598년 애굽과 맺은 동맹이 다시금 바벨론 군대를 유다로 내려오게 한다.
597년 여호야김 왕이 죽는다. 두 달간의 포위공격 끝에 예루살렘이 바벨론 군대에게 함락된다. 새 왕 여호야긴이 다른 백성과 함께 바벨론에 사로잡혀 간다. 그의 아자비 시드기야가 왕위에 오른다.
588년 친애굽파의 압력으로 시드기야가 바벨론과의 신의를 저버린다. 예루살렘이 18개월간의 포위공격에 처한다.
587년 바벨론 군대가 예루살렘 성을 함락시키고 백성이 사로잡혀 간다. 3개월 뒤에 총독 그다랴가 살해당한다. 예레미야가 애굽으로 끌려간다. 〈David, Pat Alexander, 《Lion Handbook to the Bible》, p. 397〉

■ 고뇌하는 모습의 예레미야
예레미야는 조국의 앞날을 내다보며 멸망할 유다로 인해 괴로워했다. 〈시스티나 예배당의 천장 프레스코화. 미켈란젤로〉

공부 예레미야 1장~4장 : 예레미야의 소명

1. 예레미야는 베냐민 땅 (   )의 제사장 중 (   )의 아들이다(1:1-3).
2. 예레미야가 소명을 받던 해는 유다 왕 (   ) 13년으로부터 유다 왕 (   )의 11년 말까지이다 (1:2-3, *시드기야 11년은 주전 587년으로 예루살렘이 멸망하던 해이다. 왕하 25장, 대하 36장).
3. 예레미야가 본 두 가지 환상은 '(   ) 가지'와 '(   ) 가마'이다(1:11-13).
4. 하나님께서 예레미야에게 (견   ), (쇠   ), (놋   )이 되게 하였다고 했다(1:18).
5. 하나님의 인도로 기름진 땅에 들어간 다음 사람들의 영적 형편은?(2:7-8)
   1) 제사장들 -   2) 법 잡은 자 -   3) 관리들 -   4) 선지자들 -
6. 유다 백성이 행한 두 가지 악은 무엇인가?(2:13) - 1)   2)
7. 당시 유다가 의지하려고 했던 두 나라는 어디이며 그 결과는?(2:18, 36) -
8. 하나님께서 참 종자, 곧 귀한 포도나무로 심었는데 그 결과는?(2:21) -
9. 유다의 어떤 말을 인하여 하나님께서 심판하리라 하셨나?(2:35) -
10. (3:   절) 배역한 이스라엘아 돌아오라 ~
11. (3:   절) 내 마음에 합하는 목자를 ~
12. (3:   절) 이스라엘의 구원은 진실로 ~
13. (4:   절) 시온을 향하여 기호를 세우라 ~
14. (4:   절) 예루살렘아 네 마음의 악을 ~
15. (4:   절) 내 백성은 나를 알지 못하는 ~

▲▼△▽ -----《메모 습관이 퀴즈 왕 비결》----- ▽△▼▲

"56세의 고졸 주부." 이 말은 전문적이지 않다는 의미를 내포하는 단어들의 구성으로서, 신문이나 뉴스의 타이틀에 나온 것이다(0507). 주부 박영자 씨는 "퀴즈 대한민국"이라는 프로에서 우승상금 5천6백만 원의 주인공이 되었다. 야간 여상을 졸업한 박 씨는 간병인 생활로 가계를 꾸려 가는 어려운 사정에도 불구하고 출전해 쟁쟁한 젊은이들을 물리쳤다. 4라운드를 통과해야 얻을 수 있는 '퀴즈영웅' 타이틀을 받은 사람은 올 들어 두 번째이다. 박 씨는 2라운드까지 한 문제도 틀리지 않았다.

3년 전 주부건망증에 대한 걱정 때문에 도서관을 다니기 시작했다는 박 씨는 평소 신문과 책을 보며 메모하는 습관을 가진 것이 퀴즈대회 우승의 원동력이었다며 이렇게 말했다. "상금은 쪼개 교회에 헌금하고, 친구의 항암치료비에 보탠 후 남는 것으로 큰아들에게 소형차를 사 주겠습니다."

♧ ♧ ♧

집사님이나 권사님 같다는 생각을 하는데, 이 책을 보시면 연락 주세요. 신문이나 텔레비전의 뉴스거리가 되었으니 하나님께 영광이요 본인에겐 기쁨이다. 대단하다는 생각은 누구나 하게 된다. '메모하는 습관'은 자기 발전에 도움이 되는데도 사람들은 메모하는 습관을 우습게 여기며 산다. 필자는 메모 도구가 늘 주머니에 있고, 머리 나쁜 덕에 메모한 것들이 책과 설교 자료가 된다. 하나님은 예레미야에게 "내 말을 네 입에 두었노라" 하시며 예언자의 입술을 주장하셨다.

(예레미야 1:9) 여호와께서 그 손을 내밀어 내 입에 대시며 내게 이르시되 보라 내가 내 말을 네 입에 두었노라

신현주, 〈좌충우돌 예화〉〈시시콜콜 예화〉, www.sbs66.net

[오늘의 말씀] 예레미야 5장~8장 : 유다 멸망의 예언 → 먼저 성경 읽기

(5장) 여호와께서 예루살렘의 범죄를 지적하고 심판을 경고하신다.
(6장) 적에게 에워싸인 예루살렘과 이스라엘의 멸망에 대한 전쟁이 선언된다.
(7장) 길과 행위를 바르게 하라고 권면한다. 유다 백성이 성전에서 제사를 드리면서 우상 숭배한 큰 죄를 지적하며 회개하지 않으면 큰 형벌을 내리겠다고 선포한다.
(8장) 회개하고 돌아와야 할 백성이 돌아오지 않음에 대해 징계받을 것을 선포한다.

[말씀 묵상]

1. 하나님은 "예루살렘에서...공의를 행하며 진리를 구하는 자를 한 사람이라도 찾으면 내가 이 성을 사하리라"(5:1) 하셨다. 마치 아브라함 시대에 소돔과 고모라가 의인 열 명이 없어서 멸망했듯이(창 19-20장) 단 한 사람, 그 사람이 없어서 교회가 어려움을 당하고 문제를 해결하지 못할 때가 많다. 이 시대 우리 교회에 공의를 행하며 진리를 구하는 바로 그 한 사람이 되라.
2. 예레미야는 성전 바깥뜰에서 안뜰로 들어가는 한 문에서 "너희는 이것이 여호와의 전이라(3번 반복) 하는 거짓말을 믿지 말라"(7:4) 하고 예언하였다. 거짓 예언자들의 주술 같은 이것이 여호와의 전이기에 안전하다는 것은 잘못되었다고 책망을 한다. 신앙은 바른 행위가 뒤따라야 한다.
3. 하나님은 예레미야에게 "네가 그들에게 이 모든 말을 할지라도 그들이 너를 청종치 아니할 것이요"(7:27)라고 하셨다. 결국 예레미야의 사역은 실패로 끝날 터인데 그것을 알면서도 계속 전해야 하는가? 그러한 결과를 알고서도 계속 사역을 감당한 것은 하나님의 명령이었기 때문이다. 오늘의 사역자들도 자신이 전하는 말씀대로 성취되지 않고 악한 것만이 세상에 가득하다 할지라도 하나님께서 소명을 주셨으니 낙심치 말고 사명을 감당해야 한다(고후 4:1).

[깊은 연구]

1. 힌놈의 골짜기는 어디를 가리키나? (렘 7장)

힌놈의 골짜기(Valley of Hinnom)는 '힌놈의 아들의 골짜기'(렘 7:31, 32, 19:2, 6, 수 15:8, 왕하 23:10)라고도 불린다. 이 이름은 아마도 이곳의 최초의 거주자였던 여부스족 땅 임자의 이름에서 유래한 듯하다. 유다 백성들은 이곳에 음란한 사당(祠堂)을 세워 놓고 거기서 자기의 자녀들을 우상의 제물로 불살라 바쳤다(왕하 23:10). 이와 같은 행위는 이방에서 많이 행해졌는데 이스라엘에서는 므낫세 왕 때에 시작되어 나라 전체에 만연하였으며, 요시야 왕 때에 잠시 금지되었다가 여호야김 왕 때에 다시 성행하였다(렘 19:5, 32:35, 겔 20:31). 〈통독 288일째 참고〉

■ 오늘날의 힌놈의 골짜기(렘 7:31-32)
유다 백성들은 이곳에서 우상을 숭배하였기에 책망을 받았다(왕하 23:10). 예레미야도 그곳에 임할 재앙을 예언했다.

공부 예레미야 9장~12장 : 우상 숭배와 그 벌

1. 예레미야는 "내 머리는 ( ) 이 되고 내 눈은 ( )이 될꼬" 하였다(9:1).
2. 하나님은 '예루살렘으로 ( )를 만들며 시랑의 ( )이 되게 하겠다'고 하셨다(9:11).
3. 하나님은 유다에게 '그들의 조상이 알지 못하던 ( ) 중에 그들을 헤치고 진멸한다' 하셨다(9:16).
4. 할례 받은 자나 받지 못한 자 다 벌하는 것은 이스라엘은 ( )에 할례를 받지 못했기 때문이다(9:26).
5. (10: 절) 열방의 길을 ~
6. (10: 절) 오직 여호와는 ~
7. (10: 절) 야곱의 분깃은 ~
8. (10: 절) 인생의 길이 ~
9. 예레미야 11장에 '언약'이라는 단어가 몇 번 나오는가? -
10. (11: 절) 너희는 나의 목소리를 청종하고 ~
11. (11: 절) 유다 성읍들과 예루살렘 거리에서 ~
12. (11: 절) 네 생명을 취하려고 찾아 ~
13. (12: 절) 그들의 ( )은 주께 가까우나 그 ( )은 머니이다.
14. (12: 절) 네 형제와 아비 집이라도 너를 ( ) 네 뒤에서 ( ) 그들이 네게 좋은 말을 할지라도 너는 믿지 ( ).
15. (12: 절) 그들이 내 ( )를 부지런히 배우며 사는 ( ) 내 이름으로 맹세하기를 자기들이 내 백성을 가리켜 ( )로 맹세하게 한 것 같이 하면 그들이 내 백성 중에 ( )을 입으려니와.

▲▼△▽ -----≪'순한 어린 양'의 의미는?(렘 11:19)≫----- ▽△▼▲

1) 히브리어로 '케케베스 알루프'(כְּכֶבֶשׂ אַלּוּף)로서 '길들여져 사랑받는 양'이란 뜻이다. 유다인이나 아라비아인의 풍속으로 어리고 순한 양을 어린아이처럼 귀하게 키우는 일들이 있었다. 나단이 다윗을 책망할 때에 든 비유 속에 이 어린 양이 나온다(삼하 12:3 - 가난한 자는 아무것도 없고 자기가 사서 기르는 작은 암양 새끼 하나뿐이라 그 암양 새끼는 저와 저의 자식과 함께 있어 자라며 저의 먹는 것을 먹으며 저의 잔에서 마시며 저의 품에 누우므로 저에게는 딸처럼 되었거늘).

2) 예레미야가 자신을 순한 어린 양이라 함은 당시 집에서 기르는 양은 죽이지 않았는데, 마찬가지로 자신도 가족들에게 해를 당하지 않을 것이라고 생각했기 때문이다(삼하 12:3 참고).

3) 예레미야가 진리를 위해 일을 할 때에 그의 생명을 위협하는 일들이 일어났지만 선지자는 자신을 돌보지 않고 하나님의 말씀을 전하는 일에만 전심전력하는 일편단심의 행동을 했다.

4) 세례 요한은 예수님을 가리켜 '세상 죄를 지고 가는 하나님의 어린 양'이라 하였다. 순한 어린 양 같은 예레미야는 예수님의 그림자이기도 하다(요 1:29 - 이튿날 요한이 예수께서 자기에게 나아오심을 보고 가로되 보라 세상 죄를 지고 가는 하나님의 어린 양이로다).

[오늘의 말씀] 예레미야 13장~16장 : 질문에 대한 하나님의 응답 → 먼저 성경 읽기

(13장) 베띠, 포도주 병의 비유를 통해 그들의 실상을 교훈하신다.
(14-15장) 심각한 가뭄이 계속된다. 예레미야는 하나님께 기도한다.
(16장) 하나님은 예레미야에게 결혼, 상가집 출입, 잔칫집 출입을 금지시킨다.

[말씀 묵상]

1. 많은 교회들이 '성경공부에 성도들이 모이지 않는다'고 말을 한다. 하나님의 말씀을 모르고 또 그것을 떠나서 교회는 존재할 수 없다. 예레미야는 "내가 주의 말씀을 얻어먹었사오니 주의 말씀은 내게 기쁨과 내 마음의 즐거움"(15:16)이라 하였다. 다윗도 하나님의 말씀을 '꿀송이처럼 달다'(시 119:103) 하였다. 하나님의 말씀을 맛있게 대하는 것은 순종을 통하여 이루어진다[히 4:2, 그 들은 바 말씀이 저희에게 유익되지 못한 것은 듣는 자가 '믿음을 화합지'(믿음과 결부시키지) 아니함이라].

[깊은 연구]

1. 〈예레미야〉의 상징예언 〈통독 278일째 참고〉

〈예레미야〉에는 '상징예언'들이 많이 나온다. 예레미야가 직접 경험한, 하나님께서 그에게 가르치고 따라서 유다에 가르치고 있던 중요한 영적 진리를 담고 있다. 몇 가지를 살펴본다.

1) 베띠(13:1-11): 아름다운 베띠를 띠는 사람에게 찬송과 영광을 가져다줄 수 있듯이, 하나님께 충성하고 찬송과 영광을 위해 살 수 있도록 이스라엘을 값 주고 사심을 보여 주신다. 그러나 그들이 교만과 악행으로 인해 바벨론에 보내짐은 썩어져 쓸모없게 된 베띠와 같음을 깨닫게 한다.

2) 예레미야의 독신생활(16:1-9): 예레미야에게 "이 땅에서 아내를 취하지 말며 자녀를 두지 말지니라"라고 명령하심으로써 하나님께서는 남자와 군대 뿐 아니라 어머니와 아이들에게까지 미치는 다가오는 심판의 지독한 화가 어떤 것인지를 가르치신다.

3) 토기장이와 진흙(18:1-8): 이 민족이 비록 토기장이의 손에서 쓸데없이 된 진흙과 같을지라도, 하나님 토기장이는 아직도 그것을 당신께서 쓰시기에 합당한 영광스런 그릇으로 만드실 수 있다는 진리를 가르치신다.

4) 깨어진 오지병(19:1-13): "사람이 토기장이의 그릇을 한 번 깨뜨리면 다시 완전하게 할 수 없나니 이와 같이 내가 이 백성과 이 성을 파괴하리니"라는 이 상징의 조치로 돌이킬 수 없는 심판을 가르치신다.

5) 아나돗의 밭(32:6-44): 하나님께서는 예레미야에게 고향 "아나돗에 있는 밭을 사라"고 하심으로 포로 기간이 끝나면 돌아올 것에 대한 확실한 미래를 약속하신다.

■ 두루마리를 펼쳐 들고 있는 예레미야
예레미야는 주의 말씀이 기쁨과 즐거움이라 하였다(렘 15:16). 감금되자 바룩에게 말씀을 기록하게 하여 전하였다(렘 36:4-6). 〈라벤나 성당의 모자이크, 6세기〉

공부 예레미야 13장~16장 : 질문에 대한 하나님의 응답

1. 베띠를 통하여 가르친 교훈의 뜻은?(13:1-11을 읽고 답은 9절에서) -
2. 유다인(또는 이스라엘)이 악에 익숙하여 선을 행할 수 없다는 뜻으로 든 두 가지 비유는?(13:23) -
3. 어디를 향하여 "화 있을진저"라고 경고했는가?(13:15-27) -
4. 우리의 죄악이 우리에게 대하여 증거할지라도 주는 주의 이름을 위하여 일하소서. - (14: 절)
5. 우리는 주의 이름으로 일컬음을 받는 자이오니 우리를 버리지 마옵소서. - (14: 절)
6. 그들이 금식할지라도 내가 그 부르짖음을 듣지 아니하겠고 번제와 소제를 드릴지라도... - (14: 절)
7. 우리가 우리의 악과 우리 조상의 죄악을 인정하나이다 우리가 주께 범죄하였나이다. - (14: 절)
8. 여호와께서 내게 이르시되 (   )이 내 앞에 섰다 할지라도 내 마음은 이 백성을 향할 수 없나니 그들을 내 앞에서 쫓아 내치라. - (15: 절)
9. 여호와께서 가라사대 내가 진실로 너를 (   ) 할 것이요 너로 (   ) 할 것이며 내가 진실로 네 대적으로 재앙과 환난의 때에 (   )하게 하리라. - (15: 절)
10. 만군의 하나님 여호와시여 나는 네게 (   )라. - (15: 절)
11. 하나님께서 예레미야에게 하지 말라고 한 것 세 가지는 무엇인지 간단히 쓰세요(16:1-9).
    1) 2절 -   2) 5절 -   3) 8절 -
12. 이떤 여호와의 사심으로 맹세하여 열조에게 준 땅으로 인도하리라 했나?(16:14-15) -
13. 여호와는 누구신가?(16:19) - 여호와는 나의 ____, 나의 _____, _____날의 피난처시여

▲▼△▽ -----《울리지 않는 바이올린》----- ▽△▼▲

그는 미남에다가 남성적이었다. 우리 집에 오면 시를 낭송하고 노래를 불렀다. 좋은 목청으로 노래를 하기에 "악기도 다루시나요?" 물었다. 멋쩍은 미소를 짓더니 아픈 과거를 조심스레 이야기했다.

"실은 제가 바이올린을 다룰 줄 압니다. 그러나 울리지 않는 바이올린이 된 지 20년이 넘었습니다." 호기심에 "왜 연주를 안 하나요?" 했더니 그 남자는 조용히 그리고 아픈 추억을 이렇게 말했다.

"실은 결혼할 당시에 제 아내 앞에서 바이올린을 연주한 적이 있지요. 그런데 내가 바이올린 켜는 것을 보고는, '우리 집 머슴아이는 바이올린을 무척 잘 켰었는데' 하고 말하는 것이 아닙니까? 아내는 나더러 바이올린을 잘 켜지 못한다고 하지는 않았으나 그 말은 꽤나 충격적이었어요. 부인은 내 말을 이해할 수 있겠지요?" 그는 생각했다. '아! 인간이란 얼마나 상처받기 쉬운 존재인가?'

♧ ♧ ♧

소설 《빙점》의 작가 미우라 아야꼬(三浦綾子)가 실례를 《사랑으로 정복하는 아름다운 삶》에서 "울리지 않는 바이올린"이란 글로 소개했다. 사랑하는 사람에게 무시를 당하면 그 아픔은 크다. 그대여, 주변 사람들을 울리지 않는 바이올린처럼 만들지 말고 아름다운 소리를 내게 하라.
유다 나라는 '베띠'(허리에 띠는 귀한 천)처럼 존귀한 자였으나 썩어 버린 베띠처럼 되었다는 상징 예언이 보여 주듯이, 그들은 하나님을 배반하므로 가치 없는 존재가 되고 말았다.

(예레미야 13:5, 7) 내가 여호와께서 내게 명하신 대로 가서 그것을 유브라데 물가에 감추니라...내가 유브라데로 가서 그 감추었던 곳을 파고 띠를 취하니 띠가 썩어서 쓸데없이 되었더라

신현주, 〈좌충우돌 예화〉〈시시콜콜 예화〉, www.sbs66.net

[오늘의 말씀] 예레미야 17장~20장 : 철필로 기록된 죄 → 먼저 성경 읽기

(17장) 유다의 죄는 지울 수 없는 철필로 기록한 것과 같지만 하나님의 말씀을 청종한다면 심판을 면할 수 있을 것이다. 안식일을 거룩히 지키도록 권면하신다.
(18장) 하나님은 예레미야를 토기장이의 집으로 보내 인생이 하나님의 손안에 있음을 말씀하신다.
(19장) 깨어진 오지병의 교훈을 통해 예루살렘 성과 백성을 파하리라는 말씀을 하신다.
(20장) 핍박받는 예레미야는 여호와를 선포하지 않으리라 하면 중심이 불붙는 것 같은 심정임을 토로한다.

[말씀 묵상]

1. 토기장이는 그릇을 만들 때 잘못 만들어지면 부수고 다시 자신의 의도대로 다른 그릇을 만든다. "진흙이 토기장이의 손에 있음 같이 너희가 내 손에 있느니라"(18:6)라는 하나님의 말씀은 이스라엘이 그리고 우리 인생이 하나님의 손안에 있음을 말해 준다. 장갑이 그것을 낀 사람의 손 모양과 크기대로 되는 것처럼 우리가 하나님께 붙잡힌 바 되어 사는 것, 그것이 행복이다.
2. **오지병의 교훈**(19장)은 18장의 토기장이 손에 들린 진흙과는 다르다. 진흙 상태에서는 잘못 만들어졌을 때에 부수고 다시 만들 수 있으나 이미 만들어져 굳어진 오지병은 깨뜨리는 수밖에 없다. 녹로 위에 있는 부드러운 진흙과 같은 상태, 즉 통회하는 심령으로 회개해야 한다. 그러나 이스라엘은 그런 기회를 잃어버렸으니 깨어질 수밖에 없었다. 그런데 복음 안에서는 놀라운 일이 일어나 예수 그리스도가 십자가에서 깨어진 것이다. 그래서 깨어질 수밖에 없는 우리가 예수 그리스도의 보혈, 그 고귀한 죽음에 의해 구원을 받은 것이다.

[깊은 연구]

1. 예레미야는 '눈물의 선지자' (렘 20장)

예레미야는 민족의 멸망을 바라보며 눈물을 흘리며 하나님의 말씀을 전한다. 그러나 백성들은 말씀을 듣지 않고 오히려 그를 체포하고 때리고 착고에 채운다(20:1-3). 그래서 민족을 향한 불붙는 마음 때문에 또 눈물을 흘린다. "내가 다시는 여호와를 선포하지 아니하며 그 이름으로 말하지 아니하리라 하면 나의 중심이 불붙는 것 같아서 골수에 사무치니…"(20:9). 이 심정이 오늘에도!

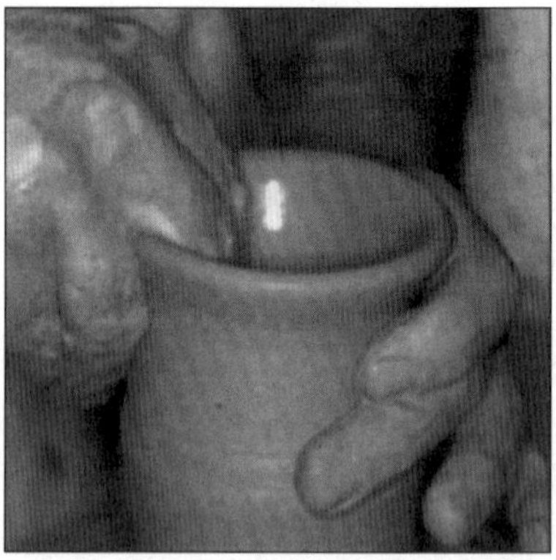

■ 하나님을 토기장이로 비유(렘 18장)
예레미야는 토기장이 비유를 통하여 이스라엘 족속이 하나님 손안에 있음을 증언한다(렘 18:6). 하나님은 파상한 흙으로 다시 좋은 토기를 만들 수 있다.

2. 예레미야의 하소연 (렘 11, 20장)

예레미야는 생일까지 저주하며 하소연한다(20:14-18, 15:10). 이 모습은 욥과 비슷하다(욥 3장). 예레미야의 다른 탄식들에 대해서는 11장 18-23절에서도 볼 수 있다. 또는 12장 1-6절, 15장 10-21절, 17장 14-18절, 18장 18-23절이 모두 예레미야의 애가(哀歌)이다.

통독	293
확인	

공부 예레미야 17장~20장 : 철필로 기록된 죄

1. 유다의 죄는 (　　　　)로 기록되되 그들의 (　　　)과 그들의 (　　)에 새겨졌거늘. - (17:　절)
2. 무릇 (　　　)을 믿으며 (　　　)으로 그 권력을 삼고 마음이 여호와에게서 떠난 그 사람은 (　　　)를 받을 것이라...무릇 여호와를 (　　)하며 여호와를 (　　)하는 그 사람은 (　　)을 받을 것이라. - (17:　,　절)
3. (　　)보다 거짓되고 심히 부패한 것은 (　　　)이라 누가 능히 이를 알리요마는... - (17:　절)
4. 여호와여, 주는 나의 (　　　)이시오니 나를 (　　　) 그리하시면 내가 낫겠나이다. - (17:　절)
5. 토기장이 비유는 이스라엘 족속이 하나님의 손안에 있다는 교훈이다(18:1-6). - (O, X)
6. 유다는 하나님께서 재앙과 계책을 내리고자 할 때에 악한 마음을 버렸다(18:11-12). - (O, X)
7. 유다 백성들이 예레미야의 생명을 해하려고 구덩이를 팠다(18:20). - (O, X)
8. '힌놈의 아들의 골짜기'의 또 다른 이름과, 앞으로 불릴 이름은?(19:6) -
9. 오지병을 깨뜨려서 가르치고자 한 교훈은?(19장을 읽고 답은 11절에서) -
10. 유다는 왜 도벳의 땅(살육의 골짜기)처럼 되는가?(19:13) -
11. 제사장의 아들 바스훌이 예레미야에게 한 일은?(20:1-2) -
12. 예레미야는 유다의 미래를 무엇이라 예언했나?(20:4) -
13. (20:9) 내가 다시는 여호와를 선포하지 아니하며 ~

14. 여호와를 찬양하고 노래해야 하는 이유는?(20:13) -
15. 20:14-18은 욥이 자기 생일을 저주한 어느 장과 같은가?(욥기 1-5장 중에서) - 욥기 (　　)장

▲▼△▽ -----≪아무 일도 안하면 결국은 실패≫----- ▽△▼▲

중국 송나라에 한 농부가 밭을 갈고 있는데, 갑자기 토끼 한 마리가 뛰어오다가 밭 가운데 있는 그루터기에 부딪혀 목이 부러져 죽었다. 덕분에 토끼 한 마리를 공짜로 얻었기에 토끼를 잡으면 더 수지가 맞겠다고 생각하여 농사일은 집어치우고 매일 밭고랑에 앉아 토끼가 오기만을 기다렸다. 토끼는 다시 나타나지 않았다. 농부는 사람들의 조롱거리가 되었고 밭은 잡초만 무성하여 농사를 망쳤다.

컬럼비아 대학교 총장을 지낸 니콜라스 버틀러는 이 세상에는 세 종류의 사람이 있다고 했다. ① 주변에 무엇이 일어나고 있는지 관심조차 없는 사람, ② 주변의 변화를 보면서 남들만 비난하는 사람, ③ 주변 사정을 보고 무엇이 필요한지를 발견하고 그것을 행동으로 옮기는 사람이라고 했다.

아무것도 하지 않는 사람에게는 아무 일도 일어나지 않는다.

♧ ♧ ♧

거지는 집이 없어 불날 염려가 없으나 좋은 일도 기대할 수 없다. 개척자의 삶은 외로움의 대가를 지불해야 한다. 성공과 기적을 만들어 내는 현장에는 눈물을 흘리며 씨를 뿌리는 사람이 숨어 있다.
열매가 있는 곳에는 이미 거룩한 희생을 지불했고, 목표를 향해 일하는 성실한 사람들이 있었다.
최고의 삶을 살려고 할 때, 그 꿈은 헛되고 불가능하다는 주변 사람들이 있기 마련이다.
예레미야는 '여호와를 의지하며 의뢰하는 사람이 복을 받을 것이라' 말하였다.

(예레미야 17:8) 그는 물가에 심기운 나무가 그 뿌리를 강변에 뻗치고 더위가 올지라도 두려워 아니하며 그 잎이 청청하며 가무는 해에도 걱정이 없고 결실이 그치지 아니함 같으리라

신현주, 〈좌충우돌 예화〉 〈시시콜콜 예화〉, www.sbs66.net

[오늘의 말씀] 예레미야 21장~24장 : 지도자들에 대한 책망 → 먼저 성경 읽기

(21장) 시드기야 왕은 위로의 말을 기대하나 예레미야는 예루살렘의 확실한 멸망으로 항복하면 살리라 한다.
(22장) 백성들과 유다 쇠퇴기의 왕들에 대한 책망이 나온다. 시대적으로는 21장보다 앞의 예언이다.
(23장) 정치적으로 종교적으로 타락하여 책망을 듣는다. 한 의로운 가지(다윗 혈통에 속한 의로운 왕 메시아)를 일으킬 것을 말한다. 거짓 선지자를 향한 책망으로 예레미야는 고난을 받았을 것이다
(24장) 무화과 두 광주리 비유를 통해 포로 된 자들과 그 땅에 남아 있는 자들의 형편을 말한다.

[말씀 묵상]

1. "너희가 평안하리라", "재앙이 너희에게 임하지 아니하리라"(23:17). 얼마나 듣기 좋은 말인가? 그런데 문제는 하나님이 보낸 선지자의 말이 아니라 거짓 선지자의 말로서 듣기에만 좋은 이 말대로 판단하고 대처하다가는 낭패를 당한다. 예레미야는 참 선지자로서 백성들에게 바른말을 했기 때문에 인기가 없었다. 듣기 좋은 말에만 현혹되지 말고, 듣기 싫어도 하나님의 말씀이라면 청종하는 자세가 필요하다. 듣기 싫어하는 참말은 진정 가까이에 있는 주의 종이 하기 때문이다.

2. 거짓 선지자에 대한 예언(23:9-40)은 어느 시대를 막론하고 적용된다. 거짓 선지자는 ① 하나님의 이름을 빙자하고(17절), ② 거짓 예언을 하며(16, 25절 등), ③ 보냄을 받지 않았다(21, 32절 등). 그럼에도 그들은 가장 신령한 선지자 행세를 한다. 오늘날에도 참 선지자와 거짓 선지자를 구별하는 영적인 지혜가 필요하다.

3. "내가 다윗에게 한 의로운 가지를 일으킬 것이라"(23:5) 하였다. 여기서 '가지'(branch)는 '순'(筍, 슥 3:8, 6:12)이라고도 한다. 예루살렘이 함락되면서 멸망한 다윗의 왕조에서 의로운 새 왕이 탄생하여 통치하실 것을 가리키는데(사 11:1-5), 그가 곧 메시아 예수 그리스도시다. 어두움 후에는 언제나 새 날이 밝아 오는 것이다.

[깊은 연구]

1. 유다의 마지막 왕들에 대하여 (렘 21-22장)

21장에는 '시드기야', 22장 11절에는 '살룸=여호아하스', 18절에는 '여호야김', 24절에는 '고니야=여호야긴=여고냐'가 나오는데 이들은 유다의 마지막 네 왕이다. 이들이 차례대로 나오지는 않으므로 이름을 가지고 시기를 알 수 있다. 이름이 여러 가지로 쓰임도 기억하며 성경을 읽으면 도움이 될 것이다. 물론 관계된 〈열왕기〉나 〈역대기〉를 읽는 것도 중요하다. 〈제2권 통독 124일째 다음에 나오는 "자료 보너스 4" 참고〉

1) 17대 여호아하스(주전 609년, 3개월): 요시야의 아들로서 애굽에 포로됨. 왕하 23:31-33, 대하 36:1-4
2) 18대 여호야김(주전 609-598년): 예루살렘 포위 때에 죽은 것으로 추정. 왕하 23:34-24:5, 대하 36:5-8
3) 19대 여호야긴(고니야, 여고냐, 주전 598년, 3개월): 바벨론에 잡혀감. 왕하 24:6-16, 대하 36:9-10
4) 20대 시드기야(주전 597-587년): 눈이 뽑히고 바벨론에 잡혀감. 왕하 24:17-25:30, 대하 36:11-21

공부 예레미야 21장~24장 : 지도자들에 대한 책망

1. 왕이 두 사람을 보낸 이유는?(21:1-3) - 1) 여호와께 간구하라 (　), 2) 떠나라 (　)
2. "그들을 이 성중에 모아들이리라"(21:4)에서 '그들'은 (　　　)이고, '이 성'은 (　　)이다.
3. 갈대아인에게 어떻게 하는 자는 사는가?(21:9) - 1) 대항하는 자 (　), 2) 항복하는 자 (　)
4. 사람들이 여호와께서 큰 성(예루살렘)에 재앙을 내린 이유를 무엇이라 하리라 하셨나?(22:8-9)
-

◇ 어느 왕에 대한 기록인가?(22장) {보기} 여호야김 / 고니야(여고냐, 여호야긴) / 살룸(여호아하스)

5. 그가 이곳으로 다시 돌아오지 (　) 잡혀간 곳에서 (　　) 이 땅을 다시 보지 못하리라(22:10-12). -
6. 그가 끌려 (　　　) 문 밖에 던지우고 (　　)같이 매장함을 당하리라(22:13-23). -
7. 너희는 이 사람이 (　　)하겠고 그 평생에 (　　　　)라 기록하라(22:24-30). -

◇ 거짓 선지자나 목자에는 '거짓', 참 선지자나 목자에는 '참'이라 쓰세요(23장, 8-11문).

8. 내 양 무리를 흩으며 그것을 몰아내고 돌아보지 아니하였도다(　절). - (　)
9. 내가 다윗에게 한 의로운 가지(참고. 영원한 목자 메시아)를 일으킬 것이라(　절). - (　)
10. 그들의 말한 묵시는 자기 마음으로 말미암은 것이요 여호와의 입에서 나온 것이 아니니라(　절). - (　)
11. 내 말을 받은 자는 성실함으로 내 말을 말할 것이라(　절). - (　)
12. 예루살렘에서 바벨론으로 옮긴 바 된 사람들은?(24:1) -
13. 유다 백성과 하나님과의 관계는?(24:7) - 그들은
14. 누구를 '먹을 수 없는 악한 무화과' 같이 버린다고 하셨나?(24:8) -

▲▼△▽ -----≪ "엿 먹어라" 의 역사적 유래≫----- ▽△▼▲

1964년 12월 7일, 중학교 전기 입학시험 때였다. 공동 출제 선다형 문제 가운데 "엿기름 대신 넣어서 엿을 만들 수 있는 것은 무엇인가?"라는 문제에 정답으로 채점된 것은 '디아스타제'였지만 보기 중 하나였던 '무즙'도 답이 된다는 것이 이 사건의 발단이었다.

'무즙'을 답으로 써서 낙방한 학생의 학부모들은 이 문제를 법원에 재소했고 어머니들은 항의가 받아들여지지 않자, 무즙으로 엿을 만들어 입시와 관련된 문교부, 교육청, 학교 등에 찾아가 엿을 들이밀었다. '무즙으로 만든 엿을 먹어 보라'고 하면서 아예 솥째 들고 나와 시위를 벌였다. "엿 먹어! 이게 무로 쑨 엿이야." "이 엿 한번 먹어 봐라!" "엿 먹어라!"

결국 당시 김OO 서울시교육감, 한OO 교육부차관이 사표를 내고 6개월이 지나 무즙을 답으로 써서 떨어진 학생 38명을 정원에 관계없이 입학시켜 수습됐고 "엿 먹어라"라는 명언을 남겼다.

♧ ♧ ♧

한국적 치맛바람이 어우러져 유례없는 입시 혼돈이 빚어진 사건으로 결국 엿 사건은 시중에 회자되다가 끝내 욕설이 되었다. 40여 년 전이나 지금이나 우리 어머님들의 교육열은 못 말린다. 언어는 세월이 만들어 낸다고 하는데, "엿 먹어라"도 그 역사적 배경을 가지고 있듯이 교회 용어가 따로 있다. 예레미야는 무화과 광주리의 비유를 통하여 유다의 현실을 말한다.

(예레미야 24:1-2) 여호와께서 여호와의 전 앞에 놓인 무화과 두 광주리를 내게 보이셨는데, 한 광주리에는 처음 익은 듯한 극히 좋은 무화과가 있고 한 광주리에는 악하여 먹을 수 없는 극히 악한 무화과가 있더라

신현주, 〈좌충우돌 예화〉 〈시시콜콜 예화〉, www.sbs66.net

[오늘의 말씀] 예레미야 25장~28장 : 포로생활에 대한 예언 → 먼저 성경 읽기

(25장) 유다의 바벨론 포로생활이 칠십 년이 될 것을 예언한다. 훗날 에스라에 의해 인용된다(스 1:1). 이방 민족들이 마실 진노의 잔에 대한 기록(15-38절)은 46-51장에 이어진다.

(26장) 예레미야는 여호야김의 시대에 성전과 예루살렘 성에 대해 불길한 예언으로 죽음의 위협을 받는다.

(27장) 예레미야는 하나님의 명령대로 줄과 멍에를 목에 얹고 다녔으며 이는 바벨론 포로에 대한 상징이었다.

(28장) 거짓 선지자 하나냐는 평화를 예언하며 바벨론의 멍에를 꺾을 것이라 했으나 자신이 죽게 된다.

[말씀 묵상]

1. 예레미야는 바른 예언을 했기 때문에 죽음의 위협을 당하게 된다. **"이 집을 실로같이 되게 하고 이 성으로 세계 열방의 저주거리가 되게 하리라"**(26:6)라는 하나님의 경고의 메시지에 대하여 제사장과 선지자들은 예레미야를 '죽음에 합당한 자'(26:11)라고 판단했다. 반면에 방백들과 백성들은 '죽음이 부당하다'(26:16)는 입장을 가졌다. 교회사에서 보면 하나님의 적은 바깥세상보다 교회 안에 더 많았으며 특히 지도자들이 그러했다. 야고보는 **'선생 된 우리가 더 큰 심판을 받을 줄을 알라'**(약 3:1) 하였다. 예수님께서 바리새인과 서기관들을 향해서도 책망하셨다(마 23장).

2. 그대는 어떤 설교에 매력을 느끼는가? 28장에 나오는 '하나냐'는 백성들에게 듣기 좋은 **'평화를 예언하는 선지자'**였다. 그는 하나님이 보낸 선지자가 아닌 거짓 선지자로서, 사람들 듣기 좋으라고 포로로 잡혀간 왕과 유다 모든 포로를 곧 돌아오게 하겠다고 장담했다. 그는 백성들로 하여금 거짓을 믿게 하였으므로 하나님은 그해 칠월에 하나냐를 죽이셨다. 듣기 좋은 설교가 참된 설교가 아니라 때로는 내 가슴을 찌르는 설교가 더욱 값진 경우가 많다(행 2:37, 계 2:6-7).

[깊은 연구]

1. 칠십 년 동안 바벨론 왕을 섬기리라 (렘 25:11)

1) 바벨론 포로의 기간이 '칠십 년'이 되리라는 예레미야의 예언은 25장 11-12절, 29장 10절에 분명하게 나타난다.

2) 예루살렘 멸망(주전 587년)을 기준으로 보면 바사의 고레스 왕의 해방령으로 귀환(제1차 귀환, 주전 538년, 스 1:1)했으므로 실제 포로 기간이 약 50년이다(587-538 = 약 50년). 그러면 칠십 년을 어떻게 해석할 것인가?

3) 두 가지 해석 방법이 있다. 〈제2권 통독 134일째 참고〉

① 제1차 포로를 605년(갈그미스 전투에서 패한 후에 바벨론 속국)으로 보면 그로부터 약 70년간이 된다.

② 예루살렘 성전의 파멸(587년)에서 성전 재건(516년, 스 6:15)까지를 보면 약 70년간이 된다.

* 연대에 대해서는 〈실로암 성서연대표〉 참고(별매).

■ 하나냐와 예레미야(렘 28장)
거짓 선지자 하나냐는 바벨론에 포로로 갈 것에 대한 상징인 예레미야의 목의 멍에를 취하여 꺾어 버리므로 하나님의 예언을 우습게 여겼다(렘 28:10-11). 〈프랑스 아미앵 대성당 정면 현관의 부조(浮彫)〉

통독	295
확인	

공부 예레미야 25장~28장 : 포로생활에 대한 예언

1. (25:　절) 유다 왕 아몬의 아들 ~
2. (25:　절) 칠십 년이 마치면 ~
3. (25:　절) 목자들은 도망할 수 없겠고 ~
4. 진노의 잔을 마실 이방에 대한 구절은?(참고. 또 애굽 왕 바로와~) - (25:　-　절)
5. 예레미야의 예언의 내용은 무엇인가?(26:1-9을 읽고 답은 9절에서) -
6. 예레미야의 예언을 들은 제사장들과 선지자들의 반응은?(26:10-11) -
7. 아히감이 예레미야에 대하여 한 일은?(26:24) -
8. 〈(　) 안의 말 중에 틀린 것을 =줄로 지우기, 8-11문〉. 줄과 멍에를 만들어 목에 얹는 것은 (바벨론 왕을 섬김 / 거짓 선지자를 섬김)에 대한 상징이다(27:1-11).
9. 왕과 백성에게 '바벨론 왕을 섬기지 아니하리라' 하는 것은 (바른 예언 / 거짓 예언)이다(27:12-15).
10. 너희는 거짓 선지자들의 말을 듣지 말고 바벨론 왕을 (섬기라 / 대항하라) 그리하면 살리라(27:16-22).
11. 예루살렘에서 바벨론으로 기구가 (다 옮겨갔고 / 일부가 옮겨갔고) 다시 옮겨올 것이다(27:16-22).
12. (거짓 예언). 바벨론으로 옮겨간 여호와의 집 모든 기구를 두 해가 차기 전에 다시 이곳으로 가져오게 하겠고...여호와의 말이니라(28:3-4). - (　　)가 (　　)에게 한 말
13. (참 예언). 평화를 예언하는 선지자는 그 예언자의 말이 응한 후에야 그는 진실로 여호와의 보내신 선지자로 알게 되리라(28:9). - (　　)가 (　　)에게 한 말
14. 여호와께서 너를 보내지 아니하셨거늘...거짓을 믿게 하는도다(28:15). - (　　)가 (　　)에게

▲▼△▽ -----≪주여 삼창이 만세 삼창으로≫----- ▽△▼▲

▷ "주여 삼찬하고 통성으로 기도하겠습니다." 목사는 힘을 주어 "만세, 만세~"를 불렀고 교인들도 만세를 불렀다. 그런데 만세를 두 번째 부를 때 뭔가 문제가 있음을 알았으나 돌이킬 수 없기에 만세 삼창 끝에, "진정한 만세가 되게 기도로 승리합시다." 했고 착한 교인들은 "아멘" 하며 화답했다.

▷ "우리 다 같이 복음성가 '우리 만남은'을 부르겠습니다." 목사는 음을 놓치지 않으려고 선창을 하며 음을 잘 잡았고 교인들도 곧 따라했다. "우리 만남은~ 우연이 아니야. 그것은~" 잘 나가는 것 같은데 그 노래는 "우~리 만남은 주님의 은혜라오"가 아니라 가수 노사연이 부른 "만남"이었다.

▷ 지난 밤 대학원 리포트를 쓰느라 월요일 새벽기도회는 의무감에 앉아 기도를 한다. 목사는 졸다가 깨어, 기도한다는 것을 나타내려고 복음성가를 흥얼거렸다. "인생은 연기처럼~" 깜짝 놀란 사모님이 달려와 옆구리를 찌르자 제정신이 돌아왔다. 익숙한 유행가를 부르고 있었던 것이다.

♧ ♧ ♧

실수는 누구나 하지만 근본이 흔들리는 것은 아니다. 실수가 있기에 더욱 친근감이 있고 접근할 수 있는 아름다운 사람이 아닌가 싶다. 교회의 여러 의식들도 새로운 것이 자꾸 생겨서, 통성기도 시작할 때에 "주여"를 외치는 것은 1980년대에 시작한 것으로 기억된다. 처음엔 '하나님이 귀먹지 않았다'며 조롱도 했지만, 좋은 것은 개발도 하고 남의 것을 보고 따라 해도 좋다.

(예레미야 28:9) 평화를 예언하는 선지자는 그 예언자의 말이 응한 후에야 그는 진실로 여호와의 보내신 선지자로 알게 되리라

신현주, 〈좌충우돌 예화〉〈시시콜콜 예화〉, www.sbs66.net

[오늘의 말씀] 예레미야 29장~32장 : 새 언약의 약속 → 먼저 성경 읽기

30장에서 33장은 바벨론에서 포로생활을 하는 백성들에게 주어진 미래에 대한 위로와 소망의 말씀이다. 이는 포로의 귀환 뿐 아니라 그리스도 안에서 이루어지는 새 언약을 보여 준다(30-31장, 33:15-16).
(29장) 예레미야는 포로민에게 편지를 보내 그곳에서의 삶과 소망에 대해 말한다.
(30장) 하나님께서 그들에게 주신 땅으로 회복시킬 것을 예언한다.
(31장) 하나님은 흩어진 이스라엘의 귀환을 말씀하신다. 이스라엘의 회복에 대한 말씀하신다(새 언약).
(32장) 포로에서 귀환할 것이라는 증거로 예레미야는 밭을 산다.

[말씀 묵상]

1. "아나돗에 있는 밭을 사는 데 은 십칠 세겔을 달아 주되"(32:9). 예레미야는 옥에 갇혀 있을 때에 숙부의 아들 하나멜의 밭을 산다. 곧 멸망할 땅인데 그 땅을 산 이유는, 포로에서 돌아와 "사람이 이 땅에서 집과 밭과 포도원을 다시 사게 되리라"(32:15) 하신 것을 확실히 보여 주기 위함이었다. 때로는 말하는 자신도 믿지 않는 경우가 있지만 예레미야는 삶으로 예언의 확실성을 보여 주었다.
2. '새 언약'(신약)(31:31-33)은 기독교 성경의 **'구약'**과 **'신약'**이라는 용어의 근거가 되었다. 이스라엘은 출애굽 때에 하나님과 언약을 맺었는데(출 24:7-8, 왕상 8:9), 이들은 우상을 숭배하며 언약을 파기했다. 그러므로 하나님은 율법적인 옛 언약을 파기하고 새 언약(New Covenant)을 통하여 생명의 원리를 세우신다(32:4, 겔 37:26, 히 8:6, 10:16). 〈제3권 104쪽 참고〉

[깊은 연구]

1. 바벨론에 포로를 위로하는 예레미야의 편지 (렘 29장)

예레미야는 예루살렘에서 바벨론의 유다인 포로들에게 격려의 편지를 썼다(29:1-32).
1) 자신들이 평안하기 위해 바벨론이 평안하기를 힘쓰고 기도하라(7절).
2) 바벨론의 거짓 선지자들과 복술(무당)에게 현혹되지 말라(8절).
3) 칠십 년이 차면 포로 된 중에서 다시 고향으로 돌아오게 한다(10, 14절).
4) 거짓을 예언하고 간음죄를 범한 아합과 시드기야가 죽을 것이다(20-23절).
5) 예레미야를 헐뜯는 무고 편지를 예루살렘의 지도자들에게 보낸 스마야에 관해 포로들에게 경고(24-32절).

2. 예언의 확실성 (렘 26, 28, 31장)

예레미야의 예언은 하나님의 말씀이므로 당연히 성취되었다.
1) 26장 18절: 미가서 3장 12절을 보라. 미가의 예언은 1세기 뒤에 예레미야가 인용하였다.
2) 27장 9-22절: 52장 17-23절과 비교해 보라. 열왕기하 25장, 역대하 36장도 함께 읽고 비교해 보라. 예언대로 유다는 멸망하였고 예루살렘 성전은 파괴되었다.
3) 31장 15절(라마): 라헬은 베들레헴(에브랏) 근처 라마에서 죽었다(창 35:19). 예레미야는 포로들을 아들로 인하여 슬퍼하는 라헬의 모습으로 묘사했다. 마태복음 2장 18절에서는 이것이 라헬이 어린아이들을 바로가 학살한 일로 인한 슬픔을 가리키는 한 예언으로 간주되었다.

통독	296
확인	

공부 예레미야 29장~32장 : 새 언약의 약속

1. 선지자 예레미야가 편지를 누구에게 보냈나?(29:1-4) -
2. 바벨론에서의 포로 기간이 얼마나 된다는 말씀인가?(29:10-14) -
3. 하나님께서 벌하시는 방법을 세 단어로 쓰면?(29:18, 27:8, 32:36) -
4. 공통적으로 지적하고 있는 내용을 요약하면?(7:25, 25:4, 29:19) -
5. 내가 내 백성 (   )과 (   )의 포로를 돌이킬 때가 이르리니(30:1-3).
6. 너희는 너희 (   )를 섬기며...너희 왕 (   )을 섬기리라(30:4-9).
7. 내가 너를 (   )에서 구원하고 네 자손을 (   )에서 구원하리니(30:10-11).
8. 그 왕은 그 (   )에게서 날 것이요. 그 통치자는 (   )에서 나올 것이며(30:18-24).

◇ 관계있는 성구 찾기(9-12문). {보기} 마태 2:18 / 출애굽기 6:7 / 신명기 24:16 / 스가랴 14:10

9. (31:   절) 라마에서 슬퍼하며 통곡하는 소리가 들리니 라헬이 그 자식을 위하여 애곡하는 것이라. -
10. (31:   절) 신 포도를 먹는 자마다 그 이가 심 같이 각기 자기 죄악으로만 죽으리라. -
11. (31:   절) 나는 그들의 하나님이 되고 그들은 내 백성이 될 것이라. -
12. (31:   절) 이 성을 하나넬 망대에서부터 모퉁이 문까지 여호와를 위하여 건축할 것이라. -
13. 유다 왕 시드기야는 무엇이라 하며 예레미야를 가두었나?(32:1-5) -
14. 포로 후에 다시 거래가 있으리라는 증표로 예레미야는 무엇을 샀나?(32:6-15) -
15. 하나님이 이스라엘에 재앙을 내리신 이유는?(32:16-25) - 23절 요약:
16. 하나님께서 이스라엘에게 복을 주시기 위하여 세우는 영영한 언약은?(32:36-44) -

▲▼△▽ -----≪성경의 언약들≫----- ▽△▼▲

명 칭	관련 성경	대별	형태	체 결 자	내 용
선악과 언약	창 2:16,17	행위언약	편무片務언약	범죄 이전의 최초 인류인 아담과 하와	금단의 열매와 생명나무를 통해 순종과 불순종 및 그에 따른 영생과 죽음을 판가름함
여자의 후손 언약	창 3:15	은혜언약		범죄 이후 인류인 아담과 하와	인류 구원과 메시아의 궁극적 승리를 다룬 원시언약
노아(무지개) 언약	창 9:8-17			노아와 그 후손 및 호흡하는 모든 생물	다시는 물심판의 비극이 없을 것임을 시사함
아브라함 언약 (1, 횃불 언약)	창 15:18			이신득의(以信得義)한 아브라함	가나안에 대한 불변의 약속
아브라함 언약 (2, 할례 언약)	창 17장		쌍무雙務언약	히브리 민족, 모든 인류를 대표한 아브라함	하나님이 아브라함과 그 후손의 하나님이 되실 것에 대한 약속
시내산 언약	출 19-24장			믿음의 조상 아브라함의 후손인 출애굽한 이스라엘	하나님이 율법을 근거로 그들의 통치자요 보호자가 되실 것을 약속. 행위적 측면이 강조
비느하스 (제사장) 언약	민 25:10-13		편무片務언약	이스라엘에 내릴 재앙을 막은 제사장 비느하스	비느하스 가문의 영구적 제사장직 이스라엘의 제사장 나라 됨을 암시
다윗 언약	삼하 7:5-16			이스라엘의 실질적 건설자인 다윗	다윗 왕권의 영구성 및 메시아 도래에 대한 암시
새 언약	렘 31:31-34			불순종과 우상 숭배로 인해 쫓겨날 이스라엘	불순종한 이스라엘의 허물을 씻기시는 하나님의 사랑을 보여 주고 율법을 심비에 새길 것을 약속
십자가(보혈) 언약	마 26:26-29			전체 교회를 대표하는 12사도	피 흘린 예수의 지고한 사랑과 그를 믿는 자에게 내릴 구원 약속, 모든 언약의 핵심
보혜사(성령) 언약	요 14:16			성령을 기다리는 모든 성도	예수 승천 후 그분을 대신하여 성도들과 동행하시며 그분의 말씀을 생각나게 하고 진리로 이끄실 성령 약속
재림 약속	요 14:2, 3 행 1:11			재림을 고대하는 모든 성도	하나님의 나라 완성과 성도의 궁극적 구원을 이루시기 위해 예수께서 곧 다시 오실 것을 약속

◘ 〈나눔의 터〉(CD, 1997)의 공개된 자료를 인용 수정 보완했음

[오늘의 말씀] 예레미야 33장~36장 : 구원에 관한 약속 → 먼저 성경 읽기

(33장) 예루살렘과 유다의 회복과 다윗 집 및 레위 집과 맺은 영원한 언약을 말씀한다.
(34장) 시드기야 왕은 율법을 따라 히브리 종들을 자유케 했다가 다시 노비를 삼는다.
(35장) 레갑 족속의 순종과 유다 백성의 불순종을 대조적으로 말씀한다.
(36장) 감금된 예레미야는 바룩에게 두루마리에 말씀을 기록하여 여호와의 집에 가서 낭독하게 하므로 여러 가지 파문이 일어난다. 급기야는 여호야김 왕이 두루마리 책을 불로 태워 버린다(주전 605/4년).

[말씀 묵상]

1. "너는 내게 부르짖으라 내가 네게 응답하겠고 네가 알지 못하는 크고 비밀한 일을 네게 보이리라"(33:3) 말씀하셨다. 그대는 이 약속을 믿고 부르짖었는가? 부르짖을 대상이 있으니 큰 복이다. 더구나 크고 비밀한 일을 보이리라는 약속도 있다. 부르짖음의 대상이 없다면 불쌍한 인간이다.
2. 감금을 당한 예레미야는 여호와의 집에 들어갈 수 없어서 바룩을 명하여 구전(口傳)대로 두루마리에 기록한 여호와의 말씀을 여호와의 집에 있는 백성들에게 낭독하도록 한다(36:4-6). 예레미야는 직접 가지 못하더라도 바룩을 통하여 말씀을 전하였다. 여기에 문서 선교의 원리가 있다. 예수님은 "너희는 가서 모든 족속으로 제자를 삼아"(마 28:19)라고 하셨다. 직접 가기도 하지만 때로는 전화로도 가고, 편지로도 가고, 어떤 방법으로든 가서 하나님의 말씀을 전하는 것이다.

[깊은 연구]

1. 레갑 족속에 대하여 (렘 35장)

1) 순종의 모본으로 보여 준 레갑 족속은 '미디안 족속'으로 '겐 족속'(삿 1:16, 4:11)이라 불리기도 했다(대상 2:55).

2) 기원에 대해서는 열왕기하 10장 15-17절에 기록되어 있는데, 모세의 장인인 이드로도 레갑 족속이다(출 3:1, 민 10:29 - 모세의 장인이 '르우엘', '이드로' 등으로 불리는데, 이 본문에서는 문법상 장인이 '호밥' 같기도 하고, 이름으로는 '르우엘'이 장인이므로 호밥은 실제 처남이 된다).

3) 이들은 건실한 삶을 살았는데(35:6-8) 이는 유목생활을 종교적으로 의무화하고 하나님을 떠나는 배교 행위를 방지하고자 함이었다. 이런 풍습은 요나답(아비나답)이 세웠다(35:6, 14, 왕하 10:15, 23).

4) 이들은 히브리 족속은 아니었지만 많이 섞여 살았고(삿 4:11, 17, 삼상 27:10, 30:29), 쉽게 동화되어 하나님을 충성스럽게 섬겼다(삿 5:24-31, 왕하 10:15-29).

■ 두루마리를 불태우는 여호야김(렘 36장)
바룩이 기록한 예레미야의 예언을 들은 여호야김 왕은 분노하며 칼로 그 두루마리를 잘라 불태웠다(렘 36:20-23).

통독	297
확인	

공부 예레미야 33장~36장 : 구원에 관한 약속

1. (33:   절) 너는 내게 부르짖으라 ~
2. (33:   절) 그 날 그 때에 내가 ~
3. (33:   절) 내가 그와 같이 내 종 다윗의 ~
4. (33:   절) 내가 야곱과 내 종 다윗의 자손을 ~
5. 예루살렘 성이 바벨론 왕의 손에 붙이리니 그가 이 성을 불사를 것이라 하였다(34:1-7). - (O, X)
6. 히브리 동족 유다인으로 종을 삼지 못하게 한 것은 레위기 25:39-46의 율법이다(34:8-11). - (O, X)
7. 종을 칠 년째에 자유케 했다가 다시 노비로 삼은 것은 정당한 것이었다(34:8-16). - (O, X)
8. 짐승을 둘로 쪼개고 언약을 세운 것은 아브라함 때도 했었다(34:17-22, 창 15:10). - (O, X)
9. 레갑 족속의 선조 요나답이 자손들에게 명한 말은 무엇인가?(35:6-7)
   -
10. 레갑 족속은 선조의 명령을 순종하였으나 유다 백성은 어떻게 했는지 반복적으로 기록된 표현은?(35:12-17) -
11. 레갑 족속에게 주어질 복은 무엇인가?(35:18-19) -
12. 예레미야의 구전대로 모든 말씀을 두루마리 책에 기록한 사람은?(36:4) -
13. 바룩이 두루마리의 글을 낭독했을 때 모든 방백이 놀라서 누구에게 보고했나?(36:11-20) -
14. 서기관 여후디가 두루마리를 낭독하면 왕은 어떻게 했나?(36:20-23) -
15. 왕이 바룩과 선지자 예레미야를 잡으라 하였으나 여호와께서 어떻게 하셨나?(36:26) -

▲▼△▽ -----≪하나의 중요성≫----- ▽△▼▲

▷ 김백두 목사는 뜻한 바 있어 시골에서 20여 년을 목회하고 있다. 몇 안 되는 교인이지만 설교 준비에 온 정성을 다한다. 동료들이 그 사실을 알고 한마디 했다가 본전도 못 찾았다.
"시골서 교인도 얼마 되지 않는데 뭘 그렇게 열심히 하나, 적당히 하지." 김 목사는 정색하며 말했다. "천 명이나 열 명이나 설교를 듣는 개인에게는 다 똑같이 중요합니다."
▷ 강 하구에 사는 이한라 집사는 강가를 거닐며 연신 몸을 숙여 방금 파도에 휩쓸려 강변으로 올라온 민물게를 한 마리씩 주워 물속으로 던지고 있었다. 누군가가 말했다. "이 강변에 수천 마리의 작은 민물게가 널려 있는데, 그것을 다 강으로 되돌려 보내려는 것은 아니지요?" 이 집사는 또 한 마리를 주워 강으로 던지며 말했다. "지금 저 한 마리에게는 생사를 가르는 중요한 일입니다."

♧ ♧ ♧

설교자는 교인이 몇 명이든 듣고 은혜를 받는 것은 개인임을 알고 많은 교인이 모일 때와 똑같은 자세로 임해야지 그렇지 않다면 작은 교회 교인들은 손해를 보는 셈이다.
많아도 결국은 개인이므로 하나의 중요성을 인식해야 한다.
기독교의 구원은 개인구원(Personal Salvation)과 사회구원(Social Salvation)을 함께 말하지만 개인구원 없는 사회구원은 있을 수가 없다. 한 개인의 중요성이 그만큼 크다.

(예레미야 33:3) 너는 내게 부르짖으라 내가 네게 응답하겠고 네가 알지 못하는 크고 비밀한 일을 네게 보이리라

신현주, 〈좌충우돌 예화〉 〈시시콜콜 예화〉, www.sbs66.net

[오늘의 말씀] 예레미야 37장~40장 : 예루살렘의 멸망 → 먼저 성경 읽기

(37-38장) 바벨론 왕에게 항복하라는 예레미야의 예언에 시드기야(주전 597년 즉위)는 오히려 예레미야를 옥에 가둔다. 그러나 에벳멜렉의 도움으로 석방된다. 시드기야는 하나님의 말씀을 실천하는 용기는 없었다.
(39장) 예루살렘 성은 바벨론에 의하여 포위되고 시드기야 십일 년(587년)에 함락된다(왕하 25장도 보라).
(40장) 예레미야는 바벨론 포로로 잡혀가던 중에 일시 해방된다. 바벨론은 그다랴를 유다 총독으로 세운다.

[말씀 묵상]

1. 유다의 마지막 왕 시드기야는 예레미야로부터 '바벨론에 항복하라'는 예언을 듣고 못마땅해한다. 예레미야는 "원하옵나니 내가 왕에게 고한바 여호와의 목소리를 청종하소서"(38:20)라며 충고를 한다. 예레미야는 당시의 정치가들을 향하여 바벨론에 항복하라고 했으므로 붙잡혀 투옥당하고 진흙 구덩이에 던짐을 받기도 했으나 왕을 향하여 **'말을 들으라'**고 담대하게 다시 충고한다.
2. "성이 함락되니라"(39:2). 39장은 예루살렘, 하나님의 도성이요 성전이 있는 그런 곳이 이방인에 의해 함락된다는 것은 유다인으로서 상상도 할 수 없는 일이었다. 그러나 시드기야 제십일년(주전 587년)에 예루살렘 성은 함락되었다. 예수님은 바리새인과 사두개인들을 향하여 "회개에 합당한 열매를 맺고 속으로 아브라함이 우리 조상이라고 생각지 말라...하나님이 능히 이 돌들로도 아브라함의 자손이 되게 하시리라"(마 3:8-9) 하셨다. 예레미야는 온 마음으로 하나님의 말씀을 전했으나 백성들은 그 말을 배척하므로 그 결과 예루살렘이 함락된 것이다.

[깊은 연구]

1. 갈대아인은 누구인가? (렘 37:8)

갈대아(히. 카스딤)라는 지역은 원래 메소포타미아의 남부 지역으로 페르시아 만 부근 유프라테스 강과 티그리스 강 사이에 있는 지역을 가리킨다. 과거에 '시날'이나 '칼두' 같은 작은 국가 형태를 지녔으나 주전 626년 신바벨론을 창건하여 주전 612년 앗수르를 물리침으로 역사의 전면에 등장한다. 따라서 이때부터 그 지역을 지칭하던 '갈대아'는 '바벨론'이라는 말과 동의어로 사용하게 되었다. 이스라엘의 남왕국 유다도 갈대아 왕조의 느부갓네살 왕에 의해 주전 587년에 멸망하였다. 이들은 마르둑을 주요 신으로 섬기며 상업, 건축술, 천문학 등을 발달시켰으나 주전 538년 바사(페르시아)에 의해 멸망되었다. 따라서 바벨론에 포로로 잡혀갔던 유다인은 바사의 유화정책에 의하여 해방을 맞게 되는 것이다(스 1:1).

2. 예루살렘의 멸망 (렘 39장)

예루살렘의 멸망에 대하여는 39, 52장, 그리고 열왕기하 24-25장, 역대하 36장을 함께 보면 더 구체적으로 알 수 있다. 예루살렘의 멸망은 이미 수차례 경고되었던 일이다. 예루살렘의 멸망 때에 오직 예레미야만이 그의 장래에 대하여 선택할 수 있는 유일한 사람이 되었다(39:12, 40:1-5). 멸망의 연대에 대해서는 앞에 제시한 본문들의 해당 교재를 보라. 또한 예레미야 52장에서도 다시 다룬다. 〈제2권 통독 134일, 150일째 참고〉

통독	298
확인	

공부 예레미야 37장~40장 : 예루살렘의 멸망

1. 유다의 마지막 왕으로 바벨론이 유다 땅의 왕으로 삼은 요시야의 아들은?(37:1-2) -
2. 바로의 군대(애굽)와 갈대아(바벨론)의 유다에 대한 주도권 싸움에서 이긴 자는?(37:5-11) -
3. 이리야가 예레미야를 잡아왔고 방백들은 어떻게 했나?(37:12-15) -
4. 시드기야 왕이 예레미야에게 여호와께 받은 말씀을 물었을 때 예레미야의 대답은?(37:17) -
5. 갈대아인에게 항복하는 자는 살리라는 말을 들은 방백들의 반응은?(38:4) -
6. 방백들이 예레미야를 던져 넣은 구덩이는 어떠했나?(38:6) -
7. 예레미야를 구덩이에서 구출하는 데 공을 세운 왕궁 환관은 누구인가?(38:7-13) -
8. 갈대아인에게 항복하라는 예레미야의 말에 시드기야는 무엇을 염려했나?(38:19) -
9. (39: - 절) 유다 왕 ( )의 구년 시월에 바벨론 왕 ( )과 그 모든 군대가 와서 ( )을 에워싸고 치더니 시드기야의 ( )에 성이 함락되니라.
10. (39: - 절) 바벨론 왕이 립나에서 시드기야의 ( )에서 그 ( )을 죽였고 왕이 또 유다의 모든 ( )을 죽였으며 왕이 또 시드기야의 ( ) 하고 바벨론으로 옮기려 하여.
11. (39: 절) 내가 그 날에 너를 ( )하리니 네가 그 ( )의 손에 붙이우지 아니하리라.
12. 유다 포로를 바벨론으로 옮기는 중에 예레미야를 라마에서 해방한 느부갓네살의 시위대장은?(40:1-6) -
13. 바벨론 왕이 유다 성읍들의 총독으로 세운 사반의 손자 아히감의 아들은?(40:5, 7) -
14. 그다랴가 유다에 남은 자들에게 '이 땅(유다)에 거하여 누구를 섬기면 유익하리라' 했나?(40:7-12) -
15. 그다랴를 죽이려 하는 '이스마엘을 죽이게 하라'고 요청했다가 거절당한 사람은?(40:13-16) -

▲▼△▽ -----≪어디에 있기를 원하십니까?≫----- ▽△▼▲

다음 두 가지의 사례 중에 그대는 어디에 있기를 원하는가?

▷ 2.4m×3m의 방에서 하루의 대부분을 보낸다. 하루 세 끼를 꼬박꼬박 먹는다. 취미생활과 운동을 위한 시간이 충분하다. 일은 별로 하는 것도 없으면서 모든 경비가 시민들의 세금으로 충당된다.

▷ 1m×2.4m의 칸막이 안에서 하루의 대부분을 보낸다. 아침이나 저녁 굶기를 밥먹듯 한다. 취미고 운동이고 다 접어두고 툭하면 야근을 한다. 출퇴근 경비를 스스로 담당한다. 세금을 철저히 낸다.

두 사례는 각각 어디냐고요? 위는 '감옥'이고 아래는 '직장'이다. 그대는 어디에 있기를 원하는가? 단순 비교로는 감옥이 직장보다 훨씬 나아 보이지만 직장을 버리고 외적 조건이 좋다고 감옥으로 가겠는가? 중요한 것은 삶에서 보람을 느끼는가 그렇지 않은가에 있다.

♧ ♧ ♧

눈에 보이는 것이 좋다고 진정 좋은 것은 아니다. 내 삶에서 보람을 느껴야지 자유를 잃어버린다면 결코 좋은 것이 아니다. 돈 보고 한 결혼은 보람을 잃고 파탄을 맞기 쉽고, 적성에도 맞지 않으나 명예를 위하여 선택한 일은 가치가 없다. 하나님의 사람들은 외적인 조건은 나빠도 복음을 위하여 오지를 마다하지 않았고, 오히려 힘들고 불편한 길을 택했다.
예레미야는 복음의 불붙는 심정으로 구덩이도 두려워하지 않았다.

(예레미야 38:6) 그들이 예레미야를 취하여 시위대 뜰에 있는 왕의 아들 말기야의 구덩이에 던져 넣을 때에 예레미야를 줄로 달아 내리웠는데 그 구덩이에는 물이 없고 진흙뿐이므로 예레미야가 진흙 중에 빠졌더라

신현주, 〈좌충우돌 예화〉 〈시시콜콜 예화〉, www.sbs66.net

[오늘의 말씀] 예레미야 41장~44장 : 예루살렘 함락 후 예레미야 → 먼저 성경 읽기

(41장) 바벨론이 유다 총독으로 세운 그다랴를 이스마엘과 그 무리들이 암살한다.
(42장) 요하난과 백성들은 '애굽으로 가지 말라'는 예언을 듣지만 이에 불순종하여 애굽으로 향한다.
(43장) 예레미야와 바룩도 요하난의 일행에게 끌려 애굽으로 가게 되었고,
(44장) 예레미야는 애굽에서도 예언하여 하나님을 버리지 말 것을 당부한다.

[말씀 묵상]

1. 유다 총독 그다랴는 요하난이 '이스마엘이 너를 죽이려 하니 내가 죽이게 해 달라'고 요청했으나 그다랴는 "네가 이 일을 행치 말 것이니라 너의 이스마엘에 대한 말은 진정이 아니니라"(40:16) 하였다. 그다랴는 이스마엘을 그럴 사람이 아닌 것으로 믿고 있었던 듯하다. 그러나 믿는 도끼에 발등 찍히는 것이 세상의 원리인지라 그다랴는 결국 이스마엘에게 죽임을 당한다(41:2).
2. 요하난과 그 주변 사람들이 예레미야에게 기도를 요청하여 "우리에게 좋고 좋지 아니함을 물론하고 청종하려 함이라"(42:6) 했으면서도 자신들의 뜻과는 다르게 "애굽으로 가지 말라"(42:19)는 응답이 있자 '그 목소리를 순종치 아니하였'다(42:21). 이처럼 미리 뜻을 정해 놓고 기도한다면 기도의 의미를 상실하고 만다. 예수님은 "아버지의 원대로 하옵소서"(마 26:39)라고 기도하셨다.
3. 선지자 예레미야와 바룩은 하나님의 명령(42:19, 애굽으로 가지 말라)과는 다르게 요하난과 군대장관에게 끌려 애굽으로 간다(43:6-7). 주동자격인 요하난은 여호와의 목소리를 청종하는 것이 복(42:6)인 줄 아는 자였으니 더욱 예레미야의 마음을 아프게 했을 것이다. 오늘의 교회에서도 하나님의 뜻을 알면서도 고집스럽고 타락한 모습으로 인해 어려움을 당할 때가 얼마나 많은가!

[깊은 연구]

1. 예루살렘 멸망과 예레미야의 사역 (렘 39-44장)

1) 예루살렘은 바벨론에 의해 주전 587년에 파멸된다(왕하 25장, 대하 36장, 렘 39장). 바벨론 왕 느부갓네살은 빈민들을 제외하고 많은 사람들을 포로로 잡아갔다. 이때 예레미야도 쇠사슬에 매여 바벨론에 끌려가는 도중에 라마에서 풀려나서 팔레스틴의 미스바로 가서 유다인들과 함께 거하였다(40:1-6).

2) 그런데 바벨론이 유다 총독으로 보낸 그다랴를 이스마엘이 암살하므로(41:2) 유다인들은 바벨론의 보복을 피하여 애굽으로 피신하려 했으나 예레미야에게 하나님의 뜻을 물어본다. 뜻밖에 '유다 땅에 머무르고 애굽으로 내려가지 말라'는 예언(42:19)에도 불구하고 불순종하여 애굽으로 내려가므로 백성들과 운명을 같이하려는 예레미야도 애굽으로 내려가게 되었다(43:6-7).

3) 예레미야는 애굽에서도 하나님의 예언자로서 사역을 계속하였다. 그러나 백성들은 고국을 떠나 이방 땅에 와서도 하나님을 경외하기보다는 우상 숭배에 여념이 없었다. 예레미야는 백성들을 향해서 또다시 하나님의 심판이 임하리라 예언하였다(44장). 〈예루살렘 멸망에 대해서는 제2권 통독 134일째 참고〉

통독	299
확인	

공부 예레미야 41장~44장 : 예루살렘 함락 후 예레미야

1. 왕의 장관 이스마엘이 누구누구를 죽였나?(41:1-8) -
2. 이스마엘이 여덟 사람과 함께 요하난을 피하여 누구에게로 갔나?(41:11-15) -
3. 요하난도 이스마엘을 두려워하여 어디로 가려고 떠났나?(41:16-18) -

◇ 다음 중 서로 관계있는 것을 찾아 줄로 연결하세요(4-7문, 42장).

4. 당신의 하나님 여호와께 기도하소서	가) 내가 너희와 함께하여 너희를 구원하며 건지리니
5. 당신을 우리 하나님 여호와께 보냄은	나) 우리의 마땅히 갈 길과 할 일을 보이시기를
6. 너희는 바벨론 왕을 두려워 말라	다) 우리에게 좋고 좋지 아니함을 물론하고 청종하려
7. 너희는 애굽으로 가지 말라 하셨고	라) 나도 너희에게 경계한 것을 너희는 분명히 알라

8. 하나님 여호와께서 '너희는 애굽에 가지 말라'고 말씀하셨다(42:15-16, 19, 43:1-3). - (O, X)
9. 바룩이 예레미야를 꼬드겨서 사람들을 대적하여 갈대아인의 손에 붙여 죽이려 했다(43:1-3). - (O, X)
10. 요하난과 군대장관이 예레미야와 바룩을 영솔하고 애굽 땅 다바네스에 이르렀다(43:4-7). - (O, X)
11. 하나님은 예레미야에게 큰 돌을 취하여 바로의 집 어귀에 진흙으로 감추고 그들에게 이르기를 '바벨론 왕 느부갓네살을 애굽에 불러서 그 보좌와 장막을 그 위에 치리라'라고 말씀하셨다(43:8-13). - (O, X)
12. 44장은 어디에 있는 누구에게 전한 말씀인가?(44:1, 24) -
13. 42장 15-17절의 예언은 44장 몇 절에서 다시 성취됨을 말하나?(44:11-14) -
14. 애굽 땅에 간 유다 여인들이 어느 신에게 분향하였나?(44:19)
15. 생명을 찾는 자들의 손에 붙여지게 될 자는 누구인가?(44:30) -

▲▼△▽ -----≪예레미야의 열여덟 가지 예언≫----- ▽△▼▲

1. 예루살렘의 몰락(1:14-16, 4:5-9, 5:15-17, 6:1-6, 32:2-3, 38:17, 18)
2. 성전의 파괴(7:11-15, 26:6-9)
3. 폐위당한 왕 여호아하스가 애굽에서 죽음(22:10-12)
4. 여호야김의 애도받지 못하는 죽음(36:27-30)
5. 여호야긴 왕의 왕통 단절(22:24-30)
6. 거짓 선지자들의 죽음과 다른 자들(바벨론에 거주하는 세 사람)의 응징(29:20-32)
7. 예루살렘 거짓 선지자의 죽음(28:13-17)
8. 친구 스라야의 체포와 추방(51:59)
9. 바벨론에 대항한 애굽과 유다 간의 군사 동맹의 실패(37:5-10)
10. 갈그미스 전투에서 바벨론의 애굽에 대한 승리(46:1-12)
11. 애굽의 바벨론 점령(43:9-13)
12. 유다의 칠십 년에 걸친 바벨론 포로생활(25:11, 29:10)
13. 칠십 년 후 예루살렘으로의 귀환(27:19-22, 30:3, 10-11, 18-21, 31:9, 12, 38-39, 33:3-9)
14. 칠십 년 후 바벨론의 패배(25:12, 27:7)
15. 시드기야의 억류(21:3-7, 34:1-5, 37:17)
16. 바벨론에 있는 경건한 포로들에 대한 친절한 대접(24:1-7)
17. 이스라엘 백성의 종국적 회집(30:3, 10, 31:8-12)
18. 이스라엘 땅의 종국적 재건(30:18-21, 31:38-40, 33:7-9) 《윌밍턴 성경연구: 구약》, p. 489

[오늘의 말씀] 예레미야 45장~48장 : 열방에 대한 예언 → 먼저 성경 읽기

〈예레미야〉를 크게 두 부분으로 나누면 1-45장은 "유다에 대한 심판 예언"이고, 46-52장은 "열방에 대한 심판 예언"이다. 열방에 대한 예언은 결국 하나님께서 온 세상을 다스리고 계심을 보여 준다.

(45장) 바룩은 하나님으로부터 그의 생명을 구해 주실 것을 약속받는다.

(46장) 애굽에 대한 심판으로 갈그미스 전투에서 패배할 것과 바벨론의 침공을 예언한다.

(47장) 블레셋에 대한 심판으로 각 도시국가에 임할 재앙을 예언한다.

(48장) 모압에 대한 심판으로 '모압의 평안은 끝이 났다'고 예언한다.

[말씀 묵상]

1. 주전 605년, 애굽은 갈그미스 전투에서 바벨론에게 패배하였다(46:1-2). 유다와 예루살렘 사람들은 애굽의 군대가 승리하여 자신들을 구원해 줄 것을 기대했으나 패하자 낙담하게 되었다. 하나님은 이들을 향해 "내 종 야곱아 내가 너와 함께하나니 두려워 말라"(46:28) 하셨다. 마음의 평안은 하나님이 주시는 것이지 세상의 힘이 주는 것이 아님을 말씀하신다. 예수님은 "내가 너희에게 주는 것은 세상이 주는 것 같지 아니하니라"(요 14:27) 하셨다.
2. 하나님은 심판 중에서 "내 종 야곱아 내가 너와 함께하나니 두려워 말라 내가 너를 흩었던 그 열방은 다 멸할지라도 너는 아주 멸하지 아니하리라"(46:28) 하시므로 당신의 백성들에게 자비를 베푸신다. 30:10-11, 46:27-28에서도 거의 같은 내용이 기록되어 있다. 상한 갈대를 꺾지 않고 꺼져 가는 등불을 끄지 아니하는 '헤세드' 사랑을 만나게 된다. '아주 멸하지 아니하는' 아버지의 성품이다.

[깊은 연구]

1. 이방 족속에 대한 심판과 다른 예언들 (렘 46-51장)

1) 애굽(렘 46장 / 사 19-20장, 겔 29-32장) / 1-12절: 주전 605년 갈그미스 전투

2) 블레셋(렘 47장 / 사 14:28-32, 겔 25:15 이하, 암 1:6-8, 습 2:4-7, 슥 9:5-7)

3) 모압(렘 48장 / 사 15-16장, 겔 25:8-11, 암 2:1-3, 습 2:8-11)

4) 암몬(렘 49:1-6 / 겔 25:1-7)

5) 에돔(렘 49:7-22 / 사 21:11-12)

6) 다메섹(렘 49:23-27 / 사 17장)

7) 게달과 하솔(렘 49:28-33)

8) 엘람(렘 49:34-39)

9) 바벨론(렘 50-51장 / 사 13-14장, 46-47장)

■ 바벨론 연대기(렘 52장)
예레미야 52장에는 바벨론의 느부갓네살의 연대가 나온다. 주전 6세기에 편집된 것으로 보이는 이 바벨론 연대기는 1887년 발견되어 1956년 번역된 넷 중의 하나로서 연대의 중요한 정보가 들어 있다.

통독	300
확인	

공부

예레미야 45장~48장 : 열방에 대한 예언

1. '예레미야의 구전대로' 책에 기록한 때와 몇 장에 대한 언급인지를 맞게 짝지은 것은?(45:1)
   1) 요시야 사년-34장 2) 여호야김 구년-35장 3) 여호야김 사년-36, 45장 4) 시드기야 구년-39장
2. 45장 3-4절은 여호와께서 누구에 대하여 한 말인가? 즉 '나'는 누구인가? -
3. 여호와의 성품을 무엇이라 했나?(45:4) -
4. 여호와께서 바룩이 가는 모든 곳에서는 무엇을 얻게 하며, 같은 약속을 받은 사람은?(45:5, 39:15-18)
   1) 노략물 - 느부사라단 2) 생명 - 예레미야 3) 사람 - 에벳멜렉 4) 대적 - 그다랴
5. 〈맞는 것에 O표〉. 46-51장은? - 열국(列國)에 관한 예언이다 ( ), 유다에 관한 예언이다 ( )
6. 갈그미스 전쟁에서 패한 쪽은?(46장) - 바벨론 왕 느부갓네살이다 ( ), 애굽 왕 바로느고이다 ( )
7. 애굽이 도망가지 못하고 엎드러진 곳은?(46장) - 북방 유브라데 하숫가이다 ( ), 애굽의 나일 강가이다 ( )
8. 애굽에 대한 표현 두 가지는?(46:11, 20) - 원수 ( ), 처녀 딸 ( ), 암송아지 ( ), 도끼 ( )
9. 47장에 나오는 나라나 도시의 이름을 모두 쓰세요(반복해서 나와도 한 번씩만).
   -
10. 다음 사람들에게 어떻게 하나?(47:4-5) - 1) 블레셋 사람 - 2) 가사 - 3) 아스글론 -
11. (48: 절) 여호와의 일을 태만히 ~
12. (48: 절) 이스라엘 집이 벧엘을 ~
13. (48: 절) 모압 산당에서 제사하며 ~
14. (48: 절) 모압이 여호와를 거스려 자만하였으므로 ~

▲▼△▽ -----≪잘나고 똑똑한 사람≫----- ▽△▼▲

네 사람이 여행을 했다. 세 사람은 많이 배우고 큰 재능이 있었으나 한 사람은 평범했다. 잘난 사람들로 인해 보통 사람은 천대와 멸시를 당했다. 어느 숲 속에 도달했을 때 죽은 사자가 길에 누운 채 있었다. 지금껏 자랑하던 사나이들은 각자의 기술을 총동원한다면 이 사자를 살려 낼 수 있다는 결론을 내렸으나 보통 사람은 말렸다. "당신들의 능력은 대단하지만 사자가 살아나면 먼저 우리부터 잡아먹을 것이오." 그런데도 그들은 사자를 살리는 작업을 했다. 사자가 살아날 순간에 보통 사람은 다시 한 번 만류했으나 셋은 '무식한 녀석이 겁까지 많다'며 면박을 주었다.

보통 사람은 하는 수없이 나무 위로 올라가 그들의 작업을 내려다보았다. 그들은 사자를 살려내고야 말았다. 살아난 사자는 한 번 우렁찬 포효를 하더니 자기의 빈 배 속을 채우는 일이 가장 급했던지 자기 앞에 있는 세 사람을 모두 잡아먹고 말았다.

♧ ♧ ♧

인도의 동물 우화 "폰차탄트라" 속에 나오는 이야기다. 원래 잘나고 똑똑하다고 생각하는 사람은 남의 말을 귀담아 듣지 않는 경우가 많다. 글 쓴다는 사람은 가족들이 그의 글을 하찮게 여기기에 남 들으라고 글을 쓰고 책을 낸다는 프랑스 작가의 말이 있다. 남의 좋은 충고를 받아들이면 자기 발전이 있지만 거부하는 사람은 제 자존심이 그 영혼을 파멸시킨다.

(예레미야 45:5) 네가 너를 위하여 대사를 경영하느냐 그것을 경영하지 말라 보라 내가 모든 육체에게 재앙을 내리리라 그러나 너의 가는 모든 곳에서는 내가 너로 생명 얻기를 노략물을 얻는 것 같게 하리라

신현주, 〈좌충우돌 예화〉 〈시시콜콜 예화〉, www.sbs66.net

[오늘의 말씀] 예레미야 49장~52장 : 예루살렘의 함락 → 먼저 성경 읽기

(49-51장) 열방에 대한 심판이 나온다(300일째 "깊은 연구" 참고). 이 예언도 하나님의 백성을 위한 것이다.
(52장) 예루살렘의 함락에 대한 기사이며, 특히 끝 부분(31-34절)은 바벨론 포로로 가서 옥중에 있던 여호야긴이 옥에서 나오게 되므로 유다 회복에 대한 희망을 보여 준다.

[말씀 묵상]

1. 바벨론은 오랜 세월 동안 강대국으로서의 권력과 명성을 떨치고 있었다. 그러나 하나님의 눈으로 볼 때는 고작 키질당하는 꼴에 불과했다. "내가 타국인을 바벨론에 보내어 키질하여 그 땅을 비게 하리니"(51:2). 반면에 유다나 이스라엘은 작은 민족으로서 힘도 없으나 하나님의 긍휼하심에 의해 기억되었다. 하나님의 선택 속에 있다는 것은 얼마나 든든한 배경인가?
2. "여호와 보시기에 악을 행한지라"(52:2). 시드기야에 대한 이 말은 마치 열왕기의 한 구절과 같다. 사람들 앞에서는 '무엇을 했나'가 중요하겠지만, 하나님 앞에서는 '어떻게 살았나'가 더 중요하다.

[깊은 연구]

1. 두 바벨론 (렘 50-51장)

1) 역사적 바벨론 - 주전 538년에 바사의 고레스에게 함락되었다(스 1:1 참고). 〈통독 300일째 참고〉
2) 미래의 바벨론 - 대환난 때에 하나님에 의해서 함락될 것이다(계 18:18). 바벨론 멸망 후(계 18장) 이 성에 다시 사람이 거주하지 않을 것이다(렘 51:26). 불경한 나라들이 두 바벨론의 멸망을 슬퍼할 것이다(계 18장, 렘 50:46). 이스라엘인들이 두 바벨론에서 도망할 것이다(계 18:4, 렘 51:6). 두 바벨론은 금 잔, 곧 민족들이 마시며 미치게 되는 불의로 가득 찬 금 잔으로 묘사되었다(계 17:1-6, 렘 51:7). 온 하늘이 두 바벨론의 파멸을 기뻐한다(렘 51:10, 48, 계 18:20). 두 바벨론의 멸망 후 이스라엘은 그들의 하나님을 찾게 될 것이다. 이는 역사적으로 일어났으며(스 1장) 장차에도 일어날 것이다(슥 13:9).

2. 예루살렘의 함락에 대한 예언 (렘 52장)

1) 본문은 39장의 내용과 거의 일치한다(왕하 24-25장 참고). 느부갓네살의 즉위 연대를 기준으로 유다가 바벨론에 포로로 간 연대를 계산한다. 즉 주전 597년, 587년, 582년으로 3차에 걸쳐 포로가 되었다. 혹은 605년(여호야김)의 사건도 포로로 보기도 한다.

2) 느부갓네살의 아들 에윌므로닥(주전 562-560년)의 등극으로 유다의 여호야긴 왕을 옥에서 나오게 하고 왕의 상에서 함께하게 함은 이스라엘 민족에게 해방에 대한 새 소망으로 부풀게 했다.

■ 파괴되는 예루살렘 성전(렘 52장)
예레미야의 예언대로 예루살렘은 바벨론에 의해 정복되어 성전의 보물은 바벨론으로 옮겨진다(39, 52장).

공부 예레미야 49장~52장 : 예루살렘의 함락

◇ 다음 중 서로 관계있는 말씀을 찾아 줄로 연결하세요(1-5문, 49장).

1. (1-6절) 가) 엘람 a) 찬송의 성읍, 나의 즐거운 성읍이 어찌 버린 것이 되지 않겠느냐
2. (7-22절) 나) 에돔 b) 에서의 재난을 그에게 임하게 하여 그를 벌할 때가 이르게 하리로다
3. (23-27절) 다) 다메섹 c) 그들을 사방으로 흩으리니 쫓겨난 자의 이르지 아니하는 나라가 없다
4. (28-33절) 라) 암몬 d) 타락한 딸아, 어찌하여 골짜기 곧 네 흐르는 골짜기로 자랑하느냐
5. (34-39절) 마) 게달, 하솔 e) 바벨론 왕 느부갓네살이 너를 칠 모략과 계책을 정하였음이니라
6. (50: 절) ( )이 함락되고 ( )이 수치를 당하며 ( )이 부스러지며(1-10절).
7. (50: 절) 이스라엘은 ( )이라 사자들이 그를 따르도다 처음에는 ( )이 먹었고 다음에는 ( ) 느부갓네살이 그 뼈를 꺾도다(11-20절).
8. (50: 절) 그들의 구속자는 ( )하니 그 이름은 ( )라(33-46절).
9. (51: 절) ( )이 졸지에 넘어져 ( )되니 이로 인하여 울라(1-14절).
10. (51: 절) 바벨론이 황폐한 ( )가 되어서 시랑의 거처와 놀람과 ( )가 되고(25-40절).
11. (51: 절) 바벨론의 ( )은 온전히 무너지겠고 그 ( )들은 불에 탈 것이며(41-64절).
12. 바벨론 군대가 예루살렘을 포위하고 점령하기까지 걸린 기간은?(52:1-11) - 약 년 개월
13. 누가 언제 여호와의 전과 왕궁을 불살랐는가?(52:12-16) -
14. 바벨론 왕 느부갓네살이 바벨론으로 잡아간 유다인의 총수는?(52:28-30) -
15. 여호야긴 왕이 옥에서 나온 것은 사로잡혀 간 지 몇 년이며, 그를 석방한 왕은?(52:31) -

▲▼△▽ -----≪현실 적응의 어려움≫----- ▽△▼▲

▷ 여든(80세)을 넘은 이한리 집사가 어디에 전화를 거시려는지 수화기를 들고 쪽지에 적힌 번호를 보아 가며 번호를 하나하나 누르셨다. 번호를 너무 늦게 누르셨는지 전화기에서 이런 소리가 들렸다. "다이얼이 늦었으니 다시 확인하시고 걸어 주십시오." 그러자 연세 많으신 이한라 할머니가 당황하여 말씀하셨다. "에고, 그러지 말고 좀 연결해 주구려. 늙은이가 빨리 못 눌러서 그려."

▷ 이한라 사모가 늦깎이로 공부를 다시 시작했다. 과거 전공도 살리지 못하고 살았으나 사회적인 변화로 인해 사회복지학과에 편입학했다. 무엇보다 컴퓨터를 사용하지 않고는 공부를 할 수 없기에 공부 자체보다 컴퓨터로 인한 스트레스를 더 받았다. 전에 컴퓨터 주부교실에서 배워 간단한 문서 작성 정도는 하는 듯했으나 세월이 머리를 포맷시켰다.

"아니, 내 컴퓨터 자판에는 소문자 a가 없어?" 쯧쯧, 못 찾을 뿐이지!

♧ ♧ ♧

현대를 살려면 적응하는 다양한 것들로 인해 힘이 든다. 텔레뱅킹에서부터 복잡한 인터넷뱅킹, 각종 복잡한 가전제품, 휴대폰의 기능 활용 등 이루 헤아릴 수 없게 많은 것들이 부담으로 다가온다. 좋은 것일수록 다루기가 힘든 법, 그런데 실제 사용법을 익히고 나면 그렇게 편할 수가 없다. 하나님은 자기 백성을 괴롭히는 바벨론으로부터 이스라엘에게 평안함을 주겠노라고 말씀하신다.

(예레미야 50:34) 그들의 구속자는 강하니 그 이름은 만군의 여호와라 결코 그들의 원을 펴서 그 땅에 평안함을 주고 바벨론 거민으로 불안케 하리라

신현주, 〈좌충우돌 예화〉〈시시콜콜 예화〉, www.sbs66.net

[오늘의 말씀] 예레미야애가 1장~3장 : 고난당하는 자의 탄원 → 먼저 성경 읽기

(1장) 화려하고 거룩한 도성 예루살렘이 비참한 형편에 처했음을 슬퍼한다. / 본서는 이합체시(내일 해설).
(2장) 이러한 멸망은 하나님의 심판이다.
(3장) 백성과 함께 고난당하는 자(예레미야?)는 하나님의 자비를 구한다.

[말씀 묵상]

1. "이방인을 금하여 주의 공회에 들어오지 못하게 하셨사오나 저희가 성소에 들어간 것을 예루살렘이 보았나이다"(1:10)라며 슬픔과 함께 분노한다. 율법에 이방인은 성소에 들어오지도 못하는데(신 23:2-3, 겔 44:7-9) 예루살렘 파멸은 성전이 수치를 당하게 되었으며 이로 인해 유다인들의 마음은 찢어지는 듯했을 것이다. 멸망의 원인은 죄에 있었으므로 죄의 결과는 이처럼 가장 깊고 수치스런 아픔이 동반함을 오늘도 기억해야 한다.
2. 언제 낙심하며 언제 소망을 갖는가? 〈애가〉의 시인은 "내 고초와 재난, 곧 쑥과 담즙을 기억하소서 내 심령이 그것을 기억하고 낙심이 되오나 중심에 회상한즉 오히려 소망이 있사옴은"(3:19-21)이라며 하나님의 긍휼이 무궁하므로 진멸치 아니함을 믿었다. 이스라엘은 출애굽 당시의 홍해 기적을 회상하며 용기를 얻었고 신약의 성도들은 예수님의 십자가와 부활을 바라보며 소망을 갖는다.

[깊은 연구]

1. 선지자 예레미야의 눈물 (애가)

〈예레미야애가〉에서 보면 예루살렘의 파멸과 고통 받는 백성들을 보며 **예레미야가 눈물**을 흘린다.

1) 1:2 - "밤새도록 애곡하니 **눈물**이 뺨에 흐름이여 사랑하던 자 중에 위로하는 자가 없고 친구도 다 배반하여 원수가 되었도다"

2) 1:16 - "이를 인하여 내가 우니 **내 눈에 눈물이** 물같이 흐름이여 나를 위로하여 내 영을 소성시킬 자가 멀리 떠났음이로다 원수들이 이기매 내 자녀들이 외롭도다"

3) 2:11 - "**내 눈이 눈물에** 상하며 내 창자가 끓으며 내 간이 땅에 쏟아졌으니 이는 처녀 내 백성이 패망하여 어린 자녀와 젖먹는 아이들이 성읍 길거리에 혼미함이로다"

4) 3:48-49 - "처녀 내 백성의 파멸을 인하여 **내 눈에 눈물이** 시내처럼 흐르도다 **내 눈의 흐르는 눈물이** 그치지 아니하고 쉬지 아니함이여"

2. 〈예레미야애가〉의 위치

다음의 도표에서 보여 주듯이 〈예레미야〉는 닥쳐올 예루살렘의 함락 예언(경고)을, 〈예레미야애가〉는 이미 함락된 예루살렘을 보며 애가(애도)를 한다.

〈예레미야〉 -경고- ⇒	예루살렘의 함락 (주전 587년)	⇐ 〈예레미야애가〉 -애도-

통독	302
확인	

공부

예레미야애가 1장~3장 : 고난당하는 자의 탄원

1. 다음 '본래'의 경우에서 '이제'는 어떻게 되었는지를 한두 단어로 간단히 쓰세요(1:1).
   1) 거민이 많더니 ~ 2) 열국 중에 크던 자 ~ 3) 열방 중에 공주 되었던 자 ~
2. 처녀 시온의 모든 영광은 어떻게 되었나?(1:6) -
3. 예루살렘이 불결한 자 같이 된 이유는 무엇인가?(1:8) -
4. 멸망당한 유다의 고통을 보며 내(예레미야)가 어떻게 했는가?(1:12-22을 읽고 답은 16절에서)
   -
5. 원수들이 나(예레미야나 유다)의 재앙을 들었으나 어떤 태도를 가졌나?(1:21) -

◇ 다음 물음의 답을 보기에서 찾아 적으세요(6-9문, 2장). {보기} 묵시 / 눈물 / 주(여호와) / 처녀

6. 시온이나 유다, 예루살렘을 말할 때에 그 앞이나 뒤에 붙인 수식어는?(2장, 1:6) -
7. 야곱의 거처를 삼키며 원수같이 되어 이스라엘을 삼키며 성막을 헐고 제단을 버린 자는?(2:1-10) -
8. 당시 선지자들은 여호와의 무엇을 받지 못한 영적 무지자들이었나?(2:1-10) -
9. 처녀 성곽 곧 멸망당한 유다 백성이 밤낮으로 강처럼 흘려야 하는 것은?(2:18) -
10. (3: 절) 여호와의 ( )로 인하여 고난당한 자는 ( ).
11. (3: 절) 내가 부르짖어 ( )을 구하나 내 기도를 ( ) 다듬은 돌을 쌓으사.
12. (3: 절) 사람이 여호와의 구원을 바라고 ( )이 좋도다.
13. (3: 절) 주께서 인생으로 ( )하며 ( )하게 하심이 ( )이 아니시로다.
14. (3: 절) 여호와여 나의 억울을 ( )하셨사오니 나를 위하여 ( )하옵소서.

▲▼△▽ -----≪고난을 밟고 일어서라≫----- ▽△▼▲

늙은 당나귀가 바짝 마른 우물에 빠졌다. 주인 혼자 꺼낼 힘이 없어 동네사람들을 불러 당나귀를 끌어올리려 했으나 역부족이었다. "물이 말라 쓸모도 없는 우물이 늘 위험했는데, 그나마 사람이 빠지지 않아서 다행입니다. 저 당나귀도 많이 늙어서 일은 못 하고 먹이만 축내는 놈이니 이참에 그냥 묻어버립시다." 동네 사람의 말에 아무도 반대하는 사람이 없었기에 주인은 아깝고 불쌍했지만 하는 수 없이 포기했다. 흙을 우물에 떨어뜨릴 때마다 당나귀의 구슬픈 울음소리에 사람들은 안됐다고 생각했으나 다른 방도가 없어서 그냥 계속 흙을 퍼 우물에 던졌다.

한참이 지난 후에 우물이 조용해졌다. "가엽게도 죽었나 보군."

사람들이 우물 안을 들여다보았을 때 당나귀는 멀쩡하게 살아서 우물 위를 올려다보고 히쭉 웃고 있었다. 동네 사람들은 모두 소스라치게 놀랐다.

♧ ♧ ♧

당나귀는 무차별 떨어지는 흙을 털어 가며 그것을 밟고 올라서서 살아났다. 자신을 묻어 죽이려는 그 흙을 밟고 살아난 것이다. 그대 인생에 누군가 무차별 공격을 하는가? 그대를 비난하고 조롱한다고 두려워 말고 그것을 밟고 일어서서 승리해야 한다.

무소의 뿔처럼 꼭 남을 떠 넘겨야만 이기는 것이 아니다. 그대가 진실하게 살면 일어서게 된다.

(예레미야애가 3:53, 55) 저희가 내 생명을 끊으려고 나를 구덩이에 넣고 그 위에 돌을 던짐이여...여호와여 내가 심히 깊은 구덩이에서 주의 이름을 불렀나이다

신현주, 〈좌충우돌 예화〉 〈시시콜콜 예화〉, www.sbs66.net

[오늘의 말씀] 예레미야애가 4장~5장 : 구원을 기원하는 기도 → 먼저 성경 읽기

(4장) 현재와 과거를 비교하며 이러한 고난의 이유는 죄로 인한 결과임을 고백한다.
(5장) 구원을 기원하는 간절한 기도가 나온다.

[말씀 묵상]

1. "문제아 뒤에는 문제 부모가 있다"라는 말처럼 문제 백성 뒤에는 문제 선지자와 제사장들이 있었다. 애가의 시인은 예루살렘의 멸망 원인을 "그 선지자들의 죄와 제사장들의 죄악을 인함이니 저희가 성읍 중에서 의인의 피를 흘렸도다"(4:13)라고 지적한다. 예루살렘은 안전한 요새였으나 함락되었다. 그 책임은 원칙적으로 선지자와 제사장에게 있다고 지적을 한다. 이처럼 지도자는 책임이 크다.
2. 〈예레미야애가〉의 처음 책 이름은 '애가'(哀歌)인데 히브리 발음으로도 **'에카'**(슬프다!, 어찌하여!)이다. 1, 2, 4장이 '애카'로 시작되고 있는 것은 예루살렘의 파멸에 대한 아픔을 탄식한 것이다. 우리는 인생에서 애가의 시인처럼 "어찌하여!"라며 탄식할 일들을 만난다. 그럼에도 "여호와여 우리를 주께로 돌이키소서 그리하시면 우리가 주께로 돌아가겠사오니 우리의 날을 다시 새롭게 하사 옛적 같게 하옵소서"(5:21)라며 하나님께 기도하고 의지하면서 희망으로 노래하는 은혜가 있다.

[깊은 연구]

1. 늦기 전에 회개했더라면 (애 5장)

본서의 끝인 5장에서, 백성들은 하나님께서 자기들을 돕기 위해서 일하실 것이라는 희망을 가지고 비극적인 처지를 하나님께 호소하며 죄악을 고백한다. "우리 열조는 범죄하고 없어졌고 우리는 그 죄악을 담당하였나이다"(5:7), "우리 머리에서 면류관이 떨어졌사오니 오호라 우리의 범죄함을 인함이니이다"(5:16). 그러나 하나님께서 이들을 위해서 중재하시기에는 어쩌면 너무 늦으셨을지도 모른다는 괴로운 고백으로 끝을 맺는다. "주께서 우리를 아주 버리셨사오며 우리에게 진노하심이 특심하시니이다"(5:22).

2. 〈예레미야애가〉의 목적

예루살렘 멸망을 되새기려는 목적에서보다는 과거의 교훈을 통해 어려운 재난에 직면할지라도 하나님을 믿는 신앙의 자세를 지키도록 하기 위함이다. 다섯 두루마리에 속했던 것으로 아브월(태양력 7, 8월) 제9일 예루살렘 성전이 파괴된 날에 낭독되었는데 항상 5장 21절을 22절 뒤에 낭독함으로 긍정적인 내용에 가까워지도록 했다. 가톨릭에서는 지금까지 고난주간의 마지막 3일 동안에 읽는다.

3. 이합체시(離合體詩)로 기록된 〈애가〉

본서는 '이합체시'라는 독특한 형식으로 기록되었다. 히브리어의 자음은 22자인데, 매절의 처음 자음을 순서대로 사용하여 22절씩 의도적으로 맞추었다. 5장을 제외한 1-4장이 이합체시인데 1, 2, 4장은 22절씩이고 3장은 66절로 3절씩 같은 알파벳으로 시작되었다. 따라서 이 시들은 자연스런 감정의 발산으로 된 시라기보다는 의도적으로 정교하게 다듬어진 시이다. 이처럼 이합체시라는 언어유희로 시를 쓴 것은 아마도 기억을 쉽게 하기 위함으로 본다. 〈제3권 통독 218일째 시편 119편 해설 참고〉

통독	303
확인	

공부

예레미야애가 4장~5장 : 구원을 기원하는 기도

◇ 다음 말로 시작하는 성구를 써서 완성하세요(한 절만, 4장).

1. 슬프다 ~

2. 전에 소돔이 ~

3. 그 선지자들의 ~
4. 우리가 헛되이 ~

5. 처녀 시온아 ~

◇ 다음 본문의 해당 절수를 쓰고 성경에 기록된 순서대로 번호를 쓰세요(5장).

6. (　　절) 여호와여 주는 영원히 계시오며 주의 보좌는 세세에 미치나이다. (　　)
7. (　　절) 방백들의 손이 매어 달리며 장로들의 얼굴이 존경을 받지 못하나이다. (　　)
8. (　　절) 우리가 애굽 사람과 앗수르 사람과 악수하고 양식을 얻어 배불리고자 하였나이다. (　　)
9. (　　절) 우리 머리에서 면류관이 떨어졌사오니 오호라 우리의 범죄함을 인함이니이다. (　　)
10. (　　절) 여호와여 우리를 주께로 돌이키소서 그리하시면 우리가 주께로 돌아가겠사오니 우리의 날을 다시 새롭게 하사 옛적 같게 하옵소서. (　　)

▲▼△▽ -----≪일어서는 모습이 예쁘구나!≫----- ▽△▼▲

미국 LA올림픽(1984년)에서 중국 여자 선수가 다이빙에서 금메달을 딴 후 인터뷰를 했다. "당신은 동양 여자로 몸집도 아주 왜소한데, 어쩌면 그렇게 부드러운 동작과 침착한 모습으로 고공에서 아름답게 다이빙을 연출할 수 있었습니까?" 그러자 그 선수는 이렇게 대답했다.

"저는 어렸을 때부터 100미터 경주를 좋아했습니다. 그런데 경주에 나가면 자주 엎어지고 넘어졌죠. 그래서 항상 거의 맨 뒤로 들어오던 제게 어머니는 '사랑하는 딸아, 네가 1등 하는 것보다 넘어졌다가 일어서는 모습이 더 아름다웠어. 너는 아름다운 내 딸이야' 하셨지요. 그 후 다이빙을 시작하면서 실수도 하고 사고도 났지만 어머니는 동일한 말씀을 하셨어요. 어머니를 생각하면 다이빙 스탠드에서도 두려움이 사라지고 마음이 편해집니다."

♧ ♧ ♧

그대가 넘어지고, 쓰러지고, 죄 속에 빠졌을 때도 하나님은 그대를 버리지 않고 '그래, 네가 다시 일어서는 모습이 아름답구나!' 하신다. 1등을 못 해도, 화려한 스타 인생이 아니어도 하나님은 그대를 향해 "사랑하는 아들아! 사랑하는 딸아!"라고 말씀하신다.
내가 존재하는 것만으로도 많은 곳에 기쁨이 될 수가 있다. 하나님은 내게 선하고 온전한 기대를 하신다.
주님이 힘을 주시므로 힘들어도 일어나야 한다. 망했던 유다가 일어나는 소망을 가졌던 것처럼.

(예레미야애가 5:21) 여호와여 우리를 주께로 돌이키소서 그리하시면 우리가 주께로 돌아가겠사오니 우리의 날을 다시 새롭게 하사 옛적 같게 하옵소서

신현주, 〈좌충우돌 예화〉 〈시시콜콜 예화〉, www.sbs66.net

[오늘의 말씀] 이사야~예레미야애가 복습 → 먼저 성경 읽기, 단숨에...

1. 〈이사야〉

〈1〉 징계에 대한 예언 (사 1-39장)

1. 이사야 예언 시대의 네 왕의 이름은?(1:1) - 1) 웃시야 2) 3) 4)
2. (1:18) 오라 우리가 ~
3. 무리가 그 칼을 쳐서 ( )을 만들고 그 창을 쳐서 ( )을 만들 것이며...(2:4).
4. "내가 여기 있나이다 나를 보내소서"는 누구의 소명인가?(6:8) -
5. "보라 처녀가 잉태하여 아들을 낳으리니..."(마 1:23)는 이사야 (7:)의 예언 성취이다.
6. 이사야 9장 6-7절은? ① 이사야의 아들에 대한 예언 ( ), ② 메시아 예수에 대한 예언 ( )
7. '이새'는 어느 왕의 아버지이며, 이 예언은 누구에 대한 것인가?(11:1, 마 1:1-6) -
8. 이사야 13-23장은? ① 이스라엘의 심판에 대한 예언 ( ), ② 이방의 심판에 대한 예언 ( )
9. 이 산에서 만민을 위하여 ( )과 오래 ( )로 연회를 베푸시리니(25:6).
10. (27:3) 나 여호와는 포도원지기가 됨이여 ~
11. 보라 장차 한 왕이 ( )할 것이요 방백들이 ( )할 것이며...(32:1).
12. (35:5-6) 그 때에 소경의 ~
13. 이사야 5, 12, 35, 54장은? - ① 이사야의 노래 ( ), ② 이사야의 탄식 ( )
14. 이사야는 히스기야에게 어떤 처방을 했나?(38:21) -

〈2〉 회복에 대한 예언 (사 40-66장)

15. 40장 3-8절은 마 3:3, 막 1:3, 눅 3:4에서 보면 누구의 오심에 대한 예언인가? -
16. (41:10) 두려워 말라 ~
17. (42:1) 내가 붙드는 나의 종 ( )을 보라.
18. ( )에 대하여는 이르기를 그는 ( )라 나의 모든 기쁨을 성취하리라... 나 여호와는 ( ) 받은 고레스의 오른손을 잡고(44:28-45:1).
19. 배에서 남으로부터 내게 안겼고 ( ) 내게 품기운 너희여 너희가 노년에 이르기까지 내가 그리하겠고 ( ) 내가 너희를 품을 것이라(46:3-4).
20. 그가 찔림은 ( )을 인함이요 그가 상함은 ( )을 인함이라. - (53: 절)
21. (55:1) 너희 목마른 자들아 ~
22. 여호와께서 기뻐하시는 금식은?(58:1-7을 읽고 답은 6절에서) -
23. (60:1) 일어나라 ~
24. 우리는 ( )이요 주는 ( )시니 우리는 다 주의 손으로 지으신 것이라(64:8).
25. (66:22) 나의 지을 새 하늘과 ~

통독	304
확인	

2. 〈예레미야〉

1. 1) 예레미야가 살던 곳은? -　　　　2) 예레미야의 예언 기간은?(1:1-3) -
2. 예레미야가 본 두 가지 이상(환상)은?(1:11, 13) -
3. 당시 유다가 의지했던 두 나라는?(2:18, 36) -
4. 한 민족이 (　　　)에서 오며 큰 나라가 (　　　)에서부터 떨쳐 일어나나니. - (6:　절)
5. 심판으로 예루살렘은 어떻게 될 것인가?(9:11) -
6. '깨어진 언약'을 말씀하는 11장에서 '언약'이라는 단어가 몇 번 나오는가?(1-13절에서) -
7. 그들의 (　　)은 주께 가까우나 그 (　　　)은 멀도다(12:2).(마 15:　절에 인용)
8. 하나님께서 예레미야에게 하지 말라고 한 세 가지는?(16:2, 5, 8. 요약해서) -
9. 진흙이 (　　　　)의 손에 있음 같이 너희가 (　　　)에 있느니라(18:6).
10. 오지병을 깨뜨린 교훈은?(19:11에서) -
11. (20:9) 내가 다시는 여호와를 선포하지 아니하며 ~
12. 유다의 시드기야 왕 때에 어느 나라, 누가 쳐들어왔는가?(21장, 왕하 25장) -
13. "무화과 두 광주리" 비유에서 먹을 수 없는 무화과는 누구를 상징하나?(24:8) -
14. 유다의 바벨론 왕 섬김(포로 기간)이 얼마나 될 것이라 했나?(25:11-12) -
15. 거짓으로 평화를 예언한 하나냐는 어떻게 되었나?(28장) -
16. 하나님께서 벌하시는 방법을 세 단어로 말하면?(29:18, 27:8, 32:36) -
17. (31:31) 보라 날이 이르리니 ~
18. 유다 왕 시드기야는 무엇이라 하며 예레미야를 가두었는가?(32:1-5) -
19. (33:3) 너는 내게 부르짖으라 ~
20. 여호와께서 유다 왕 시드기야와 방백을 어디에 붙이리라 하셨나?(34:21) -
21. 예레미야의 구전(口傳)대로 모든 말씀을 두루마리에 기록한 사람은?(36:4) -
22. 예레미야가 사는 길이라고 여러 번 말한 것은?(38:2, 17-23, 27:12 참고) -
23. 예루살렘이 함락된 때는?(39:2, 왕하 25장) -
24. 예레미야는 어디로 가게 되었나?(43:1-7) -
25. 46-51장은 이스라엘에 대한 심판인가, 이방에 대한 심판의 예언인가?(해설 참고) -
26. 느부갓네살이 사로잡아 바벨론으로 옮긴 때와 유다인의 수는?(52:28-30)(아라비아 숫자)
   1) 제(　)년, (　　　　)명,　2) 제(　)년, (　　　　)명,　3) 제(　)년, (　　　　)명

3. 〈예레미야애가〉(민족의 비운을 노래)

1. 〈예레미야애가〉의 각 장의 절수는?(1-5장) 〈1-4장은 이합체시-Acrostic-이다. 해설 참고〉
   1) 1장 -　　절,　2) 2장 -　　절,　3) 3장 -　　절,　4) 4장 -　　절,　5) 5장 -　　절
2. 예루살렘이 불결한 자 같이 된 이유는?(1:8) -
3. 처녀 성곽 곧 멸망당한 유다 백성이 밤낮으로 강처럼 흘려야 하는 것은?(2:11-19) -
4. (3:　절) 여호와여 나의 (　　　)을 (　　　)하셨사오니 나를 위하여 (　　　)하옵소서.
5. (5:　절) 여호와여 우리를 주께로 돌이키소서 그리하시면 우리가 (　　　　　　　)
   우리의 날을 다시 새롭게 하사 (　　　　) 하옵소서.

〈에스겔〉을 소개합니다

제목에 대한 해설

본서의 히브리 성경의 책 이름은 예언자 '에스겔'의 이름을 따라 '예헤즈켈'로서 '하나님이 강하게 하신다' 혹은 '하나님에 의해 강하게 되었다'라는 뜻이 있다. 70인역(LXX)이나 불가타역(Latin Vulgate) 모두 '예제키엘'로 나타나는데, 영어역이나 후대의 모든 역들도 이를 따라 '에스겔'이라 불렀다.

저자와 기록 연대

저자는 에스겔로서 바벨론 포로기에 자서전적이며 일인칭 단수로 기록하였다. 더욱이 예언의 많은 부분에 날짜가 나타나며 지방색이 있다. 전체적으로 나타나는 사상과 배열의 유사성은 이 책이 전부 한 사람 에스겔의 기록임을 나타낸다. 반면에 현대 학자들 중에는 40-48장은 후대에 첨가한 것이라고 주장하기도 하고, 또는 1,273절 중에 143절만이 에스겔의 것이고 나머지는 주전 500-400년경에 기록된 것이거나 여러 세대를 통하여 기록되었다고 주장하는 이들도 있다.

에스겔은 제사장 사독의 자손으로 여호야긴 왕과 함께 주전 597년에 바벨론 포로로 잡혀간 지 5년, 30세 때(1:1, 제30년 4월 5일)인 주전 593년에 그발 강가에서 부름을 받았다. 바벨론 땅 포로집단 거주지인 텔아비브에서 유다 백성들에게 예언했다(3:15). 에스겔의 예언 활동이 제27년까지 계속되었으므로(29:17) 에스겔의 활동 연대는 주전 593-571년 사이로 계산되며, 그는 적어도 52세까지 계속 활동하였다. 그의 아내는 주전 588년에 예루살렘이 포위되기 시작했을 때 죽었다(24:1, 15-18).

시대적 배경

예루살렘은 느부갓네살에 의해 세 차례에 걸쳐 침공을 받았다. **1차**: 주전 605년 느부갓네살은 여호야김을 항복시키고 다니엘과 그의 친구들 등 유다의 주요 인물들을 포로로 잡아갔다. **2차**: 주전 597년 그는 여호야김과 여호야긴의 반역에 대한 징계로서 예루살렘을 침공하여 여호야긴 왕과 에스겔 등 1만여 명의 포로를 잡아갔다. **3차**: 주전 587년에 예루살렘을 함락시키고 유다 전역을 파괴했다.

1차 포로 다니엘과 2차 포로 에스겔은 동년배로 포로기의 선지자였다. 예레미야 52장에 의하면 582년에도 포로가 있었다.

또는 597년, 587년, 582년을 3차에 걸친 포로로 보기도 하며, 605년의 포로(다니엘)에 대해서는 역사성에 의문을 제기하기도 한다.

교훈 및 메시지

1) 〈에스겔〉의 묵시적 요소 - 에스겔의 사역은 두 가지로, 하나는 포로들에게 그 죄를 상기시키는 것이었고, 다른 하나는 장차 있을 하나님의 축복으로 그들에게 용기를 북돋아 주는 것으로 묵시적인 표현법을 많이 사용했다. 묵시적인 구약성경은 〈에스겔〉을 비롯하여 〈다니엘〉, 〈스가랴〉이며, 신약성경에서는 〈요한계시록〉이다.

2) 여호와의 초월성과 심판 사상 - 에스겔의 신관은 초월적 신관으로서 여호와는 위대하시고 거룩하시므로 사람으로부터 멀리 떨어져서 하늘 높이 거하신다는 것이다. 그발 강가 환상 가운데 하나님의 말씀을 들었고, 두루마리를 받아먹었을 때에 경험한 하나님에 의하여 형성된 것인데 그의 전 존재를 압도하는 장엄하고 거룩하신 하나님이었다. 그 하나님은 모든 세계를 통치하시므로 포로로 있는 낙심한 유다 백성의 눈을 온 세계를 다스리는 하나님을 향해 열어 준다.

3) 개인 신앙에 대한 교훈 - 18장 2절은 개인 신앙에 대해서 간결하게 언급하고 있다. "아비가 신 포도를 먹음으로 아들의 이가 시다"라는 조상의 죄로 인해 자손이 저주 아래 놓이게 된다는 전통 사상에 대해 정면으로 반박하면서, "아비의 영혼이 내게 속함 같이 아들의 영혼도 내게 속하였나니 범죄하는 그 영혼이 죽으리라"(18:4)라고 개인 신앙의 책임에 대하여 말한다.

4) 신약성경과의 관계 - 본서는 〈요한계시록〉과 〈요한복음〉에 많은 영향을 미쳤다고 볼 수 있다. 1장 22-28절(계 1:15, 19:6)의 발(계 1:15), 보좌(계 4:3), 네 생물(계 4:6) 등도 모두 〈에스겔〉의 영향이다. 34, 37장의 목자(요 10장), 15장의 포도나무(요 15장), 38-39장의 곡과 마곡(계 20:8-10) 등 여러 곳이 신약에 영향을 주었다.

〈다니엘〉을 소개합니다

제목에 대한 해설

'다니엘'이란 책 이름은 예언자 다니엘의 이름을 따라 지어졌다. 그는 본서의 주인공이고 본서 전체의 예언적 이상을 받아 장래에 일어날 일들을 예언했다. 이름의 뜻은 '하나님은 나의 재판관'이다.

후대의 역들도 모두 같은 이름을 사용하였다.

〈다니엘〉은 현대의 역들에서는 예언서로 분류되지만 히브리 성경에서는 성문서에 속한 역사서로 〈다니엘〉과 함께 〈에스라〉, 〈느헤미야〉, 〈역대기〉도 모두 여기에 속한다.

저자 및 저작 연대

〈다니엘〉은 표면적으로 볼 때에 전반부에서는 다니엘을 6세기 후반 포로기의 인물로 보기에는 어려움이 없으며 자연히 다니엘을 저자로 본다.

그러나 예언적 부분인 후반부에서는 포로기로 보는 데에 어려움이 있다. 9장 1절을 근거로 다리오 2세(주전 423-404년), 다리오 3세(주전 336-331년)가 서론되고 있으나 다니엘을 이렇게 후대까지 생존하는 인물로 보기는 어렵다. 이에 대하여 익명의 묵시문학을 기록하는 사람에 의해 다니엘의 이름을 빌린 후대의 예언이 다니엘서에 첨가되었다고 주장하기도 한다. 특히 주전 333년 헬라가 바사를 정복한 후에 헬라의 통치를 받게 되는데, 극악한 박해 시대엔 안티오쿠스 에피파네스의 통치 때(주전 175-164년), 마카비 독립운동(주전 167-165년)을 거치면서 유다인들이 신앙적 무장을 위해 종말론적인 묵시문학이 일어났으며 이 과정에서 본서가 기록되었다는 주장도 있다. 그럴지라도 그 기본 전승은 포로 시대의 유명한 다니엘로부터 왔음을 부인할 수는 없다.

역사적 배경

다니엘이 바벨론에 포로로 잡혀간 여호야김 3년은 주전 605년이고 그때의 나이를 20세가량으로 추정하여 고레스 시대(538년에 바벨론을 무찌르고 해방령을 내린 바사 왕, 스 1:1)까지도 활동했다면 70년 이상을 예언했을 것이고, 그의 나이 거의 100세 가까이 활동했을 것으로 계산된다.

〈다니엘〉은 〈요한계시록〉과 함께 묵시문학에 속한다. 묵시문학은 비유와 상징의 언어로 저술되고 그 내용은 역사의 종말과 종말에 앞서 일어날 일들을 다룬다.

교훈과 메시지

1) 절대 주권적이며 초월적인 신관

본서는 이스라엘의 역사나 포로기에 대한 것이 아니고 다니엘의 전기적 사건을 통하여 하나님께서 자신의 백성들을 위한 계획을 성취하기 위해서 어떻게 권능으로 섭리하시며, 역사 속에서 왕들을 징벌하시며 능력을 나타내시는가를 교훈하기 위한 것이다. 다니엘서의 총 주제는 "세계에 대한 하나님의 통치"이다. 메시지는 하나님께서 이방 땅에서도 그의 백성들을 보호하신다는 것이다. 그런 점에서 〈에스겔〉의 신관을 닮았으며, 예언자의 신학이나 〈에스더〉에서처럼 '남은 자 사상'을 교훈하기 위한 것이다.

2) 하나님 나라와 메시아 사상

종말론 사상을 나타내는 느부갓네살이 본 신상은 하나님이 역사의 주관자이심을 말한다. 정금으로 된 머리는 첫째 왕국 바벨론, 은으로 된 가슴과 팔은 둘째 왕국 메대, 놋으로 된 배와 넓적다리는 셋째 왕국 바사, 철로 된 종아리는 넷째 왕국 헬라, 철과 진흙으로 된 발은 알렉산더 사후 여러 나라로 분립될 것을 말한다(독일성서공회판 《관주해설성서》, 박대선 외 공저, 《구약성서개론》). 한편 메대-바사를 둘째 왕국으로, 헬라를 셋째 왕국으로, 로마를 넷째 왕국으로 해석하기도 한다.

2장 44절에 "이 열왕의 때에 하늘의 하나님이 한 나라를 세우시리니 이것은 영원히 망하지도 아니할 것이요 그 국권이 다른 백성에게로 돌아가지도 아니할 것이요 도리어 이 모든 나라를 쳐서 멸하고 영원히 설 것이라" 했다. 하나님의 나라는 초자연적으로 임하며 폐하지 않고 영원한 나라임을 강조한다(7:14, 27).

2장의 느부갓네살의 꿈에서 '뜨인 돌'은 초월적으로 임해서 이 땅의 왕국을 무너뜨리고 하나님의 나라를 건설하는 메시아임을 볼 수 있다. 이 메시아는 예수 그리스도이며 이러한 심판은 보편적이며 발전된 종말론 사상으로서 신약에 직접적으로 이어지는 종말론 사상인 것이다.

[오늘의 말씀] 에스겔 1장~3장 : 에스겔의 소명 → 먼저 성경 읽기

(1장) 에스겔은 하나님의 영광이 어마어마하게 나타난 환상(이상)을 통하여 선지자직에 부름 받았다.
(2장) 여호와께서는 "인자야 내가 너를 이스라엘 자손 곧 패역한 백성, 나를 배반하는 자에게 보내노라"라며 사명을 주신다.
(3장) 에스겔은 하나님의 명령을 따라 두루마리 책을 먹는다. 그는 선지자로서 파수꾼의 임무를 맡게 된다.

[말씀 묵상]

1. 하나님은 에스겔에게 소명을 주실 때 먼저 "**여호와의 영광의 형상의 모양**"(1:28)을 나타내셨다. 이것은 하나님의 거룩하심과 그의 지극하신 자비와 사랑을 상징한다. 에스겔은 이러한 이상을 통해 하나님을 확고하게 신앙하며 스스로 겸비하게 되었다. 우리도 하나님의 품성 앞에 무릎을 꿇어야 한다.
2. 성도는 에스겔처럼 이 세상에 보냄 받은 **파수꾼**이다. 하나님께서 에스겔에게 하신 말씀과 같이 (3:16-21, 18절: **내가 그 피 값을 네 손에서 찾을 것이고**) 우리가 불신 영혼들에게 복음을 전하지 않으면 그들은 죄 가운데 죽겠지만, 그 책임을 우리에게 물으신다. 내 가족, 친척, 친구, 이웃에 각 3명씩만 전도해도 우리도 예수님께서 12제자를 삼으신 일을 이루는 파수꾼이 될 수 있다.

[깊은 연구]

1. 네 생물과 복음서 (겔 1장, 계 4장)

에스겔 1장 1-28절에 나오는 네 생물은 요한계시록 4장 7절에도 나오는데 어거스틴(주후 354-430년, 아프리카 히포의 주교)은 네 생물이 네 복음서를 의미한다고 했다. 기독교회가 전통적으로 이 해석을 따르게 되었다. ① 마태복음: 유다인에게 - 그리스도를 메시아인 '사자'로, ② 마가복음: 로마인에게 - 그리스도를 종인 '소'로, ③ 누가복음: 헬라인에게 - 그리스도를 완전한 '인간'으로, ④ 요한복음: 전 세계에게 - 그리스도를 전능하신 하나님인 '독수리'로 묘사하였다.

2. '하나님의 영광과 성전'의 관점에서 본 <에스겔>

에스겔은 하나님의 영광을 보았다. ① 그 영광은 하나님의 보좌를 두르고 있었으며(1:28), ② 성전에 임했고(10:4), ③ 성전을 떠났다(10:18-19). ④ 그는 그 영광이 성전에 다시 돌아오는 것을 보았으며(43:1-5), ⑤ 마지막으로 하나님의 영광이 성전을 채우는 것을 목격했다(44:4).

■ 에스겔의 처음 각 장의 내용들(겔 1-5장)
두루마리를 먹고 있는 에스겔(2장), 원수에게 포위된 예루살렘(3장), 이상한 모습으로 누워 있는 에스겔(4장), 머리털과 수염을 깎아 삼등분하여 태우고 칼로 자르고 날리는 모습(5장). 〈10세기 하이몬의 에스겔 주석서의 삽화, 파리 국립도서관 소장〉

통독	305
확인	

공부 에스겔 1장~3장 : 에스겔의 소명

1. 에스겔이 하나님의 이상을 본 때와 그 장소는?(1:1-3, 참고. 30년이란 '나이'로 해석) -
2. 에스겔은 누구의 아들이며 그는 자기의 직분을 무엇이라 소개하는가?(1:1-3) -
3. 네 생물의 얼굴 모양은 누구의 얼굴인가?(1:4-14)
   1) 앞편 ( ) 2) 우편 ( ) 3) 좌편 ( ) 4) 뒤편 ( )
4. 생물들은 무엇의 얼굴이며(10:14), 생물의 머리 위에는 무엇이 있나?(1:22) -
5. 사면 광채의 모양은 실제 누구의 모양이었나?(1:26-28) -
6. 하나님이 에스겔을 부른 호칭은 무엇인가?(2장, ~야) -
7. 에스겔은 누구에게 보냄을 받았나?(2:3) -
8. 하나님이 주신 두루마리 책에는 무엇이 기록되어 있는가?(2:10) -
9. (3: 절) 내가 네게 주는 이 ( )로 네 배에 넣으며 네 ( )에 채우라 하시기에 내가 먹으니 그것이 내 입에서 달기가 ( ) 같더라.
10. (3: 절) 너를 ( )이 다르거나 말이 어려운 백성에게 보내는 것이 아니요 ( )에게...
11. (3: 절) 인자야 내가 너를 이스라엘 족속의 ( )으로 세웠으니 너는 내 입의 ( )을 듣고 나를 대신하여 그들을 깨우치라.
12. (3: 절) 가령 내가 악인에게 말하기를 너는 꼭 죽으리라 할 때에 네가 ( ) 아니하거나 말로 악인에게 일러서 그 악한 길을 떠나 생명을 ( )케 하지 아니하면 그 악인은 그 죄악 중에서 죽으려니와 내가 그 피 값을 네 ( )에서 찾을 것이고...

▲▼△▽ -----《성경 번역자의 순교의 결과》----- ▽△▼▲

윌리엄 틴데일(W. Tyndale, 1490-1536)은 당시 성경이 라틴어와 헬라어로만 되어 있어서 사제들만 읽었던 것을 성도들이 읽도록 영어로 번역했다. 그러나 영국 왕 헨리 8세가 보낸 첩자에게 체포되어 옥고를 치렀다. 높은 장대에 달렸다가 교수형을 당하고 다시 화형을 당한 순교자가 되었다.

교수형 전에 틴데일은 마지막 기도를 드렸다.

"주여, 영국 왕의 눈을 열어 주소서."

그 후 1611년에 영국 왕 제임스의 명령으로 영어역 성경이 번역되었다. 그것이 바로 아직도 가장 전통 있고 권위 있는 성경으로 정평이 나 있는 흠정역 성경(King James Version)이다. 종교개혁(1517년) 약 백 년 후의 일이다.

♧ ♧ ♧

윌리엄 틴데일은 성경 번역의 씨를 뿌린 중요한 공헌을 하고도 배척받고 순교하였지만 후대에 그 열매를 거두었다. 하나님의 나라를 위하여 최선을 다해 눈물로 씨를 뿌리는 일에 전념하는 사람을 하나님은 기뻐 받으신다. 현재, 성경은 세계 각국어로 번역되어 있고, 그 번역에는 많은 분들이 흘린 순교의 피가 묻어 있기에 더 고귀하다. 그대는 성경을 귀중히 여기며 늘 읽는가?
그대는 하나님의 말씀에서 꿀처럼 단맛을 느끼는가(시 19:10), 아니면 수면제인가?

(에스겔 3:3) 내게 이르시되 인자야 내가 네게 주는 이 두루마리로 네 배에 넣으며 네 창자에 채우라 하시기에 내가 먹으니 그것이 내 입에서 달기가 꿀 같더라

신현주, 〈좌충우돌 예화〉 〈시시콜콜 예화〉, www.sbs66.net

[오늘의 말씀] 에스겔 4장~7장 : 예루살렘 멸망 예언 → 먼저 성경 읽기

하나님이 에스겔을 부르셔서 4-24장까지에 걸쳐 예루살렘과 유다의 멸망에 대한 예언을 명하신다.
(4-5장) 에스겔은 예언적 행위를 통하여 이스라엘을 경고하고, 심판의 확실성을 증거한다.
(6-7장) 에스겔은 하나님의 말씀의 대언을 통하여 이스라엘을 경고하고 심판의 확실성을 증거한다.

[말씀 묵상]

1. 에스겔은 아이들의 놀이처럼 보이는 상징행위를 하도록 명령받는다. 4장에 박석(토판), 운제(사다리), 전철(철판) 등의 단어들이 나온다. 성읍 지도를 그린 흙벽돌은 실제 바벨론에서 여러 번 발굴되었다. 전철(빵 구울 때 불에 올리는 철판)처럼 예루살렘을 가혹하게 다루신다는 메시지이다.
2. "내가 너를 치며 이방인의 목전에서 너의 중에 벌을 내리되"(5:8)라고 여호와께서 예루살렘에 대하여 말씀하셨다. 예루살렘이 세움 받은 것은 이방을 비추는 빛이 되어 유일하신 하나님을 증거할 목적이 있었는데(출 19:5-6), 예루살렘은 하나님의 규례를 지키지 않았을뿐더러 이방인보다 더 악을 행하였다. 따라서 하나님은 이스라엘에게 전무후무한 벌을 내리겠다(5:9)고 하신다. 그대는?
3. 하나님의 심판의 특징은 1) 행위대로 벌하심, 2) 모든 가증한 일을 드러내어 명백한 증거를 삼으심, 3) 항변할 수 없는 정당한 심판임, 4) 아껴 보거나 긍휼이 없으심, 5) 심판으로 하나님의 하나님 되심을 나타내심(7:3-4, 8-9) 등이다. 따라서 거룩하신 하나님 앞에 거짓을 버리고, 경외함으로 주를 섬기며, 주의 성령으로 인도함을 받아 주의 계명을 지켜야 한다(롬 8:3-4).

[깊은 연구]

1. 머리카락을 태우는 것의 의미 (겔 5장)

하나님은 예루살렘의 심판은 돌이킬 수 없다는 것을 확증하시려고 예언자(인자)에게 4:1-3(박석: 토판)의 상징행위와 관련하여 모두가 볼 수 있는 다른 상징행위를 하나 더 하게 하신다. '머리털'은 예루살렘 주민들을 가리키는데, 그 가운데 삼분의 일은 성읍이 불탈 때 죽고, 삼분의 일은 성읍에서 빠져 나가려 하다가 적군의 칼에 죽으며, 나머지 삼분의 일은 사방으로 흩어질 것을 예언한다. 2절에서 성읍 주민들이 완전히 칼에 멸망할 것이라 한 것과는 달리, 3절에서는 마지막 삼분의 일, 곧 사로잡혀 가는 사람들에게는 아직 기회가 있다고 하지만 그것도 또 다른 심판을 겪는 소수에게만 그러할 따름이다(4절).

2. 남은 자(The Remnant) 사상 (겔 5:3-4, 6:8)

'남은 자'는 기근을 피하여 예루살렘과 그 땅에 남아 있는 자들(왕하 25:22, 렘 40:6)과 포로로 잡혀가서 하나님의 심판의 불로 징계받아 정화될 백성들을 의미한다. 하나님은 이러한 '남은 자'를 통하여 구원 역사를 계속 전개하신다. 이러한 사상은 이사야 1:9, 10:20 등과 예레미야 8:3, 39:9, 그리고 에스겔 9:8, 11:13 등에 스며들어 있다. '남은 자' 사상은 이스라엘 백성의 범죄와 그에 대한 혹독한 심판 가운데에도 자기 백성을 향한 하나님의 긍휼은 면면히 흐르고 있음을 보여 준다. 선지자들의 소망은 '남은 자가 (포로에서 해방되어) 돌아오리라'는 것이었다.

통독	306
확인	

공부

에스겔 4장~7장 : 예루살렘 멸망 예언.

1. 하나님은 에스겔에게 전쟁하는 징조를 그리게 했는데, 어느 성읍에 대한 것인가?(4:1-3) -
2. 유다 족속의 죄악을 담당하는 날수는 며칠이며 실제는 몇 년인가?(4:6) -
3. 인분으로 떡을 굽게 한 것의 의미는?(4:9-17을 읽고 답은 13절에서) -
4. 하나님은 에스겔에게 머리털과 수염을 깎아, 저울에 달아 나누었다가 3분의 1씩 어떻게 하라고 하셨나?(5:1-4) - 1) 2) 3)
5. 위의 행위(5:1-4)는 어느 성읍에 대한 '상징행위'인가?(5:5) -
6. 하나님께서 예루살렘에 재앙을 내리시는 이유는?(5:11) -
7. 실제적으로 예루살렘 백성이 어떻게 된다는 것인가?(5:12) -
8. (6: 절) 내가 칼로 너희에게 임하게 하여 너희 ( )을 멸하리니.
9. (6: 절) 내가 너희 거하는 모든 이방 중에 ( )으로 사막이 되며.
10. (6: 절) 너희 중에서 칼을 피하여 ( )가 있게 할지라.
11. 다음 단락에 이 말이 나오는 횟수를 숫자로 쓰세요(7장). - 1) 끝(1-9절) ( )번, 2) 몽둥이(10-11절) ( )번, 3) 오예물(14-22절) ( )번, 4) 쇠사슬(23-27절) ( )번
12. (7: 절) 그들이 굵은 베로 허리를 묶을 것이요 ( )이 그들을 덮을 것이요 모든 얼굴에는 ( )가 있고 모든 머리는 ( )가 될 것이며.
13. (7: 절) 환난에 환난이 더하고 소문에 소문이 더할 때에 그들이 ( )에게 묵시를 구하나 헛될 것이며 ( )에게는 율법이 없어질 것이요 ( )에게는 모략이 없어질 것이며.

▲▼△▽ -----≪너무 큰 죄는 미해결≫----- ▽△▼▲

한 가족 6명을 태우고 시외의 커브 길을 달리던 고급 승용차를 경찰이 세웠다. "과속하셨습니다. 면허증을 제시해 주십시오." 운전자가 "아이구 죄송합니다. 술 한 잔을 했더니 그만 속도 감각을 잃어 버려서요." 하자 그 옆의 부인이 돈을 꺼내 "경찰관 한 번 봐줘요. 이이가 무면허라 제정신으로는 다리가 떨려서 운전을 못해요." 했다. 뒷좌석의 큰아들이 "아버지, 훔친 차는 오래 못 간다니까요." 그 옆의 둘째 아들이 "그래도 지난번엔 보름도 못 탔는데, 이번에는 한 달도 더 탔다." 그 옆의 딸이 "오빠, 지난번은 걸린 게 아니라 사고를 내고 우리가 차를 버리고 다 도망가느라고 그랬지?"

정원초과, 과속, 음주운전, 뇌물공여, 무면허, 차량절도, 사고, 뺑소니, 캬~, 경찰이 놀라 기절한 틈에 할머니가 외쳤다. "아들아, 빨리 도망쳐!" 그들은 급히 도망쳐서 무사(?)했다.

♧ ♧ ♧

작은 죄는 문제시되며, 큰 죄는 해결할 방도를 몰라 무대책이 되기 쉬우나 예수님 안에는 언제나 살길이 있다. 이미 버린 인생이라며 자학하면 재생의 길이 없지만 주님의 사랑을 발견하면 산다. 예수님 안에서는 '다시'라는 기회가 주어지기에 하나님의 명령을 피해 도망가던 요나도 다시 사명이 주어졌고(욘 2장), 예수님을 부인한 베드로도 다시 사명을 받는다(요 21:15-17).
범죄한 이스라엘 중에도 하나님을 사랑하는 '남은 자'들은 하나님의 특별한 보호를 받았다.

(에스겔 6:8) 그러나 너희가 열방에 흩어질 때에 내가 너희 중에서 칼을 피하여 이방 중에 남아 있는 자가 있게 할지라

신현주, 〈좌충우돌 예화〉 〈시시콜콜 예화〉, www.sbs66.net

[오늘의 말씀] 에스겔 8장~11장 : 대학살 환상 → 먼저 성경 읽기

(8장) 이상(異像)을 통하여 성전에서 행하는 죄악을 선지자에게 보여 주어 심판의 불가피성을 말씀한다.
(9장) 죄악이 성전 중심부에까지 이르렀으므로 예루살렘 거민의 대학살이 묵시적 표현을 통하여 이루어진다.
(10장) 하나님의 영광은 급기야 성전을 떠나신다.
(11장) 교만한 지도자들의 안일성을 여실히 들추어내고 있다.

[말씀 묵상]

1. 성소가 그 참된 목적과 기능을 잃었을 때, 더 이상의 하나님의 임재는 기대하기 어렵다(8:6). 하나님은 성전의 주인이신데, 이제는 우상 숭배로 말미암아 하나님은 객이 되어 떠나시게 되었다. 8장은 예수 그리스도 안에서 하나님의 성전이 된 성도들이(고전 3:16-17) 묵상해야 할 장이다.
2. "늙은 자와 젊은 자와 처녀와 어린아이와 부녀를 다 죽이되"(9:6)라 하였다. 하나님의 심판은 범죄한 자에 대하여 예외가 없는 것이며, 그만큼 철저한 것이다. 이들의 시신은 성읍을 가득 채울 것이며, 여호와의 긍휼을 입지 못할 것이다(9:10). 하나님은 이러한 심판을 숯불을 성읍 위에 흩는 광경을 통해 여실히 우리에게 제시하신다(벧후 3:12 참고). 예수 그리스도로 말미암아 은혜의 '표'를 받은 성도들은(9:4, 6) 심판에 이르지 아니하고 반드시 구원에 이르게 된다.

[깊은 연구]

1. 성전에서의 우상 숭배와 예루살렘 거민 살육 환상 (겔 8-9장)

1) 불같은 형상(8:2-4): 이 형상은 '허리 이하 모양은 불같고 허리 이상은 광채가 나서 단 쇠 같은' 모습이었다. 여기서 '불'은 심판을 비유하는 것이므로(히 12:29), 이 형상은 심판하시는 하나님을 상징한다고 이해되고 있다. 한편 이것은 '사람의 형상'으로도 번역될 수 있다. 히브리어로 '이쉬'(사람)와 '에쉬'(불)는 발음이 비슷하기 때문이다(1:27과 비교).

2) 투기를 격발케 하는 우상(8:3): 이것은 하나님이 질투하시는 우상을 말하는데(출 20:5), 므낫세 왕이 성전에 둔 아세라상과 바알을 가리키는 것으로 볼 수 있다(왕하 21:7).

3) 담무스(8:14): 이것은 봄 식물을 보호하는 수메르의 신이다. 담무스를 애곡하는 제사가 매년 6-7월(태양력)에 있었는데, 많은 여인들이 성전 북문에서 이 풍습을 따라 이방 신들을 섬기고 있었다.

4) 살륙하는 기계(9:1): 히브리어로 '켈리 마쉬헤트'인데 칼(刀)이라기보다는 도끼나 철퇴 같은 무기를 가리킨다고 보나(렘 51:20) 정확히 무엇인지는 알 수 없다.

5) 탄식하며 우는 자의 이마에 표하라(9:4): '표'로 번역된 히브리어는 '타브'이다. 이는 하나님께서 택하신 자들에게 주시는 징표다. 이러한 '이마의 표'는 요한계시록 7장 3-4절, 13장 16절, 14장 9, 11절, 20장 4절, 22장 4절에도 나온다.

6) 어린아이와 부녀를 다 죽이되(9:6): 요나 4장 11절과 뚜렷한 대조를 보인다. 전적인 심판, 예외 없음을 보여 준다.

통독	307
확인	

공부

에스겔 8장~11장 : 대학살 환상

◇ 다음 중 서로 관계있는 말씀을 찾아 줄로 연결하세요(1-6문, 8장).

1. 제육년 유월 오일	1) 투기의 우상	a) 하나님의 이상 가운데로 이끌림
2. 제단 문어귀 북편	2) 불같은 형상이 있어	b) 부르짖을지라도 듣지 아니하리라
3. 담을 허니 한 문이 있더라	3) 장로 칠십 인	c) 눈을 들어 북편을 바라보라
4. 여호와의 전으로 들어가는 북문	4) 약 이십오 인	d) 각기 향로를 들고 있었다
5. 전문 앞 현관과 제단 사이	5) 유다의 가증한 일	e) 담무스를 위하여 애곡
6. 인자야 네가 무엇을 보았느냐	6) 여인들	f) 동방 태양에 경배

7. 성읍을 관할하는 여섯 사람의 손에 들려진 것은?(9:1-2) -
8. 먹 그릇을 찬 사람이 예루살렘 누구의 어디에 표해야 하나?(9:3-5) -
9. 다 죽이되 누구에게는 가까이하지 말라고 하셨나?(9:6-8) -
10. "바퀴 사이 곧 그룹들 사이에서 불을 취하라"는 누가 누구에게 한 말씀인가?(10:6) -
11. 그룹들은 각기 네 면이 있는데 각 면에는 어떤 얼굴인가?(10:14) -
12. '여호와의 영광'이란 말씀이 10장에 몇 번 나오며 그 절들은? - (　　번,　　　　　　절)
13. 그 문에 이십오 인이 있는데...그들은 백성의 (　　　)이라(11:1-4).
14. 이 성읍 중에서 너희가 살륙한 시체는 그 (　　　)요 이 성읍은 그 (　　　)려니와(11:5-13).
15. 내가 너희를 (　　) 가운데서 모으며 너희를 흩은 (　　) 가운데서 모아 내고 이스라엘 땅으로 너희에게 주리라...그 가운데 모든 (　　　　)과 (　　　　)을 제하여 버릴지라(11:14-25).

▲▼△▽ -----≪서서히 타락하면 모른다≫----- ▽△▼▲

제임스 돕슨은 《감히 제자가 되다》(*Dare to Discipline*)에서 조금씩 타락해 가는 이 시대의 문제점을 '어리석은 개구리' 비유로 묘사하고 있다.

개구리 한 마리를 뜨거운 물에 넣으면 살아 있는 동물은 자신에게 재난이 오면 두려워하므로 금방 밖으로 뛰어나온다. 그러나 찬물이 담긴 냄비에 개구리를 넣으면 냉혈동물에겐 이상적인 온도이기 때문에 도망가지 않는다. 냄비의 물을 서서히 가열하면 개구리는 온도의 변화가 일어나도 눈치 채지 못하고 계속 모락모락 올라가는 수증기를 바라보며 태평스럽게 앉아 있다.

만일 위험을 느낀다면 얼마든지 쉽게 안전한 곳으로 뛰쳐나가 살 수 있을 것이지만 차츰차츰 뜨거워지는 온도의 물에 서서히 죽어 가는 것을 모른다.

♧ ♧ ♧

조지 바너의 "개구리 이론"으로 알려진 비유이다. 서서히 온도가 올라가므로 문제를 알아차렸을 때는 끝이라는 것이다. 현대의 교회가 바깥으로는 방향 감각의 상실, 내부적으로는 성속(聖俗)이 혼합되어 버렸다. 교회와 세상을 어느 선까지 구분하며 사는가는 역사적 과제였다.
죄에 익숙한 에스겔 시대에 '선지자들의 회개하라는 말을 듣지 말라. 우리는 가마 속의 고기처럼 보호받는다'는 생각을 했지만 가마 속이 뜨거워지면 죽는 것을 왜 몰랐을까?

(에스겔 11:3-4) 그들의 말이 집 건축할 때가 가깝지 아니한즉 이 성읍은 가마가 되고 우리는 고기가 된다 하나니 그러므로 인자야 너는 그들을 쳐서 예언하고 예언할지니라

신현주, 〈좌충우돌 예화〉〈시시콜콜 예화〉, www.sbs66.net

[오늘의 말씀] 에스겔 12장~14장 : 경고와 심판 → 먼저 성경 읽기

(12장) 성벽을 뚫고, 떨면서 음식을 먹는 등의 특이한 상징을 통한 예언의 말씀을 보여 준다.
(13장) 백성을 속이는 거짓 선지자에 대한 심판과 거짓말로 예언하는 부녀들에 대한 심판을 예고한다.
(14장) 우상 숭배자들의 파멸에 대한 예언과 네 가지 재앙(기근, 짐승, 칼, 온역)의 비유로 경고한다.

[말씀 묵상]

1. 거짓 선지자는 에스겔 당대뿐 아니라(13장) 오늘날에도 횡행한다. 예수님은 "**도적이 오는 것은 도적질하고 죽이고 멸망시키려는 것**"(요 10:10)이라 말씀하셨다. 거짓 선지자는 이단들의 교리에서 보듯 참된 하나님의 말씀을 떠나 있고 오용한다. 이들은 **거짓 평안**을 제공하고(13:10), 겉은 그럴듯해 보이나 실상은 진리가 없는 **회칠한 담**과 같으며(13:14), 사람의 **영혼을 근심케** 하며 음부의 나락에 빠지게 한다(13:22). 성도들은 영적인 분별력과 함께 하나님의 전신갑주를 입어야 한다.

[깊은 연구]

1. *에스겔이 목격한 여호와의 영광 (겔 10장)*

에스겔이 목격한 여호와의 영광의 형상과 사도 요한이 밧모 섬에서 목격한 인자 같은 이, 곧 예수 그리스도의 형상과 비교(계 1:13-16)를 하면 이상(異象)은 세 부분으로 나뉜다.

1) 네 생물(겔 10:15, 계 4:6-8과 비교)
2) 네 바퀴(겔 10:9 이하)
3) 보좌 위의 한 형상(계 4:2-6과 비교)

2. *인자(人子, 사람의 아들)의 의미*

인류를 가리키는 '인자'라는 말이 때로는 타락한 상태에 있는 인류를 가리킬 수 있지만, 여호와의 대언자로 언급된 개인을 가리킬 때에는 왕으로 창조되었으며 왕적 지위로 회복되었고 인류를 위한 여호와의 대표자의 역할을 하도록 소명받은 인류를 가리킨다. 제사장이자 선지자이며 파수꾼이기도 한 에스겔은 하나님이 수여하신 왕적 신분이 있다. 그는 하나님의 임재에 의해 제사장-선지자의 역할을 할 수 있다. 그는 굴욕을 견디어야 할 것이나(4-5, 24장), 언제나 이러한 왕적 신분으로 활동해야 한다. 이런 측면에서 에스겔은 그리스도의 모형이었고, 예수님은 자기 자신에 대한 적절한 묘사를 위해 이런 의미 속에서 '인자'라는 표현을 취하셨다.

황폐될 예루살렘(겔 4-6, 12-24장)
- 에스겔의 열두 가지 상징예언 -

1. 토판에 예루살렘 지도를 그림(4:1-3)
2. 390일 동안 좌편으로 누움(4:4, 5)
3. 40일 동안 우편으로 누움(4:6)
4. 부족한 양식을 예비함(4:9-17)
5. 머리털과 수염을 깎음(5:1-4)
6. 손뼉을 치고 발을 구름(6:11)
7. 성벽을 뚫음(12:1-16)
8. 떨면서 음식물을 먹음(12:17-20)
9. 칼로 벰(21:9-17)
10. 지도를 그림(21:18-23)
11. 물이 마른 가마를 끓임(24:1-24)
12. 아내의 장사를 지낼 때 조금도 애도하지 않음(24:15-18)

〈통독 제278일(사), 292일째(렘) 참고〉

통독	308
확인	

공부 에스겔 12장~14장 : 경고와 심판

1. (12: 절) 귀가 있어도 듣지 아니하나니 그들은 ~
2. (12: 절) 또 말하기를 나는 너희 징조라 내가 행한 대로 그들이 당하여 ~
3. (12: 절) 인자야 너는 떨면서 네 식물을 먹고 ~
4. (12: 절) 나는 여호와라 내가 말하리니 내가 하는 말이 다시는 ~
5. 어떻게 예언하는 선지자는 우매한가?(13:1-7을 읽고 답은 3절에서) -
6. 이스라엘의 거짓 선지자들은 무엇(누구)과 같은가?(13:4-5) -
7. 여호와께서 말씀하셨다 하나 실제는 무엇을 말하나?(13:6-7) -
8. 거짓 선지자들을 담에 회칠하는 자들에 비유한 이유는?(13:8-16을 읽고 답은 10, 16절에서) -
9. 거짓 선지자들은 다음 사람들에게 어떻게 했기에 하나님께서 백성을 그들의 손에서 건져 낸다고 하셨나?(13:17-23) - 1) 죽지 아니할 영혼 - 2) 살지 못할 영혼 - 3) 의인 - 4) 악인 -
10. 장로 두어 사람을 하나님이 용납지 않음은 (우상을 마음에 들였기 / 여호와께 물었기) 때문이다(14:1-5).
11. 선지자의 죄악과 그에게 묻는 자의 죄악이 (같은 것 / 다른 것)은 거짓 선지자가 미혹을 받았음이다(14:6-11).
12. 가령 불법하는 나라를 벌할 때에 보내는 것(14:13, 15, 17, 19)은 (노아, 다니엘, 욥 / 기근, 사나운 짐승, 칼, 온역)이며, 노아, 다니엘, 욥이 거기 있을지라도 자기의 의로 자기의 생명만 건진다(14:12-23).

▲▼△▽ -----≪차향과 비누 냄새≫----- ▽△▼▲

중국을 여행해 보면 세계 어느 민족보다 중국인들이 차(茶)를 좋아하고 많이 마시는 것에 대해 놀란다. 대화중에도 차가 떨어지면 계속 차를 부어서 채워 준다.

중국 과학원에 초청교수로 갔다가 일 년 만에 귀국한 동생(고대 교수, 농생물학)이 귀한 차를 몇 종류 가져왔다. 중국에서도 특별한 분들이 선물한 것으로 이름도 들어보지 못한 차들도 있어서 맛에 기대가 컸다. 그 유명한 '재스민차'를 정석대로 끓였다. 한방차는 조금 식혀 마셔야 한다기에 식기를 기다리는데 아이들에게서 침 넘어가는 소리가 들렸다. 드디어 무슨 의식이라도 하듯 모두들 조심스레 차를 마시는데 아이들도 한 모금을 마시고는 놀라서 뱉아 내며 말했다.

"앗, 비누 냄새!"

♧ ♧ ♧

대부분의 사람들이 재스민 차를 마셔 보기 전에, 재스민 향을 향료로 사용한 비누를 먼저 접했으므로 재스민 차를 마실 때 향을 비누 냄새로 착각하는 오류를 범하는 것이다.

사이비에 먼저 익숙한 사람들은 아무리 진리의 소리를 들어도 진리가 귀에 들어오지 않는 어리석음이 있다. 선입관도 그런 오류를 범할 수 있으므로 선입관을 버리고 진리에 바로 서야 한다.

여호와께서 거짓 선지자들을 책망하는 말씀을 하셨다.

(에스겔 13:6) 여호와께서 말씀하셨다고 하는 자들이 허탄한 것과 거짓된 점괘를 보며 사람으로 그 말이 굳게 이루기를 바라게 하거니와 여호와가 보낸 자가 아니라

신현주, 〈좌충우돌 예화〉 〈시시콜콜 예화〉, www.sbs66.net

[오늘의 말씀] 에스겔 15장~18장 : 이스라엘을 위한 비유 → 먼저 성경 읽기

(15장) 이스라엘은 마치 불에 던져질 화목(火木) 같은 쓸모없는 포도나무처럼 되었고,
(16장) 남편에 대한 정절을 버린 간부(姦婦)처럼 되었다.
(17장) 하나님은 국제 정세를 비유를 사용하여 애굽과 반바벨론 동맹을 맺은 유다에 대한 심판을 말씀하시며,
(18장) 각 사람의 행위대로 심판하심에 대하여 말씀하신다.

[말씀 묵상]

1. 포도나무로 비유된 이스라엘 백성은 여타 민족과 비교해 볼 때 그 자체로 자랑할 만한 아무런 요소도 갖고 있지 못했다(15:2). 열매를 맺기는 하지만 그 나무는 재목으로도 사용될 수 없는, 자체로 뽐낼 만한 요소가 없었다. 하나님은 이러한 비유를 통하여 이스라엘의 교만을 질책하신다. 이사야 5장의 "포도원의 노래"와 유사한 이 본문은 열매 없는 이스라엘의 모습을 적나라하게 보여 준다.

2. 버려진 피투성이와 같은 존재였던 이스라엘을 여호와께서는 그 긍휼하심으로 취해 처녀로 양육하시고 왕후의 지위에까지 나아가게 하셨다. 그러나 이스라엘은 남편을 버리고 간음한 아내와 같이 하나님을 버리고 앗수르와 바벨론의 우상을 섬겼다. 이스라엘은 하나님의 진노의 보응을 받을 것이다. 그러나 신실하신 하나님은 그러한 이스라엘이라도 그의 미쁘신 언약 안에서(16:60) 변함없는 사랑의 눈길로 바라보시며, 징계를 통하여 이스라엘을 회복하려 하신다. 오늘의 교회는 그리스도의 새 언약 안에서 변함없는 하나님의 은혜를 누리는 영적 이스라엘이다. 그런즉 교회는 어린양의 신부 지위에 걸맞은 거룩함으로 그 영혼을 준비해야 한다.

[깊은 연구]

1. 상징적 언어 해설 (겔 17장)

1) 유다 왕 시드기야가 하나님의 말씀을 어기고, 바벨론을 대항하여 애굽을 의지하다가 예루살렘이 멸망당할 것을 비유로 설명하고 있다. 17장 17-21절의 예언은 불과 3-4년 만인 주전 587년에 성취되었다(렘 52장).

2) 3절의 첫 번 '**큰 독수리**'는 여호야긴 왕을 잡아간 바벨론의 느부갓네살 왕을, 4절의 '**연한 가지**'는 여호야긴 왕을, 5절과 13절의 '**그 땅의 종자**'는 시드기야 왕을, 7절의 둘째 '**다른 큰 독수리**'는 애굽 왕을 가리킨다. 22절의 '**백향목 꼭대기의 높은 가지, 연한 가지**'는 메시아 그리스도에 대한 예언으로 통상적 해석한다.

3) 새 이스라엘의 건설은 스룹바벨의 예루살렘 성 재건으로 인해 부분적으로 성취되지만 궁극적으로는 장차 세워질 그리스도 왕국 건설을 통해 이루어질 것이다.

■ 이스라엘의 포도(겔 15, 17장)
하나님은 이스라엘을 포도나무에 비유했다. 이사야 5, 27장, 에스겔 15, 17장, 요한복음 15장 등 여러 곳에 기록되어 있다.

공부 에스겔 15장~18장 : 이스라엘을 위한 비유

1. "포도나무가 모든 나무보다 나은 것이 무엇이랴"(15:　　절) 함은 이스라엘 사람도 하나님 앞에는 이방인과 꼭 같은 죄인이요, 자랑할 것이 없는 존재임을 지적한 말씀이다.
2. 포도나무가 "불에 던질 화목(火木)이 될 뿐이라"(15:　　절) 한 이유는 이스라엘이 하나님 말씀 안에 거하지 아니하고 범법했기 때문이다. 이 구절은 요한복음 15장 (　　절)과 비슷하다.
3. '포도원'에 관한 내용(15장)은 이사야 (　　장: 포도원의 노래)과 비슷하다(해설 참고).
4. 네 근본과 난 땅은 (　　　)이요 네 아비는 (　　　) 사람이요 어미는 (　) 사람이라. - (16:　절)
5. 네게 맹세하고 (　　　)하여 너로 내게 속하게 하였었느니라. - (16:　절)
6. 네 이웃 나라 (　) 사람과도 행음하되…장사하는 땅 (　　)에까지 심히 행음하되. - (16:　,　절)
7. 내가 너의 어렸을 때에 너와 세운 (　　)을 기억하고 너와 (　　　　)을 세우리라. - (16:　절)
8. 다음 말씀이 의미하는 것은?(17장, 해설의 "깊은 연구" 참고)
   1) 큰 독수리(3절) -　　　　2) 연한 가지(4절) -　　　　3) 그 땅의 종자(5절) -
   4) 다른 큰 독수리(7절) -　　　　5) 백향목 꼭대기의 높은 가지, 연한 가지(22절) -
9. "범죄하는 영혼이 죽으리라" 하신 것은 어느 속담에 대한 하나님의 바른 말씀인가?(18:1-4) -
10. 법과 의를 따라 행하는 아비, 또는 아비는 악하나 여호와의 규례를 행하는 아들은 정녕?(18:5-9, 14-17, 19) - 살리라 (　　), 죽으리라 (　　) / 〈아래 11번도 '살리라', '죽으리라'로 답하세요.〉
11. 가증한 일을 행하는 아들, 또는 아들은 선한데 아비가 악을 행하면 정녕?(18:10-13, 18, 20) -
12. 이스라엘은 범한 모든 죄악을 버리고 어떻게 해야 하는가?(18:31) -

▲▼△▽ -----≪사랑은 포기하는 것≫----- ▽△▼▲

어느 나라 임금이 종의 신분인 한 여자를 사랑하게 되었다. 그래서 그 여자를 종들의 거처에서 궁전으로 옮겼고 그 여자와 결혼하여 애비(愛妃)로 삼으려 하였다. 그런데 궁전에 온 날부터 시름시름 앓기 시작하여 용하다는 의사들이 다 왔지만 병을 고치지 못했고 죽음에 이르게 되었다.

임금은 그녀의 병 치료를 위해 큰 상을 걸었다. 어느 날 한 태수가 임금을 찾아와 그녀를 혼자 만나 진찰을 하겠다고 하여 허락해 주었다. 한참 후에 태수는 병명과 그 원인을 알아냈는데 치료를 위하여 여자가 아닌 임금이 고통을 당하게 된다고 하였다. 임금은 여인을 사랑했기에 '모든 것을 감수하겠다' 말했다.

"이 여인은 왕궁으로 오기 전에 폐하의 시종과 사랑에 빠졌는데 이렇게 왕궁으로 와서 갇혀 있으니 상사병이 났습니다." 태수의 이 말에 왕은 하늘이 무너지는 듯했으나 여인을 깊이 사랑했기에 죽게 내버려 둘 수 없어서 여인을 포기하고 그를 시종에게 보냈더니 그 여인의 병이 나았다.

♧ ♧ ♧

이처럼 사랑은 상대를 위하여 나의 욕심을 포기하는 것이다. 아버지가 딸을 아무리 사랑해도 성장을 하면 시집을 보내야 하듯이 그의 더 나은 앞길을 위하여 나는 포기를 해야 한다.
하나님은 우리를 사랑하셨기에 예수님을 하늘의 보좌에서 이 땅에 보내셔서 십자가에 죽게 하셨다.
사랑이 움켜쥐고 통제하는 것, 집착과 스토커마저도 미화하는데 이는 진정한 사랑이 아니다.

(에스겔 18:9) 내 율례를 좇으며 내 규례를 지켜 진실히 행할진대 그는 의인이니 정녕 살리라 나 주 여호와의 말이니라

신현주, 〈좌충우돌 예화〉 〈시시콜콜 예화〉, www.sbs66.net

[오늘의 말씀] 에스겔 19장~21장 : 여호와의 날 예언 → 먼저 성경 읽기

(19장) 하나님은 에스겔에게 이스라엘 방백들을 위해 애가를 지어 부르라고 명하신다.
(20장) 지금까지 지속되어 온 유다에 대한 하나님의 심판의 말씀이 최종적으로 선포되어 과거 이스라엘과 하나님과의 관계가 고찰되어 있고 유다 민족의 범죄가 부각되어 있다.
(21장) 바벨론을 통해 예루살렘에 닥칠 하나님의 진노를 '칼의 살륙'의 비유로 묘사한다.

[말씀 묵상]

1. "포도나무 같아서 물이 많으므로 실과가 많고 가지가 무성하며" 뛰어났으나 "분노 중에 뽑혀서 땅에 던짐을 당하매 그 실과는 동풍에 마르고 그 견강한 가지들은 꺾이고 말라 불에 탔더니...광야, 메마르고 가물이 든 땅에 삼긴 바 되고"(19:10-13)라 하여 이스라엘의 번성과 교만 그리고 그 심판으로 바벨론을 섬기게 될 것을 예언한다. 이처럼 하나님의 은혜를 모르고 교만하면 망하기 마련이다.
2. 이스라엘은 어떤 상황에서든지 안식일을 중요하게 여겨 잘 지켰다. "나는 그들을 거룩하게 하는 여호와인 줄 알게 하려 하여 내가 내 안식일을 주어 그들과 나 사이에 표징을 삼았었노라"(20:12) 하셨다. 포로생활 동안에는 제사(예배)를 드릴 수 없었으므로 안식일은 이스라엘을 다른 민족과 구별하는 가장 중요한 표징이 되었다. 성도들에게 있어서 주일은 불신자와 구별되는 분명한 날이다.
3. "오호라, 그 칼이 번개 같고 살륙을 위하여 날카로왔도다"(21:15). 하나님은 예루살렘에 대한 심판을 칼의 살육으로 비유하신다. 하나님의 무서운 진노, 그 심판의 가혹함을 바라보며 어느 시대나 성도들은 거룩하신 하나님을 항상 경외하며 살아야 함을 더욱 깨달아야 한다.

[깊은 연구]

1. 고대 중근동의 인신 제사(人身祭祀) 연구 (겔 20:18-32)

1) 인신 제사의 양상 - 고대 중근동에서 인신 제사가 시행된 것은 최소 주전 15세기 이전으로 여겨진다. 성경의 기록만 보더라도 고대 중근동의 인신 제사는 이스라엘 민족의 가나안 정착 이전까지 거슬러 올라간다(신 12:31). 이 시대의 사람들은 큰 재난이 닥쳤을 때 중지를 모아 특정한 한 사람을 죽여 신에게 제물로 드리기도 하였으며, 좀 더 시일이 흐른 뒤에는 부모가 자신의 가장 귀한 존재인 어린 자식을 드려 소원을 이루려 하는 관습이 급속히 확산되어 갔다. 이러한 관습은 고대 중근동 대부분의 민족들에게서 찾아볼 수 있으며 그 중에서도 몰렉을 주신으로 섬겼던 암몬 족속과 그모스를 주신으로 섬겼던 모압 족속에게서 더욱 두드러지게 나타난다(왕하 3:26-27). 〈제2권 통독 128일째 "깊은 연구" 참고〉

2) 이스라엘의 인신 제사와 그 평가 - 사사 입다는 자신이 서원한 대로 전쟁에서 승리하고 돌아오는 자신을 가장 먼저 맞이한 외동딸을 하나님께 번제로 드렸다(삿 11:39). 그것은 당시에 인신 제사가 폭넓게 시행되었다는 가능성을 시사해 주는 행동이다. 〈제2권 통독 100일째 참고〉 이 관습은 분열 왕국 시대 후반기에 이르러 더욱 극심해졌다. 아하스, 므낫세 등은 인신 제사를 시행한 대표적인 왕들이다(대하 28:3, 33:6). 인신 제사는 하나님의 형상으로 창조된 인간, 그 생명의 주관자가 오직 하나님이신 인간을 무가치하게 죽이는 하나님 앞에 용납될 수 없는 행위로서 성경은 이를 철저히 금하고 있다.

통독	310
확인	

공부

에스겔 19장~21장 : 여호와의 날 예언

1. 암사자가 키운 첫 번째 젊은 사자(=여호아하스 왕)는 잡혀서 어느 땅으로 갔나?(19:1-4) -
2. 다시 새끼를 키운 젊은 사자(둘째 젊은 사자=여호야김 왕)는 잡혀서 어느 왕에게로 갔나?(19:5-9) -
3. 젊은 사자 둘이 범한 공통의 죄는?(19:3, 6) -
4. 이스라엘의 과거의 번영과 행복을 비유한 나무는?(19:10-14) -
5. 내가 그들의 거하는 (　　　)의 목전에서 그들에게 나타나서 그들을 (　　　)에서 인도하여 내었었나니 이는 (　　　)을 위함이라(20:1-9).
6. 젖과 꿀이 흐르는 땅이요 모든 땅 중의 (　　　)으로 그들을 인도하여 들이지 아니하리라 한 것은 그들이 마음으로 (　　　)을 좇아 나의 규례를 업신여기며...(20:10-17).
7. 너희가 다니는 산당이 무엇이냐 하였노라 그것을 오늘날까지 (　　)라 일컫느니라(20:27-32).
8. 너희를 인도하여 (　　　)에 이르러 거기서 너희를 대면하여 (　　)하되 내가 애굽 땅 광야에서 너희 열조를 (　　)한 것 같이 너희를 (　　)하리라(20:33-39).
9. 내가 너희를 인도하여 (　　　) 중에서 나오게 하고 너희의 (　　　) 중에서 모아 낼 때에 내가 너희를 (　　)로 받고 내가 또 너희로 말미암아 내 (　　　)을 열국의 목전에서...(20:40-49).
10. (21:　　절) 인자야 너는 얼굴을 예루살렘으로 ~
11. (21:　　절) 인자야 너는 예언하여 손뼉을 쳐서 칼로 ~
12. (21:　　절) 인자야 너는 바벨론 왕의 칼이 ~
13. (21:　　절) 인자야 주 여호와께서 암몬 족속과 ~

▲▼△▽ -----≪결혼의 목적은 자유≫----- ▽△▼▲

사람들은 왜 결혼을 하는가? 세 가지 자유의 원리가 있다.

〈1〉 고독으로부터 자유 - 사람은 누구인가를 사랑하지 않으면 고독하게 된다. 사랑을 하면 고독으로부터 자유를 얻는다. 고독의 종으로부터 헤어나려면 결혼을 해야 한다.

〈2〉 방종으로부터 자유 - 한 사람을 사랑하지 않으면 방종하게 된다. 방종이라는 무서운 폭군으로부터 자유롭기 위해서는 결국 한 사람에게 매여야 한다. 그래야만 많은 사람으로부터 벗어날 수 있다.

〈3〉 허무로부터 자유 - 가정을 가짐으로써 생의 의미를 갖게 된다. 가정이 없고 홀로 있게 되면 왜 내가 일하는지 의미를 찾을 수 없으며 허무에 빠지게 된다.

결론적으로 '자유가 결혼의 목적'이 되는데 이 자유는 한 사람에게 매이고, 한 가정에 매이므로 얻어지는 진정한 자유다. 한 진리, 우리가 오직 예수님 안에 매이는 것은 의의 사람이 되는 것이다.

♧ ♧ ♧

고독, 방종, 허무로부터 결혼을 통하여 얻어진 자유를 누리는가, 아니면 오히려 얽매임을 당하였나? 신앙을 통하여 얻어진 은혜로 죄의 종이 되느냐, 의의 종이 되느냐 양자택일을 해야 한다. 지금 의에 속해서 죄의 유혹을 받고 있는지, 아니면 죄에 속해서 의의 유혹을 받고 있는지? 많은 경우에 의보다는 죄에게 속하려는 타락한 속성 때문에 갈등을 느낄 때가 있다.

(에스겔 20:12) 또 나는 그들을 거룩하게 하는 여호와인 줄 알게 하려 하여 내가 내 안식일을 주어 그들과 나 사이에 표징을 삼았었노라

신현주, 〈좌충우돌 예화〉 〈시시콜콜 예화〉, www.sbs66.net

[오늘의 말씀] 에스겔 22장~24장 : 심판에 대한 말씀과 교훈들 → 먼저 성경 읽기

(22장) 여호와께서 에스겔에게 예루살렘의 피 흘린 죄와 음행, 유다 모든 계층의 죄악을 지적하게 하신다.
(23장) 단정하지 못한 자매 오홀라(사마리아)와 오홀리바(예루살렘)의 비유로 책망을 한다.
(24장) 에스겔의 아내의 죽음을 통해 하나님은 예루살렘의 멸망을 묵시적으로 전달해 주고 있다.

[말씀 묵상]

1. "너는 나의 성물들을 업신여겼으며"(22:8)라고 하였다. 이스라엘 백성들은 소득을 성별하여 여호와께 제물로 바쳐야 했다(신 12:6). 그러나 백성들은 이 같은 의무를 태만히 하였고 오히려 우상에게 희생 제사와 예물을 드렸다. 오늘의 성도들은 하나님이 주신 모든 소득을(신 8:17) 성별하는 믿음의 자세가 필요하다(말 3:10).

2. 23장은 16장처럼 여인을 비유로 하여 이스라엘의 범죄를 기술하고 있다. 사마리아와 예루살렘은 오홀라와 오홀리바로 불린다. 오홀라('그 여자의 장막')는 여자가 혼자 독립된 생활을 하기 위해 소유한 집을 일컫는다. 이것은 북왕국 이스라엘이 벧엘에 단을 세우고 우상을 숭배한 사실을 가리킨다. 오홀리바('그녀 안에 있는 나의 장막')는 유다가 여호와의 성소를 소유하고 있음을 나타낸다. 그러나 유다 역시 우상 숭배로 음녀와 같이 되었다. 성령을 좇지 않고 육신적 소욕을 따라 간 자들은 수치와 부끄러움을 맛볼 수밖에 없다. 성도들의 여호와 하나님 한 분에 대한 충정은 신앙생활의 핵심이다.

[깊은 연구]

1. 〈에스겔〉에 나오는 연대 모음

주전 598년 여호야긴 왕과 몇 사람이 바벨론 포로로 갔으며(왕하 24:8-17, 대하 36:9-10), 〈에스겔〉은 이때를 기준 연도로 한다.

5년 4월 5일	에스겔이 그발 강가에서 환상을 봄(1-7장)
6년 6월 5일	우상에 대한 환상(8-19장)
7년 5월 10일	장로들의 질문(20-23장)
9년 10월 10일	끓는 가마 예표(24-25장)
10년 10월 12일	애굽에 대한 진노(29:1-16, 30:1-19)
11년 모월 1일	두로에 대한 진노(26-28장)
11년 1월 7일	바로 왕에 대한 진노(30:20-26)
11년 3월 1일	바로 왕의 교만에 대한 질책(31장)
12년 10월 5일	예루살렘 함락의 소식(33장)
12년 12월 1일	애굽 멸망에 대한 애가(32:1-16)
12년 모월 15일	애굽에 대한 마지막 예언(32:17-32)
25년 1월 10일	성전에 대한 환상(40-48장)
27년 1월 1일	느부갓네살에게 정복당하는 애굽(29:17-21)

■ 에스겔이 본 환상(겔 37장)
에스겔은 여러 환상을 보았다. 이 조각은 해골 골짜기의 환상으로 이스라엘의 회복을 예언하는 에스겔의 모습이다.

통독	311
확인	

공부 에스겔 22장~24장 : 심판에 대한 말씀과 교훈들

◇ 다음 중 서로 관계있는 말씀을 찾아 줄로 연결하여 완성하세요(1-6문, 22장).

1. 이 피 흘린 성읍을 국문하려느냐	가) 모든 가증한 일을 그들로 알게 하라
2. 너는 정결함을 얻지 못한 땅이요	나) 진노의 날에 비를 얻지 못한 땅
3. 이스라엘 족속이 내게 지끼가 되었나니	다) 철이나 납이며 은의 지끼로다
4. 그 제사장들은 내 율법을 범하였으며	라) 나의 성물을 더럽혔으며
5. 그 선지자들이 그들을 위하여 회를 칠하고	마) 가난하고 궁핍한 자를 압제하였으며
6. 이 땅 백성은 강포하며 늑탈하여	바) 스스로 허탄한 이상을 보며

7. 두 여인 곧 그 형은 오홀라요 아우는 오홀리바라. 이들은 각각 어디를 가리키나?(23:1-4) -
8. 두 자매가 음행을 한 두 나라의 이름을 쓰세요(23:5-21, 갈대아=바벨론). -
9. 주요 내용이 바벨론의 침공인가, 애굽과의 결별인가?(23:22-35) -
10. 음란을 행한 것(우상 숭배한 것) 외에 그들이 하나님께 범한 죄는?(23:36-42) -
11. 군대가 와서 우상 숭배자들을 어떻게 심판하는가?(23:43-49을 읽고 답은 47절에서) -
12. 녹슨 가마는 실제 무엇을 표현하고 있는가?(24:1-14을 읽고 답은 6, 9절에서) -
13. 녹슨 가마의 더러운 녹 중에 하나는 무엇으로 표현되어 있는가?(24:13) -
14. 누구의 죽음을 통하여 이스라엘에게 교훈하고 있나?(24:15-27) -
15. 너희(이스라엘)의 영광, 기쁨, 아낌이 되는 것을 여호와께서 더럽히겠다고 한 것은?(24:21) -
16. 에스겔의 행동은 이스라엘 백성에게 무엇이 되는가?(24:24, 27에 나타나는 단어) -

▲▼△▽ -----≪죽는다 해도 지속되는 인생≫----- ▽△▼▲

어부(漁夫)인 김백두 집사가 휘파람을 불며 조업 준비를 하고 있었다. 마침 그곳을 지나던 한 농부가 말했다. "당신은 뭐가 그렇게 좋아서 싱글벙글하시오?" 어부 김 집사는 "나는 곧 바다로 나가는데 고기잡이는 나의 본업이자 취미이므로 기쁨이 넘치지요." 했다. 농부는 다시 물었다. "당신의 아버지는 어디에서 돌아가셨나요?" "아, 네, 고깃배가 파선되는 바람에 바다에서 돌아가셨지요." 그러자 농부는 또 물었다. "할아버지는요?" 김 집사가 말했다. "할아버지는 고기잡이에 나섰다가 큰 풍랑을 만나 돌아가셨지요." 농부는 놀라면서 말했다. "아니, 그런데도 당신은 아직도 배를 타고 싶다는 거요?"

어부 김 집사가 농부에게 되물었다. "당신의 아버지는 어디에서 돌아가셨나요?" "침대에서요." 다시 물었다. "당신의 할아버지는요?" "네, 역시 침대에서 돌아가셨습니다." 김 집사가 결정적인 한마디를 하자 농부는 사라졌다. "아니, 그럼에도 당신은 매일 침대에서 잠을 잘 수 있단 말이오?"

♧ ♧ ♧

농부는 선조들이 침대에서 돌아가셨지만 그래도 매일 침대에서 잠을 자야 하듯이, 바다에서 돌아가신 선친이 계심에도 불구하고 바다에 나가는 것이 직업이고 취미인 사람은 행복하다.
홍수로 집이 떠내려갔음에도 그 자리에 다시 집을 짓고, 등산하다가 죽은 선배가 있음에도 후배들은 계속 등산을 하고, 우주선을 탔다가 죽은 우주비행사가 있어도 계속 하는 것이 인생이다.

(에스겔 24:24) 이와 같이 에스겔이 너희에게 표징이 되리니 그가 행한 대로 너희가 다 행할지라 이 일이 이루면 너희가 나를 주 여호와인 줄 알리라 하라 하셨느니라

신현주, 〈좌충우돌 예화〉 〈시시콜콜 예화〉, www.sbs66.net

[오늘의 말씀] 에스겔 25장~28장 : 열방에 대한 심판 → 먼저 성경 읽기

앞장에서 이스라엘에 관한 예언이 종결되고 25장부터 32장까지 열방에 대한 하나님의 심판이 나온다. 그들은 유다가 멸망할 때 방관했고, 냉소했고, 또는 동조했다. 하나님은 그들 자체의 죄악 뿐 아니라 하나님의 백성 유다와의 관계성 속에서 이방 족속들을 심판하신다.

(25장) 에스겔은 유다의 이웃인 암몬, 모압, 에돔, 블레셋에 임할 하나님의 심판을 예언하고,

(26-27장) 이어서 두로에 임할 심판과, 두로에 대한 애가(哀歌)가 나온다.

(28장) 두로 왕에 임할 심판과 두로 왕에 대한 애가, 시돈에 대한 심판과 이스라엘의 구원을 예언한다.

[말씀 묵상]

1. 암몬 족속은 이스라엘 땅이 황무할 때에, 그리고 유다 족속이 사로잡힐 때에 "아하, 좋다" 하면서 하나님의 백성이 멸망당하는 것을 조롱하였다(25:2-3). 당시에 한 국가가 멸망하는 것은 그 수호신이 패배한 것이라고 생각했기 때문에 그 조롱은 결국 여호와 하나님에 대한 비웃음이었다. 암몬은 유다의 멸망을 통하여 여호와의 엄위하신 심판을 보았어야 했음에도 불구하고 오히려 여호와가 패배했다고 조소함으로 신성 모독의 죄를 범하였다. 하나님은 이러한 죄악에 따라 암몬을 징벌하신다. 심판 가운데서는 떨며 하나님의 엄위를 바라봄이 마땅하다(롬 11:20 이하 참고).
2. 팔레스틴 북쪽에 위치한 베니게(페니키아)의 수도 두로는 국제 무역의 요충지였다. 지중해의 상권을 장악하고 부를 누렸다. 그러나 이러한 물질적 풍요는 극심한 영적 빈곤을 초래하였다(28:16). 이들은 타락하고 그 마음이 심히 교만하게 되었다(26-28장, 이를 사단으로 해석하는 것은 무리이다). 오늘 우리 교회에 침투하는 세속주의와 황금만능 사상의 확산은 하나님을 정면으로 대적하는 무서운 악성 종양이 되고 있다. 복음 대신 물량주의가 판을 치고 있지 않은가?

[깊은 연구]

1. 원수에 대하여 (겔 25:17)

'원수'는 히브리어로 '네카마'(נִקְמָתִי, 네카모트)이다.

1) 복수의 주체자는 누구인가? 성경은 인간이 복수의 주체가 되는 것을 엄히 금하며 복수는 오직 하나님께 맡길 것을 명한다(사 63:4, 렘 46:10, 롬 12:19, 히 10:30).

2) 복수의 의미는 무엇인가? 하나님께서 복수하신다는 것은 그의 자비를 보여 준다는 것을 나타낸다. 왜냐하면 하나님은 그의 영원한 언약 백성을 위해 대적들에게 복수하시기 때문이다. 따라서 하나님께서 행하시는 그의 백성의 대적자들에 대한 복수와 보복은 택한 백성에 대한 자비와 사랑의 증거라고 말할 수 있다.

■ 두로의 유적(겔 26-28장)
두로는 항구로서 부유하였으나 교만하였다. 베이루트 남쪽 70km 거리에 있는 두로의 유적이다. 현재 지명은 '수레'로 불린다.

통독	312
확인	

공부

에스겔 25장~28장 : 열방에 대한 심판

1. 암몬 족속은 유다 족속이 사로잡힐 때(멸망할 때) 어떤 태도를 보였나?(25:2-6) -
2. 모압과 세일(에돔)은 어떤 말로 유다 족속을 비웃었나?(25:8) -
3. 이스라엘을 옛날부터 미워하여 멸시하는 마음으로 원수를 갚아 진멸하려던 사람은?(25:15) -
4. 여호와께서 벌을 내리고 원수를 갚겠다는 네 족속은?(25장에서) -
5. 두로가 예루살렘을 쳐서 이른 말은?(26:2) -
6. 두로가 예루살렘을 쳤으나 여호와께서는 누구를 통하여 두로를 치겠다고 하셨나?(26:7) -
7. 두로의 멸망에 대한 애가는 누가 불렀나?(26:15-18) -
8. 교만하여 "나는 온전히 아름답다" 한 사람은 누구인가?(27:3) -
9. 어느 나라들의 재료나 사람이 배를 만드는 데 사용되거나 군대가 되었나?(27:5-11)
   -
10. 두로와 무역을 한 나라들의 이름은?(27:12-25)
   -
11. "네 재물과 무역품이 많으므로 세상 열왕을 풍부케 하였었도다"(27:33)는 요한계시록 18장의 어느 나라와 유사한 내용인가? -
12. "나는 신이라 내가 하나님의 자리 곧 바다 중심에 앉았다"는 누구의 말인가?(28:2) -
13. 두로가 완전한 길을 가다가 불의가 드러나고 범죄하게 된 이유는?(28:15 16) -
14. 여호와가 염병과 칼로 상하게 하는 벌을 내릴 사람들은?(28:20-24) -

▲▼△▽ -----≪열방의 이스라엘에 대한 죄악상(25:1-17)≫----- ▽△▼▲

1. **암몬** - 발람에게 이스라엘을 저주케 하려 함(신 23:4) • 이스라엘 자손을 학대함(삿 10:8, 9) • 북 이스라엘 침입 시 임신부의 배를 가르는 잔인한 일을 행함(왕하 8:12, 암 1:13) • 남 유다의 멸망을 기뻐함(겔 25:1-7).
2. **모압** - 미디안과 함께 이스라엘을 저주함(민 22:4) • 출애굽한 이스라엘의 모압 땅 통과를 거절함(삿 11:17, 18) • 이스라엘을 유혹하여 음행과 우상 숭배에 빠지게 함(왕상 11:7, 계 2:14) • 남 유다의 멸망을 조롱함(겔 25:8-11).
3. **에돔** - 출애굽한 이스라엘의 에돔 땅 통과를 거절함(민 20:18-21, 21:4) • 복수심을 갖고 남 유다를 침략함(겔 25:12-14) • 피 흘리는 일을 즐거워함(겔 35:5, 6) • 예루살렘 함락을 조소하고 교만함(겔 35:12-15).
4. **블레셋** - 이스라엘에 적개심을 가지고 자주 침략함(삿 10:6, 7, 삼상 4:1-11) • 하나님의 궤를 모욕함(삼상 5:1, 2) • 선민을 멸시함(겔 25:15-17).
5. **두로** - 이스라엘과 맺은 형제의 계약을 파기함(삼하 5:11, 암 1:9-10) • 예루살렘 함락을 기뻐함(겔 26:1-6) • 도덕적, 종교적 타락의 온상이 됨(사 23:7).
6. **시돈** - 이스라엘을 유혹하여 우상을 숭배케 함(삿 10:6, 왕상 11:5) • 이스라엘을 압제함(삿 10:12) • 남 유다의 은과 금을 약탈함(욜 3:4, 5) • 뛰어난 지혜로 부정한 무역 거래를 함(슥 9:2-4) • 남 유다를 멸시함(겔 28:24).
7. **애굽** - 이스라엘을 학대함(출 1:11, 22) • 우상 숭배를 전함(겔 20:7, 8) • 남 유다로 자국을 의지케 하여 죄를 짓게 함(겔 29:16).

[오늘의 말씀] 에스겔 29장~32장 : 애굽에 대하여 → 먼저 성경 읽기

(29-31장) 이방 국가들 중에서 특히 애굽에 관한 심판의 예언들을 포함하고 있다. 하나의 국가로서의 애굽의 멸망에 대한 기록 뿐 아니라, 애굽 왕 바로에 대한 메시지도 나타난다.

(32장) 바로를 위한 애가가 나타남으로 하나님을 대적한 세속 국가와 그 왕들이 모두 하나님의 판단을 받을 것을 나타내고 있다. 이는 다른 측면에서는 하나님의 백성들의 회복과 구원의 날이 된다.

[말씀 묵상]

1. '여호와의 날'(30:3)은 그렇게 위세를 떨치던 애굽이 심판받을 날이다. 애굽은 영적으로 사단의 나라이다(계 11:8). 따라서 애굽의 심판은 곧 하나님의 백성의 회복과 구원을 기대하는 날이 된다. 모든 세상 나라를 멸하시고 주님이 왕 노릇 하실 날을 고대하는가?

2. 애굽의 번영을 앗수르의 번영에 빗대어 말씀한다. 즉 앗수르가 번성한 것처럼 애굽도 번성하였다는 것이다(31:1-9). 그러나 이러한 앗수르도 바벨론에게 멸망을 당하지 않았는가. 마찬가지로 애굽도 멸망당한다는 것이 31장의 메시지이다(10절 이하). 하나님 없이 교만이 하늘 끝까지 뻗치던 세상 나라들은 멸망이 필연적이다. 현재 유럽과 미국은 실로 번영의 길을 치닫고 있다. 그러나 그들의 영적인 실상은 교회가 비어 가고 있으며 모슬렘은 선교를 확장하고 있다.

[깊은 연구]

1. 악어의 의미 (겔 29:3)

'악어'에 해당하는 히브리어 '타님'은 '뱀'(출 7:9), '용'(렘 51:34)으로 번역되는 '타닌'과 동일한 단어로 취급된다. 본 구절에서도 이 말은 애굽 나일 강에 서식하는 뱀이나 물뱀, 혹은 다른 거대한 수중 동물을 뜻하는 말이라 보는 사람들도 있다(창 1:21, 큰 물고기). 그러나 4절에 묘사된 사냥 방법으로 보아 악어로 보는 것이 보다 타당할 듯하다. 한편 애굽이 장대한 강 나일을 끼고 있는 국가인 것을 고려할 때 그 왕을 이와 같이 나일 강에 서식하는 거대한 짐승인 악어로 비유한 것은 매우 적절한 표현으로 볼 수 있다(시 74:13, 14, 사 27:1). 더욱이 그 짐승이 강에 누워 있다는 것은 안정되게 강을 지배하는 모습을 보여주는 표현으로 바로가 절대 권력을 가진 왕으로서 애굽을 주관하고 있다는 것을 상징적으로 묘사하고 있다.
〈통독 189일, 193일, 279일째 참고〉

2. 고대 애굽의 우상 숭배 중심 도시들 연구 (겔 30:13-19)

다신교 사상을 가졌던 고대 애굽인들은 수많은 종류의 신들을 만들어 내고 섬겼으며, 어느 한 도시를 특정 신의 소유지로 지정하여 신전을 짓고 그 신을 섬기는 의식을 성대히 거행하는 습관을 가지고 있었다. 본문에서 에스겔에 의하여 하나님의 심판이 선언된 도시들 가운데 몇몇 중심지를 살펴보자.

① 놉(멤피스)-불의 신 '프타'(Ptah). ② 노(테베)-하늘의 신 '아몬'(Amon). ③ 아웬-태양신 '라'(Ra). ④ 비베셋-고양이여신. ⑤ 페이윰-악어신 '소백' ⑥ 텔엘 아마르나-태양신 '아톤'(Aton). ⑦ 시우트-늑대신 '웁 와웨트'(Up-wawet). ⑧ 덴데레-하늘의 여신 '하트 호르'(Hat-Hor).

공부 에스겔 29장~32장 : 애굽에 대하여

1. 29장 1-16절은 여호야긴이 바벨론 포로 된 지 제(년 월 일)에, 17-21절은 제(년 월 일)에 에스겔에게 임한 (   )의 말씀이다(1:1-2, 29:1-21, 제29호 해설 참고).
2. 여호와가 애굽 왕 바로는 교만하여 "내 이 (   )은 내 것이라 내가 (   ) 만들었다"고 하였다(29:3).
3. 애굽은 교만으로 인해 "애굽 땅이 (   )가 되리니" 하였다(29:9).
4. 주 여호와가 말하노라 (   )년 끝에 내가 만민 중에 흩은 (   ) 사람을 다시 모아(29:13).
5. 내가 애굽 땅을 바벨론 왕 (   )에게 붙이리니...(29:19).
6. 애굽과 함께 칼에 엎드러질(망할) 나라들은?(30:4-5) -
7. 누구의 손으로 애굽 무리들을 끊으신다고 했나?(30:10) -
8. 바벨론 왕의 팔을 견고하게 하여 애굽 왕 바로의 팔을 꺾겠다는 예언의 시기는?(30:20-26) -
9. 애굽의 번성을 어느 나라 사람으로 비유했나?(31:2-3) -
10. 여호와는 애굽의 번성을 칭찬했나, 교만함을 책망했나?(31:10-11) -
11. 할례 받지 못하고 칼에 살륙당한 자 중에 누울 자는 누구인가?(31:18) -
12. 에스겔 29-32장은 어느 나라의 멸망에 대한 예언인가? -
13. "젊은 사자에 비하였더니 실상은 바다 가운데 큰 악어라"는 누구를 말하는가?(32:2) -
14. 하나님은 애굽을 어떻게 하시는가?(32:15) -
15. '할례 받지 못한 자, 곧 칼에 살륙당하여 엎드러진 자'로서 다음의 족속(또는 나라)이 나온 절수는?(32:22-32) - 1) 앗수르(절), 2) 엘람(절), 3) 메섹과 두발(절), 4) 에돔(절)

▲▼△▽ -----≪하렘을 지배하면 복신가 화신가?≫----- ▽△▼▲

▷ 코끼리물범의 사랑은 생명을 건다. 코끼리물범 수컷은 다른 수컷들이 짝짓기를 못 하도록 해 자신의 생식 성공률을 높인다. 가장 힘이 센 수컷은 많으면 300마리로 구성되는 하렘(한 마리의 수컷과 여러 마리의 암컷으로 구성된 집단형태)을 거느리기도 한다. 그러나 이들도 사는 데 쉽지만은 않다. 100일이 넘도록 아무것도 먹지 못한다. 먹을 것을 찾아 바다로 가면 그동안 다른 수컷들이 암컷들을 차지할 것은 뻔한 일이다. 우두머리 수컷은 스트레스가 하도 심해 하렘을 지배한 이듬해에 죽는 경우가 많으며 3년 이상 하렘을 지배하는 경우가 드물다.

▷ 하렘은 고대의 왕들도 가지고 있었다. 페르시아나 바벨론 뿐 아니라 유다의 왕들도 하렘을 지녔다. 솔로몬은 1천 명의 처첩을 거느렸다. 나이가 들어서는 후궁들의 말을 듣고 우상 숭배까지 했고 그 마음은 혼미해져 버렸다. 그대여, 하렘을 부러워 말고 한 아내임이 복임을 인정하라.

♧ ♧ ♧

사랑은 목숨을 거는 희생이다. 어디 코끼리물범 수컷만이 사랑에 목숨을 걸던가? 동물계뿐 아니라 인간도 사랑 때문에 모든 것을 버리고 사랑을 선택하는 일들을 본다. 야곱은 네 여인으로 인해 골치가 많이 아팠을 텐데 많은 자식을 낳았고 147세를 살았다. 일부다처제 시대에 잘 적응을 했나? 사사들도 자식 숫자가 만만치 않았다. 애굽은 나일 강에 누운 교만한 악어로 비유되었다.

(에스겔 29:3) 너는 말하여 이르기를 주 여호와의 말씀에 애굽 왕 바로야 내가 너를 대적하노라 너는 자기의 강들 중에 누운 큰 악어라 스스로 이르기를 내 이 강은 내 것이라 내가 나를 위하여 만들었다 하는도다

신현주, 〈좌충우돌 예화〉 〈시시콜콜 예화〉, www.sbs66.net

[오늘의 말씀] 에스겔 33장~36장 : 이스라엘의 회복에 대하여 - 먼저 성경 읽기

(33장) 이스라엘이 심판에서 구원으로, 파멸에서 회복에 이를 것을 말씀한다.
(34장) 하나님께서는 친히 이스라엘 양떼를 찾으시고 먹이시겠다고 하신다.
(35장) 이스라엘의 대적자 에돔은 황무케 될 것이며,
(36장) 바벨론으로 사로잡혀 간 유다는 다시금 회복될 것이다.

[말씀 묵상]

1. 파수꾼의 책임은 크다(33장). 수많은 사람들의 생사가 그의 사역 여하에 달려 있기 때문이다. 파수꾼 된 하나님의 사자가 개인이나 단체의 죄악을 지적하지 아니하면, 그것은 사랑이 아닌 잔인함의 표시이다. 그 이유는, 그들이 죄악을 깨닫지 못하면 회개할 수 없으므로 멸망하기 때문이다. 그리스도 안에서 복음의 파수꾼 된 우리는 그 책임을 반드시 이행해야 한다.

[깊은 연구]

1. 〈에스겔〉에 나타나는 약속과 성취의 신학

새 시대의 소망은 새 백성을 회복시킬 것을 약속한 여호와의 행위에 있다. 하나님의 행위는 ① 언약관계의 재개(36:20-36, 37:23, 26, 39:25), ② 이스라엘의 고토 귀환(36:1-15, 24, 37:14-23, 39:27), ③ 백성이 영적으로 변화됨(36:25-27, 37:1-14, 39:29), ④ 대적들에 대한 승리를 포함한(35:1-15, 36:36, 37:28, 38:1-39) 축복(36:8-12, 29-30, 33-35, 36:26), ⑤ 다윗 자손 왕 메시아의 복귀(37:24-25), ⑥ 그의 성전 임재(37:26, 27) 등을 포함한다. 새 행위들은 변화됨의 배경 안에서 (그 옛날) 창조, 아브라함, 모세, 다윗과 맺은 언약들을 장엄하게 성취시킨다. 〈반게메렌, 《예언서연구》, p. 581〉

2. 에돔의 7가지 죄 (겔 35장)

에돔의 심판 예언은 25:12-14에도 나온다. 그러나 여기서 하나님 백성의 대표적 적대 세력이었던 에돔(혈연적으로 이스라엘과 가까운 형제국)의 멸망을 한 번 더 언급함으로 하나님의 구속사를 거역하는 세력은 멸망한다는 진리를 이스라엘의 회복 예언 전에 강조하는 의미가 있다. 에돔의 죄악들은 다음과 같다.

1) 하나님 백성을 약탈함(5절)
2) 피 흘리는 일을 즐거워함(6절)
3) 이웃의 소유를 탐냄(10절)
4) 하나님의 백성을 항상 질투함(11절)
5) 하나님께 모독적인 언사를 행함(12절)
6) 악한 행위로 하나님을 대적함(13절)
7) 타인의 파멸을 즐거워함(15절)

■ 백향목(겔 31장)
"하나님의 동산의 백향목이 능히 그를 가리우지 못하며"(겔 31:8)라 하여 앗수르의 강성을 비유하였다. 사진은 이스라엘에 있는 늠름한 백향목의 모습이다.

통독	314
확인	

공부 에스겔 33장~36장 : 이스라엘의 회복에 대하여

1. (33:　절) 인자야 내가 너로 이스라엘 족속의 (　　　　)을 삼음이 이와 같으니라 그런즉 너는 내 입의 말을 듣고 나를 대신하여 그들에게 (　　　)할지어다.
2. (33:　절) 만일 악인이 돌이켜 그 악에서 떠나 (　　　)대로 행하면 그가 그로 인하여 살리라.
3. (33:　절) 우리가 사로잡힌 지 (　　　　　)에 예루살렘에서부터 도망하여 온 자가 내게 나아와 말하기를 그 (　　　　)되었다 하였는데.
4. 누구에게 화가 있을 것인가?(34:2) -
5. 악한 목자들은 남은 꼴과 남은 물을 어떻게 했는가?(34:18) -
6. 하나님께서 한 목자, 즉 다윗을 세운다고 했는데 그는 실제 누구인가?(34:23, 요 10장) -
7. 하나님의 백성인 양은 어느 족속을 말하는가?(34:30-31) -
8. (35:　절) 세일산아 내가 너를 대적하여 ~
9. (35:　절) 네가 피를 미워하지 ~
10. (35:　절) 세일산아 너와 에돔 온 땅이 ~
11. 이스라엘 땅 사면에 있는 이방인은 어떻게 되는가?(36:1-7을 읽고 답은 7절에서) -
12. 이스라엘 백성들이 올 때가 가까워오면 이스라엘의 산들은 어떻게 하나?(36:8) -
13. 귀환한 이스라엘에게 주실 약속은 무엇인가?(36:15) -
14. 36장 26절은 에스겔 11장 (　　절)에 유사하게 나타난다(겔 11:14-21에서).
15. 36장 28절은 출애굽기 6장 (　　절)에 근거한다(출 6:2-9에서, 참고. 렘 30:22).

▲▼△▽ -----《목욕 안 하고도 40년 세월》----- ▽△▼▲

인도네시아 금뽈수꾼 말랑자와 띠무르에 사는 민또 하디(Minto Hadi, 1932년생, 74세)는 13번째 부인(수와르니 57세)과 함께 사는데 무려 40년 이상이나 목욕을 하지 않아 화제다(0601).

광대와 벽돌공이었던 그는 7일 금식 후 신의 계시인 '만트라'(입에서 입으로 가르칠 수만 있고 글로 적어서는 안 된다)를 전수받았다고 한다. 신의 계시를 받을 때 목욕을 하면 이미 받은 신의 계시를 잃어버린다고 하여 1957년부터 1997년까지 40년 동안 목욕을 하지 않았다. 그런데 1971년에 손자가 강에 빠져서 손자를 구하기 위해 강에 들어갔을 때는 괜찮았다. 하지만 물을 떠놓고 목욕을 하려고 자신이 직접 물을 사용했더니, 그 후 15일 동안 온 몸이 아프고 몸에서 시체 썩는 냄새가 났다고 한다.

불편한 점은 없으며 습관이 돼서 괜찮단다. 죽는 날까지 목욕을 하지 않겠다고 하고 한번 입은 옷은 웬만해서 잘 갈아입지 않는 기이한 삶을 산다.

♧ ♧ ♧

안 씻고도 자신은 몸이 깨끗하다고 사람들에게 옷을 벗어 보인다지만, 주변 사람들은 얼마나 더럽고 불쾌하게 생각할까? 자신의 특이한 성향이나 종교적인 신념은 좋지만, 그것이 남에게 피해를 주거나 불편하게 한다면 고려해 볼 일이다. 종교나 신념은 건전해야 가치가 있고 오래갈 수 있다.
이스라엘의 목자들은 자신은 배부르나 양의 무리를 먹이지 아니하고 도리어 발로 밟는 자와 같았다.

(에스겔 34:18) 너희가 좋은 꼴 먹은 것을 작은 일로 여기느냐 어찌하여 남은 꼴을 발로 밟았느냐 너희가 맑은 물 마신 것을 작은 일로 여기느냐 어찌하여 남은 물을 발로 더럽혔느냐

신현주, 〈좌충우돌 예화〉 〈시시콜콜 예화〉, www.sbs66.net

[오늘의 말씀] 에스겔 37장~39장 : 마른 뼈 환상, 곡과 마곡 → 먼저 성경 읽기

(37장) 포로에서의 귀환은 죽은 자의 부활과 같이 어려운 일이지만 전능하신 하나님께서는 이를 실행하시며 남북이 하나님 손에서 하나 될 것도 말씀하신다.

(38장) 하나님의 백성의 원수인 곡이 이스라엘 민족을 대적하나 하나님은 곡을 심판하신다.

(39장) 곡의 모든 병기는 불살라질 것이며 그 군인들의 시체는 새와 짐승이 먹을 것이다.

[말씀 묵상]

1. **마른 뼈**(37장)와 같이 소망이 없어 보이는 인생, 허물과 죄로 죽은 자들만을 본다면 낙심한다. 그러나 마른 뼈와 같은 인생들을 다시 살릴 수 있는 하나님을 본다면 용기를 얻게 된다. 또한 막대기의 연합, 즉 분단된 남북(유다, 이스라엘)이 하나님의 손에서 하나가 됨을 보게 된다(37:15, 17). 분단된 이 땅에 사는 우리는 하나님 안에서의 통일을 내다보며 기도하지 않을 수 없다.
2. **곡과 마곡**(38장)은 교회로 말하면 '적그리스도의 무리들'이라고 할 수 있다. 그리스도인들은 많은 원수 앞에 어떻게 할 것인가? 두려워할 것이 없음은 그 원수들이 일어나는 것도 우연한 일이 아니고 하나님의 경륜 가운데 들어 있기 때문이며, 그들이 무장하는 것과 전쟁을 준비하는 일도 하나님의 주권하에서 되는 일이기 때문이다. 성도는 하나님 안에서의 궁극적인 승리를 믿고 담대해야 한다.

[깊은 연구]

1. 막대기들의 연합의 영적 의미 (겔 37:16-22)

유다인들은 바벨론에서 본국으로 돌아온 후에는 남북 양국으로 나뉘어 있지 않을 것이다. 이러한 유다의 통일은, '한 임금'(וּמֶלֶךְ אֶחָד, 멜레크 에하드)을 통하여 이루어진다. 신약의 예수 그리스도로 인하여 모든 분열되었던 것들이 영적으로 통일될 것을 시사한다.

2. '곡' 연합군에 가담한 족속들 (겔 38:1-6)

로스와 메섹과 두발의 통치자인 곡 왕이 여러 지역의 군대로 구성된 연합군을 이끌고 선민 이스라엘을 공격하리라고 예언되어 있다.

1) **로스, 메섹, 두발**: 당시 가장 북쪽 지역으로 인식된 흑해 인근과 그 북쪽 지역에 거주하였던 족속들(겔 27:13).

2) **바사**: 이스라엘의 북동쪽에 위치한 페르시아(스 1:1).

3) **구스**: 북아프리카 지역의 에디오피아(대상 1:8-10).

4) **붓**: 북아프리카의 푼트(Punt)를 지칭(겔 30:5).

5) **도갈마**: 이스라엘의 북부, 현재의 터키 지역에 거주하였던 족속. 야벳 족속에 속하는 아르메니아인으로 추정(겔 27:14).

6) **고멜**: 흑해 북쪽에서 이주해 온 앗수르 계열의 기미라이 족속.

■ 해골 골짜기의 환상(겔 37장)
포로생활로 절망에 빠진 백성들에게 보여 준 이상은 마른 뼈와 해골이 살아나는 희망이다. 두라 유로포스(Dura-Europose)의 고대 회당 벽에 그려진 성경시대의 연작벽화(連作壁畵) 중 하나이다.

공부 에스겔 37장~39장 : 마른 뼈 환상, 곡과 마곡

1. 1) 골짜기의 마른 뼈들이 살아서 무엇이 되었으며 -
   2) 이 뼈들은 누구를 가리키나?(37:1-11) -
2. 다시는 '두 나라, 두 민족'이 되지 아니하리라(22절) 했는데 두 나라로 된 각각의 이름은?(37:15-23) -
3. 남북 왕조가 한 나라가 되었을 때 누가 영원히 그 왕이 되는가?(37:24) -
4. 이스라엘과 영원한 언약을 세우실 때 열국은 하나님을 어떤 분으로 알게 되는가?(37:25-28) -
5. 너는 (　　) 땅에 있는 (　　) 곧 로스와 메섹과 두발 왕에게로 얼굴을 향하여 그를 쳐서 예언하여(38:1-6).
6. 곡아 끝 날에 내가 너를 이끌어다가 내 (　　　) 하리니 이는 내가 너로 말미암아 이방 사람의 목전에서 내 (　　　)을 나타내어 그들로 다 나를 알게 하려 함이니라(38:7-16).
7. 여러 나라의 눈에 내 (　　　)과 내 (　　　)을 나타내어 나를 알게 하리니 그들이 나를 (　　　)인 줄 알리라(38:17-23).
8. 먼 북방에서부터 나와서 이스라엘 산 위에 엎드러진 왕은?(39:1-5) -
9. 곡과 그 연합군의 병기를 불사르는 기간은?(39:6-10) -
10. 이스라엘 족속이 그들(곡과 무리)을 장사하고 정결케 하는 기간은?(39:11-16) -
11. 열국은 이스라엘이 무엇으로 인하여 사로잡혀(바벨론 포로) 간 줄로 아는가?(39:17-24) -
12. 여호와가 사로잡힌 자를 돌아오게 하며 긍휼을 베푸는 것은 무엇을 위함인가?(39:25-29) -

▲▼△▽ -----≪하나 되어 잘 사는 것이 해결 방법≫----- ▽△▼▲

오랜 기간 동안 서로 사랑했고 보람도 행복도 느낀 한 부부가 있었다. 그러나 뚜렷한 성격 차이를 극복하지 못하고 이혼을 하기로 했다. 이들에게는 자녀가 무려 11명이나 되었다. 아이들을 사랑한 부부는 서로 자녀를 더 많이 데리고 살기를 원하였다. 양보가 없자 공평하게 절반씩 차지하려고 했으나 한 명이 남았다. 랍비를 찾아갔더니 명 판결을 내렸다. "당장 집으로 돌아가 하나를 더 낳으라. 그런 다음 각각 6명씩 아이를 나눠서 살아라." 부부는 랍비의 말을 따랐고 부인이 임신을 하였다. 그런데 아이를 낳고 보니 쌍둥이였다. 자녀수가 다시 홀수가 되어 난감했으나 곰곰이 생각해 보았다. 하나님께서 새 생명을 둘이나 주심에 감사하게 되었고 더 나아가 큰 깨달음을 얻었다.

"끝까지 잘 살아 하나 되는 것이 하나님의 뜻임을!"

♧ ♧ ♧

탈무드에 나오는 이야기이다. 부부문제만큼 쉽고도 어려운 것은 없는데, 이야기처럼 이렇게 하나가 된다면 얼마나 좋겠나! 중요한 것은 부부의 연합인데, 성격 차이나 가치관의 차이를 서로 이해해 주고 극복하기란 어렵지만 하나님 안에서 하나 되는 길이 있다.
바벨론 포로생활을 하는 유다가 고토로 돌아갈 것과 이스라엘과 연합하여 남북이 하나 되는 기대를 하게 된 것은 마른 뼈 같은 현실이지만 하나님 안에서 희망을 가질 수 있었기 때문이다.

(에스겔 37:16-17) 인자야 너는 막대기 하나를 취하여 그 위에 유다와 그 짝 이스라엘 자손이라 쓰고...그 막대기들을 서로 연합하여 하나가 되게 하라 네 손에서 둘이 하나가 되리라

신현주, 〈좌충우돌 예화〉 〈시시콜콜 예화〉, www.sbs66.net

[오늘의 말씀] 에스겔 40장~44장 : 새 성전 환상 → 먼저 성경 읽기

(40-43장) 앞에서 대적들이 완전히 멸망할 것을 말씀하신 후에, 하나님은 에스겔에게 새 성전의 환상을 보여 주신다. 성전 각 부분의 모습과 그 측량에 대한 진술이 계속된다.

(44장) 새 성전의 세부적인 모습과 그 측량이 시행된 다음 성전에서 수종드는 자들에 대한 말씀이 나온다.

[말씀 묵상]

1. 43장 19절에는 '**사독의 자손**'들이 제사를 집행한다고 되어 있다. 사독은 아론의 후손인데, 아론의 다른 자손들(이다말의 후손들)이 범죄하였으므로 솔로몬이 사독을 대제사장으로 세웠다(왕상 1:7-8, 2:26-27). 신약 시대의 성도들은 그리스도로 말미암아 의를 얻어 하나님 앞에 제사 드릴 자격을 가진다. 우리는 죄인이었으나 그리스도로 말미암아 하나님 앞에 설 수 있게 되었다.
2. 43장 24절에는 제물에 '**소금**'을 칠 것이 기록되어 있다. 소금은 하나님과 인간 사이의 계약과 관련이 있다. 제물에 소금을 치는 것(레 2:13)은 계약을 의미한다(민 18:19, 대하 13:5). 하나님께 나아가 제물을 바칠 사람은 먼저 신앙에 의하여 이 계약에 참여해야 한다. 당신은 그리스도를 통하여 베푸신 하나님의 '새 언약'에 믿음을 가지고 참여하고 있는가?
3. 안뜰에서 제단에 관한 설명을 들은 후에 에스겔은 인도자에 이끌려 바깥뜰의 동문 밖으로 나오게 되었다. 그러자 그 문은 영원히 닫히고 말았는데, 그것은 여호와의 영광이 들어온 길이기 때문에 인간이 그 문을 사용함으로써 그곳을 더럽히지 않도록 하기 위함이었다(44:1-3). 또한 새로운 성전에 임재하신 하나님께서 다시는 그곳을 떠나지 않고 자기 백성들과 항상 함께 계시겠다는 의미가 반영되어 있다고도 볼 수 있다. 나는 정말로 나의 마음에 함께 계신다는 하나님을 믿는가?

[깊은 연구]

1. 새 성전의 신학적 의미 (겔 40-42장)

1) 40-42장에는 '새 성전'의 구조가 상세하게 언급되어 있고, 43장에는 여호와의 영광이 새 성전에 돌아오시는 축복된 모습이 그려져 있다. 이 성전은 이스라엘의 포로 귀환 후에 이스라엘 땅에 세워진 제2성전(스룹바벨 성전)과는 다르다. 40-48장 전체를 이 팔레스틴 땅에 세워진 성전에 국한시켜 보기는 어렵다.

2) 〈에스겔〉의 새 성전은 요한계시록 21-22장의 내용과 상응한다. 따라서 새 성전은 그리스도의 보혈의 기초 위에 세워진 '영적 성전인 교회'로 보는 것이 합당하다. 본문의 영광스런 성전은 예수를 주로 고백하는 그리스도의 몸인 교회, 모든 성도들이라 할 수 있다. 〈성전에 대하여는 제2권 통독 153일째 참고〉

3) 성전은 역사적으로 모세의 장막(출 40장), 솔로몬 성전(왕상 5-8장), 스룹바벨 성전(스 6장), 헤롯 성전(요 2장) 등이 있다. 또한 예수님의 몸인 성전(요 2:21), 영적인 성전인 교회(행 2장, 살전 4장), 신자 개인의 성전(고전 6:19), 고난 받는 성전(계 11장), 미래의 새 성전(겔 40-48장) 등도 말한다. 그러나 신학적으로 **성전이라 함은 '제1성전'(솔로몬 성전), '제2성전'(스룹바벨 성전), '헤롯 성전'이다.**

통독	316
확인	

공부 에스겔 40장~44장 : 새 성전 환상

1. 새 성전에 대한 환상을 본 때는 예루살렘 성이 함락된 후 언제인가?(40:1) -
2. 모양이 놋같이 빛난 사람의 손에 무엇을 가지고 있었나?(40:3) -
3. 먼저 척량한 것은 성전의 '안뜰'인가, '바깥뜰'인가?(40:5-27) -
4. '성전의 안뜰'(40:28-47)과 '현관'(48-49절)을 척량했다. '척량'이라는 단어가 몇 번 나오나? -
5. 그가 성소를 척량하니 그 장이 (　　　　)이요 그 광이 (　　　　)이며...(41:1-2).
6. 그룹에 두 얼굴이 있으니 하나는 (　　　)의 얼굴이라...하나는 (　　　　)의 얼굴이라(41:12-20).
7. 북편 뜰에 방이 몇 개 있었으며, 방은 몇 층이었는가?(42:1-9) -
8. 좌우 골방 뜰 앞 곧 북편 남편에 있는 방들을 '거룩한 방'이라 하는 이유는?(42:10-14) -
9. 동향한 문 밖에 있는 사면 담은 무엇을 구별하는 것인가?(42:15-19) -
10. 여호와의 영광이 (동문/북문)으로 말미암아 전으로 들어가고 (성은/성신)이 나를...(43:1-5).
11. 이 전을 (이스라엘/이방) 족속에게 보여서 그들로 자기의 (죄악/행위)를 부끄러워하고(43:6-12).
12. 칠 일 동안 제단을 위하여 (속건제/속죄제)를 드려 정결케 하며 (봉헌/봉사)할 것이요(43:18-27).
13. '성소 동향한 바깥 문은 닫고 다시 열지 못할지니'라고 하신 이유는?(44:1-3) -
14. 사독의 자손 레위 사람 제사장들은 왜 여호와 가까이 수종을 들 수 있었는가?(44:15-16) -
15. 제사장은?(44:19-31) - ① 머리털을 민다(O, X), ② 이스라엘 처녀나 제사장의 과부에게 장가간다(O, X), ③ 기족이 아닌 시체를 가까이한다(O, X), ④ 소제・속죄제・속건제의 제물을 먹는다(O, X), ⑤ 새나 육축이 스스로 죽은 것이나 찢긴 것을 먹는다(O, X)

▲▼△▽ -----《수술 뒤 사투리 대신 표준말》----- ▽△▼▲

영국에서 뇌수막염으로 수술을 받은 소년이 깨어난 뒤 사투리가 사라지고 표준발음을 구사해 의사들을 깜짝 놀라게 했다(텔레그래프, 070919). 18개월 전 윌리엄 매카트니 무어(10세)는 두통과 고열에 시달리다가 갑자기 발작을 일으켜 병원에 실려간 뒤 뇌수막염으로 추정된다는 진단을 받고 뇌수술을 받았다. 수술은 무사히 끝났지만 윌리엄은 읽고 쓰는 등의 사회적 기능을 모조리 잃어버렸다.

윌리엄의 가족은 한 달 뒤 영국 북부 노덤벌런드로 가족여행을 갔다가 윌리엄의 변화를 눈치 챘다. 윌리엄의 어머니 루스 매카트니 무어(45세)는 '윌리엄이 자기가 모래성을 만들었다 외치는데 그 순간 미국 북부의 비음 섞인 사투리가 없어지고 멋진 표준발음을 냈다'며 '우리는 놀라서 윌리엄에게 다가갔지만 윌리엄은 평상시와 같다고 생각했기 때문인지 무슨 일이 일어났는지 전혀 모르고 있었다'고 말했다.

♧ ♧ ♧

의료진들은 "수술 뒤 다른 억양으로 말하는 것은 처음 봤다...한번 손상을 입은 뇌세포는 다른 세포로 대체될 수 없다고들 하지만 윌리엄은 뇌세포 손상을 입고 새로운 것을 학습했다."라고 말했다. 우리도 예수님을 만나 영적인 수술인 성령을 받으면 언어가 새로워져서 욕이나 험담을 버리는 영적인 뇌의 변화가 일어난다. 에스겔은 이스라엘에게 고하는 예언자의 사명을 가졌다.

(에스겔 40:4) 인자야 내가 네게 보이는 그것을 눈으로 보고 귀로 들으며 네 마음으로 생각할지어다 내가 이것을 네게 보이려고 이리로 데리고 왔나니 너는 본 것을 다 이스라엘 족속에게 고할지어다

신현주, 〈좌충우돌 예화〉 〈시시콜콜 예화〉, www.sbs66.net

[오늘의 말씀] 에스겔 45장~48장 : 영광스러운 미래 → 먼저 성경 읽기

(45장) 먼저 하나님께 드릴 거룩한 땅에 대한 말씀을 한다.

(46장) 그리고 왕과 백성이 어떻게 예배드릴 것인가에 대한 제사 규례가 나온다.

(47장) 이어서 하나님의 성전의 문지방에서 흘러나온 물이 생명강을 이룰 것에 대한 것을 보여 준다.

(48장) 마지막으로 이스라엘 12지파에게 땅을 나누어 주는 계시를 보여 준다. 이스라엘은 복되고 영광스런 모습으로 회복될 것이며 그 성읍의 이름은 '여호와 삼마'로 일컬어질 것이다.

[말씀 묵상]

1. 생명수의 환상이 나온다. 생명수는 성전에서 흘러나와 강을 이루면서 사해를 향해 흘러갔다. 이 강물은 황무지를 옥토로 바꾸고 수많은 초목에 수분을 제공하여 각종 열매와 약초를 키워 낸다(47:1-12). 여기에서 우리는 그리스도의 보혈로 죄 씻음 받고 생명을 누리게 됨을 하나님께 감사해야 한다. 또한 주님이 생수의 강(요 4:10, 7:38)임을 믿고 그분만을 의지하여야 할 것이다.
2. 48장 35절을 보면 이스라엘의 구원이 완성된 날 이후로 그 성읍의 이름이 '여호와 삼마'('여호와께서 거기 계신다'라는 뜻)라고 불릴 것을 말씀하고 있다. 이것은 장차 예수 그리스도의 재림으로 하나님이 영원히 우리와 함께하시고, 또한 우리도 주님과 영원히 함께 거하게 될 것을 예시한다.

[깊은 연구]

1. 생명수 환상을 통해 본 복음의 특징 (겔 47:1-12)

이 환상은 궁극적으로 생명을 풍성케 하시는 그리스도의 복음을 상징하는 것으로(요 10:10), 본문이 보여 주는 복음의 특징을 살펴보면 다음과 같다. ① 복음의 근원은 하나님(1, 12절), ② 복음은 온 세상에 신속히 확장(1-5절), ③ 복음은 풍부한 은혜 공급(3-5, 12절), ④ 복음은 모든 것을 소성케 함(8-10절), ⑤ 복음이 닿는 곳마다 변화가 일어남(8-10절), ⑥ 복음을 거절하는 자에게는 생명이 없음(11절), ⑦ 복음에는 열매를 맺게 하는 풍성한 생명력이 있음(12절).

2. '여호와 삼마' 의 의미 (겔 48:35)

'여호와 삼마'란 '여호와께서 거기 계신다'라는 뜻이다. 에스겔이 이스라엘의 회복을 예언하면서 마지막으로 언급한 이 말은 〈에스겔〉의 총 주제라 할 수 있다. 이 말은 에스겔 당시의 선민 이스라엘 백성 뿐 아니라 영적 이스라엘인 현대의 성도들에게도 하나님의 동행과 보호를 깊이 인식하게 해 주는 중요한 의미를 지니고 있다. 여호와 삼마가 담고 있는 사상은 다음과 같다. 〈여호와의 별명, 제2권 통독 99일째 참고〉

① 하나님이 자기 백성 가운데 영원히 거하심(마 1:23), ② 세상의 모든 것은 유한하지만 하나님은 영원히 계심(시 90:1), ③ 하나님이 계심으로 하나님 백성인 이스라엘이 다시 회복됨(슥 10:6-10), ④ 예수 그리스도의 재림이 실현됨(살전 4:16-17), ⑤ 하나님께서 완전한 통치권을 행사하는 나라가 곧 도래할 것임(눅 17:21), ⑥ 성도가 하나님의 영원한 백성이 됨(계 21:3).

통독	317
확인	

공부 에스겔 45장~48장 : 영광스러운 미래

1. 땅을 나누어 (　　)을 삼을 때에 한 구역을 (　　　　　　)으로 삼아 여호와께 예물로 드릴지니(45:1).
2. 너희는 강포와 겁탈을 제하여 버리고 (　　　　　　)를 행하여 내 백성에게 토색함을 그칠지니라(45:9).
3. 정월 초하룻날에 흠 없는 (　　　　　) 하나를 취하여 성소를 (　　　　　) 하되(45:18).
4. 정월 십사일에는 (　　　　　) 곧 칠일 절기를 지키며 (　　　　　　)을 먹을 것이라(45:21).
5. 안뜰 동향한 문은 언제 열었나?(46:1) -
6. 안식일이나 절기 때에 드린 제물(짐승 이름, 곡물 이름)들은?('흠 없는' 같은 수식어는 빼고)(46:4-15)
 -
7. 왕이 백성의 기업(땅)을 취하여 아들에게 줄 수 있나?(46:18) -
8. 성전 문지방 밑에서 흘러나온 물이 어디에 오르게 되었으며, 창일하여 어떠한 물이 되어 건너지 못할 강이 되었나?(47:1-5) - (발목), (　　　), (　　　), (　　　)
9. 강 좌우 가의 상황은?(47:12) -
10. 외인을 어떻게 여겨야 하는가?(47:22) -
11. 새 땅의 분배를 받는 열두 지파의 이름을 쓰세요(48:1-9, 23-29). 〈통독 10, 96, 136일째 참고〉
 -
12. 성소와 가장 가까운 곳에 위치한 지파는 북쪽으로는 (　　) 지파, 남쪽으로는 (　　) 지파다(48:8, 23).
13. 맨 북쪽에 기업을 받을 지파는 (　　) 지파, 남쪽에 기업을 받을 지파는 (　　) 지파다(48:1, 27-28).
14. 그 사면의 도합이 (　　　　　)이라 그 날 후로는 그 성읍의 이름을 (　　　　)라 하리라(48:35).

▲▼△▽ -----《효자는 부모의 사랑 받기》----- ▽△▼▲

효자로 소문난 한 청년의 직장동료가 그의 집을 방문하여 하룻밤을 같이 지내기로 했다. 대문을 발로 차며 "엄마, 나 왔어. 얘 내 친구야." 하고는 마루 끝에 걸터앉으니 칠순 노모가 반가워한다.
"엄마, 구두 좀 벗겨 줘." 하며 발을 내미니 노모가 무릎을 꿇고 아들의 구두와 양말을 벗기고는 "가만 있거라. 물을 가져오마." 하고는 아들의 발을 씻겨 준다. 효자 청년은 어린아이같이, "엄마, 나 피곤해 어깨 좀 주물러 줘."라고 하니 노모는 즐거워하면서 아들의 어깨를 주물러 준다.
친구는 속으로 '저런 불효막심한 놈을 효자라고 하다니' 하고 분개했다. 다음날 아침에도 노모는 유치원생을 돌보듯 세숫물을 떠다 주고 양말과 구두를 신겨 준다. 참다못한 친구는 "아니, 젊은 녀석이 노모를 하녀 부리듯 하다니..." 했다. 친구는 출근을 하며 말했다. "우리 어머님께는 그것이 유일한 낙일세. 어머님 연세가 칠순이라네. 오래 사시도록 나는 눈물을 머금고 어머니의 사랑을 받는 걸세."

♧ ♧ ♧

어머니가 헌신적으로 키운 그 아들은 아직도 어머니의 아기일 뿐이고 어머니는 아들 돌보는 보람으로 산다. 부모님이 하고 싶은 대로 두는 것도 효의 한 방법이다.
우리가 하나님의 자녀로서 하나님이 우리에게 하고 싶은 대로 하실 수 있도록 나를 낮추는 것은 동행의 의미가 있다. 예수님은 '아버지의 뜻대로 되기를 원하나이다' 하셨다. 내가 주님을 사랑하지만, 주님의 사랑을 잘 받아들이는 것도 중요하다. 하나님은 여호와의 성읍, 여호와 삼마가 되셨다.

(에스겔 48:35) 그 사면의 도합이 일만 팔천 척이라 그 날 후로는 그 성읍의 이름을 여호와 삼마라 하리라

신현주, 〈좌충우돌 예화〉 〈시시콜콜 예화〉, www.sbs66.net

[오늘의 말씀] 다니엘 1장~3장 : 뜻을 정한 젊은이들 → 먼저 성경 읽기

다니엘서 1-6장은 다니엘의 역사적 부분이고, 7-12장은 다니엘의 예언적 부분이다.
(1장) 바벨론 포로로 잡혀간 다니엘과 그의 세 친구는 느부갓네살 왕을 섬기기 위한 훈련을 받는다.
(2장) 느부갓네살은 큰 신상의 꿈을 꾸었고 다니엘은 하나님의 지혜로 그 꿈을 회상시켜 해석한다.
(3장) 다니엘의 세 친구는 신상에 절하지 않으므로 풀무불 속에 던짐을 받았으나 상하지 않는다.

[말씀 묵상]

1. 이방 땅에서 왕을 모시기 위한 특별 훈련 중에도 **"다니엘은 뜻을 정하여"**(1:8) 자신을 더럽히지 않고 신앙의 절개를 지켰다. '**왕의 진미**'는 아마도 율법(레 11장)에 어긋나는 음식과 우상의 제물이 있었을 것이다. 그대도 신앙의 절개를 지키기 위하여 다니엘처럼 선한 뜻을 정해야 한다.
2. 다니엘의 세 친구는 이방 신상에게 절하지 않았고 다시 기회가 주어졌을 때에도 풀무불에서 하나님께서 구해 주시리라 믿었으며, **"그리 아니하실지라도"** 절하지 아니하겠다고 단호하게 말한다(3:17-18). 이처럼 '그래서' 신앙이 아니라 '그리 아니하실지라도'라는 더 고결한 신앙을 가져야 한다.

[깊은 연구]

1. <다니엘>의 역사적 배경

주전 605년 갈그미스 전투에서 바벨론의 승리로(대하 36:5-7, 렘 46:2) 다니엘을 비롯한 왕족과 귀족들이 포로로 잡혀갔고(단 1:1-5) 그 후 3차에 걸쳐 포로로 잡혀갔다. 1차 597년(왕하 24:14), 2차 587년(왕하 25:6-12, 이때에 예루살렘 성전 파멸), 3차 582년(왕하 25:22-26, 렘 40-44장). 〈제2권 통독 134일째 참고〉

2. 네 강대국에 대한 느부갓네살의 꿈 (단 2장)

느부갓네살이 꾼 꿈을 다니엘만 해석을 한다(2:27-49). 꿈에서 본 신상을 통하여 묘사된 네 강대국의 특징은, 그 영광과 권력은(금에서 진흙으로) 점점 줄어들고 그 혹독함과 완고함은 점점 늘어나는 데 있다. 금으로 된 첫째 나라 **바벨론 제국**, 다음에 둘째 나라로 **메대 제국**이 나타나는데, 이는 오히려 바벨론 제국과 같은 때에 있다가 나중에 고레스에 의해 **바사 제국에 통합**되었다. 바사 제국이 여기서는 셋째 나라로 묘사된 것으로 보인다. 넷째 나라는 알렉산더 대왕의 **헬라 제국**이다(8:21-22). 알렉산더가 죽은 다음, 나라가 둘로 나뉘어(2:41-44) 애굽 지역에는 **프톨레미 왕조**가 이루어지고 시리아 메소포타미아 지역에는 **셀류시드 왕조**가 들어선다. 그러나 **"하늘의 하나님이 한 나라를 세우시리니"**(2:44) 하였는데, 이는 장래의 **메시아 왕국**에 대한 예언으로 해석한다. 〈독일성서공회판 《해설관주 성경전서》 및 본서 81쪽 다니엘 개요 참고〉

■ 풀무불에서도 구원(단 3장)
사드락, 메삭, 아벳느고는 금 신상에 절하지 않아 풀무불에 던져졌으나 상하지 않고 구원받았다. 핍박받던 성도들은 이 말씀을 읽을 때마다 용기를 얻었다.

통독	318
확인	

공부 다니엘 1장~3장 : 뜻을 정한 젊은이들

1. 다니엘은 유다 왕 (　　　　　　)이 왕이 된 지 (　　)년에 바벨론 왕 (　　　　　)의 포로가 되어 그곳의 학문과 (　　　)을 (　　)년간 가르침을 받게 되었다(1:1-7).
2. 환관장 (　　　　　　)는 유다 자손들의 이름을 고쳐 다니엘은 (　　　　　　), 하나냐는 (　　　　　), 미사엘은 (　　　　　), 아사랴는 (　　　　　　)라 하였다(1:1-7).
3. 다니엘은 (　　)을 정하여 왕의 진미와 (　　　　)로 자신을 더럽히지 아니하리라 하니 환관장이 열흘간 시험하여 (　　　)과 (　　)을 먹고 마셨으나 살이 더욱 윤택해졌다(1:8-16).
4. 다니엘은 (　　　)과 (　　　)를 깨달아 알았고, (　　　　) 왕 원년까지 있었다(1:17-21).
5. 〈2장, 5-8문〉. 느부갓네살은 꿈을 꾸고 잊었기에 갈대아 술사들에게 말했으나 알지 못했다. (O, X)
6. 다니엘은 꿈을 해석하지 못하면 죽임을 당한다는 것을 알고도 주께 감사하고 찬양하였다. (O, X)
7. 다니엘은 하늘의 하나님이 보이신 이상으로 꿈이 왕에게 후일에 될 일을 알게 하셨음을 말했다. (O, X)
8. 꿈에 본 신상은 네 부분으로 뜨인 돌이 이것을 부숴뜨리는 나라의 흥망성쇠에 관한 꿈이다. (O, X)
9. 금 신상의 크기를 숫자로 쓰세요(3장, 1규빗=약 45cm=0.45m).
   1) 고(높이): (　　규빗=　　m),　　2) 광(폭): (　　규빗=　　m　　cm)
10. 낙성식에서 악기 소리를 들을 때에 어떻게 하라고 했는가?(3장) -
11. 금 신상에게 절할 기회를 다시 준다고 할 때 다니엘의 세 친구의 대답은? - (3:　-　절)
12. 풀무불은 평소보다 (　　)배 뜨겁게 하였으며, 세 사람을 불에 넣었으나 (　　) 사람이 불 가운데로 다니는데 넷째의 모양은 (　　　　)과 같았으며, 불 속에서 모두 건짐을 받았다(3장).

▲▼△▽ -----≪어울리지 않는 음식≫----- ▽△▼▲

새벽 3시, 잠결에 화장실을 갔다가 언뜻 생각하니, 너무 피곤하여 저녁도 못 먹고 잠을 잔 것이 생각났다. 냉장고를 여니 비닐에 포장된 생과자가 있어 한입 베어 먹었는데 입도 깔깔하고 빵맛이 없었다. 다시 콜라를 꺼내 빵을 한입 베어 먹으며 콜라를 숨도 쉬지 않고 몇 모금 마셨는데 맛이 너무 이상했다. 아무래도 몸에 이상이 있는가 싶어 빵과 콜라를 침대 머리맡에 두고 깊은 잠에 빠졌다.

잠결에 "아니, 청국장을 끓여 먹으려고 어제 저녁에 분명히 청국장 하나를 사다 냉장고에 넣어 두었는데 어딜 갔나?" 하는 소리에 화들짝 놀라 깨어 보니 생과자가 아니라 청국장을 베어 먹은 게 아닌가? 그리고 콜라병을 살펴보니 스티카를 붙인 것이 똑똑히 보였다.

"서산 까나리 액젓, 배추 30포기 절임용."

♧ ♧ ♧

그 맛있는 청국장과 김치에 맛을 내는 액젓도 용도를 다르게 사용하면 고통이 되고 만다.
제대로 먹어야지 정치가들이 이권에 개입하여 아무거나 먹다가 배탈 난 것을 언론 보도로 본다.
예수님은 제자들에게 재림에 대비하여 '깨어 있으라' 하시며 거짓된 것들에 대해 경계하라고 하셨다.
잠결에는 실수하기 쉬우므로 영혼이 잠들지 않게 바른 신앙으로 언제나 깨어 있어야 산다.
다니엘은 이방 땅에 포로로 갔지만 신앙의 지조를 지키고 우상의 제물을 거부했다.

(다니엘 1:8) 다니엘은 뜻을 정하여 왕의 진미와 그의 마시는 포도주로 자기를 더럽히지 아니하리라 하고 자기를 더럽히지 않게 하기를 환관장에게 구하니

신현주, 〈좌충우돌 예화〉 〈시시콜콜 예화〉, www.sbs66.net

[오늘의 말씀] 다니엘 4장~6장 : 이상한 글씨와 뜻 해석 → 먼저 성경 읽기

(4장) 느부갓네살은 두 번째 꿈을 꾸고 번민하지만 역시 다니엘이 꿈을 해석해 준다.
(5장) 벨사살의 잔치에서 손가락이 나와 벽에 글을 쓰므로 두려워할 때에 다니엘은 그 글을 해석한다.
(6장) 바사 왕 다리오 시대에 다니엘의 적들은 그를 사자굴 속에 던지지만 아무 해도 입지 않는다.

[말씀 묵상]

1. 벨사살 왕은 잔치에서 "예루살렘 하나님의 전 성소 중에서 취하여 온 금 기명"으로 술을 마시며 자신의 신들을 찬양하였다(5:3-4). 그러나 그의 앞 분벽에 손가락이 나타나 "왕이 저울에 달려서 부족함이 뵈었다"라는 글을 쓴다(5:27). 하나님을 조롱하던 벨사살이 징계를 받아 죽임을 당했듯이 그대가 하나님의 저울에 달릴 때 부족함이 있는지 살펴야 한다.
2. 다니엘을 고소할 틈을 얻고자 모함하는 사람들의 계략으로 다른 신에게 기도하는 자는 사자굴 속에 던진다는 왕의 조서가 내린다. 그럼에도 불구하고 다니엘은 하나님께 기도하기를 그치지 않았다. 이로 인해 사자굴 속에 던짐을 받지만 하나님께서 그를 구원해 주신다. 이처럼 믿음은 중단되지 않는다(6장).

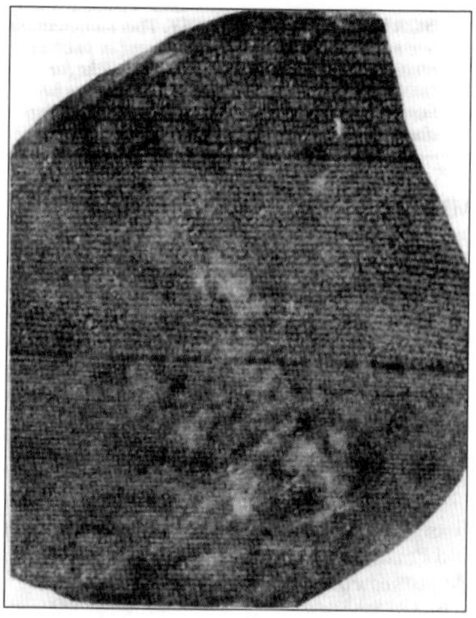

■ 로제타석(Rosetta Stone)
다니엘은 벽에 쓰인 독특한 글자를 해석하였다(단 5장). 이 비문은 1798년 프랑스 나폴레옹 군대에 의해 이집트의 로제타에서 발견된 것으로 프톨레미 통치 시대(주전 203-181년)를 담고 있다. 애굽어(상형문자, 민용문자)와 헬라어 등 3가지가 함께 기록되어 있어서 헬라어를 통해 애굽의 상형문자 해독에 결정적 역할을 했다.

[깊은 연구]

1. 다니엘의 활동 시대

아래의 도표는 다니엘의 활동 시대를 한눈에 보게 해 준다. 그는 유다가 바벨론의 1차 포로가 되었을 때부터 바사 통치 초기까지 약 70년간 활동했다(1:1-4, 21, 5:30, 6:1-2). 2장과 7장의 느부갓네살 왕의 꿈과 다니엘이 본 이상은 미래의 역사를 보여 준 것이다. 아래의 도표는 그 예언이 말한 시대에 관한 것으로 왕국의 흥망성쇠를 보여 준다. 느부갓네살 왕의 금과 같은 강함과 권위도 결국 하나님의 주권 아래 있음을 알 수 있다.

612.나보폴라살
606.느부갓네살　538.고레스　333.알렉산더　63년　주전 / 주후

국가들	앗수르 제국	바벨론 제국 주전 605-538년	메대, 바사 제국 주전 538-333년	헬라 제국 주전333-63년	로마 제국 주전 63년-주후 476년	예수님 주전, 후 기원
주요 사건	*721년 사마리아 멸망	*587년 예루살렘 멸망 **다니엘의 활동 시대**		*165-63년까지 유다 독립 시대	*로마 제국은 주후 476년까지 존속	
*느부갓네살이 꿈에 본 이상→ *다니엘이 본 이상(네 짐승)→		정금으로 된 머리(2:32) 사자(7:4)	은으로 된 가슴, 팔(2:32) 곰(7:5)	놋 배, 넓적다리(2:32) 표범(7:6)	철, 흙의 종아리 발(2:33) 열 뿔 가진 짐승(7:7)	*뜨인 돌: 태산은 하나님의 왕국(2:33, 34, 44)

통독	319
확인	

공부 다니엘 4장~6장 : 이상한 글씨와 뜻 해석

1. 다니엘을 벨드사살이라 함은 무엇을 좇아 이름한 것인가?(4:8) -
2. 왕이 짐승의 마음을 받아 일곱 때를 지나게 될 것은 인생으로 무엇을 알게 하려 함인가?(4:17)
   -
3. 왕이 어떤 모습으로 일곱 때를 지낼 것이라 하였나?(4:25)
   -
4. 기한이 차매 느부갓네살의 총명이 돌아와서 어떻게 하였나?(4:34) -

◇ 다음 중 서로 관계있는 것을 찾아 줄로 연결하세요(5장, 5-8문).

5. 벨사살 왕이 잔치를 배설 가) 왕이 다리가 녹는 듯하고 무릎이 부딪힘
6. 사람의 손가락이 왕궁 벽에 글씨를 나) 메대 사람 다리오가 나라를 얻음
7. 메네 메네 데겔 우바르신 다) 예루살렘 성전에서 가져온 금 기명으로 술 마심
8. 갈대아 왕 벨사살이 죽임을 당함 라) 세어 보고 세어 보니 부족하여 나라가 나뉜다
9. 방백 일백이십 명을 세워…그들 위에 총리 ( )을 두었으니 ( )이 그 중에 하나. - (6: 절)
10. 다니엘이 이 조서에 ( )이 찍힌 것을 알고도 자기 집에 돌아가서는 그 방의 ( )으로 향하여…하루 ( ) 무릎을 꿇고 ( )하며 그 하나님께 ( )하였더라. - (6: 절)
11. 나의 하나님이 이미 그 ( )를 보내사 사자들의 ( )을 봉하셨으므로 사자들이 나를 상해치 아니하였사오니 이는 나의 ( )이 그 앞에 명백함이오며, - (6: 절)

▲▼△▽ -----≪내가 나를 바르게 볼 수 없다≫----- ▽△▼▲

▷ 교회에 '빔 프로젝트'를 설치하여 예배가 더욱 입체적이 되었다. 김백두 집사가 헌신예배 사회를 보게 되어 목사님처럼 자신도 그 화면에 멋지게 나올 것이라고 생각했다. 사회석에 서서 찬송을 부를 때에 자신의 모습을 보려고 몸을 뒤로 돌렸다. 그런데 기대와는 달리 자신의 뒷모습이 영상에 올라와 있었다. 그는 깨달았다. "아하! 인간은 자신이 자신을 바르게 볼 수 없구나!"

▷ 이한라 집사는 매번 담임목사의 머리를 깎아 준다. 그날도 목사는 혼자 미용실에 가기가 어색하여 초등학생처럼 아내를 앞세워 졸졸 따라가서 머리를 깎았다. 뒷모습은 어떨까 궁금했는데, 미용사가 목사에게 뒷모습을 보라며 머리 뒤에 거울을 대주었다. 앞의 큰 거울에 반사가 되어 자신의 뒷모습을 볼 수 있었다. "아하! 보이지 않는 곳에는 다른 거울 하나를 더 대면 잘 보이는구나!"

♧ ♧ ♧

거울로 내 뒷모습을 보려고 하면 다른 거울 하나가 더 필요한 것처럼 우리가 자신을 바르게 보려면 '성령의 조명하심'이 필요하다. 인간은 편협하여, 남이 하면 불륜이고 내가 하면 로맨스라는 말처럼 남에게 대는 잣대와 내게 대는 잣대가 달라서 나를 바르게 보지 못하는 한계가 있다.
바벨론 왕 벨사살은 자신의 죄악은 보지 않고 예루살렘 성전에서 탈취한 기명들로 술을 마시므로 하나님의 진노를 더했다. 심지어 이상한 글씨로 경고를 해도 그 글의 의미를 깨닫지 못했다.

(다니엘 5:26-27) 그 뜻을 해석하건대 메네는 하나님이 이미 왕의 나라의 시대를 세어서 그것을 끝나게 하셨다 함이요 데겔은 왕이 저울에 달려서 부족함이 뵈었다 함이요

신현주, 〈좌충우돌 예화〉 〈시시콜콜 예화〉, www.sbs66.net

[오늘의 말씀] 다니엘 7장~9장 : 다니엘이 본 이상들 → 먼저 성경 읽기

7장부터 12장까지는 다니엘서의 후반부로서 주로 다니엘이 본 이상(예언)에 대한 기록이다. 시기적으로는 바벨론 포로 이후에 대한 것들과 헬라 시대(구약성경에 구체적인 기록들이 없으므로 '중간시대'에 대해 별도로 공부해야 한다)에 대한 것들로 역사적으로 일치한 사건들이다. 〈174쪽 "자료 보너스 10" 참고〉

(7장) 다니엘은 벨사살 원년에 큰 네 짐승(네 왕)과 인자에 대한 환상을 본다.

(8장) 벨사살 3년에 숫양과 숫염소에 대한 환상을 본다(여기에 대한 해석은 다음 쪽 아래 박스를 보라).

(9장) 다니엘의 회개의 기도와 칠십 이레의 비밀에 대한 예언의 말씀을 한다.

[말씀 묵상]

1. 다니엘은 민족을 생각하고 철저한 회개의 기도를 한다(9:3-20). 그런데 그 응답은 기도가 끝난 후에 있지만 이미 하나님은 천사 가브리엘을 통하여 **"네가 기도를 시작할 즈음에 명령이 내렸으므로 이제 네게 고하러 왔느니라"**(9:23) 한다. 그렇다! 우리가 기도를 시작만 해도 하나님은 벌써 우리에게 주실 은혜를 준비하신다. 다만 다니엘처럼 철저한 회개를 염두에 두어야 한다.

[깊은 연구]

1. 성경에 나오는 3명의 다니엘

1) 다윗이 아비가일을 통해 낳은 아들 - 역대상 3:1
2) 에스라 시대의 레위인 - 에스라 8:2, 느헤미야 10:6-7
3) 본서의 주인공인 다니엘 - 〈다니엘〉

2. 칠십 이레(seventy weeks) 예언 (단 9장)

하나님은 다니엘 당대를 기점으로 한 이후의 세계 역사와 메시아의 초림으로 전개될 종말의 상황들을 상징적이나마 70이레(seventy weeks) 예언을 통해 계시하셨다. 이 70이레는 문자적으로 해석하여(70×7=490) 역사의 전개 상황을 억지로 꿰어 맞추어서는 안 되며 묵시문학이 지닌 상징성을 인정하여, 성경이 계시하는바 구속사적인 역사 안목으로 각 기간들을 살펴보아야 한다. 한편 70이레는 7이레 + 62이레 + (중간공백) + 1이레 등으로 4분류 할 수 있으며(단 9:20-27) 이를 〈요한계시록〉과 연관지어(계 11:1-13) 생각해 보면 아래 도표와 같은 내용으로 추정해 볼 수 있다.

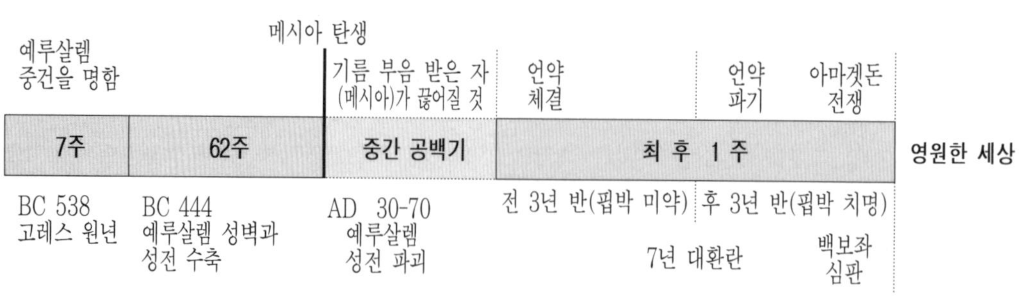

통독	320
확인	

공부 다니엘 7장~9장 : 다니엘이 본 이상들

1. 다음 이상(異象)은 큰 짐승 넷 중에 어느 것인가?(7:2-8) {보기} 사자 / 곰 / 표범 / 열 뿔 짐승
   1) 등에 새의 날개 넷이 있고 머리 넷이 있으며 권세를 받았다. -
   2) 독수리의 날개가 있더니 그 날개가 뽑혔고 두 발로 서며 사람의 마음을 받았다. -
   3) 큰 철 이가 있어서 먹고 부숴뜨리고, 열 뿔이 있는데 그 사이에서 작은 뿔이 나더니 먼저 뿔 셋을 뿌리까지 뽑았고 작은 뿔에는 사람의 눈 같은 눈이 있고 입이 있어 큰 말을 하였다. -
   4) 몸 한편을 들었고 잇사이에는 세 갈빗대가 물렸는데 그에게 "많은 고기를 먹으라"고 말함. -
2. 네 큰 짐승은 누구를 상징하는 것인가?(7:15-22을 읽고 답은 17절에서) -
3. 강대한 땅의 넷째 나라는 멸망하고 나라와 권세와 위세는 어떻게 되는가?(7:23-28) -
4. 다니엘이...이상을 보았는데 몸은 (　　　　　　)에 있었고 이상을 보기는 (　　　　　)에서다(8:2).
5. 두 뿔 가진 (　)과 두 눈 사이에 현저한 뿔이 있는 한 (　　)를 보았는데, 숫염소가 숫양과 싸워 이겼고, 숫염소가 강성할 때에 큰 뿔이 꺾이고 그 대신에 (　　　　)이 하늘 사방을 향하여 났다(8:3-8).
6. 이상에 나타난바 (　　　　　　　　　)와 망하게 하는 죄악에 대한 일과 (　　　　)와 백성이 내어준 바 되며 짓밟힐 일의 기간은 (　　　　　　　　　)까지이다(8:13-14).
7. 두 뿔 가진 숫양은 곧 (　　　　　　　) 왕들이요, 숫염소는 곧 (　　　　) 왕이다(8:20-22).
8. 다니엘이 예레미야에게 임하여 고하신 연수를 깨달은 것은 무엇인가?(9:2) -
9. 다니엘이 회개 기도를 할 때에(3-20절) 총명과 지혜를 주려고 누가 나왔나?(9:21-23) -
10. 예루살렘을 중건하라는 영이 날 때부터 왕이 일어나기까지 얼마의 기간이 지날 것인가?(9:25) -

▲▼△▽ --≪숫양과 숫염소, 네 뿔, 작은 뿔은 무엇인가?(단 8장)≫-- ▽△▼▲

1) "네가 본바 두 뿔 가진 숫양은 곧 메대와 바사 왕들이요 털이 많은 숫염소는 곧 헬라 왕이요 두 눈 사이에 있는 큰 뿔은 곧 그 첫째 왕이요" 했다. 숫양과 숫염소의 싸움에서 이긴 숫염소도 "이 뿔이 꺾이고 그 대신에 네 뿔이 났은즉 그 나라 가운데서 네 나라가 일어나되 그 권세만 못하리라"(8:20-22) 하였다.

2) 여기에서 숫염소는 헬라요 현저한 뿔(5절)은 알렉산더 대왕인데, 주전 336년에 마게도냐 임금이 되어 332년에 수리아와 애굽을 점령하고, 331년에는 바벨론을 정복하고, 330년에 다리오 3세인 코도마우스를 무찌름으로써 바사 제국을 끝장낸다. 7년 뒤 이 뿔은 부러졌다(11:4). 즉 알렉산더는 그 힘이 강성할 때에 죽고(323년) 그의 제국은 네 후계자의 나라로 나누어진다(8:22). 즉 마게도냐(리시마쿠스)와 헬라-그리스-(카산더), 소아시아 수리아와 인더스 지역에 이르는 바벨론과 바사(셀류시드), 애굽(프톨레미)이 그 넷이다.

3) 작은 뿔(8:9, 7:8)은 안티오쿠스 4세인 '에피파네스'인데(7:27), 그의 통치 영역에는 하나님의 거룩한 백성(8:24)의 아름다운 땅인 유다도 들어간다. 8장 10-12절은 안티오쿠스가 자기에게 굴복한 여러 민족의 예배에 간섭하는 종교정책을 암시한다(9:27, 11:36-37).

- 독일성서공회판 《해설관주 성경전서》, pp. 1247-1248에서 일부 요약 인용 -

[오늘의 말씀] 다니엘 10장~12장 : 이스라엘 미래에 대한 이상 → 먼저 성경 읽기

(10장) 고레스 왕 삼년에 다니엘은 마지막 계시를 받았고, 또 책을 인봉한다.
(11장) 바사의 쇠잔과 헬라의 안티오쿠스 에피파네스의 박해, 그의 죽음으로 헬라 시대의 막을 고한다.
(12장) 다니엘 예언의 총정리로서 마지막 때에 있을 대환난과 구원받은 성도들에 관한 기록이다.

[말씀 묵상]

1. "네 하나님 앞에 스스로 겸비케 하기로 결심하던 첫날부터 네 말이 들으신 바 되었으므로"(10:12)라고 했다. 이처럼 하나님은 사람이 선한 결심을 하면 첫날부터 그의 말을 들으신다. 중요한 것은 '내 마음을 어떻게 결정하는가'이다. 하나님의 마음에 합당한 결심을 하면 하나님이 들으신다.
2. 적그리스도와 성도들의 모습을 보여 준다(11:31-35). 하나님을 아는 백성은 강하고 용맹을 발한다(32절), 지혜로운 자는 많은 사람을 가르친다(33절). 성도 중 일부는 연단을 받아 정결케 되며 희어진다(35절). 이처럼 진정한 믿음은 환난의 때에 드러나기 마련이다.

[깊은 연구]

1. 다니엘의 예언과 성취 (단 11장)

다니엘의 저작을 포로 시대로 볼 때는 다니엘의 예언은 정확하게 성취되었다. 그러나 포로 후의 기록으로 볼 때는 당시의 상황을 예언한 것으로 볼 수 있다. 〈81쪽, 개요 참고〉

1) 11:2에 바사에서 또 세 왕이 일어날 것이라 하였는데, 이는 '캄비세스', '가우마타', '다리오'이며 그 뒤에 일어난 넷째 왕은 '크세르크세스'(Xerxes, 아하수에로)이다. 〈제2권 통독 153, 161일째 참고〉

2) 5-19절은 남방 왕(애굽의 프톨레미)과 북방 왕(시리아의 셀류시드)의 전쟁을 예언한다.

3) 20-45절은 안티오쿠스 4세인 에피파네스의 출현과 멸망에 대해 예언하고 있다.

2. 〈다니엘〉의 결말 (단 12장)

〈다니엘〉은 언제 종말이 올 것인지에 대한 천사의 계시로 끝난다. "그 때에"(12:1)는 앞 절(11:45) 안티오쿠스의 죽음을 가리킨다. 종말은 세상이 이제껏 겪어 본 적이 없는 최악의 환난 다음에 올 것이다(욜 2:1-2, 마 24:21, 막 13:19, 계 7:14, 16:18 참고). 선한 자들이든 악한 자들이든 많은 사람들이 부활할 것이다. 다니엘은 책을 닫고 끝날 때까지 내용을 밝히지 말라는 명령을 받는다(12:4, 9, 8:26). 다니엘이 끝 날에 죽음에서 부활하여 상급(12:13)을 받으리라는 확신을 주면서 끝맺는다.

■ 예언자 다니엘의 모습
다니엘은 바벨론에 포로로 가 있었지만 신앙의 절개를 지킨 선지자이다. 그림은 바티칸 시스틴 성당에 있는 것으로 미켈란젤로가 1501-1512년에 그린 '위대한 프레스코화'의 하나로 천정의 그림 주제와 연결된 다니엘의 초상화이다.

통독	321
확인	

공부 다니엘 10장~12장 : 이스라엘 미래에 대한 이상

1. 1) 10장은 무엇에 관한 이상인가? -
   2) 몇 이레 동안 음식을 제한했나?(10:1-4) -
2. 힛데겔 강가에서 본 한 사람의 모습은?(10:5-9) -
3. 언제부터 다니엘의 말이 하나님의 사자에게 들으신 바 되었나?(10:10-17) -
4. 하나님의 사자를 도와서 바사 군과 헬라 군을 대적하는 자는 누구인가?(10:18-21) -
5. 바사에서 일어난 넷째 왕은 후에 헬라 국을 칠 것이나 강성할 때에 그 나라가 갈라질 것이다(11:1-4). - (O, X)
6. 남방 왕(애굽을 통치한 프톨레미 왕조)과 북방 왕(수리아를 통치한 셀류시드 왕조)은 계속 화친했다(11:5-19). - (O, X)
7. 위를 이은 북방 왕(안티오쿠스 4세 에피파네스: 적그리스도)은 스스로 높여 모든 신보다 크다 한다(11:20-39). - (O, X)
8. 마지막 때에 남방 왕이 그(유다)를 찌르리니 북방 왕이 병거와 마병과 많은 배로 회리바람처럼 그에게로 마주 와서 그 여러 나라에 들어가며 물이 넘침 같이 지나갈 것이다(11:40-45). - (O, X)
9. (12:　 절) 네 민족을 호위하는 대군 미가엘이 ~
10. (12:　 절) 땅의 티끌 가운데서 ~
11. (12:　 절) 다니엘아 마지막 때까지 ~
12. (12:　 절) 많은 사람이 연단을 받아 ~

▲▼△▽ -----≪엽기적인 휴대전화 상담자≫----- ▽△▼▲

▷ 휴대폰이 잘 안 됩니다. 전 상대 목소리가 잘 들리는데 제가 말하는 건 전달이 안 되고 '여보세요 여보세요' 하다가 끊깁니다. - "핸드폰보다는 인간관계를 위해 우선 성격을 고치세요."

▷ 집이나 다른 데서는 휴대폰이 잘 터지는데 사람이 많은 곳에서는 휴대폰이 안 터집니다. - "휴대폰은 다이너마이트가 아닙니다. 사람 많은 데서 터지면 큰 사고 납니다."

▷ 벨소리가 너무 작아서요. 최대로 했는데도 꺼내 보니까 부재중 전화가 10통이나 왔더군요. 증폭할 수 있나요. - "귀에 문제가 있으니까 보청기 가게로 가 보세요."

▷ 실수로 물에 빠뜨렸는데 부식이 되었는지 작동이 안 되더군요. 산 지 얼마 되지도 않았는데 갖다 버려야 할 정도예요. - "위생상 버려야지요. 물인지 아닌지 양심으로 냄새 맡아 보고 말하세요."

♧ ♧ ♧

상담이란 상대의 이야기를 잘 알아듣고 요구사항이 무엇인지를 헤아려 그 문제를 해결해 주는 것이다. 어느 카피처럼 "고객의 입장에서 생각하겠습니다"라고 하는 것은 바람직한 일이지만, 고객도 억지를 쓰면 안 된다. 청소년의 휴대폰 자주 바꾸기는 한국의 휴대폰 기술을 세계화시켰으나 한편 많은 통신비, 잘못된 활용, 엉뚱한 스팸으로 인해 스트레스를 받기도 한다.

(다니엘 12:3) 지혜 있는 자는 궁창의 빛과 같이 빛날 것이요 많은 사람을 옳은 데로 돌아오게 한 자는 별과 같이 영원토록 비취리라

신현주, 〈좌충우돌 예화〉 〈시시콜콜 예화〉, www.sbs66.net

[오늘의 말씀] 에스겔~다니엘 복습 → 먼저 성경 읽기, 단숨에...

1. 〈에스겔〉

〈1〉 예루살렘과 유다에 대한 심판 (겔 1-24장)

1. 에스겔이 예언을 시작한 것은 그의 나이 몇 세 때이며, 여호야긴 왕이 바벨론에 사로잡힌 지 몇 년부터인가?(1:1-3) -
2. 에스겔의 예언의 대상과 그 장소는?(1:1, 3:15) -
3. 예루살렘 멸망 때의 고통의 모습으로, 떡을 어떤 불에 구우라고 했나?(4:12) -
4. '이마에 표'를 할 우는 자들은 우상 숭배자들인가?(　　), 구별된 자들인가?(　　)(9:4)
5. 그룹들의 네 면은 어떤 얼굴인가?(10:14) -
6. 이사하되 성벽을 뚫고 옮기는 것의 상징은?(12:1-16을 읽고 답은 11절에서) -
7. 여호와께서 예루살렘에 내릴 네 가지 중한 벌은?(14:21) -
8. 예루살렘에 대하여(16:3). - 근본과 난 땅 (　　　　), 아비 (　　　　), 어미 (　　　　)
9. 이방을 의지하는 영적 타락을 음란한 관계로 표현한 세 나라는?(16:26, 28, 29) -
10. 젊은 첫 사자는 (　　　　) 땅으로 끌려가고, 다음 젊은 사자는 (　　　　) 왕에게 끌려갔다(19:4, 9). (해석 / 암사자: 다윗 왕가, 젊은 사자: 여호아하스, 여호야긴, 대하 36장)
11. 하나님께서 에스겔을 향해 부르신 칭호는?(21:2, 6, 9, 12, 14, 19, 28 등) -
12. 오홀라는 (　　　　)와 음행했고, 오홀리바는 (　　　　: 바벨론)와 음행했다(23:1-21).
13. 피 흘린 성읍, 예루살렘을 무엇에 비유했나?(24:6) -
14. 에스겔의 아내가 죽었을 때 그가 아침에 받은 명령이란?(24:16-18) -

〈2〉 이방에 대한 심판 (겔 25-32장), 이스라엘의 회복 (33-48장)

15. 25-32장은 이스라엘에 대한 예언인가, 이방에 대한 예언인가? -
16. "젊은 사자에 비하였더니 실상은 큰 악어라"는 누구를 가리키는 말인가?(32:2) -
17. 이스라엘의 어떤 목자들에게 화가 있을 것인가?(34:2) -
18. 나 여호와는 그들의 (　　　　)이 되고 내 종 다윗은 그들 중에 (　　)이 되리라(34:24).
19. 세일 산(에돔)은 무엇을 보고 즐거워했기에 그들도 황무할 것을 예언했나?(35:15) -
20. 골짜기의 마른 뼈들이 살아서 무엇이 되었으며, 이 뼈들은 누구를 가리키나?(37:1-11) -
21. "다시는 두 나라 두 민족이 되지 아니하리라"에서 두 나라의 이름은?(37:15-23) -
22. 여호와가 사로잡힌 자를 돌아오게 하며 긍휼을 베푸는 것은 무엇을 위함인가?(39:25) -
23. 40장 이하는 새 성전에 대한 이상인가, 새 하늘과 새 땅에 대한 예언인가? -
24. 동향한 문 밖에 있는 사면 담은 무엇을 구별하는 것인가?(42:15-20) -
25. 이스라엘 족속은 성전을 어떻게 더럽히는가?(44:7) -

통독	322
확인	

26. 정월 십사일에는 ( ) 곧 칠일 절기를 지키며 ( )을 먹을 것이라(45:21).
27. 제사장은 왕을 위하여 무슨 제사를 드렸나?(46:2) -
28. 성전 문지방 밑에서 나오는 물이 어디에 오르게 되었으며 창일하여 어떠한 물이 되어 건너지 못할 강이 되었나?(47:1-5) - 발목, , , .
29. 강 좌우의 실과나무의 실과와 잎사귀는 무엇이 되는가?(47:12) -
30. 그 날 후로는 그 성읍의 이름을 ( )라 하리라(48:35).

2. 〈다니엘〉

〈1〉 이방에서의 다니엘(역사적 기록) (단 1-6장)

1. 다니엘은 유다 왕 ( )이 왕이 된 지 ( )년에 바벨론 왕( )의 포로가 되어 그곳의 학문과 ( )을 ( )년간 가르침을 받게 되었다(1:1-7).
2. 다니엘은 이상과 ( )를 깨달아 알았고, 네 소년의 지혜와 총명이 온 나라 박수와 술객보다 ( )배나 나았으며 다니엘은 ( ) 원년까지 있었다(1:17-21).
3. 느부갓네살이 꾼 꿈을 갈대아 술사들이 알지 못하자 박사들과 다니엘과 그 동무들을 죽이려고 찾을 때도 다니엘은 무엇을 하였나?(2:1-24을 읽고 답은 18절에서) -
4. 금 신상의 크기는?(3:1-6) (참고. 1규빗=약 45cm=0.45m)
   1) 고(높이) - 규빗= m, 2) 광(폭) - 규빗= m cm
5. 금 신상에게 절할 기회를 다시 준다고 할 때 다니엘의 세 친구의 대답은? - (3: - 절)
6. 풀무불은 평소보다 ( )배 뜨겁게 하였으며, 세 사람을 불에 넣었으나 ( ) 사람이 있고 넷째의 모양은 ( )과 같았으며, 불 속에서 모두 건짐을 받았다(3:19-27).
7. 다니엘을 '벨드사살'이라 함은 무엇을 좇아 이름한 것인가?(4:8) -
8. 기한이 차매 느부갓네살의 총명이 돌아와서 어떻게 하였나?(4:34) -
9. '메네 메네 데겔 우바르신'의 뜻은?(5장) -
10. 다니엘이 이 조서에 ( )이 찍힌 것을 알고도 자기 집에 돌아가서는 그 방의 ( )으로 향하여...무릎을 꿇고 ( )하며 그 하나님께 ( )하였더라. - (6: 절)

〈2〉 다니엘의 이상(예언적 기록) (단 7-12장)

11. 네 큰 짐승은 누구를 상징하는 것인가?(7:15-22을 읽고 답은 17절에서) -
12. 이상에 나타난바 ( )와 망하게 하는 죄악에 대한 일과 ( )와 백성이 내어준 바 되며 짓밟힐 일의 기간은 ( )까지이다(8:9-14).
13. 두 뿔 가진 숫양은 곧 ( ) 왕들이요 털이 많은 숫염소는 곧 ( ) 왕이다(8:15-22).
14. 다니엘이 회개 기도를 할 때에 총명과 지혜를 주려고 누가 나왔나?(9:3-23) -
15. 예루살렘을 중건하라는 영이 날 때부터 왕이 일어나기까지 일곱 이레와 육십이 이레. - (9: 절)
16. 10장은 무엇에 관한 이상이며 몇 이레 동안 음식을 제한했나?(10:1-4) -
17. 하나님의 사자를 도와서 바사 군과 헬라 군을 대적하는 자는 누구인가?(10:18-21) -
18. 바사에서 일어난 넷째 왕은 후에 어느 나라를 칠 것이라 했나?(11:2) -
19. (12: 절) 지혜 있는 자는 ~
20. (12: 절) 많은 사람이 연단을 받아 ~

〈호세아〉를 소개합니다

제목에 대한 해설

〈호세아〉부터 〈말라기〉까지 12권은 소예언서(소선지서)로서 히브리 성경에는 12소예언서를 한 묶음으로 보았다. 70인역(LXX) 사본에는 그 순서가 좀 다르다. 〈호세아〉, 〈아모스〉, 〈미가〉, 〈요엘〉, 〈오바댜〉, 〈요나〉 등의 순서이다. 어떤 사본에는 12소예언서가 대예언서 앞에 놓여 있다. 히브리 성경에서는 연대기적인 배려가 12소예언서의 배열을 지배한 것으로 보인다.

본서는 예언자 '호세아'의 이름을 따라 작명되었다. 70인역이나 불가타역(Latin Vulgate) 모두 표기는 달라도 예언자의 이름에 근거하였다.

저자 및 저작 연대

〈호세아〉는 예언자 자신의 예언을 기록한 것이다. 그의 활동은 이사야의 생존 시기에 행해졌다. 호세아는 브에리의 아들이었고 북국 이스라엘에서 예언했다.

한편 호세아의 글이 아닌 부분이 있음을 주장하는 학자들의 견해는 11장 8-11절, 14장 2, 9절과 같은 복 또는 구원의 예언과 남쪽 유다에 대한 약간의 언급을 포함하는 구절이다. 그러나 호세아의 것이 아니라고 주장하는 이유가 미흡하다.

호세아는 북국 이스라엘 여로보암 2세(주전 786-749년)의 후반기에 예언을 시작하여 그 후대에까지 예언을 했다.

역사적 배경

브에리의 아들 호세아는 문서예언자 중에 유일하게 북 이스라엘 출신으로 조국에 대하여 예언했다. 이 열지파에 멸망의 기운이 무르익자 선지자 호세아가 보냄을 받는다. 영적 음행인 우상을 숭배하는 패역한 이스라엘에 타락한 그의 아내 고멜을 통하여 상징적으로 하나님의 사랑을 나타낸다.

호세아가 소명을 받은 것은 여로보암 2세 때로서 이스라엘이 외형적으로 부강한 때였으나 하나님 보시기에는 우상 숭배로 타락한 시대였다. 호세아의 예언 기간을 북왕국 마지막 왕인 호세아 왕까지 여러 해 동안 활동한 것으로 보는 견해도 있다.

호세아의 소명과 생애

호세아는 그가 3인칭으로 등장하는 전기 부분(1장)에 나타나는 바와 같이 '고멜과의 결혼'을 통하여 소명을 받게 된다. 호세아가 음란한 여인 고멜과 결혼하는 것이 우상 숭배를 하는 이스라엘과 여호와 사이의 관계를 상징하는 사건으로서 호세아의 결혼 사건이 곧 소명이다. 자녀들도 상징적인 이름을 갖는 특수한 소명의 유형으로 나타난다.

호세아의 직업에 대해서는 7장 4절 이하에 근거하여 '빵 굽는 자', '농부'라 하고 또 제의에 관심을 갖는 것으로 보아 중앙성소를 반대하는 지방성소의 레위 지파와 관계성이 있을 것이라는 학자들의 주장도 있다.

교훈과 메시지

1) 하나님을 아는 지식과 사랑(헤세드)

호세아는 유일신적 신관을 갖고 있으며 하나님께 범죄하는 이스라엘의 우상 숭배와 혼합주의에 대하여 맹렬히 비난하고 있다. "나(여호와)는 인애를 원하고 제사를 원치 아니하고 하나님을 아는 것을 원하노라"(6:6)라고 하였다. 인애(헤세드)는 계약적인 관계에서 신뢰와 충성을 묘사하기 위해서 쓰인다. 하나님을 아는 지식도 그의 백성을 위한 여호와의 애굽에서의 구원과 광야에서의 인도하심(13:4-6)을 기억하는 것과 관련되어 있다.

2) 고난에 대한 이해

〈호세아〉는 이스라엘의 고난이나 재앙은 매우 지혜자적이어서 연단은 심판이나 재앙이 아니고 여호와를 떠난 백성이 '아버지께 돌아오는 아들'처럼, 그리고 '행음하는 아내가 본 남편에게 돌아오는 것'처럼 다시 여호와께로 돌아오도록 하기 위한 사랑의 채찍으로 이해했다(6:1-4). 〈아모스〉가 '공의의 하나님'을 선포한다면 〈호세아〉는 '사랑의 하나님'을 선포하고 있다.

이스라엘이 갱신할 것을 선포하며(2:19-23), 여호와께로 돌아와서 싸매어 주심을 받고 여호와를 힘써 알며(6:1-3), 마음의 묵은 땅을 갈아엎는 회개를 통한 갱신을 호소하고 있다.

〈요엘〉을 소개합니다

제목에 대한 해설

〈요엘〉은 예언자 요엘의 이름을 따라 붙여졌다. 요엘이라는 이름의 뜻은 '여호와는 하나님이시다'로서 경건한 부모의 신앙고백이라 할 수 있다.

저자 및 저작 연대

본서의 저자는 브두엘의 아들 요엘이라는 것 외에는 알려진 것이 없다. 1장 1절에 본서의 내용이 요엘에게 임한 하나님의 말씀임을 선포하고 있다. 부분적으로 저자가 다르다고 주장하는 학자들도 있으나 전승 과정에서 일부 변형되었다(칼빈, 랑게 등)는 학설에 많은 관심을 기울인다.

기록 연대는 주전 830년경(초기연대설)으로 유다 왕 요아스의 재위 중이라고 본다. 한편 주전 400년경(후기연대설)을 주장하는 경우는 본서의 초두에 다른 예언서들과는 다르게 왕들에 대한 언급이 없으므로 유다 왕국의 멸망(주전 587년) 후이며, 용어들 가운데 "여호와께 수종드는"(1:9, 2:17) 등의 표현은 포로 후기의 용어로 보기 때문이다.

역사적(시대적) 배경

요엘의 예언 연대는 학자들에 따라 주전 9-4세기까지 다양하다. 어느 시대로 보든지 가뭄으로 흉년의 고통이 계속되는 시기(1:19-20)이며, 메뚜기 떼로 인해 남은 것마저 황폐화되었고, 여호와께 드릴 제물마저 없어져서 제사장들도 슬퍼하게 된 때다(1:4-12). 이 메뚜기 재앙이 '여호와의 날'에 임할 여호와의 진노의 심판에 대한 전조이므로 이 기회에 금식하고 애통하며 회개할 것을 부르짖는 예언인 것이다(2:12-14).

교훈과 메시지

1) 여호와의 날 - 본문에 여러 번 언급되는 '여호와의 날'(1:15, 2:1, 11, 31, 3:14)에서 〈요엘〉의 종말론 사상을 엿볼 수 있다. 이는 이스라엘 백성들이 하나님의 심판이 가까웠으니 회개해야 한다는 말씀과 더불어 신약 시대를 사는 우리에게도 깨달음을 준다. 구약성경에서 여호와의 날은 현 시대를 마감할 역사적인 사건이나 종말론적인 전쟁을 언급한다.

① 여호와의 날은 북왕국(앗수르 치하, 암 5:18, 20)과 유다(바벨론 치하, 애 1:12, 2:1, 21-22, 겔 7:19, 13:5, 습 2:2-3)를 포함한 하나님의 백성에 대한 심판이며 또는 우주적인 심판이다(사 2:12, 습 1:18).

② 여호와의 날은 바벨론(메대 치하, 사 13:6, 9), 애굽(바벨론 치하, 렘 46:10, 겔 30:3), 에돔(사 34:8-9), 곡에 의해 주도된 종말적인 북쪽 연맹(겔 39:8)을 포함하는 이방에 대한 심판이다.

③ 여호와의 날은 이스라엘의 정화와 회복(사 6:12, 말 4:5)은 물론 고된 고통(슥 14:1-3)을 가져다줄 것이다. 북왕국의 몰락, 바벨론 포로, 바벨론의 애굽 정복, 바벨론의 몰락을 포함한다.

〈요엘〉에는 이 세 요소가 모두 '여호와의 날'과 관련되어 나타난다. 심판은 1장 15절에서 위협적으로 보이고, 그 구원은 2장 28-32절에서 미리 보이며, 나라들에 대한 우주적인 심판은 3장에 묘사되어 있다.

2) 재난의 의미와 내면적인 회개 - 메뚜기 떼가 모든 것을 황폐케 하는 재앙은 여호와의 날이 어둡고 캄캄한 날임을 예고하는 것이며 이스라엘을 대적하기 위하여 땅 끝에서부터 쳐들어오는 열방의 군대를 예표한 것이다. 요엘은 여호와의 날의 재앙이 닥치기 전에 신앙의 새로움을 촉구했다. 이것은 아모스, 이사야, 호세아, 미가로부터 예레미야와 에스겔 등에서 나타나는 내면적인 신앙의 촉구와 영적인 흐름을 같이한다.

3) 성령을 부어 주심 - 요엘은 모든 사람에게 성령 강림이 있을 것을 예언했고(2:28-32), 베드로는 오순절 성령강림 사건(행 2:1-4)이 요엘의 예언의 성취임을 선포했다. 요엘의 성령강림에 대한 예언은 예레미야와 에스겔의 '새 마음과 새 영 사상'의 영향이며, 다니엘과 스가랴의 '묵시적인 요소'의 영향인 것으로 보인다. 백성들이 하나님의 음성을 듣기 위하여 몇몇 예언자의 소리에 더 이상 의존하지 않고 개개인 모두가 환상을 볼 것을 예언했다. 또한 "여호와의 이름을 부르는 자는 구원을 얻으리라"라는 말씀을 통하여 공동체의 의(義)의 유전이 아닌 개인의 신앙으로 구원받는 것을 분명히 하고 있다.

[오늘의 말씀] 호세아 1장~3장 : 이스라엘의 상징적 예언 → 먼저 성경 읽기

(1장) 호세아는 하나님의 명령대로 음란한 아내 고멜을 취하여 자녀를 낳는다.
(2장) 연애하는 자를 따라가는 고멜을 막는 호세아를 통해 하나님의 사랑을 가르친다.
(3장) 가출한 아내를 사 오는 호세아, 이는 우상 숭배 하는 이스라엘을 버리지 않으시는 하나님의 모습이다.

[말씀 묵상]

1. "가서 음란한 아내를 취하여 음란한 자식을 낳으라"(1:2)라는 호세아를 향한 하나님의 말씀에 순종하기는 쉽지 않았겠으나 호세아는 이를 실천하여 이스라엘에게 메시지가 되게 한다. 내게 힘든 소명이 임한다 해도 따라야 하는데, 내 이익을 따라 소명을 등한시한다면 문제가 된다.
2. 애인을 따라나섰던 고멜은 후회하며 말한다. "내가 본 남편에게로 돌아가리니 그 때의 내 형편이 지금보다 나았음이라"(2:7). 호세아에게는 진실한 애정이 있으나 쾌락만을 추구하는 애인이 줄 것은 없다. 즉 하나님을 떠나 우상 숭배를 하던 자들이 얻은 것이 무엇인가? 눈에 보이는 것만 따라 방황하며 얻은 것이 무엇인가? 오늘 내 교회, 내 목자의 사랑에 순응하는 신앙은 복되다.

[깊은 연구]

1. 〈호세아〉에서 보여 준 하나님의 사랑과 구속

1) 자녀들의 이름이 보여 준 구속과 사랑 - 고멜과의 사이에서 낳은 세 자녀는 이스라엘의 형편과 미래를 보여 준다. 즉 이스르엘은 예후가 아합 왕족을 암살한 피의 현장으로 '심판'을 뜻하며, 로루하마는 '긍휼히 여김을 받지 못하는 자' 라는 뜻이고, 로암미는 '내 백성이 아니다'라는 뜻이다. 즉 하나님의 무서운 심판과 우상 숭배로 긍휼을 얻지 못하며 '나는 너희 하나님이요 너희는 내 백성이라'(출 19:6, 레 12:26 등)라는 언약이 파기되었다. 그러나 하나님의 끝없는 사랑은 루하마(רֻחָמָה, 긍휼히 여김을 받는다, 2:1), 암미(עַמִּי, 백성, 2:1)라 하여 긍휼을 얻고 하나님의 백성이 되는 회복이 있다(2:23). 앞에서 보듯이 '로루하마'와 '로암미'에서 이름 앞에 부정어 '로'(לֹא, 아니다)가 빠지므로 긍정적인 이름이 되었는데 이는 하나님의 구속의 사랑을 나타내는 것이다.

2) 아내 사랑이 보여 준 헤세드 사랑 - 음란한 아내 고멜은 다른 남자를 따라나섰으나 그 길을 막으며(2:6), 가출한 아내를 다시 사 온다(3:2). 이것은 우상 숭배를 하는 이스라엘을 그래도 사랑하시는 하나님의 긍휼하신 헤세드의 사랑을 보여 주는 것이다.

■ 계약의 석주(石柱)
호세아는 하나님의 명령을 따라 음란한 아내 고멜을 취한다(호 1장). 사진은 젊은 남녀의 혼인계약, 또는 군주 사이에 맺어지는 계약으로 보이는 다정한 모습의 석주이다. 〈주전 10세기경 우가리트 라스 샤므라 출토, 루브르박물관〉

공부 호세아 1장~3장 : 이스라엘의 상징적 예언

1. 1) 호세아 시대에 유다의 왕은?(1:1) -
   2) 이스라엘의 왕은?(1:1) -
2. 호세아가 예언하던 시대에 유다에서는 누가 예언했나?(1:1, 사 1:1, 렘 1:1-3) -
3. 여호와께서 호세아에게 취하라는 음란한 아내는 누구인가?(1:2-3) -
4. 세 자녀의 이름이 뜻하는 것과 그 이름이 바뀐 것을 찾아 줄로 연결하세요(1:3-2:1).

1) 이스르엘	가) 긍휼히 여김을 받지 못한다	a) 루하마
2) 로루하마	나) 내 백성이 아니다	b) 이스라엘의 활을 꺾음
3) 로암미	다) 예후의 집에 대한 피의 보복	c) 암미

5. 호세아의 아내의 얼굴과 유방 사이에서 제할 것은 각각 무엇인가?(2:2) -
6. 호세아는 연애하는 자들을 따르는 아내에 대해 어떤 조치를 취했나?(2:6) -
7. 호세아는 (   )을, 고멜은 우상을 숭배하던 (   ) 백성을 상징한다(2:8-13).
8. 하나님이 이스라엘을 긍휼히 여기사 하나님과 이스라엘은 어떤 관계가 되는가?(2:23)
   1) 하나님 백성 아니었던 자에게 이르기를 ~
   2) 이스라엘은 주를 향하여 ~
9. 여호와께서 이스라엘이 다른 신을 섬길지라도 사랑하신다(   ), 미워하신다(   ). - (3:   절)
10. 이스라엘 자손이 여러 날 동안 왕, 군(君), 제사, 주상, 에봇, 드라빔도 없이 지내다가 그 후에 구한 것은? 에봇과 드라빔이다(   ), 여호와와 다윗이다(   ) - (3:   절)

▲▼△▽ -----《이런 신부감 어때요?》----- ▽△▼▲

핸섬한 공무원인 한 남자가 결혼을 하려는 신부감이 있다.

"그녀는 폐결핵과 척추 카리에스로 8년 동안이나 병상에 누워 있다. 지금도 그녀는 여전히 깁스베드에서 절대 안정을 하고 누워 있어야 한다. 그리고 때때로 각혈을 한다. 남자보다 두 살이 많은 이 여자의 나이는 33세로 예쁜 편도 아니다. 그녀의 처음 애인은 죽었고 그녀의 머리맡에는 항상 그 애인의 사진과 유골상자가 놓여 있다. 그녀의 병세가 언제 호전될지는 알 수 없으나 이 남자는 언제까지나 기다리겠다고 한다. 만약에 그녀가 낫지 않는다면 절대로 그 누구와도 결혼하지 않을 것이라고 한다."

세상에 이럴 수는 없다고 생각하는가? 나 자신뿐 아니라 가족은 물론이고 주변 사람이 이런 여자와 결혼을 준비한다면 동조하겠는가? 이 남자는 '미우라 미쓰요'이고, 사랑받을 수 없던 병상의 여자는 나중에 《빙점》(氷點)이라는 소설로 유명해진 일본의 '미우라 아야꼬'(三浦綾子) 여사다.

♧ ♧ ♧

병석에 8년째 누워 있을 때 만나 5년의 병 수발 후에 남자 35세, 여자 37세에 일본의 한 교회에서 결혼식을 하였다. 차와 케이크를 나눠 먹은 조촐한 축하연, 그리고 신열(身熱)이 나서 신혼여행은 포기하고 남의 집 창고를 개조한 단칸방에서 신혼을 시작한 미우라 아야꼬의 순애보이다.

진정한 사랑은 한 여자의 인생을 바꿔 놓았다. 호세아는 이보다 더한 힘든 사랑을 한다.

(호세아 3:1) 여호와께서 내게 이르시되 이스라엘 자손이 다른 신을 섬기고 건포도 떡을 즐길지라도 여호와가 저희를 사랑하나니 너는 또 가서 타인에게 연애를 받아 음부된 그 여인을 사랑하라 하시기로

신현주, 〈좌충우돌 예화〉 〈시시콜콜 예화〉, www.sbs66.net

[오늘의 말씀] 호세아 4장~7장 : 이스라엘의 범죄와 심판 → 먼저 성경 읽기

(4-5장) 하나님을 떠난 이스라엘에 대한 책망과 심판을 보여 준다.
(6장) 이스라엘은 여호와께로 돌아가야 하고 여호와를 힘써 알아야 하는데도 그들은 듣지 않았다.
(7장) 에브라임은 이방족과 혼합되어 종교적 정치적 활동이 마치 뒤집지 않은 전병 같은 꼴이며, 앗수르와 애굽과도 동맹을 하지만 얻은 것이 없다.

[말씀 묵상]

1. 교회는 형식이나 의식을 가지고 있다. 그러나 이것이 진실한 마음을 수반할 때 비로소 가치를 얻게 된다. 이스라엘은 종교에 열심이었지만 실제는 외형뿐이었다. 그러기에 하나님은 **"나는 인애를 원하고 제사를 원치 아니하며 번제보다 하나님을 아는 것을 원하노라"**(6:6)라고 말씀하신다. 우리가 매주 예배를 드리며 새벽마다 기도하되 거기에 참된 의미를 부여해야 하나님이 기뻐 받으신다.
2. 교만과 영적 무지 상태에 빠진 이스라엘은 하나님을 찾는 일을 포기했다. 문제 앞에서 이성 없는 짐승처럼 통곡할 뿐이다. **"곡식과 새 포도주를 인하여 모이며"**(7:14) 하나님을 거역하였다. 우리의 예배와 기도회, 기타 모임들의 의미는 무엇인가? 많은 경우에 내 필요를 인하여 모이는 것은 아닌지? 이스라엘은 곡식과 새 포도주를 인하여 모였음을 지적받았다. 모임의 진정한 목표는 언제나 하나님의 영광임을 기억하자.

[깊은 연구]

1. 하나님을 아는 지식 (호 2, 4, 6장)

이스라엘의 죄는 '**하나님을 아는 지식이 없다**'(4:1)는 것이다. '지식'은 하나님과의 친밀한 관계인데(창 4:1), 이스라엘은 영적 간음을 하였다(5:4). 그래서 호세아는 회개하라고 권고하면서 **"우리가 여호와를 알자 힘써 여호와를 알자"**(6:3) 하였으며, 하나님께서는 회복시켜 주시겠다는 약속의 절정인 **"네가 여호와를 알리라"**(2:20) 하셨다. 그러나 이스라엘은 이런 말뿐이었지 실제 하나님께로 돌아오지 않았기에 아픈 사랑을 하는 호세아는 자신의 삶으로 호소하였던 것이다.

2. 간음과 음란(음행)의 차이는 무엇인가? (호 1, 3, 4, 5 장)

1) **간음**은 여자가 자기 남편과 맺은 혼인관계에 빗나가거나 남자가 다른 사람의 혼인관계에 끼어드는 것을 말한다(출 20:14, 17). 두 경우 모두 해당 남편의 소유권이 침해되고 그렇게 해서 태어난 자녀 자체나 가족에게 문제가 된다. 간음죄는 남녀를 모두 돌로 쳐 죽였다(레 20:10, 신 22:22-27, 잠 6:20-35, 겔 16:38-40). 예수님은 간음한 여인에게 '다시 죄를 범하지 말라'고 경고했다(요 8:1-11).

2) **음행**은 성적인 방종으로서 구약성경이나 신약성경 모두 '우상 숭배'를 비유하는 것으로도 많이 쓰였다(렘 3:1-5, 호 1:2, 4:11-15, 5:4, 계 14:8 등). 신약성경에서는 주로 '음행'(마 5:32 등), 때로는 '음란'(막 7:21)으로도 번역되었는데 이를 뜻하는 헬라어 '포르네이아'는 무엇보다 창녀와 관계하는 것을 나타내지만 포괄적인 뜻으로 성의 영역에서 저지른 잘못을 가리킨다. 간음도 음행에 포함된다.

통독	324
확인	

공부 **호세아 4장~7장 : 이스라엘의 범죄와 심판**

1. (4: 절) 이 땅에는 ~
2. (4: 절) 내 백성이 지식이 없으므로 ~
3. (4: 절) 내 백성이 나무를 향하여 묻고 ~
4. (4: 절) 에브라임이 우상과 ~
5. 누구에게 심판이 있다 하였나?(5:1) -
6. 저희(이스라엘, 에브라임)가 여호와께로 돌아오지 못하는 까닭은?(5:3-4) -
7. 유다 방백들을 어떤 자에 비유하였나?(5:10) -
8. 누구에게로 돌아가며 누구를 힘써 알자고 하였나?(6:1-3) -
9. 에브라임(북 이스라엘)이나 유다의 인애를 무엇에 비유했나?(6:4) -
10. 하나님께서 원하시는 것 두 가지는 무엇인가?(6:6) -
11. 제사장의 무리가 무엇을 하였나?(6:9) -
12. (7: 절) 내가 이스라엘을 치료하려 할 때에 ( )와 ( )이 드러나도다.
13. (7: 절) 저희가 그 악으로 ( )을 그 거짓말로 ( )을 기쁘게 하도다 저희는 다 ( )라 ( )에게 달궈진 화덕과 같도다.
14. (7: 절) ( )은 어리석은 비둘기 같이 지혜가 없어서 ( ) 부르짖으며.
15. (7: - 절) 내가 저희를 ( )하려 하나 저희가 나를 거스려 ( )을 말하고 ( )으로 나를 부르지 아니하였으며 오직 침상에서 슬피 부르짖으며 ( )를 인하여 모이며.

▲▼△▽ -----≪말짱 도루묵 신앙≫----- ▽△▼▲

"인생은 마음먹기에 달렸습니다. 자신이 원하는 것을 마음에 그려 그것을 조직화하고 행동으로 옮기면 안 되는 일이 없습니다. 다만 강한 신념과 시작이 곧 뒤따라야 합니다." 설교는 감동적이었다.

원하는 것을 당장 시작하라고! 디룩디룩 살찐 김백두는 10년차의 회사원으로 곧바로 달리기를 시작하였다. 비대하여 도무지 달릴 수 없을 것 같아 걷다가 뛰다가 쉬다가 하면서 고비를 넘겼다. 새벽 5시에 일어날 때마다 '5분만 더'라는 잠의 유혹을 물리쳤다. 자신을 채찍질하여 처음에는 아침 조깅이 1-2km에 불과했으나 2년여 만에 10km쯤은 가볍게 달렸고, 모두들 그의 몸매와 변화된 일의 능률에 놀랐다. 작은 마라톤 대회에서 몇 개의 메달까지 땄고, 여러 회사들의 초청 강사가 되었다. 그가 손을 들고 강연장으로 들어가며 미소를 짓는데, 아내의 칼날 같은 소리가 들렸다.

"여보, 뭐가 좋기에 자면서 웃으세요? 일어나요. 회사 늦겠어요."

♧ ♧ ♧

모든 것은 꿈에 불과하였고 깊은 잠에 빠졌던 그의 몸은 아직 그대로 살이 찐 상태였으며 출근을 위해 무거운 몸을 일으켜야 했다. 우유 한 잔을 마시고 출근을 한다. 누구나 결심은 쉽지만 실천하는 과제가 있을 뿐이다. 매주 설교는 감동을 주며 결단을 하게 하지만 실천이 없다면 '말짱 꽝', '도루묵'이 되고 만다. 이스라엘은 말로만 '여호와께로 돌아가자'고 했지 실천은 없었다.

(호세아 6:1) 오라 우리가 여호와께로 돌아가자 여호와께서 우리를 찢으셨으나 도로 낫게 하실 것이요 우리를 치셨으나 싸매어 주실 것임이라

신현주, 〈좌충우돌 예화〉 〈시시콜콜 예화〉, www.sbs66.net

[오늘의 말씀] 호세아 8장~10장 : 이스라엘에 임할 형벌 → 먼저 성경 읽기

(8장) 에브라임은 들나귀처럼 앗수르로 갔으며 많은 제단을 만들었으나 범죄케 하는 것이 되었다.
(9장) 우상을 숭배하는 이스라엘에 임할 형벌의 날이 이르렀고,
(10장) 그 받을 징벌은 크므로 이스라엘이 받을 징계를 선언하신다.

[말씀 묵상]

1. 호세아는 여호와의 신실하신 사랑을 떠나 바알 숭배에 마음을 빼앗기고 있는 이스라엘을 향해 하나님의 심판이 가까웠음을 선포했으나 이스라엘은 번영에 취해 있었다. 거짓 선지자들은 사람들을 기쁘게 하는 예언을 했으나 호세아는 현실에 상관하지 않고 하나님의 말씀을 선포하였다. "형벌의 날이 이르렀고 보응의 날이 임한 것을 이스라엘이 알리라"(9:7) 함은 선지자의 눈에는 번영하는 이스라엘의 모습이 아닌 멸망해 가는 이스라엘로 보인 것이다. 여기에 선지자의 소명이 있다. 예레미야도 비슷한 경험을 하여 '종일토록 치욕과 모욕거리가 됨'(렘 20:7-8)을 호소했다.
2. 구약성경의 여러 곳에서 이스라엘은 '포도나무'에 비유된다. "이스라엘은 열매 맺는 무성한 포도나무라 그 열매가 많을수록 제단을 많게 하며 그 땅이 아름다울수록 주상을 아름답게 하도다"(10:1)에서 보듯 이스라엘은 부요한 때에 오히려 하나님을 떠나고 배반을 한다. 우리가 하는 일이 잘 될 때 하나님의 은혜인 줄 알아야지 악을 위한 계기를 삼으면 안 된다.

[깊은 연구]

1. 하나님께서 호세아의 특이한 삶을 활용하시는 이유

1) 경험적 이유: 호세아는 부정한 아내와 결혼함으로써 여호와를 저버리고 끊임없이 영적 음행과 간음을 저지르는 북왕국 이스라엘 때문에 번민하시는 하나님의 마음을 다른 선지자들보다도 잘 이해할 수 있었다. 하나님께서도 흔히 자신과 이스라엘의 관계를 혼인관계로 비유하셨다(사 62:5, 호 2:19, 렘 3:14 참고).

2) 예증적 이유: 그의 결혼은 그가 이스라엘에 전해야 할 메시지의 살아 있는 본보기가 될 것이다.

3) 예언적 이유: 하나님께서는 그의 자녀들을 장차 다가올 응징과 모든 이스라엘의 종국적 회복을 묘사하는 이름으로 부르도록 명령하셨다.

2. 북왕국 이스라엘에 대한 말씀

1) 이스라엘을 '에브라임'이라 부르는 이유 - 에브라임이 이스라엘의 열두 지파 중 제일 먼저 타락한 지파였기 때문일 것이다. 이들에게는 여러 별명이 있다. ① 완강한 암소(4:16), ② 빵 굽는 자의 화덕(7:4), ③ 뒤집지 않은 전병(7:8), ④ 어리석은 비둘기(7:11), ⑤ 속이는 활(7:16), ⑥ 깨어진 그릇(8:8), ⑦ 방황하는 외로운 들나귀(8:9), ⑧ 바짝 마른 뿌리(9:16), ⑨ 열매 맺는 무성한 포도나무(10:1).

2) 하나님의 에브라임 구속(救贖)에 관한 말씀 - 다음 구절들을 살펴보라. ① 2:19, 23, ② 3:5, ③ 6:1-3, ④ 11:1, 4, 8, 9, ⑤ 13:10, 14, ⑥ 14:4-7

통독	325
확인	

공부 호세아 8장~10장 : 이스라엘에 임할 형벌

1. 대적이 독수리처럼 여호와의 집에 덮치는 이유는?(8:1-3) -
2. 이스라엘이 세운 왕이나 방백에 대한 하나님의 평가는?(8:4-7) -
3. 이스라엘은 홀로 처한 들나귀처럼 어디로 갔나?(8-10) -
4. 하나님이 이스라엘을 위하여 율법을 만 가지로 기록하였으나 이스라엘의 태도는?(8:11-14) -
5. 이스라엘은 행음하여 하나님을 떠나고 음행의 값을 좋아하였다. (O, X) - 근거 구절 (9: 절)
6. 여호와께 전제를 드리지 못하며 기뻐하시는 바도 되지 못할 것은 제물이 없기 때문이다. (O, X) - (9: 절)
7. 에브라임은 하나님의 파수꾼이어늘 선지자는 그 하나님의 전에서 원한을 품었다. (O, X) - (9: 절)
8. 에브라임의 영광이 새 같이 날아가리니 해산함이나 아이 뱀이나 잉태함이 있으리라. (O, X) - (9: 절)
9. 저희가 자식을 기를지라도 하나님은 그 자식을 없이 하되 몇 사람은 남기리라 하셨다. (O, X) - (9: 절)
10. 내 하나님이 저희를 버리시리니 열국 가운데서 유리하는 자가 되리라. (O, X) - (9: 절)
11. 이스라엘이 열매가 많고 땅이 아름다울수록 어떻게 했나?(10:1-3을 읽고 답은 1절에서) -
12. 두 마음을 품었다는 것은 누구와 누구를 함께 섬긴다는 말인가?(10:1-3을 읽고 답은 2절에서) -
13. 백성이나 제사장들이 슬퍼하는 이유는?(10:4-8을 읽고 답은 5절에서) -
14. 이스라엘의 죄 된 아웬의 산당이 파괴될 때에 저희가 산과 작은 산더러 무엇이라 말하는가?(10:4-8을 읽고 답은 8절에서) -
15. 암소 같은 에브라임에 멍에를 메울 때 유다와 야곱은 무엇을 하나?(10:9-11을 읽고 답은 11절에서) -
16. 자기를 위하여 의를 심고 긍휼을 거두기 위해 지금 무엇을 해야 하나?(10:12-15을 읽고 답은 12절에서) -

▲▼△▽ -----≪언어유희, 앞과 옆의 차이≫----- ▽△▼▲

▷ 이한라 집사는 신랑 김백두가 곧 집사가 될 텐데, 어떻게든 금연을 시키겠다는 생각으로 남편을 향한 서비스에 늘 신경을 썼다. 약효가 있어서인지 어느 날 남편이, "나 앞으로 담배 안 피울 거야." 했다. 남편이 기특하여 특별서비스에다가 맛난 음식으로 마무리를 했는데 잠시 후 베란다에서 담배를 피우는 것이 아닌가? 깜짝 놀라 항의를 했더니, "여보, 이것 봐! 내가 담배 물은 폼을, '앞으로'가 아니라 '옆으로' 담배를 피우잖아. 내가 앞으로 안 피운다고 했지, 옆으로 안 피운다고는 안 했어!"

▷ 청춘남녀 김백두와 이한라가 교제를 하게 되었다. 앉으나 서나 서로가 눈에 아른거렸다. 어느 날 이한라는 비전이 약한 김백두가 맘에 안 들었는지 자극을 줄 생각으로 이렇게 말했다. "앞으로 문자도 보내지 말아. 나도 네 앞에 안 나타날 거야!" 다음 날 김백두가 이한라에게 문자를 보냈다. "이제부터 '문자'가 아니라 '문장'을 보내고, '내 앞'이 싫으면 '내 옆'에 나타나 같이 있어 줘!"

♧ ♧ ♧

히브리 예언문학은 '언어유희'를 많이 사용하기에 원전으로만 보는 재미가 있다. 이사야 5장 7절에 하나님이 자기 백성에게서 '미쉬파트'(מִשְׁפָּט, 정의)를 기대하셨는데, 실제로 보신 것은 '미스파흐'(מִשְׂפָּח, 포학)이고, 또 '츠다카'(צְדָקָה, 공의)를 기대하셨는데, 현실 상황은 '츠아카'(צְעָקָה, 부르짖음)이다. 발음은 비슷하지만 뜻은 정반대인 두 쌍의 낱말로 하나님의 기대가 어그러짐을 표현했다.

(호세아 9:14) 여호와여 저희에게 주소서 무엇을 주시려나이까...배지 못하는 태와 젖 없는 유방을 주시옵소서

신현주, 〈좌충우돌 예화〉 〈시시콜콜 예화〉, www.sbs66.net

[오늘의 말씀] 호세아 11장~14장 : 이스라엘의 회개와 축복 → 먼저 성경 읽기

(11장) 남아 있는 자들에 대하여 위로와 평안을 약속하신다. 앗수르를 통하여 심판하실 것이기 때문이다.
(12장) 북국 이스라엘과 남 유다의 패역한 모습을 말씀하신다. 그들은 선지자의 말씀에 반대하였다.
(13장) 하나님을 배반하고 사람의 손으로 만든 바알과 금송아지를 의지했기에 하나님의 심판을 언급한다.
(14장) 회개의 촉구와 하나님의 축복에 관한 말씀을 하신다. 하나님의 진노가 떠났다.

[말씀 묵상]

1. **'하나님의 사랑'**을 노래한 11장에서 애타는 하나님의 심정을 만난다. 그토록 사랑해 주었건만 이스라엘은 그것을 알지 못했다. 그럼에도 이들에 대한 하나님의 "**긍휼이 온전히 불붙듯**"(11:8) 하였다. 이것이 하나님의 아픈 사랑으로서 애인을 따라 나간 아내를 다시 사 오는 호세아로 비유했다.
2. 하나님께서 나를 어디서 부르시는가? "**내가 광야 마른 땅에서 너를 권고하였거늘**"(13:5). 하나님은 그 구체적인 삶의 현장, 즉 광야 마른 땅에서 만나 주신다. 광야를 두려워해서는 안 되고 메마른 땅을 피해서도 안 된다. 하나님의 말씀에 순종하면 그곳이 은총의 땅으로 변모한다.
3. "**우리가 앗수르의 구원을 의지하지 아니하며 말을 타지 아니하며…**"(14:3). 당시 앗수르는 최강의 나라로 '말'은 최강의 전쟁 무기였다('말을 타지 아니하며'라는 표현은 '애굽에 원조를 청하지 않겠다'는 뜻으로 해석한다). 이스라엘은 그것을 의지하며 강해지고 난국을 극복하고자 했다. 그러나 호세아는 '그것을 더 이상 의지하지 않겠다. 진정으로 도와주실 분은 하나님이시다' 하고 외친다.

[깊은 연구]

1. 이스라엘과 유다를 향한 책망 (호 11:12-12장)

"에브라임은 거짓으로 이스라엘 족속은 궤휼로 나를 에워쌌고 유다는 하나님 곧 신실하시고 거룩하신 자에게 대하여 정함이 없도다"(11:12) 하신다. 에브라임은 이스라엘의 대표적인 지파로서 이스라엘의 별명이기도 한데, 각각 말씀을 한 것은 그들의 죄악(거짓 궤휼)이 컸기 때문일 것이다. 유다에 대해 '하나님께 정함이 없다'고 책망을 하며 벌주실 것을 경고하신다. 야곱이 속이는 자였듯이(창 27:36), 이스라엘의 제사가 거짓된 것은 가나안의 신들을 따르기 때문이라 지적했다.

■ 한국 선교 초기 교회 마당에서 글씨 공부하는 모습
마당에서 글씨 쓰기를 하는 초라한 모습 속에도 희망이 있다. 1910년경의 모습으로 일제의 침략을 받는 시대이지만 인물을 키운 것이다. 한글 성경은 한글 보급에 공헌하였고 문맹을 퇴치하였다. 호세아는 "여호와의 도는 정직하니 의인이라야 그 도에 행하리라"(호 14:9) 하였다.

2. 성경에 나오는 5명의 호세아

1) 구약 〈호세아〉의 저자(호 1:1)
2) 여호수아의 처음 이름(민 13:8)
3) 북 이스라엘의 최후의 왕(왕하 15:30)
4) 다윗 왕 때에 에브라임 지파의 관장(대상 27:20)
5) 느헤미야 때에 인친 자 중의 한 사람(느 10:23)

통독	326
확인	

공부 호세아 11장~14장 : 이스라엘의 회개와 축복

1. 이스라엘의 초기에 하나님이 사랑하여 그들을 애굽에서 불러내 주셨다. - (11:   절)
2. 하나님께 돌아오기를 싫어하니 앗수르의 포로가 되어 앗수르 사람이 그 임금이 된다. - (11:   절)
3. 이스라엘이 애굽에서부터 새같이, 앗수르에서부터 비둘기같이 떨며 오지만 여호와께서 이스라엘로 각 집에 머무르게 하겠다. - (11:   절)
4. (12:   절) 야곱은 태에서 그 형의 발뒤꿈치를 잡았다. - (창 25:   절)
5. (12:   절) 인애와 공의를 지키며 하나님을 바라볼지니라. - (미 6:   절)
6. (12:   절) 여러 선지자에게 말하였고 이상을 많이 보였으며. - (렘 7:   절)
7. (12:   절) 이스라엘을 애굽에서 인도하여 내시며 선지자로 저를 보호하셨거늘. - (출 13:   절)
8. 이스라엘은 무엇을 인하여 범죄하므로 망하였으며, 더욱 범죄하여 만든 것은?(13:1-2) -
9. 우상 숭배의 결과 이스라엘은 무엇과 같은지 비유로 든 네 가지는?(13:3) -
10. 이스라엘에게 왕을 준 것은 하나님의 뜻인가, 이스라엘의 요구였나?(13:9-13, 삼상 8:4-7) -
11. 동풍, 곧 광야에서 일어나는 바람은 어떤(누구의) 바람인가?(13:15-16) -
12. 네 하나님 여호와께로 (   ) 네가 (   )을 인하여 엎드러졌느니라. - (14:   절)
13. 우리가 (   )을 의지하지 아니하며 (   ) 아니하며 다시는 우리의 (   )을 향하여 우리 신이라 하지 아니하오리니. - (14:   절)
14. 누가 (   )가 있이 이런 일을 깨달으며 누가 (   )이 있어 이런 일을 알겠느냐 여호와의 도는 (   )하니 의인이라야 그 (   )에 행하리라. - (14:   절)

▲▼△▽ -----≪여호와의 도, דַּרְכֵי יְהוָה, 다르케 아도나이≫----- ▽△▼▲

〈호세아〉의 끝 절에 **"여호와의 도는 정직하니 의인이라야 그 도에 행하리라"**(14:9) 하였는데 이는 〈다니엘〉 끝 절(단 12:10)과 유사하다. '여호와의 도'(דַּרְכֵי יְהוָה, the ways of the Lord)는 바른 목적지에 이르게 하는 참 길을 의미한다(신 32:4). 예수님께서는 **"나는 길이요 진리요 생명이라"**(요 14:6) 하신 바로 그러한 길이다. 그 길에서만 인간은 의로워지고 그 영혼이 소생한다(시 119:37, 사 26:7).

'여호와의 도'는 〈호세아〉의 주제로서 계약법의 명령들이다. 성경 기자는 〈호세아〉의 신탁들이 야훼의 도를 보여 주기 때문에 의인은 그 뜻을 따라 행함으로 생명을 얻고 죄인은 그 뜻을 거역하여 넘어지게 될 것이라고 한다. 여기에 관계된 구절들을 보라(호 14:1, 시 19:8, 잠 4:11-12, 11:5, 15:19, 사 26:7, 렘 31:9 등).

의인과 악인의 날카로운 대비를 나타내며, 모든 사람을 **"여호와의 도에 행하든지"** 혹은 **"그 도에 거쳐 넘어지든지"** 한 가지를 선택해야 함을 분명히 하고 있다. '여호와의 도'는 백성들이 행할 길을 그가 지시한 것이며, 또한 그가 사람들을 인도하고 보호하고 지배하는 길이다. 그 말씀의 명령과 같이 그의 섭리의 길은 어떤 이에게는 생명의 향기이고 어떤 이에게는 사망의 냄새이다.

선택은 그대의 몫이다. 부디 '여호와의 도'(דַּרְכֵי יְהוָה)에 행하는 복된 성도가 되어야 한다.

[오늘의 말씀] 요엘 1장~3장 : 여호와의 날 예언 → 먼저 성경 읽기

(1장) 요엘은 메뚜기 재앙으로 인해 황폐하게 된 상황과, 온 백성이 제사장들과 함께 부르짖어야 함을 선포한다.
(2장) 메뚜기 재앙보다 더 무서운 일이 닥칠 것을 설명하면서 회개를 촉구한다.
(3장) 하나님은 원수들을 심판하시고 이스라엘을 구원하신 후에 그들과 영원히 계심을 약속한다.

[말씀 묵상]

1. 〈요엘〉은 메뚜기 떼의 습격을 예언한다. 팟종이 - 메뚜기 - 늣 - 황충이. 철저하게 먹어 치우는 이들은 생계의 기반인 포도나무, 무화과나무의 껍질까지 벗겨 버린다(1:4, 7). 이러한 곤궁에 처한 이스라엘을 향해 요엘은 "금식일을 정하고 성회를 선포하여...여호와께 부르짖을지어다"(1:14)라고 한다. 오늘날 그대도 곤궁에 처한 인생들에게 요엘처럼 희망의 예수님을 전해야 한다.
2. 선지자 요엘이 전한 "그 후에 내가 내 신을 만민에게 부어 주리니"(2:28)라는 하나님의 약속을 베드로는 이 말씀을 오순절에 인용하여 새롭게 변화됨을 증거한다(행 2:1-4). 성령의 역사는 시대를 초월하여 어두운 눈을 뜨게 해 준다.

[깊은 연구]

1. 본문의 '메뚜기'를 해석하는 세 가지 방법

1) **풍유적 해석** - 당시에 실제로 공격한 곤충이 아니라 이스라엘의 적군을 상징하는 것으로 본다.

2) **문자적 해석** - 실재하던 곤충으로 당시에 메뚜기를 통한 재앙이 실제로 있었던 것으로 본다.

3) **계시적 해석** - 메뚜기 재앙을 당시에 실재한 사건으로 보고 그것은 또한 미래에 있을 전쟁으로 인한 피해를 상징하는 것으로 본다.

본문 1:2-4을 보면 메뚜기 재앙이 실재하였음을 알 수 있으며 또한 1:6과 2:4-11을 보면 메뚜기 재앙이 이방 군대의 침략 행위를 상징한다. 따라서 위의 세 가지 해석 방법 중에 보편적으로 '계시적인 해석 방법'이 지지를 얻는다.

2. 팟종이 - 메뚜기 - 늣 - 황충 (욜 1:4)

1) 메뚜기의 성장 과정 네 단계를 나타낸다. 곧 애벌레, 기는 상태, 뛰는 상태, 날 수 있는 성충의 단계를 가리킨다고 본다.

2) 한 종류의 곤충인 메뚜기를 네 가지 이름으로 부른 것은, 메뚜기 재앙이 시간 간격을 두고 점진적으로 임할 것임을 강조한 것이라고도 본다.

■ 떼를 지어 피해를 주는 메뚜기(욜 1장)
요엘은 메뚜기 떼로 인한 무서운 재난이 있음을 예고한다(1:1-2:27). 장차 무서운 징벌이 임할 것을 경고한다(2:28-3:8). 사진은 로커스트 메뚜기.

통독	327
확인	

공부 요엘 1장~3장 : 여호와의 날 예언

1. 〈요엘〉 전체를 읽으면서 '여호와의 날'('여호와의 크고 두려운 날' 포함)이라는 말이 나온 성경에 표시를 하고 몇 장 몇 절인지를 쓰세요. -
2. 팥종이가 남긴 것 → (　　　　)가 먹고 → (　　　)이 먹고 → (　　　)이 먹었다(이름만, 1:1-4).
3. 한 이족(異族)으로 일컫는 메뚜기로 인한 피해는 무엇인가?(1:7) -
4. 취하는 자들, 포도원을 다스리는 자, 제사장들에게 공통적으로 무엇을 하라 했나?(1:5-13) -
5. 이런 재앙의 때에 제사장은 어떻게 해야 하나?(1:13-20을 읽고 답은 14절에서)
   -
6. 너희는 옷을 찢지 말고 (　　　)을 찢고 너희 하나님 (　　　　)께로 돌아올지어다. - (2:　절)
7. (　　　　　　) 너희는 너희 하나님 여호와로 인하여 (　　　　) 즐거워할지어다. - (2:　절)
8. 그 후에 내 (　　)을 만민에게 부어 주리니 너희 자녀들이 (　　　)을 말할 것이며 너희 늙은이는 (　　　) 너희 젊은이는 (　　　　)이며...내 신으로 (　　)과 (　　)에게 부어 줄 것이며. - (2:　-　절)
9. 누구든지 (　　　　　　　　　　　　)는 구원을 얻으리니. - (2:　절)
10. 만국을 모아 데리고 내려가서 이스라엘을 위하여 국문(鞠問)하는 곳은?(3:1-3) -
11. 두로, 시돈, 블레셋은 유다 자손과 이스라엘 자손을 누구에게 팔았나?(3:4-8) -
12. 보습과 낫을 쳐서 만드는 것은?(3:9-13) -
13. 서둑하여 나시는 이방 사림이 그 가운대로 통행히지 못히리라는 곳은?(3:14-17) -
14. 그 날(회복의 날)에 산과 시내와 여호와의 전에서 흘러나오는 네 가지는?(3:18-21) -

▲▼△▽ -----≪〈요엘〉에 나오는 '여호와의 날' ≫----- ▽△▼▲

구약성경에서 여호와의 날은 현 시대를 마감할 역사적인 사건이나 종말론적인 전쟁을 언급한다.

1) 여호와의 날은 북왕국(앗수르 치하, 암 5:18, 20)과 유다(바벨론 치하, 애 1:12, 2:1, 21-22, 겔 7:19, 13:5, 습 2:2-3)를 포함한 하나님의 백성에 대한 심판이며 또는 우주적인 심판이다(사 2:12, 습 1:18).

2) 여호와의 날은 바벨론(메대 치하, 사 13:6, 9), 애굽(바벨론 치하, 렘 46:10, 겔 30:3), 에돔(사 34:8-9), 곡에 의해 주도된 종말적인 북쪽 연맹(겔 39:8)을 포함하는 이방에 대한 심판이다.

3) 여호와의 날은 이스라엘의 정화와 회복(사 6:12, 말 4:5)은 물론 고된 고통(슥 14:1-3)을 가져다줄 것이다. 북왕국의 몰락, 바벨론 포로, 바벨론의 애굽 정복, 바벨론의 몰락을 포함한다.

요엘서에는 이 세 요소가 모두 '여호와의 날'과 관련되어 나타난다. 심판은 1장 15절에서 위협적으로, 그 구원은 2장 28-32절에, 나라들에 대한 우주적인 심판은 3장에 묘사되었다.

요엘의 예언은 이스라엘의 미래 신앙에서 중요한 자리를 차지하는 '여호와의 날'이라는 한 가지 주제를 중심으로 다루고 있다. 여호와의 날에는 분명히 조짐이 있는데, 이에 대해 예언자가 본 것은 2장 28절부터 3장 21절에서 다루고 있다. 마지막 때 이루어질 완성을 예고하는 여러 가지 징조 가운데 하나님의 영을 온 세상에게 부어 주신다는 것이 중요한 자리를 차지한다(2:28-29). 사도행전 2장 16-21절에서는 이 약속이 오순절 성령강림에서 이루어졌다고 본다.

〈아모스〉를 소개합니다

제목에 대한 해설

〈아모스〉는 예언자 아모스의 이름을 따라 붙여졌다. 아모스에게 임한 말씀(1:1)이며, 아모스를 가리킬 때 '내가'라 하여 1인칭을 사용하고 있다(5:1, 7:1, 4, 7, 8, 8:1, 2, 9:1). 본서의 저자 아모스(아모스, '짐을 진 자'라는 뜻)와 이사야 선지자의 아버지 아모스(아모츠, '강한 자'라는 뜻, 사 1:1)는 서로 다른 인물로서 히브리어 글자로는 차이가 있다.

저자 및 저작 연대

본서의 저자 아모스는 주전 800-750년경 예루살렘에서 남쪽으로 16km 떨어진 드고아에 살았다(삼하 14:2, 대하 11:6, 20:20, 렘 6:1). 그는 양을 치며 뽕나무(돌무화과: 쉬크마)를 배양하던 가난한 목자로서(드고아의 목자, 1:1-2, 7:14) 은둔한 야인(野人)이라고 주장하는 학자도 있다. 그는 직업적인 선지자는 아니었으나 하나님께로부터 직접 소명을 받아 유다 출신이지만 북 이스라엘 벧엘에서 예언(7:15)했으며, 벧엘에서 강력한 반발로 인해 유다로 돌아와 예언의 글을 기록한 것으로 보인다.

기록 연대는 아모스가 호세아와 동시대의 선지자로(호 1:1) 유다의 웃시야(주전 783-742년)와 이스라엘의 여로보암 2세(주전 786-746년)의 통치 기간 중에 활동했고 앗수르의 침략이 예언으로 기록된 것으로 보아 주전 745년 이전일 것으로 추정한다.

역사적 배경

유다 왕 웃시야와 이스라엘 왕 여로보암 2세가 다스리던 시대는 평화와 번영의 시대였다. 북왕국을 위협하던 아람 왕 벤하닷 3세(주전 796-776년)가 앗수르에 패배하였기 때문이다. 다메섹은 여로보암 2세의 통치권 하에 들어갔고(왕하 14:28) 북왕국의 영토는 하맛까지 확장되었다. 그러나 북왕국의 번영은 사회적 부패 현상을 초래했고(2:6-8, 5:11-12), 가나안 사람들의 신인 바알 숭배로 타락하였다. 이런 일은 정의의 타락, 상류 계층의 사치스럽고 방종하는 생활 태도와 사회 전반에 걸친 부패로 이어졌는데, 아모스는 바로 이런 시대에 예언하였다.

교훈과 메시지

1) 절대주권, 종말론적 신관

아모스의 하나님에 대한 언급은 직설적인 표현으로 하나님은 무한한 능력을 가진 분이며(9:2 이하), 창조주로서 지진을 일으키시고(9:5), 산과 바람과 빛을 다스리시는(4:13) 절대주권적인 하나님이다.

아모스의 예언은 선민의 시각에서 열방의 시각으로, 그리고 현 역사의 시각에서 종말론적인 시각으로 확대되고 발전되었는데 이것은 구약의 예언 전통에서 신기원을 이룩하는 획기적인 변화이다.

2) 보편적, 윤리적 신관과 하나님의 공의

〈아모스〉에서의 심판은 이방 나라인 다메섹, 가사, 두로, 에돔, 암몬, 모압, 그리고 선민 유다와 이스라엘을 심판하시는 것으로 전 우주적인 심판으로 확대된다. 아모스의 신관은 선민에게도 동일하게 심판이 임한다고 하는 보편적 윤리적인 신관으로 나타난다. 아모스의 공의를 부르짖는 메시지(5:24)는 율법의 행위만을 강조하는 것이 아니라, 호세아와 에스겔과 예레미야를 거쳐서 신약으로 흘러가는 신앙의 내면화를 촉구하는 것으로서 이는 아모스에게서 비롯된 것이다.

3) 여호와의 날과 남은 자 사상

구약 예언서의 다른 책들처럼 〈아모스〉에도 '여호와의 날' 사상과 '남은 자' 사상(5:14-15)이 중요하게 나타난다. '여호와의 날'을 장례식의 애가(哀歌) 형식으로 소개했다(5:16-18, 왕상 13:30, 렘 22:18). 여호와의 날 사상은 포로 후기의 초자연적인 종말론에 시동을 건 셈이 되었다. 또한 〈아모스〉의 '계약사상'은 선민의 권위보다는 특별한 책임을 진 신분(3:1-2)으로 하나님과 맺은 계약 안에서 공의를 무시하는 것은 계약의 남용이었다. 살기 위해서는 여호와를 찾으며 선을 사랑하고 공의를 세우는 것으로 이스라엘이 회복될 것이라는 영적인 갱신의 예언을 한다(9:11-15).

4) 아모스의 예배관

아모스의 예배관은 독특하고 혁명적이다. 아모스에 의하면 여호와는 희생 제물, 종교적 절기, 음악, 공중 앞에서 드리는 기도, 기타 일체의 종교의식을 원치 않으신다(5:21-23). 그는 오히려 사회정의를 외쳤다. "오직 공법을 물같이 정의를 하수같이 흘릴지로다"(5:24)라는 근거는 하나님이 의로운 분이기 때문이다.

〈오바댜〉를 소개합니다

제목에 대한 해설

예언서 가운데 가장 짧은 책인 〈오바댜〉는 예언자 오바댜를 책 제목으로 정하였다. 70인역(LXX)에서는 옵디오우(Obdiou), 불가타역(Latin Vulgate)에서는 아브디아스(Abdias)로 나타나며 후대의 역들도 모두 예언자 이름을 책명으로 하였다.

오바댜(오바디야)라는 이름의 뜻은 '여호와의 종', '여호와를 예배하는 자'이며 신분, 생업, 혈통은 알 수 없다.

저자 및 저작 연대

저자가 오바댜라는 데는 별 이견이 없다. 다만 문제는 오바댜의 예언의 시기이다.

〈오바댜〉는 이스라엘의 이웃인 '에돔의 심판'에 관한 말씀으로 다만 11-14절 말씀의 시기를 정하는 것이 과제이다. 에돔 족속이 예루살렘 성의 침공에 관계되었으며(11-14절, 시 137편), 그 시기를 에돔이 유다에 직대하였던 아하스 통치 때(주전 735-715년)로 보거나 실제적인 예루살렘 함락(주전 587년) 이후로 본다. 후자가 더 지지를 받는다.

역사적 배경

주전 587년 예루살렘은 바벨론에 의하여 멸망당한다. 이 재난을 틈타서 예루살렘에 쳐들어와 약탈했던(옵 11절) 에돔에 대한 심판을 예언하는 것이 〈오바댜〉이다. 에돔의 약탈에 대해서는 예레미야애가 4장 21절과 에스겔 35장 1절에도 언급되었다.

이스라엘과 에돔(에서의 후예)의 불화는 야곱과 에서의 갈등(창 25:23, 27:39-40)으로부터 통일왕국 시대에 다윗은 에돔 사람 1만 8천 명을 죽이고 이스라엘의 속국으로 삼았으며(삼하 8:13-14), 요람 왕의 통치 때(주전 849-842년)에 에돔이 유다에 반란을 일으켜 독립하려 했으나 실패했다. 그 후 잠시 독립을 했으나 주전 732년에 앗수르의 속국이 되었다.

시드기야 왕이 바벨론에 반기를 들었을 때 에돔은 바벨론 편을 들어 유다와 예루살렘을 약탈하였다. 후에 헤브론 근방에 이주하여 살았고 포로 후기에는 이두메로 알려졌다. 마카비 시대에는 유다 군인들이 이들을 유대교로 개종시켰고, 헤롯 대왕은 이두메 출신으로 정통 유다인들에게 신임을 얻지 못하였다.

이처럼 역사적으로 유다와 감정이 좋지 못한 에돔이 주전 587년 예루살렘을 약탈한 것이 〈오바댜〉의 시대적 배경이며 오바댜는 이러한 에돔을 저주하는 예언을 한다.

교훈과 메시지

1) 주의 날 사상과 하나님 나라의 도래

〈오바댜〉의 중심사상은 열국에 대한 하나님의 도덕적 심판이며, 이 심판의 대상은 에돔이다.

1-16절에는 에돔을 향하여 여호와께서 저주하시고 에돔이 하나님의 심판의 선고를 듣는 신탁 형식으로 되어 있다. 그러나 그 중에 15-16절은 심판의 영역이 확대되어 에돔이 심판을 당하는 날이 만국에 대한 심판을 하는 날임을 예언하면서 종말에 있을 주의 날을 열방 심판과 연결시킨다.

17-21절은 여호와께서 이스라엘을 향하여 말씀하시는 형식을 띠고 있는데, 에돔을 누르고 승리하는 이스라엘의 회복을 약속하는 내용이다.

2) 국수주의적인 예언의 문제

동시대 예언자인 예레미야나 에스겔과는 달리 오바댜는 유다와 예루살렘의 죄악은 지적하지 않고 에돔에 대해서만 책망하고 저주한다. 오바댜는 왕궁 예언자이기에 왕을 돕는 직업적인 예언자로서 제의 예언자 출신이었을 것이다. 오바댜는 왕정 체제의 모순이나 우상 숭배 등의 죄악을 지적하기보다는 이방에 대한 승리를 예언하는 여당적인 예언자였다. 따라서 동시대 예언자들과 예언의 시각이 달랐을 것으로 본다. 즉 하나님께서 예언자를 통해서 말씀하실 때에 예레미야나 에스겔처럼 죄악에서 회개할 것을 말씀하시지만, 에돔의 약탈로 인해 낙심하면서 여호와의 능력을 의심하는 백성들을 향해서 오바댜는 예언을 통해 하나님께서 위로하시고 소망을 가지게 하신다는 점을 기억해야 할 것이라고 하였다.

[오늘의 말씀] 아모스 1장~3장 : 열방과 이스라엘의 죄 → 먼저 성경 읽기

(1-2장) 아모스의 예언은 이스라엘 역사에서 풍요로웠던 여로보암 2세 때에 선포된다. 이스라엘 주변 국가로부터 형제국가, 하나님의 백성들에게까지 경고가 주어진다. (아래 "깊은 연구"를 참고하라)
(3장) 선민 이스라엘에 대한 경고 말씀도 주어진다.

[말씀 묵상]

1. 하나님은 이스라엘을 깨우치려고 "이스라엘 왕 요아스의 아들 여로보암의 시대의 지진 전 이 년에 드고아 목자 중 아모스가 이스라엘에 대하여 묵시"(1:1)를 주셨다. 목자는 양을 먹이고 보호하고 양보다 앞서가는 사람이다. 하나님께서 목자인 아모스를 부르셨듯이 오늘날 그대를 부르셔서 사용하신다. 능력과 사명은 부르시는 분이 주신다. 고린도전서 1장 27-29절을 읽어 보라.
2. 하나님의 심판은 다양하지만 본문에서는 "불을 보내리니"(1:4, 10, 12, 14)라고 하셨다. 삶에서 그대에게 다가오는 불을 예방하는 길은 하나님의 경고의 음성을 듣고 순종하는 것이다. 아모스의 예언도 '지진 전 2년'(1:1)으로서 뭔가 징조를 보였다. 깨닫는 영적 지혜가 필요하다.

[깊은 연구]

1. 하나님이 책망하는 본문에 나오는 여러 나라들 (암 1-3장)

1) 다메섹(1:3) - 이스라엘 북쪽에 있는 아람의 수도이다.
2) 가사(1:6) - 블레셋의 5대 도시국가 중 하나이다. 〈통독 95, 107일째〉
3) 두로(1:9) - 이스라엘의 북서쪽 해안 도시국가이다.
4) 에돔(1:11) - 에서의 후예(창 31:1)로서 유다 남편에 거했다.
5) 암몬(1:13) - 아브라함의 조카 롯이 둘째 딸과의 사이에 낳은 벤암미가 이들의 조상으로(창 19:30-38) 유다 동쪽에 거했다.
6) 모압(2:1) - 롯이 큰 딸과의 사이에 낳은 모압이 그 조상이다.
7) 유다(2:4) - 솔로몬 이후 남북으로 나뉜 나라 중 남국을 부르는 말이다.
8) 이스라엘(2:6) - 북국(수도: 사마리아)을 부르는 말이다(왕상 12장).

이들 나라들을 구분해 보면, 〔다메섹, 가사, 두로〕는 이방 나라로서 하나님 백성의 원수였고, 〔에돔, 모압, 암몬〕은 하나님 백성의 형제나라였다.

2. 아모스 때에 지진이 있었다. (암 1:1, 8:8)

아모스 때에 이스라엘에 무서운 지진이 있었는데(1:1, 8:8, 슥 14:5), 사람들의 마음에 이 지진에 대한 기억이 있었으며 예언자의 선포에도 영향을 미쳤다(2:13, 9:5). 예언자들은 백성들의 소위(못된 행동)에 대해 땅이 반응을 보인 것으로 예언했다(레 18:25, 28, 20:22). 하나님은 그들의 행동을 잊지 아니하리라 했는데, 지진을 이 맹세의 결과로 보았다. 8장 8절에서는 이 지진을 철을 따라 물의 양이 달라지는 애굽의 나일 강에 견주기도 했다.

■ 블레셋의 정교한 예술품
블레셋은 바다의 백성들로 가나안에 정착하여 족속 이름이 그 땅의 이름이 되었다. 독창적인 문화를 가졌고, 전쟁에 능하였으나 하나님의 심판의 대상이었다. 본문 1장 6절의 '가사'는 블레셋의 한 도시이다.

통독	328
확인	

공부 아모스 1장~3장 : 열방과 이스라엘의 죄

1. 아모스가 예언하던 시대를 쓰세요(1:1). -
2. 다음 말은 '이방의 세 나라'(다메섹 · 가사-블레셋 · 두로) 중 어느 나라의 죄와 벌인가?(1:3-10)
   1) 길르앗을 압박하였음이라...아람 백성이 사로잡혀 길에 이르리라. -
   2) 모든 사로잡은 자를 끌어 에돔에 붙였음이라. 블레셋의 남아 있는 자가 멸망하리라. -
   3) 형제의 계약을 기억지 아니하고...그 궁궐들을 사르리라. -
3. 이스라엘 형제 세 나라(에돔 · 암몬 · 모압) 중에서 누구의 죄와 받을 벌에 대한 것인가?(1:11-2:3)
   1) 칼로 그 형제를 쫓아가며 긍휼을 버리며 노가 항상 맹렬하며 분을 끝없이 품었음이라. -
   2) 길르앗의 아이 밴 여인의 배를 갈랐음이라...저희의 왕은 그 방백들과 함께 사로잡혀 가리라. -
   3) 에돔 왕의 뼈를 불살라 회를 만들었다...그리욧 궁궐들을 사르리라. -
4. 롯이 딸들을 통하여 낳은 두 아들로 인한 이들의 조상은?(1:11-2:3, 창 19:30-38) -
5. 다음은 하나님의 백성(유다, 이스라엘)의 죄인데 어느 나라에 해당하는지 고르세요(2:4-8).
   1) 여호와의 율례를 멸시했다. - (유다, 이스라엘) 2) 거짓 것에 미혹하였다. - (유다, 이스라엘)
   3) 은을 받고 의인을 팔았다. - (유다, 이스라엘) 4) 전당 잡은 옷 위에 누웠다. - (유다, 이스라엘)
6. 키가 크고 강하나 열매와 뿌리를 진멸한 나라는?(2:9-12) -
7. (3: 절) 내가 땅의 모든 족속 중에 ~
8. (3: 절) 수 여호와께서는 사기의 비밀을 ~
9. (3: 절) 이스라엘의 모든 죄를 보응하는 날에 ~

▲▼△▽ -----《이런 황당한 성문법도 있다》----- ▽△▼▲

〈영국〉 왕이 그려진 우표를 거꾸로 붙이면 반역행위다. 14세 이상 남성은 매일 두 시간의 활 연습을 해야 한다. 해안에서 죽은 고래의 머리는 왕이 갖고 꼬리는 여왕이 갖는다. 임산부는 자신이 원하는 곳 어디서든 용변을 볼 수 있지만 남자는 공공장소에서 소변을 보려면 차량 뒷바퀴에 조준하고 오른손을 차에 올려야 한다. 런던에서 전염병자가 택시를 잡거나 택시기사가 광견병에 걸린 개나 시체를 태우면 불법이다. // 〈미국〉 버몬트 주 여성은 틀니를 하려면 남편의 허가문서를 받아 와야 한다. 플로리다 주에서는 미혼 여성이 일요일에 낙하산을 타면 구치소에 수감된다. // 〈바레인〉 남자 산부인과 의사가 여성의 성기를 진료할 때에 직접 쳐다보면 안 되고 반드시 거울에 반사시켜서만 볼 수 있다. // 〈엘살바도르〉 수도 산살바도르에서 음주 운전자는 총살형을 당할 수 있다(실제 법만 있을 뿐).

♧ ♧ ♧

"세상에서 가장 이상한 법 25가지"라며 영국 〈THE TIMES〉가 보도한 내용이다(070815). 오래 전에 제정되었고 실제는 사문화되었으나 엄연히 존재하는 성문법이라니 황당하기 그지없다. 물론 우리나라도 황당한 경범죄들을 가끔 손질하긴 하지만 현재의 시각으로 보면 너무 웃기는 법들이 있다. 한국 교회도 과거에 파마를 하는 여성들을 비하했고, 설교 중에 지탄을 했던 설교자들도 있었으나 현재 시각으로 보면 코미디다. 암몬은 악을 행하므로 하나님의 심판을 자초했다.

(아모스 1:13) 여호와께서 가라사대 암몬 자손의 서너 가지 죄로 인하여 내가 그 벌을 돌이키지 아니하리니 이는 저희가 자기 지경을 넓히고자 하여 길르앗의 아이 밴 여인의 배를 갈랐음이니라

신현주, 〈좌충우돌 예화〉 〈시시콜콜 예화〉, www.sbs66.net

[오늘의 말씀] 아모스 4장~6장 : 이스라엘의 애가 → 먼저 성경 읽기

(4장) 향락에 빠진 사마리아 여인들을 책망한다. 이스라엘에게는 하나님의 징계가 무시되었다.
(5장) 여호와의 날은 심판의 날이다. 하나님은 공법과 정의를 원하신다.
(6장) 이스라엘의 지도자들(상류층)의 죄는 하나님의 심판을 부른다.

[말씀 묵상]

1. **"바산의 암소들"**(치맛바람을 일으키는 여인들을 조롱하는 표현)은 날마다 희생을, 삼 일마다 십일조를 드리고 각종 제사를 드렸다. 그럼에도 하나님은 그들의 예배와 제물을 받지 않으시고 **"너희의 기뻐하는 바니라"**(4:1-5) 하셨다. 내 열심이 나를 기쁘게 하는 것인지, 하나님을 기쁘게 하는 것인지 돌아보자. 제멋에 겨워서 하는 것은 바른 신앙이 아니다.
2. **"오직 공법을 물같이, 정의를 하수같이 흘릴지로다"**(5:24). 하나님은 그러한 신앙과 삶을 원하셨다. 하나님의 백성의 예배와 일상생활은 서로 관련 없이 어긋나는 생활 영역으로 나누어져서는 안 된다. 아모스 시대의 사람들은 성소에서 드리는 제사(예배)를 행복과 번영을 얻을 수 있는 수단으로 오해했다. 일상생활은 각자의 생각대로 했고 인간관계에서 실현하도록 하나님이 세우신 **공법**과 하나님이 요구하신 **정의**는 더 이상 중요하지 않았다. 사람들은 하나님을 주변 이방의 우상들과 같이 다루었으므로 하나님께서 **"너희 살진 희생의 화목제도 내가 돌아보지 아니하리라"** 하셨다(5:22).

[깊은 연구]

1. 예언자들의 예언의 대칭 구조 (암 5장)

예언의 말씀들에는 구조의 독특성이 나타나며 그 중에 '대칭구조'가 많이 나온다. 물론 율법서에도 그런 부분이 많다. 〈참고. 신현주, 《톨레도트 용례로 창세기 다시 읽기》〉

대칭구조로 된 예언의 말씀 중에 5장을 예로 들어본다. 즉 5:1-17에서는 논리적인 흐름이 여러 번 끊어지는 것은 아랑곳하지 않고 가운데 단락인 8-9절을 중심으로 대칭을 이루도록 아주 예술적으로 짜 맞추어져 있다. 옆의 도표는 단락들이 어떻게 관련되어 있는지를 보여 준다.

가	1-3절
나	4-6절
다	7절
라	8절
마	그 이름이 여호와시라
라'	9절
다'	10-13절
나'	14-15절
가'	16-17절

■ 예언자들의 예언의 대칭구조(암 5장)

2. 향락에 빠진 지도자들 (암 6:1-6)

상류층의 안일함(3절, 흉한 날이 멀다), 사치(4절, 상아 상에 누우며 어린 양과 송아지를 먹는다), 혼돈(5절, 헛된 노래를 지절거린다), 자기중심(5절, 다윗은 여호와의 예배를 위하여 악기를 제조했으나 이들은 자신을 위하여 악기를 제조했다), 폭음(6절, 대접으로 포도주를 마신다), 사치(6절, 귀한 기름을 몸에 바른다), 영적 둔감(6절, 요셉의 환난을 인하여는 근심치 아니했다).

공부 아모스 4장~6장 : 이스라엘의 애가

1. "너희가 내게(여호와께)로 돌아오지 아니하였느니라"라는 말이 나온 절들은?(4장)
   -

2. 아래의 재앙이 나온 절수를 쓰세요(순서대로 아님, 4장).
   1) 성읍 무너뜨리기를(전쟁) - (절),   2) 염병이 임하게 - (절),
   3) 풍재깜부기 재앙 - (절),   4) 이(齒)를 한가하게, 양식이 떨어지게(기근) - (절),
   5) 비를 멈추어 어떤 성읍에는 내리지 않게(가뭄) - (절)
3. 너희는 (   )를 찾으라 그리하면 (   ). - (5:   절)
4. 이런 때에 지혜자가 (   )하나니 이는 (   )임이니라. - (5:   절)
5. (   )을 인진으로 변하며 (   )를 땅에 던지는 자들아. - (5:   절)
6. 오직 (   )을 물같이 (   )를 하수같이 흘릴지로다. - (5:   절)
7. 다음 중 맞는 것에는 O표, 틀린 것에는 X표 하세요(6장).
   1) 1-7은 ① 지도자들의 죄악과 슬픔(   ), ② 악행에 대한 하나님의 심판(   )이 나온다.
   2) 8-14은 ① 지도자들의 죄악과 슬픔(   ), ② 악행에 대한 하나님의 심판(   )이 나온다.
8. 다음 말에서 지도자의 죄악에는 '죄악', 하나님의 심판에는 '심판'이라 쓰세요(6장).
   1) 흉한 날이 멀다 하는 자 (   ),   2) 큰 집이 침을 받아 갈라진다 (   ),
   3) 대석에게 붙이리라 (   ),   4) 요셉의 환난을 인하여 근심치 않는 자 (   ),
   5) 한 나라를 일으켜 너희를 치리라 (   )

▲▼△▽ -----≪ "상구 낯 쎄요!" 무슨 말이냐고요?≫----- ▽△▼▲

전 서울시장 조순 박사는 강릉 외곽의 학산 출신이며, 사모님도 시골 태생으로 남편을 뒷바라지한 촌할머니로서 사투리가 진하다. 현직에 계실 때, 시장님이 퇴근하고 세수를 하는데 비서실에서 전화가 왔다.

"사모님이세요, 시장님과 통화가 됩니까?"

"낯 쎄요." - '낯 씻는다'(세수한다)고 했으나 비서실에서 못 알아들었다.

"지금 전화를 받으실 수 없나요?" 다시 물었다. 그러자 사모님은, "낭제요" - '나중에 (전화)해요'라는 말을 몰라 어리둥절했다. 잠시 후 다시 전화가 왔다. 사모님이 안달이 나서 대답했다.

"상구 낯 쎄요." - '아직도 세수하는 중이다'라는 말을 알아들을 리 없었다. 무슨 일인가 싶어 비서가 시장공관으로 달려오자 사모님이 말했다. "낯 쎄고 지약 먹잖쏘." - '으악, 시장님이 쥐약을 먹는다고!' '세수하고 저녁 먹는다'는 사투리를 오해하여 비서가 놀라 자빠졌다.

♧ ♧ ♧

실제인지, 누군가가 재미나게 말한 것인지는 알 수 없으나 듣고 각색을 했다. 강릉 말은 '압축형'이다. "낯 쎄요." 이 말은 '지금 세수하므로 전화를 받을 수 없다'는 의미가 포괄적으로 들어 있다. 노인대학에서 노인회장이, "국민의례가 있겠습니다. 다 인나세요(일어나세요)."라고 하자 자원봉사자들이 웃기를 시작하여, 회의에서 "재료를 맹글어 가꼬(만들어 가지고)"에서 완전히 쓰러졌다.

(아모스 5:24) 오직 공법을 물같이 정의를 하수같이 흘릴지로다

신현주, 〈좌충우돌 예화〉 〈시시콜콜 예화〉, www.sbs66.net

[오늘의 말씀] 아모스 7장~9장 : 다섯 가지 환상 → 먼저 성경 읽기

(7장) 〈아모스〉에는 다섯 가지 환상이 나온다. ① 땅의 풀을 다 먹어 버린 황충(메뚜기), ② 모든 것을 삼켜 버리는 불, ③ 정확하게 판단하는 다림줄의 환상이다.
(8장) 그리고 ④ 여름 실과 한 광주리 환상이 나오고,
(9장) ⑤ 단 곁에 서신 주님이 나온다. 아모스는 이를 통하여 이스라엘이 당할 심판에 대해서 예언한다.

[말씀 묵상]

1. 예리한 아모스의 예언을 들은 벧엘의 제사장 아마샤는 "너는 유다 땅으로 도망하여 가서 거기서나 떡을 먹으며 거기서나 예언하고 다시는 벧엘에서 예언하지 말라" 하며 아모스를 협박한다. 그럼에도 아모스는 "여호와께서 내 백성 이스라엘에게 예언하라" 하셨다며 신랄한 예언을 쏟아낸다(7:10-17). 예레미야의 담대함은 하나님의 말씀에 근거했기에 그는 어떠한 도전도 두려워하지 않았다. 오늘날 우리는 하나님의 말씀은 뒷전이고 개인적인 경험이나 감정이 앞서지는 않는지 돌아보자.
2. "내가 기근을 땅에 보내리니 양식이 없어 주림이 아니며 물이 없어 갈함이 아니요 여호와의 말씀을 듣지 못한 기갈이라"(8:11). 당시 이스라엘의 관심은 하나님을 두려워하지 않고 현실에서 '무엇을 먹나, 입나, 마시나'에 있었다. 하나님의 말씀을 듣지 못한 기갈임을 선포한 아모스의 예언을 이 물질 중심의 세상, 풍요의 세상에서 다시 들어야 한다. 하나님의 말씀이 없는 기갈은 그 영혼까지 죽인다.

[깊은 연구]

1. 〈아모스〉에 나오는 다섯 가지 환상 (암 7-9장)

1) 황충(메뚜기)의 환상(7:1-3) - 황충이 풀과 곡식을 먹어 버리는 재앙과 같이 이방 군대가 침입하여 생명과 재산을 빼앗을 것을 암시한다.

2) 큰 불의 환상(7:4-6) - 불이 바다를 삼키고 육지를 먹으려는 것처럼 적군의 침입을 뜻한다.

3) 다림줄의 환상(7:7-9) - 다림줄은 벽을 재는 데 쓰이듯, 하나님께서 이스라엘을 재시겠다는 것이다.

4) 여름 실과의 환상(8:1-3) - 잘 익은 여름 과실은 곧 거두는 것처럼, 심판의 날이 가까웠음을 의미한다.

5) 단 곁에 서신 주님(9:1-4) - 많은 사람이 예배하는 성전 기둥머리를 쳐서 몰살시키듯 타락한 종교적 멸망을 말한다.

2. 대낮에 지는 해 (암 8:9)

8장 9-10절에서는 앞의 2절 하반절에 뒤이어 북왕국 백성들에게 이미 5장 18-20절에 예고했던 '여호와의 날'을 묘사한다. 그렇지만 5장에서는 '어두움'과 '빛'을 여전히 **상징적인 뜻**으로 이해할 수 있었다면, 본문 9절의 "그 날에 내가 해로 대낮에 지게 하여 백주에 땅을 캄캄케 하며"는 **우주적인 현상**을 뜻한다. 그 배경은 주전 784년과 763년에 일어났던 **'일식'(日蝕)**인 듯하다. 지진을 장래 심판의 조짐으로 여기고 어두움 및 우주적인 동요를 동터 오는 '여호와의 날'에 일어나는 현상으로 보는 것은, 이제부터 성경의 종말 신앙에 속하게 된다(사 13:9-10, 욜 2:31, 3:14-15, 막 13:8, 24, 15:33 참고).

통독	330
확인	

공부

아모스 7장~9장 : 다섯 가지 환상

1. 해당되는 환상에 O표(7:1-9, 1-3문). / 쌓은 담 곁에 주께서 손에 잡고 서셨다. - 황충, 불, 다림줄
2. 큰 바다를 삼키고 육지까지 먹으려 하는지라. - 황충, 불, 다림줄
3. 땅의 풀을 다 먹은지라. - 황충, 불, 다림줄
4. 누가 누구에게 한 말인가?(7:10-17, 4-6문) 선견자야...다시는 벧엘에서 예언하지 말라 -
5. 나는 선지자가 아니며...여호와께서...나를 내 백성 이스라엘에게 예언하라 하셨나니. -
6. 이스라엘은 정녕 사로잡혀 그 본토에서 떠나리라(아모스에게 이 말씀을 주신 분). -
7. 주 여호와께서 아모스에게 보이신 넷째 환상은 '여름 실과 한 광주리'이다(8장). - (O, X)
8. 이스라엘의 끝이 이르렀으나 여호와께서 '다시 저를 용서하리라' 하셨다(8장). - (O, X)
9. 에바를 작게 하여 세겔을 크게 하며 거짓 저울로 속이는 것은 권장사항이다(8장). - (O, X)
10. 이스라엘에게는 '여호와의 말씀을 듣지 못한 기갈'이 있었다(8장). - (O, X)
11. '단 곁에 서신 주님'의 환상은 피할 수 없는 심판으로 무엇은 내리고 무엇은 내리지 않는가?(9:1-4) -
12. 하나님께서 야곱의 집에 대한 긍휼을 나타낸 구절은?(9:9) - 이스라엘 족속을

13. '이스라엘의 미래의 회복'을 나타낸 다음 구절의 (　　)를 채워 완성하세요(9:11-15).
   1) 그 날에 내가 (　　　　　　　　)을 일으키고 그 틈을 막으며 그 퇴락한 것을 일으켜서
   2) 내가 내 백성 이스라엘의 (　　　　　)을 돌이키리니
   3) 내가 저희를 그 (　　)에 심으리니 저희가 (　　　　　)에서 다시 뽑히지 아니하리라

▲▼△▽ -----《거짓말을 많이 하는 사람》----- ▽△▼▲

종로3가 세운상가 앞에는 여러 상인들이 물건을 펼쳐 놓고 파는데, 꽤 쓸 만한 것을 싸게 파는 경우들이 있고 구경거리도 많아서 촌사람인 필자 같은 사람의 발걸음을 멈추게 한다.

어느 날 광약을 파는 사람이 "마지막 두 개 남았습니다. 이천 원 받던 것 천 원에 드립니다." 하며 견본 물건에 광을 내는데 대단한 효과가 있어 보였다. 헝겊에 묻혀 스치기만 해도 광이 났다. 더구나 마지막 남은 두 개라니...남이 사기 전에 얼른 반값인 천 원에 광약을 샀다.

돈을 치르자 그 사람이 물건을 전시하는 상자 안에서 광약을 하나 꺼내 올려놓고 또 외쳤다. 누군가 하나를 사 가자, 또다시 상자 안에서 광약 하나가 나오고 외침은 계속되었다.

"광약! 마지막 두 개 남았습니다. 이천 원 받던 것 천 원에 드립니다."

♧ ♧ ♧

종로의 길거리 광약 장사는 하루에 거짓말을 수천, 수만 번은 하겠지만 그래도 그의 광약은 광이 잘 난다. 의도적으로 남을 속이는 경우가 아니더라도, 작은 속이는 일들이 일상에 난무하며 사람들도 그러려니 하는데 그러나 남 속여 광나는 인생을 살면 뭐하겠나?

그대는 하루에 거짓말을 몇 번이나 하나? 입술에 거짓 없는 사람은 떳떳함이 있다.

아모스 선지자는 부자들의 폭리 행위를 신랄하게 비판하였다.

(아모스 8:5-6) 에바를 작게 하여 세겔을 크게 하며 거짓 저울로 속이며 은으로 가난한 자를 사며 신 한 켤레로 궁핍한 자를 사며 잿밀을 팔자 하는도다

신현주, 〈좌충우돌 예화〉 〈시시콜콜 예화〉, www.sbs66.net

[오늘의 말씀] 오바댜 1장 : 에돔의 멸망 → 먼저 성경 읽기

(1장) 예언서 가운데 가장 짧은 책인 〈오바댜〉에서는 이스라엘의 이웃 민족인 에돔(에서의 후손)이 심판받을 것과 이스라엘이 앞으로 구원받을 것을 다룬다.

[말씀 묵상]

1. 에돔은 부유하였고 교만하였다. 남쪽의 아프리카(엘랏 항구) 및 아라비아와 북쪽의 수리아 및 베니게 지역을 잇는 거대한 교역로에 있었다. 그 부를 탐내는 도적(다른 나라)들이 그것을 쓸어갈 것이라 한다. "혹시 도적이 네게 이르렀으며 강도가 밤중에 네게 이르렀을지라도 그 마음에 만족하게 취하면 그치지 아니하였겠느냐…에서가 어찌 그리 수탐되었으며 그 감춘 보물이 어찌 그리 수탐되었는고"(1:5-6)라며 경고한다. 하나님 없는 수고는 헛것이 되고 만다(시 127:1-2).
2. 〈오바댜〉의 예언은 다른 예언들과 연결되어 있다. 17절은 요엘 3장 17절을 인용한 것 같고, 1-9절은 예레미야 49장 7-16절과 비슷하다. 예레미야 49장과 〈오바댜〉, 둘 가운데 어느 한 쪽이 다른 한 쪽을 인용한 것인지 아니면 두 본문이 지금은 남아 있지 않은 같은 자료를 인용한 것인지 더 이상은 알 수 없다. 다만 독자의 입장에서는 누가 전했든 하나님의 말씀을 대하는 감동이 있다.

[깊은 연구]

1. 예루살렘 함락의 시기들 (옵 1:11-14)

〈오바댜〉의 역사적 기점인 예루살렘 침략은 네 차례가 있었기에 어느 사건인지를 확정하기는 어렵다.

1) 여로보암 1세 치세 중 애굽 시삭의 침략(주전 926년, 왕상 14:15-26).

2) 여로보암 통치 중(주전 848-841년) 블레셋과 아라비아인들의 침략(대하 21:16-17).

3) 아마샤 치세 중 북 이스라엘 여호아하스의 침략(주전 779년).

4) 바벨론의 느부갓네살의 침략(주전 587년, 왕하 24-25장).

이와는 별도로 오바댜(성경에 12명 등장)는 여호사밧이 세운 국무장관 중에 한 사람이며 유다 나라에서 율법을 가르쳤던 오바댜로 보기도 한다(대하 17:7).

■ 에돔의 수도 셀라(페트라, Petra)
에돔의 거처는 난공불락의 요새였으나 오바댜는 이곳에 임할 심판을 예고했다. 페트라의 일부인 이곳은 왕의 무덤이었거나 신전이었을 것이다.

2. 오바댜의 심판 예고 대상인 에돔 (옵, 암 1장)

1) 에돔은 이삭의 아들 '에서'의 후예로서 '붉다'라는 뜻이 있다. 에서가 장자권을 동생 야곱의 붉은 죽과 교환한 것에 기인한다(창 25:30).

2) 에돔은 에서 자손들이 사는 땅(세일)을 가리키기도 한다(창 32:3, 36:8, 21, 43). 광야에 살았으며 독특한 건축 기술을 가졌다.

3) 그러나 이 말이 집합적으로 쓰일 때는 에서의 후손인 에돔 사람을 가리킨다(창 36:9, 민 20:18-21, 암 1:6, 11, 말 1:4).

통독	331
확인	

공부 오바댜 1장 : 에돔의 멸망

◇ 다음 물음에 답하세요(1장).

1. 에돔은 누구의 후손인지 그 이름을 본문에서 찾아보세요(1:1-21, 창 36:9). -
2. 다음 '에서'가 나오는 절수를 쓰고 이어지는 문장을 끝까지 쓰세요(같은 절이 두 번 나오기도 한다, 1장).

 1) (절) 에서가 ~

 2) (절) 에서의 산에서 ~

 3) (절) 에서의 산의 ~

 4) (절) 에서 족속은 ~

 5) (절) 에서 족속에 ~

 6) (절) 에서의 산을 ~

 7) (절) 에서의 산을 ~

▲▼△▽ -----≪북한에서는 세쌍둥이 수대≫----- ▽△▼▲

김일성 주석이 생전에 '세쌍둥이가 태어나면 나라가 흥할 징조'라고 말을 했을 정도로 북한에서는 세쌍둥이가 대접을 받는다. 세쌍둥이를 임신한 사실이 확인되면 '여성들의 친정집'으로 불리는 평양산원에 입원시켜 특별 관리에 들어간다. 세쌍둥이가 태어나면 아들에겐 은장도를, 딸에게는 금반지를 김정일 위원장이 선물로 보내고, 평양의학대학병원을 중심으로 각도별 소아병원이 서로 연계해 이들의 건강을 책임진다. 육아원, 유치원은 물론 소학교, 중학교까지 건강검진과 관리를 하고 있다. 따라서 국가의 배려에 감사하는 뜻으로 이름도 '일당백', '충성심'이나 '강성대국'을 나눠 세 사람의 이름에 넣기도 한다(강국, 성국, 대국). 중학교를 졸업하면 보은으로 자원입대한다.

평양산원에서 333번째 세쌍둥이가 태어났다고 보도했다(2004.2).

♧ ♧ ♧

금반지와 은장도에 생일을 새겨 넣되, 어려서 헤어졌다가 나중에 만나도 자기 형제를 확인할 수 있게 3개를 모두 합쳐서 전체 생년월일을 알 수 있도록 새긴다고 한다.

정선에서 태어난 네 쌍둥이 이름에 '매란국죽'을 넣어 이름을 지은 사례도 있다. 에서와 야곱, 유다의 아들 베레스와 세라도 쌍둥이였다. 어떤 분은 쌍둥이를 원했으나, 1월과 12월에 아기를 낳아 쌍둥이에 버금가는 효과를 얻긴 했다. 힘~도 좋지! '에서'는 '야곱'의 쌍둥이 형이다(창 25:24-26).

(오바댜 1:3) 바위틈에 거하며 높은 곳에 사는 자여 네가 중심에 이르기를 누가 능히 나를 땅에 끌어내리겠느냐 하니 너의 중심의 교만이 너를 속였도다

신현주, 〈좌충우돌 예화〉 〈시시콜콜 예화〉, www.sbs66.net

〈요나〉를 소개합니다

제목에 대한 해설

본서는 예언자의 이름을 따라 '요나'를 책 제목으로 정하였다. 70인역(LXX)에서는 요나스(Ionas)라 하였고 불가타역(Latin Vulgate)도 이를 음역하여 같은 이름인 요나스(Jonas)라 하였으며 후대의 역들도 모두 예언자 이름을 책명으로 하였다.

요나라는 이름의 뜻은 '비둘기'이다.

저자 및 저작 연대

〈요나〉의 저자 문제에 대해서는 단순한 듯하면서도 많은 논쟁이 있어 왔다. 저자 문제는 그 저작 시기를 함께 말해 준다.

1) 열왕기하 14장 25절에 기록된 "이스라엘 하나님 여호와께서 그 종 가드헤벨 아밋대의 아들 요나로 하신 말씀과 같이 여로보암이 이스라엘 지경을 회복하되"라는 말씀에 근거하여 북국 이스라엘 여로보암 2세(주전 786-749년에 통치) 때인 8세기 중엽의 요나가 저자라고 한다.

2) 반면에 바벨론 포로 이후(주전 587년에 포로로 갔다가 538, 458, 445년에 귀환) 즉 4세기 중엽 〈요엘〉을 잘 아는 익명의 저자라고 본다. 〈요엘〉(포로 후기로 볼 때)을 언급하는 것은 요나 3장 9절은 요엘 2장 14절에서, 요나 4장 2절은 요엘 2장 13절에서 온 것으로 보고 있기 때문이다. 아람어의 영향을 받은 용어(1:9, '하늘의 하나님')로 연대를 추정하기도 한다.

3) 또한 중간적인 견해를 갖는 경우는 바벨론 포로 후(4세기)에 기록되었으며 요나가 기록한 것이 아니라 요나에 대하여 기록한 것이라는 암시로 3장 3절 등을 제시한다. 즉 주전 612년 니느웨가 멸망한 이후의 시기를 암시한다.

본서가 역사냐 비유냐 하는 논쟁의 일부는 그리스도께서 요나에 대해 언급하신 것을 중심으로 하고 있다(마 12:40, 눅 11:30). 요나를 역사적 인물이라고 하는 충분한 증거가 있다고 믿는 사람들은 그것만을 너무 강조한 나머지 〈요나〉의 메시지를 잊지 말도록 "이 책의 주제는 고래가 아닌 해외 선교이다"라고 경고한다(W. G. Scroggie).

역사적 배경

대개의 예언서들이 예언자의 예언의 기록인 데 반하여 〈요나〉는 요나 개인에 관한 전기적인 기록이다. 따라서 〈요나〉는 예언자의 전기적인 기록을 통해 메시지를 전하려고 했던 '지혜문학'(욥기, 잠언, 전도서처럼)에 속한다고 보는 학자도 있다.

요나의 예언 대상인 니느웨(앗수르의 수도)는 역사적으로 북국 이스라엘을 여러 번 괴롭혔고, 주전 721년에는 북국 이스라엘을 멸망시키고(왕하 17장) 앗수르 백성을 사마리아에 이주시켜 혼혈족을 만들었다. 그 후 701년에는 앗수르의 산헤립이 예루살렘을 침공하기도 했다(왕하 18장).

본서의 예언은 다른 예언서들과는 다른 몇 가지 특징을 갖는다. ① 예언의 말씀이 극히 적어서 3:4의 다섯 마디(사십 일이 지나면 니느웨가 무너지리라) 뿐이다. ② 순종을 억지로 했다. 성경의 어디에도 요나처럼 불순종하고 하나님께 원망하는 선지자는 없다. ③ 그럼에도 불구하고 예언의 결과는 커서 니느웨가 회개하였고 재앙이 임하지 않았다. ④ 이스라엘에 대한 보호보다는 이방에 대한 하나님의 자비가 나타난다.

교훈과 메시지

1) 만인구원에 대한 이스라엘의 사명

본서의 신관은 이스라엘을 이방으로부터 보호하려는 전통적인 신관이 아니라 니느웨의 죄악에 대하여 심판하시려는 〈요나〉의 하나님은 〈아모스〉 이후의 보편적 윤리적 신관에서 나타나는 하나님의 모습과 같다. 그러면서 악독한 니느웨라도 말씀을 듣고 회개한 것과 이스라엘 백성이 유다적 신관에 젖어 회개치 못한 것에 대비되는 구조이다.

2) 유다 민족의 편협한 민족주의

요나의 모습은 민족주의에 사로잡혀 그들의 사명인 보편적인 구원에 대해 관심을 두지 않은 이스라엘을 대표하며 그들을 깨우쳐 이방 민족을 향한 하나님의 사랑을 깨닫게 하기 위함이다. 그래서 〈요나〉의 끝은 이들에게 질문을 하고 있다.

〈미가〉를 소개합니다

제목에 대한 해설

본서는 예언자의 이름을 따라 '미가'(히브리어로는 '미가야')를 책 제목으로 정하였다. 사사기 17장 1, 4절에서는 '미가야후'로 좀 더 긴 형태로 나타난다. 70인역(LXX)에서는 미카이아스(Michaias)라고 했으며 불가타역에서는 미케우스(Michaeus)라 했고, 후대의 역들도 모두 예언자의 이름을 책명으로 하였다.

'미가'라는 이름의 뜻은 '여호와와 같은 자가 누구인가?'이다.

저자 및 저작 연대

저자는 모레셋 출신의 미가로서, 미가는 요담(주전 739-735년)과 아하스(735-725년) 시대 뿐 아니라 히스기야(725-697년) 시대에 여호와의 말씀을 받았다(1:1). 내용으로 보아 요담 당시의 예언은 찾아보기 힘들다. 그는 아모스, 호세아, 이사야와 함께 예언 활동의 황금시대인 주전 8세기 예언자 가운데 한 사람으로 예언서의 분량은 적으나 예언 기간은 길었다.

역사적 배경

미가는 주전 8세기 윤리적 예언자 중의 마지막 사람으로서 미가보다 시대적으로 앞선 윤리적 예언자 아모스, 호세아, 이사야의 예언을 종합한 예언의 진수를 보여 준 예언자이다.

미가는 주로 예루살렘에서 예언을 했으므로 이사야의 예언을 들었을 것이며 그의 고향 모레셋은 아모스의 고향 드고아와 28km 정도의 거리이므로 그는 아모스의 영향도 받았을 것이다.

미가는 사마리아와 예루살렘에 성행하였던 이교적(異敎的) 제사 의식을 신랄하게 비판하였고 관리들의 부정(2:1, 3:2, 10)과 그릇된 상거래(6:10, 7:2) 및 거짓 선지자들을 비판했다(2:11, 3:5).

미가가 예언을 하던 당시, 앗수르는 고대 근동 지방을 정복하려는 야망을 품고 있었다. 디글랏 빌레셀 3세(Tiglath-Pileser Ⅲ, 주전 744-727년), 살만에셀 3세(727-722년), 사르곤 2세, 산헤립으로 이어지는 앗수르의 통치자들은 이스라엘과 유다를 정복하려고 많은 노력을 기울였다.

교훈과 메시지

1) 심판과 구원

대부분의 예언서들이 심판과 구원이라는 구조를 가지고 있다. 〈미가〉에는 이스라엘과 유다의 심판과 구원의 대조가 다음 세 차례에 걸쳐 반복되고 있다. ① 1:2-2:11과 2:12-13, ② 3:1-12과 4:1-5:15, ③ 6:1-7:7과 7:8-20이다.

2) 공의와 공평

미가는 모레셋 농촌 출신의 예언자로서 불평등한 부의 분배와 불평등한 재판과 불의한 정치로 인한 이스라엘이 당하는 운명을 유다도 당하게 되리라는 것을 확신했다. 이는 하나님의 백성들이 하나님의 축복을 누리지 못하는 불신앙적인 상황에 대하여 비난하는 아모스의 관점(5:24)과 같은 것이다.

3) 메시아 사상

미가는 주전 700년 이전에 이미 이스라엘을 다스릴 자, 즉 메시아의 탄생 지점인 베들레헴을 예고했다(5:2, 마 2:5-6).

미가 4-5장은 특별히 종말론적인 예언으로 되어 있는데, 4장 1-2절은 이사야 2장 2-4절에 있는 종말론적인 예언과 문자적으로 거의 같으며, 우주적인 평화를 가져오는 메시아를 노래하고 있다.

미가의 메시아 사상은 독특한데, 다윗 왕의 후손으로 오는 메시아가 아니라 베들레헴에서 '근본은 상고에, 태초에' 있었던 하나님 자신이 강림하시는 것이며, 시골 베들레헴에서 낮은 자 가운데서 태어남으로써 백성들 가운데 임하며(5:2), 목자로서 평강을 주시며, 군대의 힘을 의지하는 자와 복수하는 자와 우상을 섬기는 자들을 벌하실 것이라는 것이다(5:3-15).

메시아 사상에 있어서 미가는 이사야의 영향을 받지 않고, 낮은 자로 오셔서 우주의 평화를 이루는 메시아에 관해 예언하는 독특성을 갖는다.

[오늘의 말씀] 요나 1장~4장 : 이방에 대한 보편적 구원 → 먼저 성경 읽기

(1장) 여호와께서 니느웨에 말씀을 전하도록 요나를 부르시지만 요나는 도망가다가 물고기에게 삼키운다.
(2장) 물고기 배 속에서 삼일 삼야를 기도하던 요나는 해변에 토해 냄을 당한다.
(3장) 하나님께서 요나를 다시 보내므로 요나는 니느웨로 가서 외치자 회개의 역사가 일어난다.
(4장) 여호와께서 니느웨를 멸망시키지 않자 우울해하는 요나에게 하나님은 자연을 통해 가르치신다.

[말씀 묵상]

1. 인간(요나, 또한 나 자신)이 하나님을 등지고 **거부하는 자유**가 있듯, 하나님은 그러한 사람을 추적해서 **사로잡는 자유**가 있다(1장). 이때에는 인간에게 고난이 뒤따른다는 것을 〈요나〉를 공부하며 발견하게 된다. 하나님을 등지지 말고 순종하는 것이 가장 평안한 삶이다.
2. 하나님을 괴롭히는 것은 이방 백성이 아니라 오히려 요나였다. 하나님께서 니느웨를 멸망시키지 않은 것에 불만을 품고 **"내 생명을 취하소서"**(4:3)라며 성을 내지만 하나님의 궁극적인 섭리는 언제나 구원에 있다. 내 생각과 마음과 다르다고 내 기준으로 평가하는 것은 좋지 않다.
3. 메시지의 결실은 받아들이는 쪽에서 반응이 나타나야 한다. 요나의 **"사십 일이 지나면 니느웨가 무너지리라"**(3:4)라는 설교를 들은 니느웨는 금식했고, 굵은 베옷을 입었으며, 부르짖었다. 이로 인해 재앙이 사라졌다. 베드로의 설교를 들은 자들은 **"어찌할고"** 했으나, 스데반의 설교를 들은 자들은 이를 갈며 돌로 쳤다(행 2:37-41, 7:54-60). 그대는 하나님의 말씀을 어떻게 듣는가?

[깊은 연구]

1. 요나에서 세 가지의 방향 전환이 나온다. (욘 3장)

1) **요나** - 도망가던 요나가 니느웨로 방향 전환을 한다(3:3).
2) **니느웨 사람들** - 악독한 니느웨 사람들이 하나님께로 방향 전환을 한다(3:5-6).
3) **하나님** - 니느웨를 멸망시키려던 하나님이 뜻을 돌이키신다(3:10).

2. 요나를 가르치려고 준비하신 자연 세 가지 (욘 4장)

하나님은 자연을 통하여 요나를 가르치신다. 이미 1장에서 **'태풍'**, **'물고기'**가 등장했다. 그리고 4장에서는 다시 세 가지를 준비하셨다. ① **박 넝쿨** - 6절. 하나님 여호와께서 **박 넝쿨**을 **준비**하사 요나 위에 가리우게 하셨으니, ② **벌레** - 7절. 하나님이 **벌레**를 **준비**하사 이튿날 새벽에 그 박 넝쿨을 씹게 하시매 곧 시드니라, ③ **동풍** - 8절. 해가 뜰 때에 하나님이 뜨거운 **동풍**을 **준비**하셨고 해는 요나의 머리에 쬐매 요나가 혼곤하여 스스로 죽기를 구하여 가로되 사는 것보다 죽는 것이 내게 나으니이다.

3. 요나는 자아가 강한 선지자 (욘 4장)

히브리 원전 4:2-3에는 일인칭(나)이 2절에 다섯 번, 3절에 네 번 나온다. 요나의 자아(Ego)가 무려 아홉 번이나 표현되었다. 요나는 잠시 있다가 사라지는 박 넝쿨에는 깊은 관심을 가지면서 인류 전체의 생명에 대한 하나님의 관심에는 동의하지 않는 자아가 강한 선지자이다.

통독	332
확인	

공부 요나 1장~4장 : 이방에 대한 보편적 구원

1. 하나님께서 요나에게 가라고 한 성읍, 배를 탄 곳, 도망가고자 했던 곳은?(1:1-3) -
2. 요나가 자신을 무엇이라 소개했나?(1:9) -
3. 바다가 잔잔해지는 방법으로 요나가 제시한 것은?(1:12) -
4. 요나가 큰 물고기 배 속에 삼일 삼야를 있게 된 것을 신약에서 예수님은 무슨 사건의 예표로 말씀하셨나?(1:17, 마 12:38-41) -
5. (2: 절) 내가 받는 ( )을 인하여 여호와께 불러 ( ) 주께서 내게 대답하셨고 내가 ( )의 뱃속에서 부르짖었삽더니 ( ) 나의 음성을 들으셨나이다.
6. (2: 절) 내가 주의 ( )에서 쫓겨날지라도 다시 주의 ( )을 바라보겠다 하였나이다.
7. (2: 절) 나는 ( )하는 목소리로 주께 ( )를 드리며 나의 ( )을 주께 갚겠나이다.
8. 요나가 니느웨로 가서 외친 말은 무엇인가?(3:4) -
9. 니느웨 백성들이 요나의 외침을 듣고 행한 일은?(3:5)-
10. 왕이 조서를 내려 무엇을 선포했는지 한 단어로 말하면?(3:6-7) -
11. 하나님이 니느웨 백성들을 감찰하시고 어떻게 하셨나?(3:10) -
12. 요나의 편협된 생각을 고치기 위하여 하나님께서 준비하셔서 사용한 세 가지 자연은?
    1) - (6절:), 2) - (7절:), 3) - (8절:)
13. 요나와 비슷한 요구(죽기를 원함)를 했던 선지자는?(4:3, 8, 왕상 19:1-8) -
14. 하나님께서 요나에게 질문 형식(~하냐)으로 말씀하신 세 절은?(4장) -

▲▼△▽ -----≪선지자 요나의 표적과 현대적 확증≫----- ▽△▼▲

▷ 포경선 '동방의 별'호는 1891년 2월 포클랜드 근해에서 스펌고래를 발견했다. 두 개의 보트가 내려졌고 창잡이 중 하나가 고래에 창을 던졌다. 두 번째 보트에 있던 사람들이 작살을 꽂으려 했으나 보트가 뒤집혀 한 사람이 바다에 빠졌다. 이등선원인 바틀리(James Barthly)가 사라지고 없었다. 이윽고 고래가 죽고 배 옆으로 끌어 올려져 단단히 묶여 기름과 살을 떼어냈다. 다음날 갑판 위에 고래의 위(胃)를 올려놓고 갈랐을 때 행방불명되었던 선원이 그 안에서 발견되었는데 의식을 잃은 상태였으나 살아 있었다. 결국 그는 바다와 고래로부터 소생함을 받았고 얼마 후 고래잡이배에서 임무를 계속했다. 〈브리태니카 연구자료, James M. Boice, *Can you run away from God?*, SP Publishing, 1977〉

▷ 주후 3세기에 나타난 원시교회의 벽에다 대리석으로 정교하게 조각해서 붙여 놓은 석관(石棺)의 판화들은 요나의 방향전환으로서 그가 물고기의 배 속에서 울부짖고 있는 장면을 묘사하고 있다. 요나는 머리가 먼저 삼켜졌고 토해서 나올 때에도 머리가 먼저 나온다. 그러니까 요나가 180도로 방향전환을 한 것은 물고기의 배 속에서였다. 12세기에 건축된 라벨로(Ravello) 대성당의 제단 좌편 계단에는 요나가 삼킴을 당하는 장면이 있고 우편 제단에는 그가 다시 내뱉어지는 장면이 나온다. 또한 주목을 끄는 것은 실레시아(Silesia, 유럽 중부의 지방)와 보헤미아(Bohemia, 체코슬로바키아 서부)에서 나타난 그와 같은 몇 개의 '고래 제단들'이다. 교회 내부의 장면에 아주 예술적으로 조각된 괴물 한 마리가 교인들을 향하여 입을 딱 벌리고서 막 자리를 박차고 일어서는 모습이 서 있다. 그리고 이 물고기의 거대한 이빨들 사이로 설교자가 나타나 교인들 앞에 선다. 간혹 '고래 제단'의 배 속 전체를 설교자가 통과하면서 높은 제단에 오르도록 건축되어 있다...요나와 같은 임무를 준비시킨다. 〈Hans Walter Wolff, *Jonah the Messenger*, pp. 46-49〉

[오늘의 말씀] 미가 1장~3장 : 이스라엘과 유다의 심판 → 먼저 성경 읽기

(1장) 하나님께서 이스라엘(사마리아)과 유다(예루살렘)를 심판하러 나타나신다.
(2장) 백성을 후리는 권력자들에게 화가 있을 것을 예언하지만, 장래 구원의 약속도 주어진다.
(3장) 그리고 다시 유다 지도층에 대한 심판을 예고한다.

[말씀 묵상]

1. 사마리아가 멸망할 것(1:6-7)을 생각하니 미가 선지는 두렵기 짝이 없었다. 미가는 슬픔을 드러내려고 "벌거벗은 몸으로 행하며(문자적으로는 '맨발로', '맨몸으로', 허리 부분만 가리고) 들개같이 애곡하고 타조같이 애통하리니"(1:8)라 하였다. 고통 중에 돌아다니며 그 심판은 북왕국의 경계에서 멈추지 않고 유다에도 미칠 것을 예언한다(1:9). 이사야도 이런 상징예언을 했다(사 20:2).
2. 미가의 대담하고 솔직한 심판의 예언을 들은 적들은 격분하여 미가에게 "너희는 예언하지 말라 이것은 예언할 것이 아니어늘 욕하는 말을 그치지 아니한다"(2:6)라고 하였다. 미가의 예언이 거짓이므로 박해를 하는 것이 아니라 너무나 진실하기에 두려워하는 것이다. 아첨하는 달콤한 말에 불안과 초조를 달랠 것이 아니라 진실한 하나님의 종의 예언에 귀를 기울여야 한다.

[깊은 연구]

1. 장래 구원의 약속 (미 2:12-13)

1) 하나님은 포로생활이 끝난 뒤에 "이스라엘의 남은 자를 모으고 그들을 한 처소에 두기를 보스라 양떼 같게 하며 초장의 양떼 같게 하리니 그들의 인수가 많으므로 소리가 크게 들릴 것"(2:12)을 약속하셨다. 이와 비슷한 말씀들은 에스겔 34:15, 36:37-38에서 찾아볼 수 있다.

2) 그리고 13절에서는 출애굽 때에 그러하셨듯이(출 13:21-22, 사 52:12 참고) 하나님이 몸소 자기 백성의 갈 길을 닦아 두려고 하신다(사 42:13 참고). "그들의 왕이 앞서 행하며 여호와께서 선두로 행하시리라"(2:13) 하였다. 즉 하나님이 그들의 왕이라는 것이다. 하나님은 길을 여는 자(삼하 5:20, 사 42:13)처럼 사로잡힌 자들에게 성문을 열어 주신다.

2. 거짓 선지자 (미 3:5-8)

하나님의 선지자들은 거짓 선지자들과 싸웠다. 아모스, 호세아, 또 후에는 예레미야도 거짓 선지자들과 싸워야 했다. 미가도 마찬가지였다(암 7장, 호 4:5, 렘 7:4, 23:25 이하, 28장 등).

거짓 선지자들의 공통된 점은 사욕을 위하여 예언을 하는 것이다. 자기에게 이익이 되는 사람에게는 아첨을 하고 근거 없는 평안을 예언하고 자신에게 이익을 가져다주지 않는 자에게는 가혹하다. 미가는 직업적 예언자들의 타락을 업신여겼고 하나님께서 심판하실 것을 예언하였다(3:5-8).

■ 시골 출신의 미가 선지자
미가는 시골 모레셋 출신으로 사마리아와 예루살렘의 죄에 대하여 크게 책망했다. 〈구스타프 도레의 판화〉

통독	333
확인	

공부 미가 1장~3장 : 이스라엘과 유다의 심판

1. 〈미가〉는 유다의 어느 왕들이 통치하던 시대의 묵시(예언)인가?(1:1) -
2. 〈미가〉는 어디에 관한 묵시인가?(1:1) -
3. 여호와께서 강림하사 심판하시면 어떻게 되는가?(1:1-7을 읽고 답은 6-7절에서) -

4. 다음은 어느 지역에 관한 예언인지 지명을 쓰세요(1:8-16).
   1) 딸 시온의 죄의 근본이니 이는 이스라엘의 허물이 네게서 보였음이라. -
   2) 내가 장차 너를 얻을 자로 네게 임하게 하리니 이스라엘의 영광이 아둘람까지 이를 것이라. -
5. 악을 행하는 결과로 여호와의 회중에서 어떠한 자가 하나도 없게 되는가?(2:1-5) -
6. 거짓된 자들이 하나님의 백성의 부녀들과 그 어린 자녀들에게 어떻게 했는가?(2:6-11)
   -
7. 장래 구원의 약속에서 이스라엘의 남은 자를 모을 때 누가 선두로 행하시나?(2:12-13) -
8. (3:   절) 내 백성을 (   )는 이에 물면 (   ) 그 입에 무엇을 채워 주지 아니하는 자에게는 (   ) 하는도다.
9. (3:   절) 오직 나는 (   )으로 말미암아 권능과 공의와 재능으로 채움을 얻고 (   )과 (   )를 그들에게 보이리라.
10. (3:   절) 그 두령은 (   ) 재판하며, 그 제사장은 (   ) 교훈하며, 그 선지자는 (   ) 점치면서...재앙이 우리에게 임하지 (   )하리라 하는도다.

▲▼△▽ -----≪삶이 곧 메시지가 된다≫----- ▽△▼▲

어느 교회 목사님이 사모님이 돌아가신 후부터 설교의 내용이 전과 달라졌다. 주로 '인생은 풀과 같고 영화는 풀의 꽃과 같다', '인생은 아침 안개', '소망은 오직 하늘나라', '헛되고 헛되니 모든 것이 헛되도다' 등의 설교였다. 교인들이 목사님과 함께 심각한 인생의 고민에 빠졌다.

그런데 얼마의 세월이 지난 후부터 목사님의 설교가 달라졌다. '독처(獨處) 하는 것이 좋지 않다'(창 2:18), '사랑은 죽음 같이 강하다'(아 8:6), '인생은 다시 시작할 수 있다'(요 21:15-17) 등으로 교인들이 사랑의 메시지에 열광했다. 교인들이 그 이유를 알아보고는 더욱 즐거워했다.

"글쎄, 목사님이 연인이 생겼대요. 열렬히 사랑하는 중인데 곧 결혼 발표를 할 것 같아요. 확실히 삶이 아름다워야 설교도 듣기 좋은 것이 나온다니까요!"

♧ ♧ ♧

사랑은 숨길 수 없기에 말과 행동으로 나타나서 알려진다. 그대의 지금 관심은 무엇이며 누구를 사랑하고 있는가? 사랑하는 자는 다 시인이 된다던데, 그렇게 되어 보시지요?
마음속에 사랑을 지녀야만 일을 행복하게 할 수 있기에 사역자들이 근심으로 일하지 않게 도와줘야 한다. 마음의 평안, 경제적 안정, 영성의 평정... 다 필요하겠지만 사랑하는 사람이 있어야 실제적인 사랑을 말할 수 있다. 삶은 메시지에 영향을 미치기 마련이다.

(미가 2:12) 야곱아 내가 정녕히 너희 무리를 다 모으며 내가 정녕히 이스라엘의 남은 자를 모으고 그들을 한 처소에 두기를 보스라 양떼 같게 하며 초장의 양떼 같게 하리니 그들의 인수가 많으므로 소리가 크게 들릴 것이며

신현주, 〈좌충우돌 예화〉 〈시시콜콜 예화〉, www.sbs66.net

[오늘의 말씀] 미가 4장~7장 : 이스라엘과 유다의 구원 → 먼저 성경 읽기

〈미가〉는 세 편의 예언적 설교로 구성되어 있다. 즉 ① 심판의 위협(1:2-2:13), ② 메시아적 선언(4-5장), ③ 회개와 겸손에 이르는 충고와 권고(7장)이다.

(4-5장) 하나님의 구원의 메시지가 나오고, 베들레헴의 유다 족속 중에서 다스릴 자가 나올 것을 예언한다.

(6장) 하나님이 이스라엘을 상대로 소송을 거신다. 여호와께서 구하시는 것을 말씀한다.

(7장) 이스라엘의 도덕적 타락이 나오고 이스라엘의 회복을 위한 기도의 말씀이 나온다.

[말씀 묵상]

1. "칼을 쳐서 보습을, 창을 쳐서 낫을 만들 것이며…"(4:3). 이는 동시대인 이사야의 예언과도 통한다(사 2:4). "세상은 평화 원하지만 전쟁의 소문 더 늘어간다(♬)…" 나와 관계된 가까운 곳들은 어떤가? 심령에 품은 악한 계획, 입술의 독설, 앞뒤가 다른 입장들, 약자를 향한 칼자루 잡은 자의 횡포… 이러한 칼과 창들을 농사 기구인 보습과 낫으로 만들어 은혜의 밭을 갈아 보자구요.
2. 여호와께서 내게 구하는 것이 무엇이라고 믿는가? 미가는 "오직 공의를 행하며 인자를 사랑하며 겸손히 네 하나님과 함께 행하는 것이라"(6:8)라고 했다. 천천의 숫양보다, 만만의 강수 같은 기름보다 이를 더 좋아하시는 하나님. 문제는 언제나 나의 자세에 있다. 교회에서 최소한의 의무를 감당하며 최고의 권세를 누리려고 하는 교만함이 있다면 어떻게 되겠는가?
3. 미가가 예언하던 그 시대에는 서로 불신하여 "이웃을 믿지 말며 친구를 의지하지 말며 네 품에 누운 여인에게라도 네 입의 문을 지킬지어다"(7:5)라고 하였다. 오늘의 시대와 무엇이 다른가? 결국 어느 시대를 막론하고 이러한 불신은 존재하기에 예수님도 제자들에게 배신을 당했고 오늘의 교회도 불신하는 일들로 인해 고통을 당하고 있다. 서로 믿을 수 있는 자세가 필요하다.
4. "주와 같은 신이 어디 있으리이까"(7:18) 했다. 이러한 미가의 고백은 어느 상황에서나 내 입술의 고백적 간증으로도 필요한 것이다.

[깊은 연구]

1. 〈미가〉의 메시아 예언 (미 5:2)

〈미가〉의 가장 유명한 구절은 메시아의 탄생 지점 예언일 것이다. 동방의 박사들이 별을 보고 유대 땅으로 메시아를 찾아왔을 때, 대제사장과 서기관들이 바로 미가서 5장 2절을 말했다(마 2:1-6). 두 구절(미 5:2의 예언과 마 2:6의 성취)을 비교해 보라.

2. 추억하라는 말씀의 배경 (미 6:5)

출애굽한 이스라엘이 모압 평지에 진 쳤을 때에 모압 왕 발락은 이스라엘을 저주하기 위하여 메소포타미아의 유명한 거짓 예언자(점술가) 브올의 아들 발람에게 뇌물을 주고 그를 초대하였다. 그런데 발람은 하나님께서 나귀의 입을 통해 경고하신 말씀을 듣고, 오히려 이스라엘을 축복하였다(민 22-24장, 신 23:4-5, 벧후 2:15). 이런 사건을 추억하라는 것이다.

통독	334
확인	

공부 미가 4장~7장 : 이스라엘과 유다의 구원

◇ 다음 중 서로 관계있는 것을 찾아 줄로 연결하세요(1-3번은 4장, 4-6번은 5장).

1. 말일에 이르러는 여호와의 전의 산이	가) 창을 쳐서 낫을 만들 것이며
2. 그 칼을 쳐서 보습을 만들고	나) 너의 원수의 손에서 속량하여 내시리라
3. 바벨론까지 이르러 거기서 구원을 얻으리니	다) 산들의 꼭대기에 굳게 서며
4. 베들레헴 유브라다야 너는 유다 족속 중에 작을지라도	라) 이스라엘을 다스릴 자가 네게서 나올 것이라
5. 네 손이 네 대적 위에 들려서 네 모든 원수를	마) 네 손으로 만든 것을 다시는 섬기지 아니하리라
6. 새긴 우상과 주상을 너의 중에서 멸절하리니	바) 진멸하기를 바라노라

7. 여호와께서 자기 백성과 무엇을 하신다 하였나?(6:2) -
8. 여호와께서 네게(사람에게) 구하시는 것은 무엇인가?(6:8) -
9. 어떻게 하면 깨끗하지 않다 했나?(6:11) -
10. 이스라엘이 어떻게 했기에 하나님께서 너희(이스라엘)를 황무케 한다고 하셨나?(6:16)
   -
11. (7: 절) 너희는 이웃을 믿지 말며 ~
12. (7: 절) 오직 나는 여호와를 ~
13. (7: 절) 주께서 나를 인도하사 ~
14. (7: 절) 주와 같은 신이 ~

▲▼△▽ -----≪왕따를 통한 동물의 자기 보존≫----- ▽△▼▲

▷ 아프리카 야생공원에 사자들이 한가하게 누워 있는 앞에 임팔라 사슴 떼가 유유히 풀을 뜯고 있다. 잡아먹고 먹히는 관계이면서 평화 공존하는 것은 오묘한 자연의 법칙 때문이다. 사자는 사슴 한 마리만 잡아먹으면 사나흘은 배가 고프지 않고 사슴 떼는 한 마리만 희생하면 사나흘 간 사자의 보호권 안에 안주함으로써 무지막지한 살육을 면할 수 있다. 이 희생양을 위해 한 마리를 집단에서 따돌려 쇠약하게 한다. 곧 왕따 사슴을 만들어 바치고 집단안보를 유지해 나간다.

▷ 중국 서남부 산간지역에서는 야생 원숭이들을 사육하는데, 그 우리 안에 돼지를 함께 넣어 기른다. 돼지가 없으면 원숭이들은 좌충우돌 저희들끼리 싸워 상해를 입히기 일쑤다. 이 투쟁본능의 피발산체로 돼지가 십상이다. 돼지는 아둔해서 일방적으로 당하기만 하기 때문이다. 돼지는 원숭이의 집단 평온을 유지시키는 희생된 왕따이다.

♧ ♧ ♧

나의 희생으로 남이 혜택을 누린다면 감사한 순교자적 모습이지만, 여기서는 자의가 아닌 강제로 희생당하는 꼴이다. 사람들은 약자를 학대함으로 강자라는 착각 속에 빠지며 쾌락을 얻으려는 타락한 속성이 있어서 학교의 왕따도 없어지지 않고 사회 문제가 되고 있다.
모든 사람을 귀히 여겨야 하는 것은 비록 부족해 보여도 모두 하나님의 창조물이기 때문이다.

(미가 5:2) 베들레헴 에브라다야 너는 유다 족속 중에 작을지라도 이스라엘을 다스릴 자가 네게서 내게로 나올 것이라 그의 근본은 상고에 태초에니라

신현주, 〈좌충우돌 예화〉〈시시콜콜 예화〉, www.sbs66.net

〈나훔〉을 소개합니다

제목에 대한 해설

본서는 예언자의 이름을 따라 '나훔'을 책 제목으로 정하였다. 나훔은 '위로', '평안', '구원'이란 뜻이 있다. 70인역(LXX)에서는 '나오움'으로, 불가타역(Latin Vulgate)에서는 '나훔'으로 나타나는데, 이는 단지 발음상의 차이일 뿐이다.

저자 및 저작 연대

저자는 "엘고스 사람 나훔의 묵시의 글"(1:1)에 근거하여 나훔으로 보는데 더 이상의 정보는 없다. 엘고스도 그 위치가 어디인지 알 수 없다. 그의 활동 시기에 관하여는 왕들에 대한 기록이 없으므로 많은 논쟁의 대상이 되고 있는데 다음 두 가지 연대를 기준으로 추측해 본다.

3:8-10에서 상부 애굽의 수도 '노아몬'(테베)에 대해 말하는데 노아몬은 주전 663년에 앗수르 사람들의 손에 넘어갔다. 다른 한편으로는 〈나훔〉에서 니느웨의 멸망은 곧 일어날 사건으로 묘사한다. 니느웨는 주전 612년 바벨론 사람들과 메대 사람들에게 파괴되었다. 그렇다면 그 기록 시기는 아마도 주전 612년 앗수르 제국이 멸망한 직후일 것이다. 또한 테베가 663년 앗수르의 앗수르바니팔(Ashur banipal, 주전 669-626년)에 의해 약탈당한 일(3:8)을 과거의 일로 언급한 것으로 보아 이 두 연대의 중간(주전 663-612년)으로 볼 수 있다. 히스기야 왕과 이사야 선지자의 동시대 예언자로 추정한다.

역사적 배경

〈나훔〉은 앗수르의 앗수르바니팔이 치리하던 때부터 주전 612년 니느웨의 함락까지의 기간 동안 일어난 일들의 기록으로 본다. 주전 721년 북왕국 이스라엘이 함락된 지 약 1세기가 지난 때로서 예레미야, 하박국, 스바냐의 활동 기간과 동일하다(렘 3:6, 습 1:1). 국제적으로는 애굽과 앗수르가 지배권을 행사하던 시기이나 이제는 강성하게 된 바벨론이 메대와 동맹을 맺고 앗수르를 침략하게 되었다. 하나님께서 이스라엘을 징계하기 위하여 사용하였던 앗수르 제국이 하나님의 공의에 대한 심판을 받게 된 것이다.

교훈과 메시지

1) 진노하시는 하나님

나훔은 이전의 예언자인 아모스, 호세아, 이사야, 미가 등과 동시대의 예언자 스바냐와 예레미야와는 달리 유다의 죄악에 대해서는 전혀 지적하지 않고 있다. 이런 점은 주전 587년에 예언했던 오바댜와 비슷한데, 나훔은 오바댜처럼 제의예언자, 궁중예언자일 것이다. 애국자이며 유다적인 국수주의자였던 나훔은 고통을 준 니느웨에 대한 하나님의 진노가 불처럼 쏟아질 것을 예언하고 있다(1:6). 하나님을 거스르는 죄인을 향한 하나님의 진노가 맹렬한 불같으며, 어느 것도 대항하지 못하고 멸망할 것을 분명히 한다.

2) 여호와의 현현(顯現)과 유다의 회복

1장 2-9절은 이합체시(acrostic poem, 알파벳 순서로 지은 시)로 되어 있다(시 119편 해설 참고). 창조 시편인 104편과 비슷한데, 창조주 여호와의 현현과 그 위엄을 노래한다. 나훔은 포악한 앗수르와 같은 죄인들을 향하여 맹렬한 불같은 진노를 가지고 쳐들어오시기 위해서 현현하신다는 것을 증거한다.

3) 앗수르의 죄악과 유다의 대망

앗수르의 죄는 군사력을 무자비하게 사용한 것과(2:1-13), 비양심적인 교역이었다(3:1-4). 이로 인해 주변국들이 죄를 더 짓도록 하는 역할을 하였다. 그러나 나훔은 유다 민족에게는 좋은 소식을 전달하는 사자가 오고 있다고 선언했다.

특히 1장 1-13절과 2장 1, 3, 15절에서 유다의 회복에 대해서 예언한다. 1장 12절에서는 '멸절'이라는 용어를 씀으로 전쟁의 분위기가 더욱 짙으며, 또한 1장 15절에서는 유다로 하여금 절기를 지키고 서원을 갚으라고 함으로써 제의적인 분위기를 갖는데, 나훔은 제사장 출신으로서 유다의 왕정체제 내에서의 회복하고 번영할 것을 대망하고 있는 것으로 볼 수 있다.

4) 문학적 걸작인가 보복시(詩)인가?

〈나훔〉은 구약성경에서 문학적으로 걸작임에도 '보복시'라는 비난을 받았다. 유다의 죄에 대해서는 언급을 하지 않고 원수의 멸망을 기뻐하는 편협한 민족주의적 노래로 종종 이해되었다. 하지만 유다의 죄가 언급되지 않는 대신 이스라엘이 겪은 고초가 하나님이 내린 것을 인정한다(1:12).

〈하박국〉을 소개합니다

제목에 대한 해설

본서는 예언자의 이름을 따라 책 제목을 '하박국'이라 하였는데, 이는 하박국이 하나님께로부터 받은 묵시이기 때문이다(1:1).

70인역(LXX)에서는 '함바쿠우크', 불가타역(Latin Vulgate)에서는 '아바쿠크'라 하였는데, 이는 같은 이름의 다른 표현일 뿐이다.

저자 및 저작 연대

저자는 전통적으로 하박국으로 본다. 하박국의 출신에 대해서는 논란이 있다. 3장에 기록된 시 형식의 노래가 예배형식적이므로 '레위인', '제사장' 또는 '찬양대원'이었다고 추측하기도 하며, 〈하박국〉의 신학이 〈욥기〉와 비슷한 신정론(神正論)의 문제를 다루며 인내와 신뢰의 문제에 대해 철학적으로 다루고 있어서 '지혜자' 출신으로 보기도 한다.

현대 학자들 중에는 1장 5-11절이 전후 내용과 자연스럽게 연결되지 않으며 3장은 다른 사람의 시를 따온 것이라며 하박국 혼자의 저작이 아니라 포로 후기의 저작설을 주장하는 사람들도 있다.

그러나 일반적으로 하박국의 활동 시기에 대해서는 주전 626-597년경으로 보므로 예언의 기록도 그 때로 본다.

역사적 배경

하박국의 활동 연대의 상한선은 주전 626년 이후여야 한다. 1장 6절에 '갈대아 사람을 일으켰다' 한 것은 주전 626년에 갈대아(바벨론)의 나보폴라살이 바벨론의 지경을 확고하게 하는 등 위협적인 세력으로 등장했기 때문이다. 주전 612년에는 앗수르를 무찔렀고 주전 605년 갈그미스 전투에서 애굽의 느고 왕이 바벨론의 느부갓네살의 군대에 대패하여 바벨론이 수리아-팔레스틴 지역을 장악하는 새로운 강자로 군림하게 된다. 주전 597년, 587년에는 유다가 바벨론의 포로가 된다(왕하 24-25장).

하박국의 활동 연대는 주전 626-597년까지 유다의 극심한 고통의 시대에 하박국이 두 번에 걸쳐서 여호와께 질문을 했다고 본다(1:2-4, 12-17).

즉 '하나님은 옳으신가?' '하나님이 역사를 진행하는 방향은 의로우신가?'라는 역사에 대한 신정론적(神正論的) 질문이다.

교훈과 메시지

1) 의인의 고난과 믿음(신정론, 神正論)

이스라엘의 전통적인 관념은 '의인은 여호와의 보호와 복을 받으며 고난은 죄악의 결과'로 보아왔다. 이것은 '순종하면 복이고 불순종하면 저주'라는 신명기의 사관(史觀)과도 같으며 또한 예언자적이며 윤리적인 사고이다. 지혜에 있어서도 의인의 축복에 대한 가르침이 고대로부터 전승된 지혜로서 〈잠언〉이 이에 속한다. 그러나 〈전도서〉를 거치면서 후기의 지혜에 이르러서는 의인의 고난에 대한 자각이 일어난다. 이스라엘의 역사가 고난으로 이어지면서 '왜 선민이 죄악으로 관영한 이방에 고난을 받아야 하는가'라는 역사에 대한 질문이 일어났고 〈욥기〉가 등장하였다.

〈하박국〉은 신명기적인 고난과 개념을 가지고 '왜 의인이 고난을 받는가?' 라며 질문한다.

2) 믿음으로 사는 사람

'의인은 믿음으로 말미암아 살리라'(2:4)는 〈하박국〉 의 위대한 주제는 사도 바울(롬 1:17, 갈 3:11)과 히브리서 기자(히 10:38)에 의해 더욱 발전하였으며 16세기 종교개혁과 마르틴 루터의 개혁 이념이기도 하였다.

3) 하나님의 현현(顯現)

2장 6-19절에는 '다섯 개의 화 있을진저'라고 부르는 조롱하는 시가 나온다(2:6). 첫째 노래는 느부갓네살, 둘째부터 다섯째 노래는 갈대아인에 대한 저주시인데, 그 분위기는 하나님의 위엄이 전 우주적이고 종말론적인 심판의 분위기를 느끼게 한다(2:20).

하박국의 기도이면서 찬송시인 3장은 시편 104편에서 느낄 수 있는 창조주 하나님의 현현에 대해 노래하고 그것은 출애굽기 19장의 시내산 현현에서 그 주제를 찾을 수 있다.

1-2장은 갈대아인에 대한 심판이었으나 3장에서는 악인에 대한 심판으로 바뀐다(3:13). 그러나 끝부분인 3장 17-19절에 가서는 여호와에 대한 신뢰를 노래하고 있다.

[오늘의 말씀] 나훔 1장~3장 : 니느웨의 멸망 → 먼저 성경 읽기

〈나훔〉은 여러 곳이 박력 있고 미려(美麗)한 문장의 시(詩)로 되어 있다.
(1장) 하나님은 앗수르에 대한 보복과 진노를 품으신다. 그러나 이것이 유다에게는 구원이요 위로이다.
(2장) 멸망당할 니느웨와 보존받을 유다에 대해 말씀하신다.
(3장) 그리고 니느웨의 멸망의 원인이 무엇인지 말씀하신다.

[말씀 묵상]

1. 유다는 앗수르(수도는 니느웨)로 인해 고난을 많이 당한다. 자신들의 힘으로 어쩔 수 없는 상황인데 하나님께서 "그들이 비록 강장하고 중다할지라도 반드시 멸절을 당하리니"(1:12) 하셨다. 그리고 유다에게는 "네 절기를 지키고 네 서원을 갚을지어다"(1:15)라고 권면하신다. 구원도 평강도 여호와께로부터 온다. 내가 실패를 하고 냉정히 반성할지라도 스스로 새로워질 수는 없다. 하나님과의 만남 없이 새로운 생활은 시작되지 않는다. 1장 15절의 '지키고 갚으라'는 말씀을 음미하라.
2. 니느웨의 멸망을 노래한 3장의 예언 첫 절은 "화 있을진저 피 성이여, 그 속에서는 궤휼과 강포가 가득하며 늑탈이 떠나지 아니하는도다"(3:1) 하였다. 죄를 두려워하지 않던 니느웨 사람들이 마침내 하나님 앞에서 멸절을 당하는 비운을 맞이한 것이다. 마치 그렇게도 당당하게 내 세상인 양 한국(조선)에서, 그리고 중국에서 거리를 활보하던 일본인들이 한순간에 패망하자 집에 틀어박혀 밖으로 나오지 못했던 것처럼...재앙은 그렇게 오는 것이다. "하나님의 사랑은 언제나 공의로운 분노에 의해 균형을 잃지 않으신다"(레이몬드 칼킨).

[깊은 연구]

1. 나훔의 출신지 엘고스는 어디인가?

나훔에 관한 정보는 다만 그의 고향이 '엘고스'라는 것 뿐이다. 그러나 엘고스마저 그 위치에 대한 설이 많다. 다음 네 곳 중에 하나일 것으로 본다.

1) 앗수르의 니느웨 북쪽
2) 예루살렘의 남서쪽
3) 갈릴리 지방의 어느 곳
4) 가버나움의 자리

2. 니느웨(앗수르)의 유다 침공

1) 주전 721년 - 사르곤 2세의 북이스라엘 정복(왕하 17:6)
2) 주전 701년 - 산헤립의 유다 침공(왕하 18:13-18)

〈제2권 통독 132, 133일째 참고〉

■ 공성퇴(攻城槌)로 공격하는 앗수르인
앗수르는 다양한 무기와 훈련된 보병으로 전쟁에 능하여 주변국들을 괴롭혔다. 나훔은 앗수르의 수도 니느웨의 멸망을 예고하였다. 사진은 앗수르의 니므롯에서 출토된 부조이다.

통독	335
확인	

공부 나훔 1장~3장 : 니느웨의 멸망

1. 〈( ) 안에서 맞는 것에 O표, 1-4문〉. 〈나훔〉은 (다메섹, 니느웨)에 대한 중한 경고이다. - (1: 절)
2. 〈나훔〉은 (엘고스 / 벧엘) 사람이며 예언 당시 왕들(시대)에 대한 정보는 없다. - (1: 절)
3. 여호와는 (선하시며 / 악하시며) 환난 날에 (산천 / 산성)이시라 그는 자기에게 (의뢰하는 자 / 더 나가는 자)들을 아시느니라. - (1: 절)
4. 아름다운 소식을 보(報)하고 (환난 / 화평)을 전하는 자의 (발 / 팔)이 산 위에 있도다. - (1: 절)
5. "파괴하는 자가 너를 치러 올라왔나니"에서 '너'는 누구인가?(2:1, 1:1 참고) -
6. 여호와께서 야곱의 영광을 회복하시되 무엇 같게 하시는가?(2:2) -
7. "예로부터 물이 모인 못(풍요한 곳)" 같더니 이제는 돌아보는 자 없는 곳은?(2:8-10) -
8. 누가 니느웨의 대적이 되어 병거들을 살라 연기가 되게 하는가?(2:11-13) -
9. 니느웨의 멸망의 원인 중에 하나는 무엇인가?(3:1-7을 읽고 답은 4절에서) -
10. 니느웨를 보는 자가 그에게서 도망하며 무엇이라 말하는가?(3:7) -
11. 노아몬(상부 애굽의 수도)의 힘이 되고 돕는 자가 되었던 나라들은?(3:8-11) -
12. 다음 니느웨에 속한 것들은 어떻게 되는가?(3:12-17) - 1) 산성: 2) 장정들: 3) 성문들: 4) 상고: 5) 방백: 6) 대장:
13. 니느웨의 멸망 소식을 듣는 자가 손뼉을 치는 이유는?(3:18-19) -

[특별문제] 나음 예언사들은 어느 곳의 멸망을 예언했나? - 1) 〈오바다〉는 ( )의 운명을(1:1), 2) 〈나훔〉은 ( )의 운명을(1:1), 3) 〈하박국〉은 ( )의 운명을(1:6) 예언했다.

▲▼△▽ -----《가장 비싼 소금 한 줌》----- ▽△▼▲

영국이 식민지 백성에게 '인도인들은 소금을 생산할 수 없고 사먹어야 한다'는 말도 안 되는 '소금법'을 만들어 괴롭혔다. 이에 간디는 '소금세 신설 반대운동'을 위해 '사바르마티'에서 인도인들의 단결을 호소하였다. "소금은 신이 인간에게 준 선물로서 권리를 누구도 뺏을 수 없다. 우리는 소금을 만들어 먹을 것이며 '단디'로 소금을 가지러 갈 것이다." 그러나 사바르마티에서 단디까지는 322킬로미터나 되었다. 예순 살의 간디를 영국인들은 비웃었으나 그가 소금행진을 하는 동안 300여 명의 마을 촌장들은 자신의 자리를 내놓았고, 사람들은 길에 나뭇잎이나 꽃을 장식하며 존경의 마음을 표했다.

결국 24일간 322킬로미터(805리)를 걸어서 바닷가 단디에 도착했고 혼자 출발한 소금행진은 도착 당시 수천 명이 되어 있었다. 그들은 소금을 줍기 시작했다. 소금법이 깨지는 순간이었다.

♧♧♧

인도가 영국의 식민지 시절 '마하트마 간디'의 가르침대로 물레로 옷을 만들어 입는 바람에 영국의 방직공장들의 사정이 어려워지자 소금법을 만들어 식민지 백성들을 괴롭혔다.
단디에 도착한 간디의 소식은 외신을 타고 세계로 전해졌고 소금법에 대한 비난 여론은 인도의 독립에도 힘이 되었다. 간디가 한 줌 손에 쥐었던 소금은 후에 1,600루피(4만 5천원)에 팔려서 세상에서 가장 비싼 소금이 되었다. 그대가 전도자가 된다면 그 발은 가장 비싼 발이 될 것이다.

(나훔 1:15) 볼지어다 아름다운 소식을 보하고 화평을 전하는 자의 발이 산 위에 있도다 유다야 네 절기를 지키고 네 서원을 갚을지어다

신현주, 〈좌충우돌 예화〉 〈시시콜콜 예화〉, www.sbs66.net

[오늘의 말씀] 하바국 1장~3장 : 의인의 고난 → 먼저 성경 읽기

(1장) 하나님께서 불의를 그냥 두시는 것에 대하여 불만을 품은 하박국에게 오히려 갈대아의 침략을 예언한다.
(2장) 그러나 갈대아는 하나님의 도구일 뿐 그들 자신의 죄로 인하여 형벌을 받을 것이다.
(3장) 하박국은 여호와로 인하여 기뻐하고 즐거워하리라 하였다.

[말씀 묵상]

1. 술을 좋아하는가? 갈대아인들, **"그는 술을 즐기며"**(2:5), **"이웃에게 술을 마시우되"**(2:15)라는 말처럼 술과 함께 살았다. 술을 즐기다가 실패한 자들이 많으므로 경계해야 한다. **노아**: 홍수 심판에서 구원받은 그가 포도주에 취하여 벌거벗고 수치를 드러냈으며 아들 함이 저주받는 원인을 제공했다(창 9:21). **나발**: 아비가일의 남편이요, 갈멜의 부자로서 다윗을 박대했으며 대취하여 몸이 돌처럼 굳어져 죽었다(삼상 25:36 이하). **벨사살**: 바벨론 왕으로, 성전 기명으로 술을 마시고 우상을 찬양하다가 경고받고 벌을 받아 죽었다(단 5:4 이하).

2. **"그러나 의인은 그 믿음으로 말미암아 살리라"**(2:4). 조국의 미래에 적국인 바벨론의 침략의 예고를 받고도 하박국은 믿음으로 산다고 고백한다. 바울서신과 히브리서 기자도 이 말씀을 인용했고(롬 1:17, 갈 3:11, 히 10:38), 마르틴 루터는 종교개혁의 모토로 삼았다. 어떤 상황하에서도 믿음으로 사는 것을 신앙인의 기본자세로 알고 있지만, 실제로 그렇게 사는 사람은 많지 않다. 입에 붙은 신앙이 아니라 실천적인 믿음의 삶이 필요하다.

3. 일본의 〈베데스다 못가에서〉지(誌)에 나온 "승천의 소식"이라는 글을 보라. 하박국은 열매와 소출이 없어도 **"나의 여호와를 인하여 즐거워하며 나의 구원의 하나님을 인하여 기뻐하리로다 주 여호와는 나의 힘이시라"**(3:18-19) 하였다. 내 기쁨의 근원이 소득이 많아졌고, 자녀들이 좋은 성적을 얻으므로 오는 것인가? 그 반대의 때에도 하박국처럼 의인의 믿음을 가질 수 있는가? 차원 높은 하나님의 사람이기를!

[믿음의 시 감상]

승천의 소식

귀한 부르심입니다.
환희로 넘칠 뿐입니다.
저는 참으로 축복받은 환자였습니다.
제게 생명을 부여하여 도구로 삼아 주시고
이제 죽음을 통해
하나님 곁으로까지 이끌어 주시는
예수님께 감사드립니다.
보살펴 주신 많은 분들의 사랑과 정성
그것이야말로 저의 최고 보물이었습니다.
정말 고마웠습니다.
그럼 다시 천국에서 만나 뵙겠습니다.
안녕히......

1971년 10월 17일
쯔네고로부터

■ 결핵으로 투병하다가 부름 받은 자매의 유서
죽음 직전에 포장지 뒷면에 이 글을 급히 쓴 것이다. 결혼한 지 2년 후에 결핵이 악화되어 입원하였으므로 어린 자식에게 어머니다운 보살핌도 베풀지 못하였다. 남편에게는 이혼 당해 고독과 27년의 투병 끝에 죽어갔다. 그러나 예수님의 사랑을 알았기에 죽음 앞에서도 이러한 찬송을 할 수 있었다. 이방의 침략에 직면한 하박국의 노래처럼(합 3:16-19).

[깊은 연구]

1. 예언자들의 예언의 대상은 다음과 같다.

〈오바댜〉는 '에돔'의 운명을,
〈나훔〉은 '앗수르'의 운명을,
〈하박국〉은 '바벨론'의 운명을 예언하고 있다.

통독	336
확인	

공부 하바국 1장~3장 : 의인의 고난

1. '~ 어느 때까지리이까', '~ 패역을 목도하게 하시나이까'라던 당시의 영적 상태는?(1:2-4)
   1) 율법이 ~ 2) 공의가 아주 ~ 3) 악인이 ~ 4) 공의가 ~
2. '사납고 급한 백성'은 하나님이 일으킬 (   ) 사람이다(1:6).
3. 갈대아(=신바벨론)의 말(馬)은 (   )보다 빠르고 저녁 (   )보다 사납다(1:8).
4. 그들(갈대아인)은 그 (   )으로 자기 신을 삼는 자라(1:11).
5. 악인이 그물에 제사하며 초망 앞에 분향하는 이유는 그것을 힘입어 (   )이 풍부하고 (   )이 풍성케 됨이다(1:16).
6. '정한 때가 있다. 결코 거짓되지 않다'는 무엇에 관한 말인가?(2:1-3) -
7. "의인은 그 믿음으로 말미암아 살리라"(2:4)라는 말씀을 인용한 신약성경의 절수는?
   1) 로마서 1장 (절), 2) 갈라디아서 3장 (절), 3) 히브리서 10장 (절)
8. 다섯 번의 '화 있을진저'라는 말이 나오는데 그 절들은?(2장) -
9. 여호와는 어디에 계시므로 온 천하는 잠잠할 것이라 했나?(2:20) -
10. (3:   절) 여호와여 주는 주의 일을 ~
11. (3:   절) 주께서 활을 꺼내시고 ~
12. (3:   절) 비록 무화과나무가 ~
13. (3:   절) 나는 여호와를 인하여 ~
14. (3:   절) 여호와 주는 나의 힘이시라 ~

▲▼△▽ -----≪진정한 인술(仁術)≫----- ▽△▼▲

어느 날 가난한 집의 부인이 의사에게 찾아와 울먹이며 "선생님, 우리 아이 아빠를 살려 주세요. 은혜는 잊지 않겠습니다." 했다. 인정이 많은 그는 곧 왕진 채비를 차리고 그 부인을 따라 가난에 찌든 초라한 집 앞에 다다랐다. 어두운 방안에는 뼈만 앙상한 남자가 죽은 듯이 누워 있었다. 진찰을 마친 의사는 부인에게 '약을 지어 줄 테니 자기를 따라오라' 했다. 부인은 의사를 따라 다시 의원으로 왔고 의사는 안에서 준비한 상자 하나를 건네주며 말했다. "부인, 이 상자는 반드시 집에 가서 열어 봐야 합니다. 주인 양반에게 이 약을 잡수시게 하면 금방 나을 겁니다." 부인은 집에 급히 돌아와 남편에게 먹일 약 상자를 열어 보고 순간 놀랐다. 약 대신 많은 돈과 편지가 들어 있음을 보고 눈물을 흘렸다.
"주인양반의 병은 잘 먹지 못해서 생긴 영양실조입니다. 이 돈으로 무엇이든지 먹고 싶은 것을 잡수시도록 대접해 주십시오."

♧ ♧ ♧

오래전 영국의 '올리버 골드 스미스'라는 의사 이야기이다. 오늘날에도 의사 선생님들뿐 아니라 전문가들이 이런 정신만 가진다면 사회는 얼마나 아름다워지겠는가?
그리스도인들이 이런 섬김의 정신을 가지고 살아야 하는데 한국 교계의 일부 지도자들 중에는 오히려 대접받음을 자랑하며 타락하고 있다. 예수님의 섬김의 정신을 잃어버림이 안타깝다.
'의인은 믿음으로 산다'고 한 하박국의 말을 오늘 그대의 삶의 자세로 삼아야 한다.

(하박국 2:4) 보라 그의 마음은 교만하며 그의 속에서 정직하지 못하니라 그러나 의인은 믿음으로 말미암아 살리라

신현주, 〈좌충우돌 예화〉〈시시콜콜 예화〉, www.sbs66.net

〈스바냐〉를 소개합니다

제목에 대한 해설

본서는 예언자의 이름을 따라 책 이름을 '스바냐'라 하였는데, 이 이름은 구약의 다른 부분에서도 언급된다(대상 6:36-40, 렘 21:1, 슥 6:10).

70인역(LXX)은 이 책을 '소포니아스'라 했으며, 불가타역(Latin Vulgate)도 동일하다.

스바냐라는 이름의 뜻은 '여호와에게 숨겨진 자', '여호와께서 보호하신 자'이다.

저자 및 저작 연대

본서에 의하면 예언은 스바냐에게 내려졌다. 스바냐는 유다의 마지막 왕인 요시야 왕(주전 642-609년) 시대에 사역하였다(1:1). 저자 스바냐는 유다 왕 히스기야의 4대 손(히스기야 - 아마랴 - 그다랴 - 구시 - 스바냐)으로 왕족 출신인 그가 오히려 귀족들의 악행을 혹독하게 책망(3:3-6)한 것으로 보아 상당한 지위에 있었을 것으로 추측된다. 실제 예언의 시대보다 앞서 길게 4대 왕을 말함은 아마도 그의 조상 가운데 히스기야 같은 훌륭한 왕이 있었음을 말하기 위함일 것이다.

기록 연대는 요시야의 통치와 연결해 보면, 요시야는 주전 621년 성전 수리 중에 율법책을 발견하고(왕하 22-23장, 대하 34-35장 참고) 종교개혁을 시행한 왕인데, 내용으로 보아 종교개혁(주전 621) 전에 예언했을 것이며 그 기간도 짧았을 것이다. 이때를 그 기록 연대로 보면 된다.

역사적 배경

스바냐가 예언하던 시대의 국제정세는 동시대인 앞의 〈하박국〉을 참고하고, 여기서는 국내정세만을 살펴본다.

선한 왕이었던 히스기야가 주전 697년에 죽고 약 10년간 공동통치가 있었다. 그 후 므낫세(주전 687-643년)와 아몬(주전 643-641년)의 통치 기간에는 히스기야의 종교개혁은 역전되어 우상 숭배가 극에 달하였다(왕하 21-23장). 정치적으로 쇠퇴기에 이른 앗수르를 의지하였다. 주전 641년 요시야가 즉위하였을 때에도 우상 숭배와 부정과 종교 지도자들의 타락까지 있었다(습 1:1-8, 3:1-7). 비록 전반적인 타락 속에서도 신앙을 유지하고 있던 소수의 남은 자들은 "여호와의 분노의 날에 숨김을 얻게"(2:3) 될지라도 민족 전체에게 임할 여호와의 심판을 피할 수는 없는 상황이었다.

교훈과 메시지

1) 의로우신 하나님 - 패역하고 불의한 백성들과 간사한 선지자들과 성소를 더럽히는 타락한 제사장들 사이에 거하시는 여호와는 "의로우사 불의를 행치 아니하시고 아침마다 간단없이 공의를 나타내시는" 의로우신 하나님이지만 그들은 수치를 알지 못하였고(3:5) 모든 행위를 더럽게 하므로(3:7) 여호와께서 탄식하신다. 하나님은 이스라엘의 우상 숭배와 도덕적 타락에 대해 이들을 멸절하겠다는 의롭고 정결한 분이다(1:2-6).

2) 주의 날과 남은 자 사상 - '주의 날'에 대해서 〈스바냐〉와 〈아모스〉(암 5:18)가 흡사하다. 스바냐는 여호와의 날은 용사가 애곡하며, 분노의 날이며 환난, 고통, 황무, 패괴, 구름, 흑암의 날이며, 모든 군대와 성읍을 치는 날(1:14-16)로서 무서운 현현은 다른 예언자들을 능가하고 있다.

〈스바냐〉의 종말론은 민족적인 특성과 보편적인 특성을 함께 지니고 있는데, 〈이사야〉나 〈에스겔〉에서처럼 선민의 이방에 대한 승리의 메시지는 없고, 선민과 이방에 공히 임하는 어두운 종말론적인 심판에 대해서만 말씀하며, 다만 개인 신앙에 의거하여 겸손하고 낮은 자들이 구원받는 '남은 자' 사상과 모든 이방 민족들도 공히 여호와를 경배하게 되는 종말론에 대해서 말씀하고 있다(2:11, 3:9-13). 이것은 후기 묵시문학의 시초가 되었을 것이다.

3) 보편주의와 개인 신앙 - 보편주의적 심판에 대해서 강조하고 있는 구절은 1:2-3, 18, 2:4-15, 3:8 등이다. 이러한 보편주의적 메시지는 개인 신앙 차원으로 발전하는데(1:7, 2:3, 3:9-13), 이러한 사상은 주전 8세기 예언자 중에 아모스의 영향을 받은 것으로 보이며 이런 사상이 포로 후기에는 이방인은 누구나 개인 신앙으로 구원받을 것이라는 데 영향을 미쳤다.

〈학개〉를 소개합니다

제목에 대한 해설

본서의 명칭은 예언자의 이름을 따라 '학개'라 하였는데, 이는 학개가 하나님께로부터 받은 묵시이기 때문이다(1:1).

70인역(LXX)에서는 히브리어의 제목을 음역하여 '악가이오스'라 하였고, 불가타역(Latin Vulgate)에서는 '악게우스'라 하였다.

본서의 저자인 학개는 히브리어로 '축제', '절기'라는 뜻이 있는데 그의 부모가 오랜 포로생활에서 귀환 날을 기대하며 지은 듯하다.

저자 및 저작 연대

본서의 저자인 학개의 개인적인 생애는 알려져 있지 않으나 다만 에스라 5:1, 6:14에 그의 활동이 간략히 언급되었다.

그의 활동 기간은 다리오 왕 2년인 주전 520년 6월 1일에 시작되어(1:1) 9월 24일(2:10)까지 짧은 기간인데, 여러 정황으로 보아 더 쉽게 삽는나넌 성선 건축이 주전 518년에 재개되었으므로 학개의 예언활동은 이때까지거나 더 나가서 주전 516/5년에 성전이 완공되기까지 계속되었다고 볼 수 있다.

학개는 주전 587년 예루살렘 성전이 무너지기 전의 성전을 목격한 것으로 보면(2:3), 학개가 예언할 당시의 연령은 70세가 넘었을 것이며, 동시대의 스가랴는 청년으로 학개의 예언을 도와 성전 건축을 위해서 예언하며, 학개와 함께 성전 건축에 참여한 것이 된다(스 5:1, 6:14).

역사적 배경

바사 왕 고레스의 해방령으로 538년에 귀환한 유다인들은 성전 재건을 시작하였다(스 1:1, 3:8). 그러나 고레스의 사후에 사마리아 총독은 귀환한 유다인들이 성전을 건축하여 바사를 배반하려 한다고 바사에 모략하므로(스 4:11-12) 성전 건축은 중단되고 15년 동안 방치되었다. 그 후 학개, 스룹바벨, 여호수아(예수아)를 중심으로 유다인들이 성전 건축을 다시 시작하려고 노력하였는데, 바로 이때가 다리오 왕 2년인 주전 520년이다. 그 해에 다시 성전을 건축하기 시작하여 다리오 왕 6년인 주전 516/5년에 성전이 완공되었다(스 6장).

교훈과 메시지

1) 여호와의 말씀

학개의 예언의 특징은 그의 예언이 여호와께로부터 온 것임을 반복하여 강조하는 것이다. 〈학개〉의 38절로 된 짧은 말씀 가운데, '만군의 여호와'는 14번, '여호와'는 19번이나 사용하고 있다.

학개는 자신을 여호와의 말씀을 전달하는 사자로 이해했으며, 그가 가장 최우선으로 그의 삶에서 준행한 것은 그 당시에 성전을 지으라는 여호와의 말씀을 증거하는 것이다. 학개의 예언은 이와 같이 여호와의 말씀에 대한 뜨거운 사명감이라고 할 것이다.

2) 성전 건축과 자신의 삶

유다의 흉년과 핍절의 원인은 영적 상태의 침체였다. 그들은 성전을 건축할 시기가 이르지 않았다고 하면서 자기들의 집을 짓는 데 바빴다(1:2-4). 학개는 백성들의 이러한 탄식에 대하여 오히려 어려운 상황은 그들이 하나님의 집인 성전을 건축하지 않고 종교적인 의무에 대해 무관심한 태도를 취하기 때문이라고 예언한다(1:4-10).

하나님의 백성들은 하나님의 성전을 소홀히 하고 자신만을 위하는 것이 오히려 재앙이 됨을 알고 먼저 주님의 일을 해야 한다.

3) 성전 건축과 종교적 순수성

학개의 예언은 현실주의적인 예언이다. 다른 예언자들처럼 우상 숭배에 대한 지적도 없다. 전체적인 예언의 분위기는 현실적이며 종말론에 대한 암시도 마지막 부분인 2:6-7, 20-23 외에는 나타나지 않는다. 학개는 예언자로서 미래에 대한 예언보다는 당면한 성전 건축 문제와 경제적인 곤란을 해결하기 위하여 목회적인 활동을 하였다.

성전을 건축하면 성전에 여호와의 영광이 충만할 것이며, 열방이 넘어지더라도 스룹바벨을 중심으로 평강하게 될 것이고, 풍년과 풍요가 약속될 것이라고 예언하면서 신앙의 순수성을 호소한다.

[오늘의 말씀] 스바냐 1장~3장 : 심판과 남은 백성 회복 → 먼저 성경 읽기

(1장) 하나님의 백성인 예루살렘의 심판에 대한 경고. 즉 여호와의 날에 대해 예언한다.
(2장) 회개를 권고하며 이방에 내릴 심판을 상세히 경고한다.
(3장) 예루살렘이 심판을 받아야 하는 이유와 미래의 축복에 대해 예언한다.

[말씀 묵상]

1. '여호와의 날'(1:14-16)이 어떤 이에게는 심판의 날이고, 어떤 이에게는 구원의 날이 된다. 마치 학생이 시험을 치르는 것이 장학금을 받는 계기도 되고 낙제하는 계기도 되듯이 신앙의 수용과 거절이 내게 복이 되기도 하고 저주가 되기도 한다. 여기에 대한 선택은 언제나 내게 있다.
2. "그 때에 내가 열방의 입술을 깨끗케 하여 그들로 다 나 여호와의 이름을 부르며 일심으로 섬기게 하리니"(3:9). 하나님의 미래에 대한 축복은 먼저 더럽혀진 입술을 깨끗게 하여 여호와의 이름을 부르게 하는 일이다. 입은 '말하는 기능'과 '먹는 기능'이 있다. 이사야는 부름을 받을 때에 자신의 입술의 부정을 깨닫고 회개한다(사 6:5). 하와는 선악을 알게 하는 나무의 열매를 먹으므로 죄를 짓는다. 야고보나(약 3장) 〈잠언〉의 가르침을 살펴보며 깨끗한 입술이 되도록 하자.
3. **'실망의 예언자', '공포의 예언자',** 이것이 스바냐의 별명들이다. 3장 17절을 읽어 보라. 하나님의 심판에 대한 스바냐의 예언들이 어두운 만큼 마지막 구절들은 기쁨의 연합에 대한 화음들로 울려 퍼진다. 이 구절은 복음성가로도 작곡되어 이 본문을 가사로 붙였다. 그대는 '여호와께서 그의 백성 가운데 계신다'(3:5, 15, 17)는 이 감격을 갖는가?

[깊은 연구]

1. 하나님의 도성(예루살렘)에 대한 심판

1) 예루살렘의 어문(魚門)에서부터 울부짖는 소리가 일어난다. 이 소리는 예루살렘에서 가장 높은 곳에서도 들릴 만큼 성문 곳곳에서 일어날 것이다(1:10).
2) 하나님은 등불을 가지고 예루살렘을 뒤져 죄인들을 벌하실 것이다(1:12, 13).
3) 예루살렘의 지도자들은 울부짖는 사자처럼, 굶주린 이리처럼 잡아먹고 있다(3:1-7).

2. 사악한 예루살렘에 대한 심판 (습 3장)

이사야(사 1:21-23)나 나중의 에스겔(겔 22:2-12)과 비슷하게 스바냐는 예루살렘의 죄악을 낱낱이 지적한다. 예루살렘은 죄 없는 사람들의 피로써 더럽혀졌다(3:1에 '더러운 곳'이라 했다. 애 4:13, 겔 22:3-13 참고). 제사장들은 율법을 무시했고(겔 22:26, 말 1:6-8), 그 결과 성전도 더럽혔으며, 불의를 감싸 주는 식으로 율법을 풀이함으로써(말 2:6-9) 백성을 잘못 이끌었다. 여호와께서 그 중에 곧 예루살렘의 시온산 위에 거처를 두고 계시는데도(시 76:2) 이 모든 일이 일어났다. 그러나 여호와는 의로우시므로 불의한 자들이 짓밟는 공의를 거듭 일으켜 세우신다(2:3). 이스라엘은 이러한 자비를 힘입어 회개하려 하지 않고(롬 2:4) 마음을 굳게 하여 계속 하나님을 거스렸기에 심판이 다가오는 것이다(3:7 이하).

통독	337
확인	

공부 스바냐 1장~3장 : 심판과 남은 백성 회복

1. 유다와 예루살렘 모든 거민 위에 손을 펴서 멸절할 우상 네 가지는?(이름만)(1:4-5) -
2. 그 날(여호와의 날)에 다음 곳에서 나는 소리는?(1:10)
   1) 어문(漁門) - 2) 제이 구역 - 3) 작은 산들 -
3. 그 날(여호와의 날)은? - 1) ( )의 날, 2) ( )과 고통의 날, 3) 황무와 ( )의 날, 4) ( )하고 어두운 날, 5) 구름과 ( )의 날, 6) 나팔을 불어 ( )하며, 7) ( )을 치며, 8) ( )를 치는 날이로다(1:14-16)

◇ 다음 열방이 받을 심판 내용을 찾아 줄로 연결하세요(2장).

4. 가사	가) 백주에 쫓겨나며	9. 모압	바) 소돔 같으며
5. 아스글론	나) 황폐되며	10. 암몬	사) 멸하며
6. 아스돗	다) 버리우며	11. 구스	아) 황무케 하여
7. 에그론	라) 거민이 없게 하리라	12. 앗수르	자) 고모라 같을 것이라
8. 가나안	마) 뽑히우리라	13. 니느웨	차) 칼에 살륙을 당하리라

14. 패역하고 더러운 곳, 포학한 성읍(예루살렘)이 하지 아니했다고 책망을 받은 4가지는?(3:2)
    1) 2) 3) 4)
15. 그 중에 거하시는 여호와는 어떠하신가?(3:5) -
16. 이스라엘의 '남은 자'는 어떠한 자들인가?(3:9-13을 읽고 답은 13절에서) -
17. (3:17) 너의 하나님 여호와가 ~

▲▼△▽ -----≪다이아몬드 위의 흠집≫----- ▽△▼▲

어떤 왕이 아주 깨끗한 물방울 다이아몬드를 가지고 있었다. 세상에서 이에 견줄 만한 보석이 없었으므로 매우 자랑스럽게 여겼다. 그러나 어느 날 사고가 생겨서 다이아몬드에 아주 깊은 상처가 생기자 왕은 그 분야에 조예가 깊은 다이아몬드 기술자에게 조언을 구했다. 기술자들은 왕에게 '아무리 문지른다고 할지라도 흠을 없앨 수는 없다'고 대답했다.

그러나 얼마 뒤 왕명을 받고 아주 뛰어난 세공 기술자가 와서 다이아몬드를 사고가 나기 전보다 더 아름답게 만들었다. 왕과 다른 기술자들은 그의 멋진 솜씨를 보고는 너무도 놀란 나머지 할 말을 잃었다. 그는 이렇게 했다.

"정교한 기술로 흠집 주위에는 아름다운 장미꽃 봉오리를, 깊은 흠집에는 뿌리를 새겼다."

♧ ♧ ♧

걸림돌로 삼느냐 디딤돌로 삼느냐 하는 문제는 언제나 다가와 우리 인생을 시험대에 올려놓는다. 괴롭게 사는 사람들의 가슴속에는 긍정적인 생각보다 부정적인 생각들이 그들을 지배한다. 비록 쏟아진 물처럼 된 인생이라도 주님 안에서는 회생의 기회가 있는 것을 발견하는 사람은 복되다. 흠집이 꽃봉오리가 되듯이, 고난을 전화위복의 기회로 삼아야 한다.
'실망의 예언자', '공포의 예언자'가 스바냐의 별명인데, 이 구절은 기쁨의 화음들로 울려 퍼진다.

(스바냐 3:17) 너의 하나님 여호와가 너의 가운데 계시니 그는 구원을 베푸실 전능자시라 그가 너로 인하여 기쁨을 이기지 못하여 하시며 너를 잠잠히 사랑하시며 너로 인하여 즐거이 부르며 기뻐하시리라 하리라

신현주, 〈좌충우돌 예화〉〈시시콜콜 예화〉, www.sbs66.net

[오늘의 말씀] 학개 1장~2장 : 성전 건축을 촉구함 → 먼저 성경 읽기

(1장) 포로에서 돌아온 백성들이 성전 건축을 중단한 채 자기 집에 빨랐음을 책망한다.
(2장) 낙심 가운데 있는 그들을 격려하고 미래의 축복을 약속한다.

[말씀 묵상]

1. 〈학개〉에서는 **'하나님'**보다는 **'여호와'**를 사용하는 빈도가 높다. '만군(萬軍)의 여호와'라는 표현이 14번이나 나온다. 출애굽기 12장 41절에서는 이스라엘 백성을 '여호와의 군대'라고 하였다. '하나님'과 '여호와'의 사용에서 보면 **하나님**(엘로힘)은 '창조자'를 나타낸다(〈학개〉에 3회 사용). 그리고 **여호와**는 특별히 '구세주'를 의미한다(〈학개〉에 30회 사용). 특히 1장 12, 14절에 함께 쓰이는 문맥을 참고해 보라. 내가 믿는 그분은 내게 창조자이시며 구세주이시다.
2. 학개의 책망은 "내 집은 황무하였으되 너희는 각각 자기의 집에 빨랐음이니라"(1:9)라는 예언에 잘 나타나 있으며 이것이 당시의 영적 형편이었다. 이로 인해 고통을 겪고 있으면서도 사람들은 자기중심이 되어서 살고 있기에 거기서 헤어 나오지 못하고 있다. 오늘 그대가 하나님의 집인 교회보다 앞서고 있는 것은 무엇인지 돌아보자(자기의 소위를 살펴볼지니라, 1:5, 7).
3. "이 전(殿)의 나중 영광(현재 재건하는 스룹바벨 성전)이 이전(以前) 영광(과거에 있던 솔로몬 성전을 가리킴)보다 크리라"(2:9, 이 본문을 읽을 때 띄어쓰기에 유의: '이 전'과 '이전'의 차이가 있음에 조심)라는 말씀을 들으며 위로를 얻는다. 교회도 외형의 크고 작음이 문제가 아니라 하나님이 함께하시는 교회인지, 아니면 인간만 북적거리는 교회인지? 신자들의 영광은 하나님의 임재하심을 체험함에 있다.

[깊은 연구]

1. 〈학개〉와 〈스가랴〉의 예언과 관계된 시기 〈제2권 통독 152-160일째 참고〉

1) 주전 537년 스룹바벨의 지도로 오만 여 명의 유다인이 예루살렘으로 귀환(스 1장)
2) 주전 536년 2월 성전 재건공사가 시작되나 중단(스 3:8-4:24)
3) 주전 520년 6월(다리오 왕 2년) 학개가 성전 재건 예언 시작(스 5:1, 6:14, 학 1:1)
4) 주전 520년 8월(다리오 왕 2년) 스가랴의 예언 시작(스 5:1, 6:14, 슥 1:1-6)
5) 주전 516/5년 2월 3일(아달월, 3월) 성전이 완성됨(스 5:13-15)
6) 주전 455년 예루살렘에 온 에스라가 몇 가지 개혁(에스라)
7) 주전 445년 느헤미야가 성벽 재건, 말라기의 예언도 이때 전후인 듯(느헤미야, 말라기)

2. 〈학개〉의 메시지 분해

1) 첫 번째(1:1-15) - 성전 건축보다는 자기 집에 빨랐음을 책망한다.
2) 두 번째(2:1-9) - 좋았던 지난날을 되돌아 볼 필요가 없다. 제2성전(스룹바벨 성전)의 영광은 제1성전(솔로몬 성전)의 영광보다 크다.
3) 세 번째(2:10-19) - 제사장에게 질문하며, 죄가 만연되어 있음을 말한다.
4) 네 번째(2:20-23) - 스룹바벨에게 은혜가 주어진다.

통독	338
확인	

공부 학개 1장~2장 : 성전 건축을 촉구함

1. 여호와의 말씀이 학개로 말미암아 주어진 두 사람의 신분과 이름을 쓰세요(1:1). -
2. 어떻게 하면 하나님이 기뻐하시고 영광을 얻으시는가?(1:8) -
3. 하나님의 집을 황무하게 만든 결과 하나님이 그들에게 내리는 징벌은?(1:5-11)
   1) 6절:
   2) 11절:
4. 스룹바벨과 여호수아, 백성들이 학개의 말을 청종한 이유는?(1:12) -
5. 너희 중에 ( ) 곧 이 ( )의 이전 ( )을 본 자가 누구냐. - (2: 절)
   ...이 전(殿)의 ( )이 이전(以前) 영광보다 크리라. - (2: 절)
6. '스룹바벨아, 대제사장 여호수아, 모든 백성아' 하시며 공통적으로 하신 말씀은?(2:4) -
7. 여호와는 무엇도 '내 것이니라' 하셨나?(2:8) -
8. 하나님께서 스룹바벨을 취하고 인을 삼는 이유는 무엇인가?(2:23) -
9. 학개가 예언한 시기를 차례대로 쓰세요(다리오 왕 몇 년 몇 월 며칠인지를 쓰는 것임).
   1) 1:1 - 2) 2:1 -
   3) 2:10 - 4) 3:20 -
10. 〈학개〉에서 질문 형식(~냐)으로 된 말씀의 절수를 쓰세요.
    1) 2) 3) 4) 5) 6)
11. 〈학개〉에서 '만군의 여호와'가 나온 구절의 숫자를 세어 보세요. - 1장 (번), 2장 (번)

▲▼△▽ -----≪호랑이 잡아 건축헌금≫----- ▽△▼▲

1927년 정운용 목사는 중국과 국경에 회령읍침례교회를 개척했다. 당시 송원 시는 일제가 우리 동포들을 강제로 이주 정착시킨 곳으로 주로 밭농사와 노동으로 어려운 생활을 하였다. 교회가 성장하여 건축하려니까 노동력을 제외한 자재값만 70만 원이 예상되었다. 열심히 기도하고 헌금을 드린 결과 건축헌금으로 40만 원이 모였지만 30만 원이 부족하였다. 이때 나무꾼이요 여섯 식구의 가장으로 어렵게 사는 박춘길 집사가 30만 원을 헌금하겠다고 나서자 모두 놀랐다.

하루는 산에 나무하러 갔더니 울창한 숲 큰 소나무 밑에 호랑이가 낮잠을 자고 있었다. 순간 박 집사는 호랑이를 잡게 해 달라고 기도하고는 도끼로 호랑이의 허리를 "주여!" 하며 내리쳤다. 회령 장날에 140만 원이나 받아 30만 원은 작정 헌금을 하고 나머지는 집과 밭을 샀으며 신앙생활을 잘했다.

♧ ♧ ♧

교회 건축에 대한 간증은 교회마다 다양하여, 어떤 시골교회는 산삼을 캐는 기적도 있었다 한다.
중요한 것은 믿음이지만, 믿음이라는 명분으로 욕심을 부릴 때는 시험이 되는 경우도 있다.
바벨론 포로에서 돌아온 유다인들은 건축을 위한 기초는 놓고 어려움이 찾아오자 자신의 집 건축에만 바빴고 하나님의 성전 건축을 뒷전으로 미루었으나 학개와 스가랴는 건축을 독려했다.
그대 인생에 교회 건축에 동참하는 기회가 있다면 그대는 복 있는 사람이다.

(학개 1:8) 너희는 산에 올라가서 나무를 가져다가 전을 건축하라 그리하면 내가 그로 인하여 기뻐하고 또 영광을 얻으리라 나 여호와가 말하였느니라

신현주, 〈좌충우돌 예화〉 〈시시콜콜 예화〉, www.sbs66.net

〈스가랴〉를 소개합니다

제목에 대한 해설

본서는 예언자의 이름을 따라 책 이름을 '스가랴'라 하였는데, 이는 스가랴가 하나님께로부터 받은 말씀이기 때문이다(1:1).

히브리어로는 '제칼야하'로, 70인역(LXX)은 '제카리아스'라 하였고, 불가타역(Latin Vulgate)도 같다.

그 이름의 뜻은 '여호와께서 기억하시는 자'이다.

저자 및 저작 연대

본서의 저자는 스가랴로서 하나님의 말씀이 직접 그에게 임하였고(1:1, 7, 4:8, 6:9, 7:8, 8:18 등) 자신을 1인칭인 '내가'로 칭한다(1:8, 9, 14, 2:1 등). 구약성경에는 29명의 스가랴가 나오는데, 본서의 스가랴는 잇도의 손자요 베가랴의 아들이다. 제사장 가문으로(느 12:1-4) 어릴 때에 선지자의 사명을 받았고(2:4), 학개와 동시대에 예언하였다.

그는 다리오 왕 2년(주전 520년) 8월부터(1:1) 다리오 왕 4년(주전 518년, 7:1) 9월까지 만 2년에 걸쳐 예언 활동을 하였다. 따라서 이 기간에 본서가 기록된 것으로 본다.

현대 학자들 중에는 9-14장은 스가랴의 예언 초기가 아니라 주전 480년경 스가랴에 의해서 다시 재개된 예언이거나 다른 스가랴의 예언으로 추측한다.

역사적 배경

〈스가랴〉의 배경은 〈학개〉의 배경과 같다. 성전의 기초는 이미 놓여 있었으나 성전 건축은 중단된 상태였다(1:16). 백성이 당하는 경제적인 곤란과 영적인 침체상황은 스가랴에서도 입증된다(1:17, 8:10). 학개는 주로 성전건축을 위한 예언을 했으나 스가랴는 학개의 성전 건축을 위해 협조했으면서도 주로 성전 건축 뒤의 메시아 왕국의 영광과 그 왕국의 통치자를 스룹바벨과 여호수아로 상징적으로 예표하면서 메시아 사상에 관심을 가졌다(3:8, 6:12). 그러나 스룹바벨이 예루살렘 성곽을 정비함으로써 일반 백성들의 관심이 집중되자 위협을 느낀 바사 정부는 그의 총독직을 박탈하고 '사레셀'을 새 총독으로 임명하였다. 이를 암시하는 것이 7장 2절이다(왕하 19:37 참고).

교훈과 메시지

1) 환상과 메시아 왕국

스가랴는 다윗 집의 기름 부음 받은 메시아 왕에 의해서 다스려지는 메시아 왕국을 예루살렘에 세울 것인데, 그 나라는 스룹바벨이 통치자로, 여호수아가 제사장으로 다스리는 환상으로 보았다. 이 소망이 스가랴의 여덟 개의 환상들을 해석하는 열쇠가 된다.

1-8장에서 메시아는 아직 그림자에 가려 있어서 스룹바벨로 예표되었으며, 9장 9절과 14장 9절에서는 더욱 분명하게 계시된다. 이때 메시아는 우주적인 이상을 실현하는 초월적인 메시아로서 신정통치가 이러한 메시아를 통하여 이루어질 것을 계시하고 있다.

2) 하나님의 성품

스가랴의 예언에서 하나님은 온 세계에 뛰어나시며 의로우시며 전능하신 분이다. 이러한 하나님의 성품은 포로 중기와 후기에 서서히 관심을 끌게 되었는데, 〈스가랴〉에서 하나님은 '멀리 계신 하나님'이며, 인간이 접근할 수 없는 곳에 거하시며, 하늘 보좌에 계신다. 이와는 달리 〈아모스〉와 〈예레미야〉는 직접 여호와와 대화하는 것으로 나타나지만, 스가랴에서는 주로 천사를 통해 대화하는 것으로 나타난다.

하나님은 하늘에서뿐 아니라 땅에서도 전능하신 분으로 메시아의 나라가 오직 여호와의 신으로 되는 초월적인 역사임을 선포한다(4:6).

하나님은 인간에게 소망을 주시는 사랑의 하나님이다. 하나님은 약속하시고 구원하시고 복을 주신다. 하나님은 예루살렘에 돌아오시며 그의 백성과 함께 거하시고 계약을 맺으신다(8:1-8).

3) 보편적 종말론적 환상

9-14장은 전 세계에 임할 종말론에 관한 비유와 환상으로 되어 있다. 9-11장은 새로운 신정을 약속하는 예언인데 이것은 12-14장만큼 보편주의적 종말론에 가깝지 않고 민족주의적인 예언의 분위기에 머무른다. 12-14장은 새로운 신정의 승리와 다가오는 여호와의 날을 묘사하는 예언이다. 이 부분은 종말론적이며 묵시문학적인 광경을 그리고 있다.

〈말라기〉를 소개합니다

제목에 대한 해설

본서는 예언자의 이름을 따라 책 이름을 '말라기'라 하였는데, 이는 '여호와께서 말라기로 이스라엘에게 말씀하신 경고'이기 때문이다(1:1).

70인역(LXX)에서는 말라기를 고유명사(이름)로 보지 않고 보통명사로 간주하였다. 즉 '말라기'를 사람이 아니라 그 말이 '나의 천사' 또는 '나의 사자(使者)'라는 뜻으로 보았다. 그렇다 할지라도 "여호와께서 그의 사자의 손으로 말미암아 이스라엘에게 하신 경고의 말씀이라"라고 번역한다. 그러나 전통적으로 고유명사로 간주하였다. 이는 다른 예언서들은 익명이 아닌데, 본서만 예외라면 이상하다. 말라기가 고유명사라면 그것은 3:1의 "나의 사자"와도 관계가 있는 것으로 보인다.

저자 및 저작 연대

전통적으로 저자는 말라기로 보는데, 아람어역 탈굼이나 불가타역(Latin Vulgate)의 완성자 제롬 등은 '에스라'라고 주장하였다. 말라기에 대해서는 알려진 것이 없다.

예언 시기는 근사한 시기를 결정할 수 있다. 성전은 준공되었고 희생이 드려졌다(1:7-10, 3:8). 바사의 총독이 예루살렘을 다스리고 있었다. 그러므로 말라기가 학개와 스가랴의 연속선상에 있었음을 알 수 있다.

따라서 예언이나 기록 연대는 주전 450-358년까지 다양한 연대를 주장하는데, 다만 바벨론 포로 이후 시대라는 것에는 일치한다.

역사적 배경

말라기가 예언할 당시 이스라엘은 암담하였다. 정치적으로는 팔레스틴이 바사의 지배하에 있었으므로 식민지 백성들은 각종 세금에 시달렸다. 사회적으로는 가뭄의 피해와 포도원의 병충해, 특히 황충(메뚜기)이 휩쓸었다(3:11). 종교적으로는 이스라엘이 바벨론 포로로부터 돌아올 때의 하나님이 주셨던 영광스러운 약속의 말씀(사 49:8-26, 학 2:1-9)이 곧 성취될 것으로 믿었으나 그 약속이 바로 실현되지 않자 백성들은 하나님 나라에 대한 회의와 무관심이 일반화되었다(2:17, 3:14-15). 영적 지도자들인 제사장들도 제사 임무를 소홀히 했다(1:7, 10, 13).

거기에다가 백성들은 타락하여 이방 여인들과 잡혼을 하는 등 하나님의 자녀로서의 순결을 잃어버린 이런 때에 말라기가 예언을 했다(2:10-16).

교훈과 메시지

1) 〈말라기〉의 영적 교훈

(1) 신앙에 필수적인 십일조와 헌물이 영적이고 도덕적인 내면에서 나온 것이어야 한다(1:11).

(2) 율법을 어긴 제사, 무성의한 희생 제물은 하나님이 기뻐하지 않으신다(1:8-10).

(3) 이혼과 이방인과의 결혼을 하나님은 원하지 않으신다(2:11, 16).

(4) 율법은 항상 읽혀야 하며 생활에 적용되어야 한다(온전한 십일조, 3:10, 4:4).

2) 하나님의 공의와 주의 날

포로로부터의 해방은 이스라엘의 죄악에도 불구하고 그의 백성을 보존하시는 하나님의 사랑을 입증하셨다. 일부 이스라엘 백성들은 하나님이 불의하다고 불평했지만, 그들의 불평에는 다가올 주의 날에 계약공동체 내에서 악을 행하는 자를 제거하고, 신실하게 순종하는 자들에게는 보상하심으로써 하나님의 공의를 입증하실 것을 말한다. 말라기의 주의 날 사상의 특징은 다른 예언자들의 종말론적인 예언보다는 여호와의 공의에 대한 문제를 더욱 강조한 것이다. 본서의 '주의 날'은 종말론적인 심판을 통해서 악인과 의인의 구별이 드러나며, 여호와의 공의가 해같이 빛나는 날이라는 점에서 다른 예언자들과 차이가 있다.

3) 신앙의 순수성 회복

본서는 어렵고 고통스러운 상황에서 주의 공의를 의심하고 불평하는 자들은 악인이며, 레위의 언약을 기억하며 여호와를 경외하는 자들은 의인이라는 날카로운 대비를 한다. 이런 점에서 말라기는 당시 현실의 치유에 더욱 많은 관심이 있었고 내면적인 신앙부흥을 위하여 호소하였다. 즉 순수한 영적인 회복을 통해 하나님을 경외하는 신앙이 회복되어야 함을 촉구했다. 이는 신약성경에까지 이어지는 영적인 흐름이다.

[오늘의 말씀] 스가랴 1장~3장 : 서론, 환상 1·2·3·4 → 먼저 성경 읽기

여덟 가지의 환상과 설교(1-6장) 중에 1-3장에는 1-4번째 환상이 나온다. 〈아래의 "깊은 연구"를 참고〉

[말씀 묵상]

1. "너희는 내게로 돌아오라 나 만군의 여호와의 말이니라 그리하면 내가 너희에게로 돌아가리라"(1:3) 라는 말씀은 스가랴 메시지의 요약이라 할 수 있다. 바벨론 포로로부터 예루살렘으로 돌아온 유다인들은 반대자들 때문에 성전 건축을 중단했다(스 4:4-5:17). 그 선조들은 살아 있지 않았지만(1:5) 스가랴는 이들에게 고통으로 가득 찬 과거를 회상시킨다. 스가랴 세대의 사람들에게도 회개하라는 외침은 여전히 타당했기에 스가랴는 여호와께로 돌아오라고 외친 것이다.

[깊은 연구]

1. 여덟 가지 환상에 대한 간략한 해석 〈≪윌밍턴 성경연구≫에서 인용 요약〉

1) 홍마를 탄 자(1:7-17) - 예루살렘을 감시하는 천사들과 함께 오신 그리스도의 직접적 출현.

2) 네 뿔과 네 공장(工匠/1:18-21) - 이스라엘을 흩어 버렸던 이방 세계의 네 세력과 다시 이들을 무찌른 세력을 상징함 - 1) 네 뿔: 앗수르(북왕국 점령), 바벨론(남왕국 점령), 바사(유다인 학살 음모, 〈에스더〉 참고), 로마(이스라엘을 흩음). 2) 네 공장: 해석 ① 최초의 네 가지 인(印)친 심판(전쟁, 기아, 사나운 짐승, 온역)을 가리키는 듯함(계 6:1-8, 겔 14:21), 해석 ② 네 국가를 쳐부순 세력(고레스: 바벨론 정복, 알렉산더: 바사 정복, 로마 장군들: 헬라 정복, 그리스도: 부흥한 로마 제국을 완전히 멸망시킴)인 듯함(단 5, 8장, 계 19장).

3) 척량줄(측량줄)을 가진 자(2:1-13) - 천년왕국 때에 있을 예루살렘 척량을 말함(겔 40:1-5, 48:30-35).

4) 대제사장 여호수아(3:1-10) - 국가의 죄와 성결, 회복의 환상.

5) 순금 등대와 두 감람나무(4:1-14) - 1) 역사적 의미: 기름 부음 받은 스룹바벨과 여호수아를 가리키는 듯함, 2) 예언적 의미: 엘리야와 모세를 가리키는 듯함(계 11:3-12 참고).

6) 날아가는 두루마리(5:1-4) - 의미: 땅에 대한 하나님의 심판. 사람은 도덕적 율법을 범함.

7) 에바 가운데 있는 여인(5:5-11) - 여인: 죄와 반역, 덮개: 제어하는 하나님의 권능, 목적지: 바벨론에 자리 잡음.

8) 네 병거(6:1-8) - 하늘의 네 바람(천사들)이 두 놋산 사이에서 나와 이 병거들을 몬다. 병거들은 요한계시록 6장에 나오는 최초의 네 가지 재앙을 나타내며 산은 하나님의 심판을 나타낸다.

■ 예루살렘 성지 유적도
에스겔은 예루살렘을 척량하는 환상을 본다(겔 40장). 예루살렘에 있는 여러 유적들을 그림과 히브리어 설명문으로 엮은 성지 유적도이다. 〈17세기 이탈리아, 양피지 두루마리〉

통독	339
확인	

공부 스가랴 1장~3장 : 서론, 환상 1·2·3·4

1. 다음 예언의 시기는 언제인가?(1장)
   1) 1:1-6 - 2) 1:7-6장의 환상 - 3) 7장 이하 -
2. 여호와께로 돌아가면 여호와께서는 어떻게 하시나?(1:1-6) -
3. 1) 화석류 나무 사이와 뒤에 무엇이 있었나?(1:1-11) -
   2) 여호와께서 긍휼히 여겨 예루살렘에 돌아온 결과는?(1:16) -
4. 1) 네 뿔은 무엇을 나타내는가?(1:18-21) -
   2) 네 공장(工匠)은 무엇을 떨어치려 왔는가?(1:18-21)-
5. 한 사람이 '척량줄'을 잡고 어디에 무엇 하러 가는가?(2:1-5) -
6. 시온의 딸이 기뻐하고 즐거워할 수 있는 이유는?(2:6-10) -
7. 여호와께서 장차 어떤 일을 하시는가?(2:11-13) -
8. 〈누가 누구에게 한 말인가?, 8-12문, 3장〉 / 사단아 여호와가 너를 책망하노라...이는 불에서 꺼낸 그슬린 나무가 아니냐. - (→)
9. 내가 네 죄과를 제하여 버렸으니 네게 아름다운 옷을 입히리라. - (→)
10. 정한 관을 그 머리에 씌우소서(참고. 나=스가랴). - (→)
11. 내가 내 종 순(筍)을 나게 하리라. - (→)
12. 보라 한 돌에 일곱 눈이 있느니라 내가 새길 것을 새기며 이 땅의 죄악을 하루에 제하리라. - (→)

▲▼△▽ -----≪왼발 아픈 환자 오른발 절단≫----- ▽△▼▲

멕시코 남부 치아파스 지역에서 의사의 실수로 왼발 절단 수술을 받으려던 환자의 오른발이 절단되는 일이 벌어졌다고 스페인 EFE 통신이 보도했다(041227).

멕시코 의료보험청(IMSS) 소속 의사 다비드 차콘은 왼발 절단 수술을 받을 상황에 처한 환자를 검진 한번 해 보지도 않고 그의 멀쩡한 오른발을 절단하는 실수를 저질렀다. 이에 따라 피해 환자는 이제 두 다리를 모두 잃을 가능성이 커졌다. 검찰은 이날 직무태만 혐의로 담당의사를 사법처리 하기로 하고 관련 절차를 밟기 시작했다. 가난한 사람들, 특히 원주민과 농민 등 빈민층이 거주하는 치아파스 지역의 IMSS 병원에서는 최근 몇 년간 신생아 및 임신부 30명 이상이 의료 실수로 사망한 것으로 보고되는 등 각종 의료사고가 잦은 것으로 의료서비스 개선 대책이 시급하다는 지적이다.

♧ ♧ ♧

전문가는 사람의 인생을 바꿔 놓는 능력이 있다. 잘하면 사람을 살리고 잘못하면 죽이기도 한다.
우리나라에서도 위암 환자와 갑상선 환자의 수술을 바꿔 해서 문제가 된 경우가 있다.
교회도 그러하여 목사님들이 영적 판단을 잘 해야 한다. 정신병과 귀신들림을 구분하는 영력도 필요하고, 참고 살아야 하는지 이혼하는 것이 나을지를 상담하는 능력도 필요하다.
스가랴가 본 세 번째 환상은 척량줄(측량줄)을 잡고 예루살렘을 척량하는 환상이다.

(스가랴 2:1-2) 내가 또 눈을 들어 본즉 한 사람이 척량줄을 그 손에 잡았기로 네가 어디로 가느냐 물은즉 내게 대답하되 예루살렘을 척량하여 그 장광을 보고자 하노라 할 때에 내게 말하는 천사가 나가매...

신현주, 〈좌충우돌 예화〉〈시시콜콜 예화〉, www.sbs66.net

[오늘의 말씀] 스가랴 4장~6장 : 환상 5·6·7·8 → 먼저 성경 읽기

여덟 가지의 환상과 설교(1-6장) 중에 4-6장에는 5-8번째가 나온다. 〈아래의 "깊은 연구"를 참고〉

[말씀 묵상]

1. 천사는 여호와께서 스룹바벨에게 하신 말씀을 전한다. "이는 힘으로 되지 아니하며 능으로 되지 아니하고 오직 나의 신으로 되느니라"(4:6). 6절은 9절과 관계된다. 즉 바벨론 포로에서 돌아와 성전을 건축하다 중단한 후에 다리오 왕 2년에 학개와 스가랴의 예언으로 성전 재건의 개가를 올린다. 바로 이 촉구의 메시지 중에 '여호와의 신으로 말미암음'과(6절), 그리고 "또한 그것을 마치리라"(9절)라는 말씀으로 용기를 주신다. 그대도 '여호와의 신으로 된다'는 원리로 살아야 한다.
2. "만군의 여호와께서 말씀하시되 보라 순이라 이름하는 사람이 자기 곳에서 돋아나서 여호와의 전을 건축하리라"(6:12). 중단된 성전을 건축할 '순'(싹, Branch)은 여호와의 성전을 건축하여 영광을 받으시며 그 위에 앉아서 다스릴 자로서, 성경은 왕으로 오실 것을 증거한다(시 2:6, 사 9:7, 렘 23:5, 단 7:14). 그리고 왕으로 오셨음도 증거한다(마 2:2, 요 1:49, 고전 15:25, 계 1:5). 곧 이는 예수 그리스도에 대한 예언이 되었다.

[깊은 연구]

1. 스가랴의 예언

스가랴는 학개처럼 바벨론의 포로로부터 돌아온 유다의 성전 건축을 격려(촉구)한다(스 4:24-5:2, 6:14). 그런데 실상 〈스가랴〉를 읽을 때에 〈학개〉처럼 실제적인 성전 건축의 촉구 본문은 예언들 속에 부분적으로 나오므로 쉽게 찾을 수 없다. 다만 상기에 제시한 〈에스라〉의 본문을 보면 스가랴가 학개와 함께 예언한 것을 알 수 있다. - 약자 사용에 주의: 〈에스라〉는 '스', 〈에스더〉는 '에', 〈스가랴〉는 '슥'

2. 〈스가랴〉의 내용 분해 도표

〈스가랴〉에 나타난 네 부분으로 된 스가랴의 예언 활동이다. 이 도표를 보고 전체의 구조를 이해하라.

1-8장(주전 520-516년)	9-14장(주전 516-458년)
여덟 가지 환상과 설교	메시아적 왕과 왕국
1. 예언자의 환상(1-6장) 1) 경고의 말씀(1:1-6) 2) 환상의 연속(1:7-6:8) 3) 상징적 행동(6:9-15)	1. 유다와 이스라엘의 회복(9-11장) 1) 원수의 멸망(9:1-8) 2) 백성들의 회복(9:9-10장) 3) 선한 목자와 악한 목자(11장)
2. 금식과 절기(7-8장) 1) 금식에 관한 질문(7:1-3) 2) 절기와 네 가지 대답(7:4-8장) (대답: 7:4-7, 7:8-14, 8:1-17, 8:18-23)	2. 심판과 구원(12-14장) 1) 메시아의 예상(12:1-13:6) 2) 메시아의 방법(13:7-14:15) 3) 메시아의 승리(14:16-21)

통독	340
확인	

공부 스가랴 4장~6장 : 환상 5·6·7·8

1. (4:　-　절) 네가 무엇을 보느냐 ~

2. (4:　절) 이는 힘으로 ~
3. (4:　절) 스룹바벨의 손이 ~
4. (4:　절) 금 기름을 흘려내는 ~
5. '날아가는 두루마리'는 장(길이)이 (　　)규빗, 광(폭)이 (　　)규빗으로 이는 온 지면에 두루 행하는 (　　)라(5장).
6. 에바 가운데에는 (　　　　)이 앉았느니라 하는 동시에 둥근 납 한 조각이 들렸는데 이는 (　　)이라(5장).
7. 첫째 병거는 (　　)들이, 둘째 병거는 (　　)들이, 셋째 병거는 (　　)들이, 넷째 병거는 (　　　)들이 메었는지라...천사가 가로되 이는 (　　)인데(6장).
8. (　　)으로 나간 자들이 북방에서 내 (　　　　　)하였느니라(6장).
9. 은과 금을 취하여 (　　)을 만들어 여호사닥의 아들 대제사장 (　　　　)에 씌우고... 만군의 여호와께서 말씀하시되 보라 (　　　)이라 이름하는 사람이 자기 곳에서 돋아나서 (　　　)을 건축하리라(6:11-12).
10. 먼 데 사람이 와서 (　　　)을 건축하리니 만군의 여호와께서 너를 너희에게 보내신 줄을 너희가 알리라(6:15).

▲▼△▽ -----≪밀가루로 드린 성미≫----- ▽△▼▲

어렵게 살던 그 시절, 젊은 부부 집사는 다른 분들이 성미를 교회에 드리는데 자신은 가난하여 쌀은 물론 보리쌀도 귀하여 주식으로 삼는 밀가루로 성미를 대신했다. 목사님이 이 성도의 정성을 보고 '밀가루 성미를 드리니 밀가루로 복을 받게 하소서'라고 축복기도해 주었다.

어느 날 그의 집 앞에서 밀가루를 가득 싣고 가던 대리점의 차가 고장 났다. 대리점 사장은 '내일 기술자가 와서 차를 수리해야 하므로 오늘 저녁 이 차를 여기에 두고 가겠다'고 했다. 밤에 비 오는 소리가 나자 이 부부는 집에 있는 모든 것들, 심지어 이불까지 내어다 밀가루가 비를 맞지 않게 씌웠다. 다음날 그 사장과 기술자가 와서 보고는 감동하여 말했다.

"밀가루와 국수 기계를 대 줄 테니 국수공장을 하세요."

♧ ♧ ♧

60년대의 실화로서, 시골의 동생을 서울로 불러 함께 가내공업처럼 시작한 것이 3년 후엔 자기 국수공장을 가졌다. 목사님의 축복기도대로 밀가루로 복을 받아 국수공장 사장이 되었다.
빌립보 교회가 로마 옥중에 있는 바울 사도에게 쓸 것을 보냈을 때에 '받으실 만한 향기로운 제물'이 되었다(빌 4:18). 사렙다 과부는 마지막 빵을 드려 끊이지 않는 복을 받았다(왕상 17:14).
여호와는 스가랴를 통하여 스룹바벨에게 성전 건축도 '여호와의 신'으로 된다는 사실을 증언했다.

(스가랴 4:6) 그가 내게 일러 가로되 여호와께서 스룹바벨에게 하신 말씀이 이러하니라 만군의 여호와께서 말씀하시되 이는 힘으로 되지 아니하며 능으로 되지 아니하고 오직 나의 신으로 되느니라

신현주, 〈좌충우돌 예화〉 〈시시콜콜 예화〉, www.sbs66.net

[오늘의 말씀] 스가랴 7장~10장 : 금식과 절기, 왕으로 오심 → 먼저 성경 읽기

(7장) 2년 후(다리오 왕 4년) 예루살렘 멸망과 살해된 통치자 그다랴를 기념하는 금식에 대해 질문을 한다.
(8장) 세상의 중심지가 될 예루살렘에 대한 구원의 말씀을 주신다.
(9장) 유다의 이웃 이방들이 정화될 것과 구원을 베풀 왕 메시아가 다스릴 평화의 왕국을 예언한다.
(10장) 하나님이 자기 백성을 무장시켜서 고국으로 데리고 오실 것을 말씀하신다.

[말씀 묵상]

1. 벧엘 사람의 보냄을 받은 자들이 매년 금식하며 애도하는 그들의 전통적인 관습을 폐지할 수 있는지 없는지에 대해 제사장에게 묻기 위해 예루살렘에 왔다(7:1-7). 이는 예루살렘에 돌아온 유다인들의 신앙을 엿볼 수 있다. 《뉴 스코필드 성경》(New Scofield Bible, p. 969)은 이렇게 말한다.

"포로기의 이들 유다인들에게는 예루살렘 멸망을 기리기 위해 유다인들이 제정한 금식의 날을 지킬 의무가 있었다. 그것은 하나님 말씀의 보증을 받은 바 없는 온전히 그들 자신의 의지에 의한 것이었다. 처음에는 진실한 헌신으로 이 날을 지켰던 것이 분명하다. 그러나 이제 그것은 단순한 의식이 되어 있었다. 이방으로 흩어진 유다인들은 그 날을 없애려 했지만 제사장으로부터 공인을 받으려고 하였던 것이다. 현대 유사 기독교의 많은 문제들처럼 이 문제는 그 자체가 비성경적이고 형식적이며 무익한 것이었다."

2. 예수님께서 나귀(새끼)를 타시고 예루살렘에 입성하실 것을 예언한 9장 9절이 나에게 주는 말씀은 무엇인가? 왕 되신 예수 그리스도, 그 분은 ① **공의로우시며** ② **구원을 베풀며** ③ **겸손하시다.** 그래서 **"나귀의 작은 것 곧 나귀 새끼"**를 타셨다. 그 예언대로 예수님은 그렇게 내게로 다가 오셨다.

[깊은 연구]

1. 스가랴 9장 예언에 대하여

1) 9장 9절은 예수님께서 나귀를 타고 예루살렘에 입성하심을 예언한 말씀으로 신약에서 성취되었다(마 21:4-5, 요 12:14-16).

2) 9장의 예언은 알렉산더 대왕 때에 그대로 성취되었다고 주장하는 성경학자들의 다음 글도 참고하라.

① 마게도냐 왕 필립이 366년 세상을 떠나고 젊은 아들 알렉산더가 왕위에 올라 바사(페르시아: 다리우스 왕)를 쳐부수고 이어서 다메섹, 두로와 시돈, 마지막에는 팔레스틴 지방, 애굽까지 점령하여 남쪽으로 국토를 확장하였다.

② 알렉산더 대왕은 가는 곳마다 도시(알렉산드리아)를 건설하여 모든 국가에 헬라 문화를 심는 데 힘썼다.

③ 알렉산더가 보이지 않는 공헌을 한 것은 헬라 문화의 영향으로 가는 곳마다 헬라어가 공용어가 되었으므로 신약성경도 헬라어로 기록되었고 누구나 읽을 수 있게 된 것이다. 히브리어 구약성경도 헬라어로 번역되었다(70인역, LXX).

■ 나귀 타고 입성하는 예수님(슥 9:9).
스가랴의 예언 그대로 예수님은 나귀를 타고 입성하셨다(마 21:4-5, 요 12:14).

통독	341
확인	

공부

스가랴 7장~10장 : 금식과 절기, 왕으로 오심

1. 유다가 칠십 년 동안 오월과 칠월에 금식하고 애통함은 누구를 위함인가?(7:1-7) -
2. 여호와께서 이미 이르신 말씀에 대해 유다는 청종하였나, 하지 않았나?(7:8-14) -
3. 여호와께서 돌아왔은즉 예루살렘은 (　　) 성읍, 여호와의 산은 (　　)이라 일컫게 된다(8:1-8).
4. 전과 다른 '이제는'에서 다음 중심 단어가 나오는 절들은?(8:9-17)
   1) 추수 -　　　　2) 축복 -　　　　3) 은혜 -
5. 금식이 변하여 유다 족속에게 (　　)과 (　　)과 (　　)의 절기가 될 것이다(8:18-23).
6. 심판받을 이방 나라나 도시의 이름을 모두 쓰고 그 중에 블레셋의 5대 도시국가에는 밑줄을 그으세요. (9:1-8, 삼상 6:17, 본문에 블레셋의 도시국가는 넷이 나옴). 〈통독 107일, 337일째 참고〉
   -
7. 신약성경 마 21:4-5, 요 12:14-16은 스가랴 9장 몇 절의 예언의 성취인가? -
8. 이 날(심판의 날)에 하나님 여호와께서 그들을 무엇과 같이 구원하시는가?(9:16) -
9. 대저 (　　)들은 허탄한 것을 말하며 (　　)는 진실치 않은 것을 보고 (　　)을 말한즉. - (10:　절)
10. 내가 (　　)을 견고하게 하며 (　　)을 구원할지라 내가 그들을 (　　) 여김으로 그들로 돌아오게 하리니 그들이 내게 내어 버리움이 없었음 같이 되리라. - (10:　절)
11. 내가 그들을 (　　)에서 이끌어 돌아오며 그들을 (　　)에서부터 모으며 (　　)으로 그들을 이끌어 가리니 그 거할 곳이 부족하리라. - (10:　절)

▲▼△▽ -----≪밴드왜건 효과, 들어는 봤나?≫----- ▽△▼▲

▷ '밴드왜건 효과'(Bandwagon Effect)란, 마을에 서커스가 들어오면 행렬의 맨 앞에서 대열을 선도하고 분위기를 띄우는 악대차(樂隊車)를 말한다. 밴드왜건이 지나가면 아이들이 그 뒤를 졸졸 따라가는데, 그것을 빗대어 남이 하는 대로 따라하는 소비행태를 말한다. 사용자(소비자)가 많을수록 더 많은 효용을 느껴 사용자가 늘어나는 경우 '밴드왜건 효과' 또는 '네트워크 효과'가 있다고 한다.

▷ 정치에서 밴드왜건은 의사결정에 있어 강자나 다수파가 택하는 바를 그대로 따라하는 인간의 한 심리적 현상, 다시 말해 타인의 선택을 추종해 자신도 똑같은 결정을 내리는 현상을 말한다. 선거의 경우 사표 방지를 위해 당선이 유력한 후보에게 표를 몰아주는 형태로 나타날 수 있다. 우리나라 선거법은 밴드왜건 현상을 우려해 공식 선거운동기간에는 여론조사 결과 공표를 일체 금지하고 있다.

♧ ♧ ♧

일부 전문가들은 후보간 우열이 뚜렷할 경우에도 승산이 높은 쪽으로 표가 몰리는 '밴드왜건 효과'와 열세인 후보에 동정표가 쏠리는 '언더독 효과'(Underdog Effect)가 상쇄되기 때문에 공식 선거운동기간 중의 여론조사 공표도 문제될 게 없다는 주장도 있다.
교회도 밴드왜건 효과가 큰 교회에 작용하여 작은 교회들은 결국 밴드왜건 자체를 하지 못하므로 엄청나게 불리한 상황이다. 따라서 큰 교회들은 함께 나누는 정신을 가져야 한다.

(스가랴 9:9) 시온의 딸아 크게 기뻐할지어다 예루살렘의 딸아 즐거이 부를지어다 보라 네 왕이 네게 임하나니 그는 공의로우며 구원을 베풀며 겸손하여서 나귀를 타나니 나귀의 작은 것 곧 나귀새끼니라

신현주, 〈좌충우돌 예화〉 〈시시콜콜 예화〉, www.sbs66.net

[오늘의 말씀] 스가랴 11장~14장 : 이스라엘의 미래 → 먼저 성경 읽기

(11장) 하나님의 양떼에 대한 신탁과 비유를 통해 하나님이 자기 백성을 구원함은 그들이 자기 양떼이기 때문이며 그 양떼를 지도할 참 목자상을 보여 준다.

(12-14장) 유다와 예루살렘에 대한 권고와 신탁으로 장차 임할 유다의 승리와 이 승리와 결부된 예루살렘의 특수한 상태와 다가오는 하나님의 날을 상징적으로 묘사한다.

[말씀 묵상]

1. 모든 양떼가 돌보는 이 없이 잡힐 양떼처럼 되었지만 그 가운데 '가련한 양'이 있다. 이는 메시아를 기다리는 양, '남은 자'이다. **목자의 막대기 둘은 은총**(사랑받음, 아름다움)**과 연락**(連絡: 영어 번역은 union, 즉 연합, 내적 조화)이었다(11:7). 이는 메시아 예수님께서 남은 자를 보호하시는데 하나는 **'사랑의 막대기'**로 그들을 몰아서 악마에게 끌려가지 않도록 그 울타리에 머물게 하시고, 또 하나는 **'연락(연합)의 막대기'**로 백성들을 흩어지지 않도록 서로 연결시켜 놓는다는 말이다. 이러한 보호를 받고 살면서 어찌 감사하지 않겠는가?

[깊은 연구]

1. 단어 해설 - 그냥 지나치기 쉬운 단어들을 점검하여 보라. *(슥 9-10장)*

1) **드라빔**(10:2) - 가신(家神)으로 집안에 둔 우상으로 휴대하기도 했다. 야곱의 아내 라헬이 아버지의 드라빔을 훔쳐 오기도 했다(창 31:34). 우상 숭배로 정죄되었다(삼상 15:23, 왕하 23:24). 〈제1권 통독 11일째 참고〉

2) **복술자**(10:2) - 복술자(卜術者)는 점쟁이들로 거짓 예언자가 포함되며 점을 치거나 예언을 하여 참 선지자들에게 상응하는 역할을 했다.

3) **모퉁이돌**(10:4) - 사 28:16에 근거한 말로 시온의 기초 돌이다. 시 118:22-23에는 '쓸모없이 버린 돌이 집 모퉁이 돌이 되었다'고 말했으며 마 21:42, 행 4:11에 모퉁이 돌은 예수 그리스도로 나타난다.

4) **말뚝**(10:4) - 유목민들이 천막을 칠 때에 천막 안과 밖에 말뚝이 있다(삿 4:21). 즉 메시아는 천막을 칠 수 있도록 하는 힘이 되고 또 그 안에서 모든 것을 보급해 주는 힘이 되는 것을 말한다.

5) **싸우는 활**(10:4) - 전쟁터에서 쓰는 활로서 정복자의 모습을 나타내는 말이다. 메시아가 오시면 그가 모든 악한 것을 다 정복하신다. 이러한 것(모퉁이 돌, 말뚝, 싸우는 활)들이 말탄 자(헬라인)를 부끄럽게 할 것이라고 하였다.

6) **구속**(10:8) - 건질 구(救), 살 속(贖). 죄와 악에서 건져 낸다는 말인데, '속'(贖)은 '값을 주고 산다'는 뜻이 있어 그리스도의 구속의 의미를 더해 준다. 구속(拘束)은 법적 용어이며 여기에 사용하면 틀린다.

7) **고해**(10:11) - 쓸 고(苦), 바다 해(海) 괴로움이 많은 세상을 바다에 비유하여 이른 말인데, 여기서는 모세가 건너간 '홍해'를 말한다,

8) **준가**(11:13) - 법도 준(準), 값 가(價)는 '제 값어치에 꼭 찬 값'이다. 여기서는 이스라엘 백성이 그들을 보호하고 먹이신 목자의 수고를 자기들 나름대로 평가한 값인데 높은 값을 준다며 빈정거리는 것이다.

통독	342
확인	

공부

스가랴 11장~14장 : 이스라엘의 미래

1. 레바논의 백향목을 사르게 될 때에 곡하거나 부르짖는 네 가지를 쓰세요(11:1-3).
   1)　　　　2)　　　　3)　　　　4)
2. 양떼를 인도하는 막대기 둘을 무엇이라 했으며, 이 막대기를 잘랐다는 의미는 무엇인가?(11:7-14)
   1) (　　　) -
   2) (　　　) -
3. 1) 목자가 양떼를 돌본 고가(雇價, 품값)는 얼마인가?(11:11-13) -
   2) 이는 가룟 유다가 예수님을 판 값이나 종의 값과 비교하면?(마 27:1-10, 출 21:32) -
4. 우매한 목자, 못된 목자는 양을 어떻게 돌볼 것인가?(11:16) -
5. 하늘을 펴시며 땅의 터를 세우시며 사람 안에 심령을 지으신 이는 누구인가?(12:1) -
6. 유다의 두목들이 심중에 무엇이라 말하나?(12:5) -
7. 그 날(마지막 날)에 여호와가 예루살렘 거민을 보호하면 어떤 결과가 오나?(12:8) -
8. 그 날(마지막 날) 거짓 예언자가 예언을 하면 그 부모가 무엇이라 하나?(13:3) -
9. 삼분지 일을 불 가운데 던져 무엇같이 연단하고 시험을 하는가?(13:9) -
10. 너희가 도망하되 유다 왕 웃시야 때에 지진을 피하여 도망하던 것 같이 하리라. - (14:　절)
11. 여호와께서 천하의 왕이 되시리니 그 날에는 여호와께서 홀로 하나이실 것이요. - (14:　절)
12. 다시는 저주가 있지 아니하리니 예루살렘이 안연히 서리로다. - (14:　절)
13. 그 날에는 말방울에까지 '여호와께 성결'이라 기록될 것이라. - (14:　절)

▲▼△▽ -----≪양들을 위한 강인한 촉매≫----- ▽△▼▲

양을 방목하여 기르는 어느 목장에 늑대와 여우가 내려와 양을 해치는 일이 자주 발생했다. 그래서 목장 주인은 날렵한 사냥꾼들에게 부탁하여 자신의 목장 가까이에 살면서 양들을 괴롭히는 이 맹수들을 잡도록 했다. 그러자 양들의 피해는 눈에 띄게 줄어들었다.

그 해 겨울에 이상한 일이 발생했다. 예년에 비해 온화한 기후였음에도 불구하고 양들이 많이 얼어 죽어버린 것이다. 목장 주인은 곧 생태학자들을 불러 그 이유를 조사하도록 했다. 며칠간의 조사 끝에 생태학자들은 아주 놀랍고도 중요한 사실을 밝혀냈다.

"늑대나 여우와 같은 맹수는 양들에게 강인함을 부여하는 촉매 역할을 했던 것입니다. 그래서 양들은 웬만한 추위를 이겨 낼 수 있었지요. 그러나 이제 늑대와 여우가 사라지자 양들은 긴장이 풀어지고 저항력이 줄어들어 그 같은 추위를 견뎌 내지 못하고 죽게 된 것입니다."

♧ ♧ ♧

우리는 삶에서 어려움을 만나지만, 그 덕분에 기도하고 믿음으로 돌아오고 하나님을 더욱 의지하는 계기가 되기도 한다. 하나님께서는 시련과 고난을 성도를 연단하는 도구로, 삶의 모든 문제를 극복하고 정복하는 강인함으로 양육하신다. '위로'의 라틴어는 '용감하다'(fortis)라는 뜻을 가졌다. 예수님은 목자장(요 10장, 벧전 5:4)이시다. 스가랴는 가련한 양에 대한 말을 하고 있다.

(스가랴 11:7) 내가 이 잡힐 양떼를 먹이니 참으로 가련한 양이라 내가 이에 막대기 둘을 취하여 하나는 은총이라 하며 하나는 연락이라 하고 양떼를 먹일 새

신현주, 〈좌충우돌 예화〉 〈시시콜콜 예화〉, www.sbs66.net

[오늘의 말씀] 말라기 1장~4장 : 회개하고 돌아오라 → 먼저 성경 읽기

(1장) 하나님은 이스라엘 백성들에게 사랑을 베푸셨으나 깨닫지 못하고 불의를 행하는 것을 엄히 책망하신다.
(2장) 제사장들의 타락을 책망하며, 백성들의 잡혼에 대한 책망을 한다.
(3장) 메시아의 도래에 대한 예언과 십일조에 대한 책망과 교훈을 한다.
(4장) 심판의 날을 예고하면서 한편 의로운 백성에 대한 복을 약속하며 율법을 기억할 것을 말씀한다.

[말씀 묵상]

1. 〈말라기〉에는 사람들이 하나님께 무례한 질문을 하는 '~하였나이까' 형식의 글이 많다.
   1) 주께서 어떻게 우리를 사랑하셨나이까(1:2) / 2) 우리가 어떻게 주의 이름을 멸시하였나이까(1:6)
   3) 우리가 어떻게 주를 더럽게 하였나이까(1:7) / 4) 우리가 어떻게 여호와를 괴로우시게 하였나이까(2:17)
   5) 우리가 어떻게 하여야 돌아가리이까(3:7) / 6) 우리가 어떻게 주의 것을 도적질하였나이까(3:8)
   7) 우리가 무슨 말로 주를 대적하였나이까(3:13) 대부분 하나님을 향해 도전적이거나 변명하는 말이다.
2. **십일조**는 '모든 것이 주께로부터 왔으매 다시 주께 드리며 감사한다'는 표시지만 하나님은 거기에 따른 큰 복을 주신다. 즉 황충을 금해 주므로 토지소산을 멸하지 않게 하며 과실로 기한 전에 떨어지지 않게 하신다(3:10-12). 십일조는 드리지 않고 황충(재난, 손해, 질병 등)만 겁내고 있는가?
3. "의로운 해가 떠올라서 치료하는 광선을 발하리니"(4:2)라는 말씀을 문자적으로 해석해서 육체의 치료에만 관심을 갖는다. 이 말씀을 유대교에서는 '여호와의 의'로, 신약 교회는 '의의 태양이신 그리스도께서 죄와 허물로 죽을 수밖에 없는 자들을(엡 2:1, 5) 치료(구원)하심'으로 해석한다.

[깊은 연구]

1. 하나님께서 야곱은 사랑하셨고 에서는 미워하셨다? (말 1:2-3)

하나님께서 야곱은 사랑하셨고 에서는 미워하셔서 에서의 후손인 에돔은 멸망하였다(1:2-5). 이러한 하나님의 선택은 인위적인 조건이나 이유 때문이 아니라 하나님의 무조건적이고 절대 주권적인 결정에 의한 것이다(사 43:1). 그러므로 하나님의 선택에 대하여 인간은 결코 불평할 수 없으며 우리를 선택해 주신 하나님의 사랑에 감사드리는 것 뿐이다(롬 9:19-24).

2. 〈말라기〉에 나온 세례 요한에 대한 예언 (말 3:1, 4:5)

"보라 내가 내 사자를 보내리니"(3:1)에서 하나님의 사자(使者)는 '세례 요한'임을 예수님과 공관복음서 기자들이 증거한다(마 3:3, 15, 막 1:1-4, 눅 1:13-18, 요 1:23). 세례 요한은 광야에서 회개의 세례를 전파하며 오실 메시아를 증거하는 사역을 하였다(마 3:1-6, 막 1:2-8, 눅 3:3-6, 요 1:19-34). 한편 하나님께서 이스라엘에게 보낼 "선지(先知) 엘리야"(4:5)에 대한 해석도 다양하다. ① 일반적으로 **'세례 요한'**을 가리킨다고 본다. 그 외에 이런 설도 있다. ② 죽지 않고 **'승천한 엘리야'**(왕하 2:11)가 그리스도께서 오시기 전에 다시 온다. ③ 이 엘리야의 예언이 세례 요한에게 이루어진 것은 사실이지만 부분적인 성취이고 그리스도가 재림할 때에 살아 승천했던 엘리야가 다시 나타남으로써 〈말라기〉의 예언이 완전히 성취된다고 하는 **'두 엘리야설(說)'**도 있다.

공부 말라기 1장~4장 : 회개하고 돌아오라

1. 〈말라기〉는 여호와께서 말라기를 통해 누구에게 경고하신 말씀인가?(1:1) -
2. 에돔은 '황폐된 곳을 다시 쌓으리라' 하였으나 여호와는 무엇이라 하셨나?(1:4) -
3. 누가 여호와의 이름을 멸시하였나?(1:6) -
4. 여호와께 어떤 예물을 드리면 저주를 받는가?(1:14) -
5. '만군의 여호와' 이름이 몇 번 나오나? - 1장 (번), 2장 (번), 3장 (번), 4장 (번)
6. 레위와 세운 나의 언약은 ( )과 ( )의 언약이라(2:5).
7. 제사장의 입술은 ( )하겠고 사람들이 그 입에서 ( )되어야 할 것이니(2:7).
8. 유다는 여호와의 사랑하시는 그 ( )을 욕되게 하여 ( )과 결혼하였으니(2:11).
9. 이스라엘의 하나님 여호와가 이르노니 나는 ( )과 ( )를 미워하노라(2:16).
10. 그 때에 너희가 돌아와서...하나님을 섬기는 자와 섬기지 아니하는 자를 ( )하리라(3:18).
11. (3: 절) 보라 내가 내 사자를 ~
12. (3: 절) 너희의 온전한 ~

13. (3: 절) 내가 너희를 위하여 황충을 ~
14. 내(여호와) 이름을 경외하는 자에게 일어날 일은?(4:2) -
15. 1) 여호와의 크고 두려운 날이 이르기 전에 하나님은 누구를 보내시나?(4:5) -
    2) 예수님은 이 예언의 인물을 누구라고 말씀하셨나?(마 11:11-14, 눅 1:17, 7:27-28) -

▲▼△▽ -----《십일조를 드린 축복》----- ▽△▼▲

미국의 사업가 '하이드' 는 평생 교회 봉사에 최선을 했다. 그는 조그만 사업을 처음 시작할 때부터 십일조를 철저히 드렸는데, 사업이 잘되었을 때는 십의구조(9/10)까지 드렸다.

1887년 경제공항으로 재산을 날리고 100만 달러(10억 원)의 빚을 지게 되었음에도 전에 어려운 아홉 가정을 후원하기로 약속했고, YMCA에 기부하기로 약속한 것 때문에 괴로워하다가 마지막 남은 집을 팔아 약속을 지켰다. 친척과 친구들이 비웃었으나 하이드는 '빚을 꼭 갚아야 하는 것처럼 헌금을 드리기로 한 것도 반드시 드려야 하지 않겠느냐'고 했다.

3년 뒤인 1890년 소규모인 맨소래담 회사를 창설하여 3년 만에 거액을 벌어 빚을 다 갚고 그는 간증했다. "십일조를 드리는 사람은 망하지 않습니다."

♧ ♧ ♧

이처럼 하나님과의 약속을 지키는 사람은 복된 사람이며 ,그 복이 자신의 삶 속에 열매로 나타난다. 야곱은 고향을 떠나 하란으로 도망갈 때 하나님께 서원하여 '먹을 양식, 입을 옷, 고향 땅으로 돌아오게만 해 주시면, 십일조를 드리겠다'(창 28:22)고 했으며 고향으로 올 때는 큰 부자였다. 예수님은 이것(의인신, 義仁信)도 행하고, 저것(십일조)도 버리지 말아야 할 것(마 23:23)을 가르치셨다. 말라기 선지자는 복을 부어 주신다는 하나님의 약속을 전했다(말 3:10).

(말라기 3:10) 만군의 여호와가 이르노라 너희의 온전한 십일조를 창고에 들여 나의 집에 양식이 있게 하고 그것으로 나를 시험하여 내가 하늘 문을 열고 너희에게 복을 쌓을 곳이 없도록 붓지 아니하나 보라

신현주, 〈좌충우돌 예화〉 〈시시콜콜 예화〉, www.sbs66.net

[오늘의 말씀] 호세아~말라기 : 12소예언서 복습 → 먼저 성경 읽기

1. 소예언서(소선지서)는 〈호세아〉부터 〈말라기〉까지 12권의 예언서를 말하는데, 이는 예언의 분량이 적은 것이지 선지자의 사명이 작거나 연대기적으로 분류한 것도 아니다.
2. 소예언서를 공부함에 있어서 그 예언의 시기를 알아야 한다(대개 1장 1절에 보면 통치 연대를 알 수 있으나 없는 것도 있음). 이 교재의 문제에서는 해석적인 것은 다루지 않고 평면적인 읽기에 중점을 두므로 먼저 해설을 읽기 바라며, 구체적인 것은 담임목사님의 조언을 얻으세요.

〈1〉 다음은 어느 예언서(호세아~말라기)에 대한 것인지 책 이름을 쓰세요(순서대로 아님).

보기: 호세아, 요엘, 아모스, 오바댜, 요나, 미가, 나훔, 하박국, 스바냐, 학개, 스가랴, 말라기

1. 다리오 왕 이년 유월부터 예언했는데 성전 재건을 촉구하였다(1:8). 스가랴와 동시대이다. -
2. 엘고스 사람으로 니느웨(앗수르의 수도)에 대해 경고했다(1:1). 어느 왕 때인지는 알 수 없다. -
3. 하나님이 갈대아 사람을 일으킨다는 말에 놀라며 의인의 고난에 대해 괴로워하나 "의인은 그 믿음으로 말미암아 살리라"(2:4) 한다. -
4. 아밋대의 아들로 니느웨로 가라 외치라 했으나 도망하다가 바다에 던져져서 물고기 배 속에 들어갔으나 나온 후 니느웨 전도를 통해 니느웨가 회개한다(3:5-6). -
5. 유다 열왕 요담, 아하스, 히스기야 시대에 모레셋 사람으로 사마리아와 예루살렘에 관한 묵시이다. -
6. 요시야 왕의 시대에 예언했는데 '실망의 예언자'라는 별명이 있으나 3:17은 아름다운 시와 같아 곡을 붙여 부르기도 한다(너의 하나님 여호와가 너의 가운데 계시니~). -
7. 이스라엘에 말씀하신 경고로서 십일조에 대한 책망과 가르침도 나오고(3:10-11) 이스라엘은 하나님께 '~하였나이까'라는 항의성 질문을 많이 한다. -
8. 주로 여로보암 시대에 북국 이스라엘의 예언자로서 그의 삶에 등장하는 부정한 아내 고멜과 자녀(이스르엘, 로루하마, 로암미)가 메시지이다(1:2-9). -
9. 학개와 동시대 예언자로서 성전 재건과 함께 도덕적 개혁을 촉구했으며 여덟 가지 환상(홍마를 탄 자, 네 뿔과 네 공장(工匠), 척량줄을 가진 자, 대제사장 여호수아, 순금 등대와 두 감람나무, 날아가는 두루마리, 에바 가운데 있는 여인, 네 병거)이 나온다(1:8-12). -
10. 메뚜기 재앙을 통해 다가올 여호와의 날(심판)과 회복을 예언한다. 또 성령강림 예언이 나온다(1:4, 2:28-29). -
11. 에서의 후예인 에돔의 멸망에 대한 예언(1:11)으로 한 장으로 되었다. -
12. 선지자도...선지자의 아들도 아닌(7:14), 드고아 목자로서 여로보암 시대의 지진 전 이년에 예언을 시작했다. 5가지의 환상(황충, 큰 불, 다림줄, 여름 실과, 단 곁에 서신 주님)을 보았다. -
13. 위에서 보았듯이 소예언서(소선지서)는 모두 몇 권인가? -

통독	344
확인	

〈2〉 다음 물음에 답하세요.

14. 예언의 시기가 언제인지 분명하게 나타나지 않은 소예언서들은?(1:1에 당시의 왕이 나오지 않아 정확한 연대를 알기 어려운 책, 6권) -
15. 바벨론 포로 이후의 소예언서는?(끝에 3권) -
16. 1) 소예언서 중에 가장 짧은 책은? - 2) 가장 긴 책은? -
17. 브에리의 아들 호세아는?(호 1:1) - 유다의 예언자이다( ), 이스라엘의 예언자이다( )
18. 음란한 아내를 취하라 함은?(호 1:2) - 호세아가 음란해서( ), 나라가 행음해서( )
19. 〈요엘〉에 '여호와의 날'('여호와의 크고 두려운 날' 포함)이 몇 번 나오나? -
20. 그 후에 내가 내 ( )을 만민에게 부어 주리니 너희 자녀들이 ( )을 말할 것이며 너희 늙은이는 ( ) 너희 젊은이는 ( )이며. - (욜 2: - 절)
21. 너희는 ( )를 찾으라 그리하면 ( ). - (암 5: 절)
22. 오직 ( )을 물같이 ( )를 하수같이 흘릴지로다. - (암 5: 절)
23. 에돔은 누구의 후손인가?(옵 1:21, 창 36:9, 19) -
24. 요나가 큰 물고기 배 속에 삼일 삼야 있게 된 것을 신약에서 예수님은 무슨 사건의 예표로 말씀하셨나?(욘 1:17, 마 12:38-41) -
25. 하나님께서 질문 형식(~하냐)으로 말씀하신 세 절은?(욘 4장) -
26. (미 4:3) 무리가 그 칼을 쳐서 ~
27. (미 5:2) 베들레헴 에브라다야 ~
28. 1) 나훔은 어디 사람이며( ), 2) 예언 당시 왕들(시대)에 대한 정보는 (있나, 없다). - (훔 1:1)
29. 아름다운 소식을 보(報)하고 ( )을 전하는 자의 ( )이 산 위에 있도다. - (훔 1: 절)
30. "의인은 그 믿음으로 말미암아 살리라"(합 2:4)라는 말씀을 인용한 다음의 신약성경은?
    1) 로마서 1장 (절), 2) 갈라디아서 3장 (절), 3) 히브리서 10장 (절)
31. 주의 일을 이 ( ) 내에 나타내시옵소서 진노 중에라도 ( )을 잊지 마소서(합 3:2).
32. 〈오바댜〉는 ( )의 운명을(옵 1:1), 〈나훔〉은 ( )의 운명을(훔 1:1), 〈하박국〉은 ( )의 운명을(합 1:6) 예언하고 있다.
33. 유다와 예루살렘 모든 거민 위에 손을 펴서 멸절할 우상 네 가지는?(이름만 쓰세요.)(습 1:2-6)
    1) 바알 2) 3) 4)
34. (습 3:17) 너의 하나님 여호와가 ~

35. 학개와 스가랴는 어느 왕 몇 년에 예언을 했는가?(학 1:1, 슥 1:1) -
36. 여호와의 말씀이 학개로 말미암아 주어진 두 사람의 신분과 이름을 쓰세요(학 1:1-4).
    1) 2)
37. 이는 ( )으로 되지 아니하며 ( )으로 되지 아니하고 오직 나의 ( )으로 되느니라(슥 4:6).
38. 예루살렘의 왕은 무엇을 타시는가?(슥 9:9, 마 21:1-10 참고) -
39. (말 3:10) 너희의 온전한 ~
40. 〈말라기〉에서 '만군의 여호와'라는 이름이 1장 (번), 2장 (번), 3장 (번), 4장 (번) 나온다.

자료 보너스 11 중간시대 연구

말라기와 복음서 사이의 시대

중간시대에 관한 것은 성경에는 나타나지 않으나 일부 자료들은 외경 〈마카베오상〉, 〈마카베오하〉에 나온다(이 책을 읽기 원하면 '외경포함 공동번역성서'를 보면 된다). 중간시대 자료를 제공하는 것은 이 시대를 알아야 신약성경을 바르게 이해하는 데 도움을 얻을 수 있기 때문이다.

아래의 제1-2과 "신구약 중간시대"는 공개된 CD자료(목회자료백과 3집, 나눔의 터, 2001)에 공개된 자료를 인용 수정 보완한 것으로 원 출처는 알 수 없다.

제1과 신구약 중간시대 개요 (침묵의 400년)

1. 400년

〈말라기〉와 〈마태복음〉 사이의 약 400년 동안을 '중간시대'라고 한다. 이 시대를 아는 것은 복음서를 이해하고 예수님의 말씀이라든지 그 당시 예수님과 만났던 부류의 사람들을 이해하는 데 도움이 된다. 구약성경은 주전 400년경의 〈말라기〉로 끝을 맺는다.

2. 시 작

먼저 주전 400년이 시작될 때의 유다인의 정황을 살펴볼 필요가 있다. 그보다 200년 전인 주전 587년에 예루살렘은 파괴되었고 백성들은 바벨론의 포로로 잡혀갔다(왕하 25장, 대하 36장). (북왕국 이스라엘은 그보다 135년 전인 주전 721년에 앗수르에게 멸망되었다, 왕하 17장) 다니엘에 의해 예언된 대로(단 2, 7장) 바벨론은 메대-바사 왕국에게 망했다.

고레스는 유다인들이 고국에 돌아가 성전을 건축하도록 격려했다. 그리하여 스룹바벨의 인도로 537년에 '남은 자들'이 돌아왔고(스 1장, 고레스 원년), 20여 년 후인 516/5년에 성전을 재건하였다(스 6장, 다리오 6년). 에스라도 적은 무리를 데리고 458년에 돌아와서 성전에서의 예배를 회복했으며(스 7장, 아닥사스다 7년) 그로부터 10여 년 후에 느헤미야가 와서 445년에 예루살렘 성벽을 재건했다(느 2장, 아닥사스다 20년). 〈제2권 통독 152-160일째 참고〉 남은 유다인이 돌아오고 성전과 예루살렘이 재건되고 예배가 회복되었다. 그러나 더 많은 유다인들이 포로의 땅 바사에서 살고 있었다. 이 돌아온 자들이 겪었던 구약과 신약 사이의 유다인 역사를 발견할 수 있다.

3. 정치적 배경 - 〈말라기〉와 〈복음서〉 사이의 400년의 유다 역사는 여섯 시대로 나눈다.

① 바 사 - 주전 538년 ② 헬 라 - 주전 332년
③ 애 굽 - 주전 323년 ④ 시리아 - 주전 198년
⑤ 마카비 - 주전 165년 ⑥ 로 마 - 주전 63년에서 그리스도까지

제2과 신구약 중간시대 해설 (여섯 시기로 구분)

1. 바사 통치(주전 538-332년)

팔레스틴의 바사 통치는 헬라 왕국의 알렉산더 대왕 때까지 계속되었다(주전 332년). 이것은 유다인들이 말라기의 말기에 바사의 통치 아래 있었으며 바사의 통치는 중간기의 처음 60년간 계속되었다.

이때에 사마리아인들에 대한 차별이 시작되었다. 북왕국이 주전 721년에 앗수르에 의해 멸망당한 뒤 메대의 성읍들로 흩어져 살게 되었다. 정복군인 앗수르 사람과 사마리아 사람들 사이에 혼혈이 생겨났다(왕하 17장). 그 후 이들은 느헤미야가 예루살렘에서 일할 때 그의 일을 방해했던 자들이다(느 2:10, 4:1-3). 이러한 적대감은 신약 시대에도 찾아볼 수 있다(요 4:9).

2. **헬라 통치**(주전 332-323년)

마게도냐 왕 필립이 헬라 세계를 통일하고 죽자 그의 아들 알렉산더 대왕은 334년에 마게도냐와 헬라의 군대를 이끌고 동방으로 전진하여 3년 동안에 애굽(이집트)과 바사(페르시아)를 정복하였다. 유다는 헬라의 지배하에 있게 되어 그 문화가 파고들어 왔다. 다니엘은 그에 대해 다니엘 7:6, 8:1-7, 21-24에서 말한다.

3. **애굽 통치**(주전 323-198년)

이 통치가 중간의 여섯 개 시대 중 가장 긴 기간이다. 알렉산더 대왕이 죽자 유다인들은 첫 프톨레미 소터(프톨레미는 애굽을 통치한 헬라의 왕조)의 손에 들어갔고 두 번째 프톨레미 필라델푸스는 헬라어로 번역된 그 유명한 구약 70인역(LXX)에 나오게 된다. 팔레스틴은 애굽과 시리아의 전쟁터가 되어 가고 있었다(셀류시드는 시리아의 왕조).

4. **시리아 통치**(주전 198-165년)

이 기간이 유다인에게 있어 중간시대 중 가장 처참한 때다. 안티오쿠스 에피파네스가 정권을 잡은 후 그는 유다인들에게 공포 정치를 시행했다(주전 167년). 그는 예루살렘을 파괴하고 성벽을 헐었으며 백성들을 학살했다. 또한 제단에 돼지를 드리거나 제단 위에 신상을 세우는 등 여러 방법으로 성전을 더럽혔다(단 8:13).

5. **마카비 통치**(164년 성전 정화 / 주전 142-63년)

이때가 모든 역사 중에 가장 영웅적인 기간이었다. 안티오쿠스 에피파네스의 과격한 정치는 나이 많은 제사장 맛다디의 혁명을 유발시켰고 그의 아들 유다 마카비가 이를 성공시켰다. 유다 마카비는 더럽혀진 성전을 회복하고 정통 예배가 다시 이뤄지게 했다(주전 164년 / 이것이 수전절, 요 10:22). 그러나 유다 마카비는 시리아와의 한 전투에서 전사하고 말았다. 그러자 그의 동생 요나단이 지도자 겸 대제사장이 되어 민정권과 성직권을 한 사람이 가짐으로써 대제사장 하스몬 계보가 이루어지게 되었다(하스몬은 마카비의 증조부다). 요나단이 죽자 그의 동생 시몬이 지도자가 되었다. 그 후 시몬이 죽게 되자 그의 뛰어난 아들 요한 힐가누스가 29년을 통치하게 된다. 하스몬계 지도자들이 몇 번 바뀌고 난 뒤에 헤롯 가계가 로마 시대의 장을 열면서 등장하게 된다.

6. **로마 통치**(주전 63년부터)

유다는 로마 왕국의 한 지방이 되었다. 마카비 계보가 끊어지자 율리우스 가이사는 주전 47년에 안디바를 유다의 지도자로 세웠다. 안디바는 그의 헤롯으로 하여금 갈릴리를 통치하게 했다. 로마는 주전 40년(연대 계산법에 따라 37년으로도 봄)에 그를 유다 왕으로 세웠고 그는 그의 아내와 그의 아들들을 포함한 그의 가족들을 제외하고는 거의 모두를 살해하였다. 이 사람이 바로 예수님께서 태어나실 때 왕이었던 '헤롯 대왕'(헤롯 1세)이다. 〈헤롯의 인물에 대해서는 제3권 통독 245일째 참고〉

이상이 400년 동안의 유다의 정치적 배경이다.

7. 400년 동안의 종교적 배경

정치적 배경이 유다를 변화시켰지만 유다인의 종교적 관습에는 그렇게 큰 변화가 없었다. 서기관, 바리새인, 사두개인과 같은 새로운 무리들과 회당이나 산헤드린과 같은 기관도 생겨났다. 유다에 생긴 이러한 변화 때문에 〈말라기〉와 〈복음서〉 사이의 중간시대는 매우 중요하다. 후손들에게 전해 내려온 유전이 주후 2세기 말쯤에 탈무드에 기록되었다. 유다인들은 오늘날까지도 그 권위를 인정하고 있다. 예수님 당시에는 그 유전들이 주로 기록되어 있지 않았다. 예수님은 마태복음 15장 1-9절에서 이 유전을 공격하셨으며 산상보훈(마 5-7장)에서는 여섯 번이나 "너희가 '들었으나' 나는 너희에게 이르노니"라고 말씀하신다. 그가 성경을 인용하실 때는 '기록된 바'를 사용하셨다.

제3과 예수 그리스도의 오심

1. 때가 찼다

예수님은 왜 팔레스틴에 오셨는가? 이는 하나님의 경륜의 때가 찼기 때문(갈 4:4 - "때가 차매 하나님이 그 아들을 보내사 여자에게서 나게 하시고 율법 아래 나게 하신 것은")이지만, 이런 측면에서도 들여다볼 수 있다. 예루살렘의 성분교회(성묘교회)는 예수님의 무덤 자리에 세워진 교회인데 학자들은 이곳이 세계의 중심(배꼽)이라고 한다. 팔레스틴은 아시아와 유럽과 아프리카를 연결하는 세계의 중간 지점이며 그 중에서 예수님이 탄생하신 베들레헴은 중간이 되는 지점이다. 그러므로 지리적으로도 팔레스틴에 오시도록 하나님이 섭리하셨다고 본다.

2. 당시의 정치적 상황

종교적 상황에 대해서는 성경에서 들었으므로 여기서는 정치적 상황만을 본다. 예수님이 오실 즈음은 세계가 정치적으로 통일되는 시기였다. 세계의 경계를 로마 제국이 무너뜨렸고 가는 곳마다 로마 깃발이 휘날렸다. 이러한 현실이 그리스도의 복음이 나타남에 있어서 세 가지 사실로 크게 공헌하였다.

1) 로마의 세계 평화

로마가 세계를 통일하고 평화(Roman Pax)를 (무력으로) 정착시켰을 때 그리스도가 오셨기에 복음은 세계를 향해 뻗어 나가게 되었다(1세기 전이었다면 쇄국주의로 문이 닫혀 있었을 것이다).

2) 로마의 도로

제국의 끝에서 끝까지 도로가 있었기에 이 도로를 타고 복음은 세계의 동서남북으로 삽시간에 퍼져 나갈 수 있었다, 그리하여 복음의 불꽃은 세계 도처에 훨훨 타오르게 되었다.

3) 언어의 통일

초대교회 전도자들이 언어의 통일 덕분에 어디를 가든지 자기들이 쓰는 말로 통할 수 있었기에 복음의 세계화를 촉진하게 되었다. 당시에는 헬라어를 사용했으며 신약성경도 헬라어('코이네'라는 대중 언어)로 기록되었고 이미 주전 3세기에는 구약성경의 헬라어역인 70인역(LXX)이 완성되었다.

한편 영적으로는 로마 황제(특히 도미티안, 주후 81-96년)가 자신이 신이라 하였으며, 헬라와 로마의 수많은 신들이 백성들의 갈증을 채워 주지 못했다. 이런 흑암 속에 예수님의 오심은 밝은 빛이었다. **"흑암에 앉은 백성이 큰 빛을 보았고 사망의 땅과 그늘에 앉은 자들에게 빛이 비취었도다 하였느니라"** (마 4:16).

〈요한복음〉을 소개합니다

제목에 대한 해설

'요한에 의한 복음서'로서 앞의 세 복음서를 공관복음이라 했는데, 〈요한복음〉은 제4복음서(第四福音書)라 하여 특별한 의미를 갖는다.

저작에 관하여

저자: 본서에 사도 요한이라고 명기되어 있지는 않지만 성경의 내적 증거로는 "예수의 사랑하시는 제자"(21:20-24)이다. 이 제자를 평소 그리스도의 총애를 받던 사도 요한으로 본다(19:26-27).

요한은 세베대와 살로메의 아들로 사도 야고보의 동생이다(막 1:19). 어부 출신(눅 5:1-11)으로 세례 요한의 제자였으나 갈릴리에서 그리스도의 제자가 되었다(1:35-39). 초대교회의 문헌에 의하면 노년에 에베소에서 설교와 저술을 했고 도미티안 황제(81-96년)의 기독교 박해 때에 밧모 섬으로 유배되었다. 그곳에서 〈요한계시록〉을 기록했다. 〈요한1,2,3서〉의 저자이기도 하다(해당 책의 해설 참고).

수신자: 분명하게 나타나지 않으나 에베소에서 기록되었다고 볼 때에 아마도 소아시아 여러 지역에 사는 그리스도인들을 위하여 기록되었을 것이라고 할 수 있다.

연대: 공관복음 이후일 것이며 요한이 밧모 섬에 유배(주후 96년)되기 이전이어야 한다면 대략적으로 85-95년경으로 볼 수 있다.

장소: 에베소로 알려진 것은 이레나이우스의 견해가 전해진 것이며 내적 증거는 없다. 혹자는 예루살렘을 거쳐 에베소에서 완성되었다고도 하고 영지주의가 영향을 끼친 시리아라고도 하나 모두 가설이다.

특징 및 기록 목적

1) 저술 목적을 분명히 한다. "오직 이것을 기록함은 너희로 예수께서 하나님의 아들 그리스도이심을 믿게 하려 함이요 또 너희로 믿고 그 이름을 힘입어 생명을 얻게 하려 함이니라"(20:31).

2) 본서는 영지주의와 그에 따른 이원론에 입각한 예수 그리스도의 실체를 부정하는 가현설(Dioecism)을 반박하며(1:14), 구약성경에 약속된 메시아를 배척함으로써 드러난 유대교의 모순을 지적하기 위해 기록했다(4:3-30).

3) 예수를 만민의 구주로, 그의 오심을 전 세계적인 사건으로 각각 보여 주고 있다.

시대적 배경

이방 세계에서 사도 요한의 증거는 그들의 문화 양식을 고려하여야 했다. 헬라적 사고 개념을 도입하여 심오한 진리를 증거하려 했음이 잘 드러났다(예: 로고스 사상, 말씀, 요 1:1). 또한 영지주의(그노시스)는 당시 아시아를 중심으로 일어난 물질은 악하고 영은 선하다는 이원론으로 그리스도의 육체적 부활마저 부인했다.

특기 사항

요한복음과 공관복음의 공통점과 차이점

예수님의 생애를 기록한 것에 있어서는 같아 보이지만 내적인 면에서는 차이를 갖는다.

1) 공관복음은 예수님을 주로 갈릴리 지방에서 활동하시다가 마지막 일주일을 예루살렘에서 체류한 것으로 기록하는데, 〈요한복음〉은 최소한 세 번 예루살렘을 방문한 것으로 되어 있고(2:13, 5:1, 7:10), 그 대부분이 예루살렘과 유대 지방의 사역을 서술한다.

2) 〈마가복음〉은 예수님의 공생애에서 두 번 유월절이 나타난다. 마가복음 2장 23절 이하의 추수기는 유월절 전후를 뜻하며, 마가복음 14장 1절은 그의 최후의 유월절이다. 그러나 〈요한복음〉에는 세 번 유월절이 언급되고(2:13, 6:4, 11:55 〈12:1, 18:28〉) 한 번은 그저 '명절'(5:1)로 되어 있는데 이것이 유월절이라면 3년을 넘으며, 그것을 빼더라도 2년이 넘는다(통상 예수님의 공생애를 3년이라 함은 요한에 의한 것이다).

3) 공관복음은 수난사 외에는 단편적인 기록들을 연결시킨 데 대하여 〈요한복음〉도 그런 면은 있으나(2:1-10, 13-21, 4:46-53, 12:1-9, 12-15, 13:36-38), 어떤 하나 또는 몇 개의 주제를 중심으로 전개시킨 말씀들이 그 중심을 이루고 있다(4-6, 9, 11장).

[오늘의 말씀] 요한복음 1장~3장 : 하나님 아들의 출현 → 먼저 성경 읽기

(1장) 요한은 예수님의 수태 및 탄생에 대한 내용을 생략하고 곧장 영원하신 하나님이 인간이 되어 세상에 오신 것을 기록하여 '세상 죄를 지고 가는 어린 양'이라고 소개하여 메시아임을 밝히고 있다.
(2장) 예수님은 갈릴리 가나의 혼인잔치에서 물로 포도주를 만드시므로 첫 번째 기적을 행하신다.
(3장) 니고데모에게 거듭남에 대해 강조하시고, 하나님의 사랑으로 예수님을 세상에 보내셨음을 말씀하신다.

[말씀 묵상]

1. 요한은 "영접하는 자 곧 그 이름을 믿는 자들에게는 하나님의 자녀가 되는 권세를 주셨으니"(1:12)라 하였다. 영접이라는 말은 '마음을 열고 받아들인다'는 뜻이다. 그대는 과연 마음을 열고 예수님을 하나님의 아들이요, 주님으로 영접하고 사는가? 자녀로서의 권세를 누리는가?
2. 갈릴리 가나의 첫 번째 기적(2:1-11)은 어려울 때에 예수님께 도움을 구한 데서 시작되었다. "포도주가 모자란지라 예수의 어머니가 예수에게 이르되 저희에게 포도주가 없다 하니"(2:3)처럼 도움을 청한 마리아가 있었다. 그대도 어려운 일을 만났을 때 먼저 예수님께 도움을 구해야 한다.

[깊은 연구]

1. 〈창세기〉의 태초와 〈요한복음〉의 태초 (요 1장, 창 1장)

〈요한복음〉과 〈창세기〉는 '태초'라는 말로 시작하지만 서로 다른 의미를 갖는다. 〈요한복음〉의 "태초에 말씀이 계시니라"(1:1)의 '태초'(ἀρχῇ, 알케, in the beginning)는 창조 전부터의 태초이며(참고. 요일 1:1), 〈창세기〉의 "태초에 하나님이 천지를 창조하시니라"(창 1:1)의 '태초'(בְּרֵאשִׁית, 베레쉬트, in the beginning)는 만물의 시작, 시간의 시작으로 어느 시점이다. 따라서 시간적으로 〈요한복음〉의 '태초'가 〈창세기〉의 태초보다 앞선다.

■ 가나 혼인잔치(요 2장)
예수님의 첫 이적은 물로 포도주를 만드는 것이었다. 사진은 막시미아누스 대주교석에 부착된 상아 조각판이다.

2. 세상 죄를 지고 가는 하나님의 어린양 (요 1장)

1) 예수님을 '유월절 양'이라고 하는 개념은 애굽에서 양을 잡아 피를 문설주에 발라 히브리 백성이 구원을 얻었듯이(출 12:22), 또한 구약의 제사에서 양의 피를 흘리게 함 같이(레 17:11) 예수님께서 십자가에서 죽어 인류를 구원하셨음을 뜻한다. 〈통독 36일, 350일째 참고〉

2) "보라 세상 죄를 지고 가는 하나님의 어린 양이로다"(1:29, 36)라는 말 속에는 "세례 요한이 이르러 광야에서 죄 사함을 받게 하는 회개의 세례를 전파하니"(막 1:4)라는 말에서 생길 수 있는 오해에 대한 해명이 들어 있다.

3) **'세상의 죄'**는 요한의 세례에 힘입어서 제거하는 것이 아니라, 오직 예수의 희생적 죽음에 힘입어서만 제거될 수 있다. **'하나님의 어린양'**이라는 예수상에는 '하나님의 종'의 모습(사 52:13-53:12)과 신약성경적인 '유월절 양'이신 예수님의 모습(고전 5:7, 벧전 1:19, 요 19:36)이 함께 들어 있다. 어린양의 예수상은 계 5:6-14, 7:14, 12:11, 13:8에도 나타난다.

통독	345
확인	

공부 요한복음 1장~3장 : 하나님 아들의 출현

1. (   )에 말씀이 계시니라 이 말씀이 하나님과 함께 계셨으니 이 말씀은 곧 (   )이시니라(1:1).
2. 영접하는 자 곧 (   )들에게는 (   )가 되는 권세를 주셨으니(1:12).
3. 율법은 (   )로 말미암아 주신 것이요 은혜와 진리는 (   )로 말미암아 온 것이라(1:17).
4. 요한이...가로되 보라 (   )를 지고 가는 (   )이로다(1:29).
5. 그가 먼저 자기의 형제 시몬을 찾아 말하되 우리가 (   ) 하고(1:41).
6. 나다나엘이 대답하되 랍비여 당신은 (   )이시요 당신은 (   )이로소이다(1:49).
7. 예수님이 첫 번째 기적을 행하신 곳은 어디인가?(2:1-11) -
8. 예수님의 이적으로 만든 포도주를 맛 본 사람들의 반응은?(2:1-11) -
9. 예수님은 내 아버지의 집(성전)을 무엇으로 만들지 말라고 하셨나?(2:12-22) -
10. 예수께서 사흘 동안에 일으킨다고 하신 성전은 무엇을 말하나?(2:12-22) -
11. 예수께서 예루살렘에 계실 때 많은 사람이 그 이름을 믿은 이유는?(2:23-25) -

◇ 다음 중 서로 관계있는 것을 찾아 줄로 연결하세요(12-16문, 3장).

12. 니고데모는	가) 바리새인, 유대인의 관원
13. 사람이 하나님 나라에 들어가려면	나) 독생자를 주셨으니
14. 하나님이 세상을 이처럼 사랑하사	다) 물과 성령으로 거듭나야 한다
15. 그는 흥하여야 하겠고 나는 쇠하여야 하리라	라) 세례 요한
16. 아들을 믿는 자는	마) 영생이 있고

▲▼△▽ -----≪예수님은 무엇을 잡수셨을까?≫----- ▽△▼▲

가장 많이 알려진 예수님의 음식은 최후의 만찬으로 '빵(밀떡)과 포도주'이다. 그리고 오병이어 사건으로 '빵과 물고기'가 나온다. 예수님이 제자들을 위해 숯불에 '생선과 빵'을 준비하셨다(요 21:9).

그리고 부활하셔서 제자들을 찾아와 "여기 무슨 먹을 것이 있느냐 하시니 이에 구운 생선 한 토막을 드리매 받으사 그 앞에서 잡수시더라"(눅 24:41-43)라는 말씀대로 '구운 생선'을 드신 기록이 있다.

또한 "인자는 와서 먹고 마시매 말하기를 보라 먹기를 탐하고 포도주를 즐기는 사람이요 세리와 죄인의 친구로다"(마 11:18-19)라는 기록을 본다. '가나'에서는 물로 '포도주'를 만드셨다(요 2장).

이로 보건대 예수님은 유대인의 일반적인 식사인 '빵(밀떡)과 생선과 포도주'를 드셨음을 알 수 있으며 더 이상은 알 수 없다.

♧ ♧ ♧

유럽에서는 이런 지중해식 식사가 다이어트에 좋다고 난리들이다. 미국 플로리다의 '돈 콜버트'는 《예수님은 무엇을 드셨을까?》라는 책에서 생선과 통밀빵, 붉은 포도주를 지적하며 예수님은 소박한 자연식을 즐겼다 한다. 그런데 한 걸음 더 나가 콩과 야채를 많이 드셨고, 고기는 귀했기에 한 달에 한 번 정도 맛보았을 정도라 한다. 이는 성경적인 배경이 없지만 팔레스틴의 지중해식 식사에 근거하여 주장하는 말이다. 예수님은 물로 포도주를 만드시되 맛있는 포도주였다.

(요한복음 2:9-10) 연회장은 물로 된 포도주를 맛보고 어디서 났는지 알지 못하되 물 떠온 하인들은 알더라 연회장이 신랑을 불러 말하되 사람마다 먼저 좋은 포도주를 내고 취한 후에 낮은 것을 내거늘...

신현주, 〈좌충우돌 예화〉〈시시콜콜 예화〉, www.sbs66.net

[오늘의 말씀] 요한복음 4장~6장 : 생명의 떡 그리스도 → 먼저 성경 읽기

(4장) 예수님은 사마리아 여인과의 대화에서 영혼에 깊은 관심을 가지시고 여인은 예수님을 전한다.
(5장) 예수님은 베데스다 못가에서 38년 된 병자를 고치셨으나 유대인들은 예수님을 죽이려 했다.
(6장) 오병이어의 기적 후에 많은 사람들이 따랐으나, 생명의 떡에 관한 가르침 후에 많은 이들이 떠나갔다.

[말씀 묵상]

1. 예수님께서 사마리아로 들어가셔서 우물가에서 한 여인을 만났고 대화까지 한 것은(4장) 당시 유대인들의 상식을 깨뜨린 것이어서 비난받을 일이었다. 그러나 주님은 한 영혼을 구원하시기 위해서 그렇게 하셨다. 그대는 한 영혼을 구원하기 위해 반대와 조롱에도 불구하고 복음을 전하는가?
2. 예수님은 "성경이 곧 내게 대하여 증거하는 것이로다"(5:39)라고 하셨다. 성경에서 예수는 발견하지 못하고 교훈과 상식만 찾는다면 성경의 의미는 퇴색해 버린다. 성경통독도 생명의 주를 만나야 성경을 읽는 의미가 있다.

■ 세겜에 있는 야곱의 우물 입구
예수께서 사마리아 여인과 대화를 나누었던 세겜에 있는 야곱의 우물의 입구로서 우물은 지하에 있다(요 4장).

[깊은 연구]

1. 메시아 (요 1:41, 4:25)

1) 신약성경에 두 번 기록된(요 1:41, 4:25) 메시야(현대 맞춤법에는 '메시아')라는 말을 설명하고 있다. 즉 1장 41절에는 "메시야를 번역하면 그리스도라" 하였고, 4장 25절에서는 "여자가 가로되 메시야 곧 그리스도라 하는 이가 오실 줄을 내가 아노니"라 하므로 두 곳 모두에서 '메시아'의 뜻이 '그리스도'라고 말한다. 다시 말해 **메시아**는 히브리어, **그리스도**는 헬라어로서 그 뜻은 '기름 부음을 받은 자'로 같다.

2) 구약 시대 기름 부음을 받은 세 직책은 **왕, 선지자, 제사장**이었다. 예수님은 이 모든 요소를 가진 분이다. 만왕의 왕으로 오셨고, 하늘나라를 선포하는 선지자였으며, 만인을 구원하는 제사장이었다.

3) 바벨론 포로 이후에 다윗과 같은 왕이 나타나 유대를 다스릴 것을 기대하면서 메시아 사상은 발전하였다. 신약에서 "다윗의 자손"(마 1:1, 9:27, 12:23 등)이라는 말은 곧 메시아 신앙에 근거한 고백이다.

2. 니고데모와 사마리아 여인의 비교 (요 3-4장)

당시 존경받는 지도자였던 니고데모와 멸시받던 사마리아 여인은 상황과 처지는 달랐지만 예수님을 만난 뒤 이들의 문제는 해결되었고 삶은 변했다. 주님을 만날 때 서로 다른 여건하에서 만나지만 중요한 것은 주님 안에서 변화하는 것이다.

	니고데모(3장)	사마리아 여인(4장)
장 소	유대(예루살렘)	사마리아
시 간	밤	제6시
이 유	계획적인 방문	우연(예수님의 방문)
접근한 사람	니고데모	예수님
인 종	유대인	사마리아인(혼혈인)
사회적 위치	존경받는 지도자, 선생	멸시받는 여인
성 별	남성	여성

통독	346
확인	

공부

요한복음 4장~6장 : 생명의 떡 그리스도

1. 예수님은 제육 시쯤(낮 12시) 어디에서 누구에게 물을 달라 하였나?(4:6-7) -
2. 예수님이 주시는 물은 어떤 것인가?(4:14) -
3. 예배하는 자는 어떻게 예배해야 하는가?(4:24) -
4. 여자는 누가 오실 것을 알았나?(4:25) -
5. 여자는 물동이를 버려두고 동네에 들어가서 예수님을 누구로 전했나?(4:29) -
6. 갈릴리에 오신 후 두 번째 표적은 누구를 고친 일인가?(4:43-54) -
7. 예루살렘에 있는 양문 곁에 히브리말로 (　　　　　)라 하는 못이 있는데. - (5:　절)
8. 예수께서 가라사대 (　　　　　) 네 자리를 들고 (　　　　　) 하시니. - (5:　절)
9. 내가 진실로 진실로 너희에게 이르노니 내 말을 (　　　) 또 나 보내신 이를 (　　　) 자는 (　　　)을 얻었고 (　　　)에 이르지 아니하나니 (　　　)에서 (　　　)으로 옮겼느니라. - (5:　절)
10. 너희가 (　　　　)에서 영생을 얻는 줄 생각하고 (　　　　)을 상고하거니와 이 (　　　)이 곧 (　　　　　　) 하는 것이로다. - (5:　절)
11. 〈누가 한 말인가?, 11-15문〉. 우리가 어디서 떡을 사서 이 사람들로 먹게 하겠느냐(6:　절). -
12. 여기 한 아이가 있어 보리떡 다섯 개와 물고기 두 마리를 가졌나이다(6:　절). -
13. 내니 두려워 말라(6:　절). -
14. 인자의 살을 먹지 아니하고 인자의 피를 마시지 아니하면 너희 속에 생명이 없느니라(6:　절). -
15. 주여 영생의 말씀이 계시매 우리가 뉘게로 가오리이까(6:　절). -

▲▼△▽ -----《세 번의 결혼에도 불행》----- ▽△▼▲

"신사는 금발을 좋아 한다"라는 영화로 일약 스타가 된 마릴린 먼로는 지금도 지난 세기 최고의 배우로 기억되고 있다. 그녀는 아름다운 금발과 푸른 눈, 그리고 완벽한 몸매로 미국인뿐만 아니라 전 세계 사람들의 시선과 사랑을 독차지했었다.

그녀는 케네디 대통령과도 각별한 사이였고, 영국의 엘리자베스 여왕의 특별초청을 받을 정도로 유명 인사였다. 그런데 그녀는 36세의 젊은 나이에 그의 자택에서 자살했다. 수십 억짜리 반지를 낄 정도로 부를 누렸고, 최고의 인기를 누렸지만 세 번의 결혼으로도 채울 수 없는 무언가로 그녀는 약물중독이 되었고 결국 자살을 택하고 말았다. 그녀가 남긴 메모에는 이렇게 기록되어 있다.

"나에게 명성과 돈과 인기는 일시적인 행복의 요소에 지나지 않았습니다. 나의 인생은 한 손으로 손뼉을 치는 것 같았습니다. 허공을 휘젓는 삶이었습니다."

♧ ♧ ♧

남편을 다섯 번 바꾸고도 갈증을 느낀 우물가의 여인과도 같다. 미국의 대부호였던 하워드 휴즈도 죽어 가면서 이렇게 말했다. "Nothing, Nothing!"(아무것도 아니야, 아무것도 아니야!) 인생에서 무언가 빠지면 아무리 부와 명예를 갖는다 해도 아무것도 아니다. 그러나 비록 부와 명예를 얻지 못했다 하더라도 그 무언가가 있다면 행복할 수 있다. 바로 예수 그리스도시다.

(요한복음 4:17-18) 여자가 대답하여 가로되 나는 남편이 없나이다 예수께서 가라사대 네가 남편이 없다 하는 말이 옳도다 네가 남편 다섯이 있었으나 지금 있는 자는 네 남편이 아니니 네 말이 참되도다

신현주, 〈좌충우돌 예화〉〈시시콜콜 예화〉, www.sbs66.net

[오늘의 말씀] 요한복음 7장~9장 : 빛으로 오신 예수님 → 먼저 성경 읽기

(7장) 초막절에 예수님은 성전에서 가르치셨고 그를 잡으러 온 바리새인의 하속들도 가르침에 감동을 받았다.
(8장) 간음한 여자를 용서하신다. 나를 세상의 빛이라 선언하시고 아브라함에 대한 논쟁이 있게 된다.
(9장) 예수님과 당시 지도자들 사이의 갈등은 깊어 갔고 소경을 고치신 기적은 화젯거리가 되었다.

[말씀 묵상]

1. 예수님이 베푸시는 기적들에서 공통점은 순종하는 믿음을 요구하시는 것이다. 38년 된 병자에게는 "네 자리를 들고 걸어가라"(5:8) 하셨고, 5천 명을 먹이실 때는 "이 사람들로 앉게 하라"(6:10) 하셨으며, 소경에게는 "실로암 못에 가서 씻으라"(9:7)라고 말씀(명령)하셨다. 순종은 기적으로 이어진다.

[깊은 연구]

1. 예수님의 이적들 〔공관복음서(共觀福音書 : 마태, 마가, 누가 복음)에는 없고 요한복음에만 있는 이적은 *표 6가지〕

	이 적 내 용	마태복음	마가복음	누가복음	요한복음
육체적 질병의 치료	한센병자를 낫게 함	8:2-3	1:40-42	5:12-13	
	백부장의 하인을 낫게 함	8:5-13		7:2-10	
	베드로의 장모의 열병을 치료	8:14-15	1:30-31	4:38-39	
	중풍병자를 낫게 함	9:2-7	2:3-12	5:18-25	
	혈루병 앓는 여자를 낫게 함	9:20-22	5:25-29	8:43-48	
	두 소경의 눈을 뜨게 함	9:27-31			
	한편 손 마른 자를 고침	12:10-13	3:1-5	6:6-10	
	바디매오와 다른 한 소경을 고침	20:29-34	10:46-52	18:35-43	
	귀 먹고 벙어리 된 자를 낫게 함		7:31-37		
	벳세다의 소경을 보게 함		8:22-26		
	고창병 든 자를 낫게 함			14:1-4	
	열 한센병자를 고침			17:11-19	
	말고의 잘린 귀를 붙여 줌			22:50-51	
	*가버나움의 왕의 신하의 아들을 고침				4:46-54
	*베데스다 못가의 병자를 치료				5:1-9
	*나면서부터 소경 된 자를 보게 함				9:1-41
정신적 질환과 귀신 들린 병의 치료	거라사인 두 사람을 고침	8:28-34	5:1-15	8:27-35	
	귀신 들려 벙어리 된 자를 고침	9:32-33			
	귀신 들려 눈멀고 벙어리 된 자를 고침	12:22		11:14	
	가나안 여자의 딸을 치료	15:21-28	7:24-30		
	간질하는 소년을 치료	17:14-18	9:17-29	9:38-43	
	회당의 더러운 귀신 들린 자를 치료		1:23-26	4:33-35	
	꼬부라져 펴지 못하는 여인을 치료			13:11-13	
자연현상에 관한 이적	풍랑을 잔잔케 하심	8:23-27	4:37-41	8:22-25	
	물 위를 걸으심	14:25	6:48-51		6:19-21
	오천 명을 먹이심(오병이어의 기적)	14:15-21	6:35-44	9:12-17	6:5-13
	사천 명을 먹이심	15:32-38	8:1-9		
	물고기 입 속에서 돈을 꺼냄	17:24-27			
	열매 없는 무화과나무를 마르게 함	21:18-22	11:12-26		
	많은 물고기를 잡게 함			5:1-11	
	*물로 포도주를 만드심				2:1-11
	*많은 물고기를 잡게 함(부활 이후)				21:1-11
죽음을 이긴 이적	야이로의 딸을 살림	9:18-26	5:22-43	8:40-56	
	나인 성 과부의 외아들을 살림			7:11-17	
	*죽은 나사로를 살림				11:1-44

통독	347
확인	

공부

요한복음 7장~9장 : 빛으로 오신 예수님

1. 예수님이 유대를 떠나 갈릴리에서 사역하심은 유대인들이 예수님을 죽이려 했기 때문이다(7:1-9). - (O, X)
2. 예수님의 형제들은 다 예수님을 믿었다(7:1-9). - (O, X)
3. 예수님은 초막절에 형제들만 유대에 보내시고 자신은 갈릴리에 머물러 계셨다(7:10-24). - (O, X)
4. 예수님을 유대인들이 잡지 못한 이유는 하나님을 두려워했기 때문이다(7:25-36). - (O, X)
5. "나를 믿는 자는...생수의 강이 흘러 나리라" 하심은 믿는 자가 받을 성령을 가리켜 말씀하신 것이다(7:37-53). - (O, X)
6. 서기관들과 바리새인들이 간음 중에 잡힌 여인을 예수께 데리고 온 근본 이유는?(8:1-11) -
7. 예수님이 무슨 말씀을 하셨기에 어른으로 시작하여 젊은이까지 떠나갔나?(8:1-11) -
8. 예수님이 간음한 여인에게 하신 마지막 말씀은?(8:1-11) -
9. 무엇이 사람을 자유케 한다고 하셨나?(8:12-41) -
10. 죽음을 영원히 보지 아니하는 비결은?(8:42-59) -
11. 내가 세상에 있는 동안에는 세상의 빛이로다. - (9: 절)
12. 실로암 못에 가서 씻으라 하시니 이에 가서 씻고 밝은 눈으로 왔더라. - (9: 절)
13. 유대인들이 누구든지 예수를 그리스도로 시인하는 자는 출교하기로 결의하였으므로. - (9: 절)
14. 한 가지 아는 것은 내가 소경으로 있다가 지금 보는 그것이니이다. - (9: 절)
15. 가로되 주여 내가 믿나이다 하고 절하는지라. - (9: 절)

▲▼△▽ -----《대리석에서 나온 예수님》----- ▽△▼▲

미켈란젤로가 대리석 가게에 큰 대리석을 보고 값을 물었다. 주인은 고개를 흔들며 "그놈의 대리석 공짜로 줄 테니 실어만 가 주시오. 12년 동안이나 팔리지도 않고 자리만 차지해서 골치입니다."라고 했다. 미켈란젤로는 그 대리석을 가져갔고 일 년이 지난 후에 그 대리석 주인을 집으로 초대했다.

"이것은 당신이 내게 거저 주었던 그 돌입니다." 대리석 가게 주인은 깜짝 놀랐다. 세계적인 걸작품 중에 하나인 미켈란젤로의 '예수 그리스도의 상'이었기 때문이다.

"그 쓸모없던 돌을 어떻게 귀한 작품으로 만들 수 있었습니까?"

"예, 제가 당신의 가게 앞을 지나가는데 예수님께서 나를 부르셨습니다. '나는 지금 대리석 안에 누워 있다. 불필요한 부분들을 다듬질하여 내 모습이 드러나게 하라' 하는 음성을 듣고 나는 그저 불필요한 부분만 잘라 내고 다듬은 것 뿐인데 이런 기적 같은 작품이 탄생된 것입니다."

♧ ♧ ♧

내 인생에서 필요 없는 잡동사니들을 제거해 버리는 것이 신앙이다. 사명으로 인해 많은 것을 버렸다. 엘리사는 엘리야의 부름을 받을 때 소를 버리고 따라나서 선지자가 되었다(왕상 19:21). 베드로와 안드레는 그물을 버렸고(막 1:16-20), 마태는 세관의 자리를 박차고 예수님을 따라나섰다.
소경이었던 한 사람은 출교될 위험에 있었지만 눈을 뜨게 하신 예수님을 증거하였다.

(요한복음 9:32-33) 창세 이후로 소경으로 난 자의 눈을 뜨게 하였다 함을 듣지 못하였으니 이 사람이 하나님께로부터 오지 아니하였으면 아무 일도 할 수 없으리이다

신현주, 〈좌충우돌 예화〉 〈시시콜콜 예화〉, www.sbs66.net

[오늘의 말씀] 요한복음 10장~12장 : 예루살렘을 향하여 → 먼저 성경 읽기

(10장) 유대인들은 선한 목자이신 예수님을 마침내 돌로 쳐 죽이려고까지 하였다.
(11장) 죽은 지 나흘이나 지난 나사로를 무덤에서 불러내심으로 예수님은 생명의 주님이심을 보여 주신다.
(12장) 예수님은 나귀를 타고 예루살렘에 입성하셨다. 헬라인(이방인)의 방문은 복음의 세계화를 암시한다.

[말씀 묵상]

1. 예수님은 **"나는 선한 목자라"**(10:11) 하며 자신을 소개하신다. 목자를 믿고 따를 때 푸른 초장과 쉴 만한 물가로 갈 수 있는 양처럼, 인생길의 목자 되신 예수님을 믿고 따르는 삶에는 영혼의 쉼터가 있다.
2. 죽은 지 나흘이나 지나 썩는 냄새가 나는 나사로의 무덤 앞에서 예수님은 **"돌을 옮겨놓으라"**(11:39) 하셨다. **"네가 믿으면 하나님의 영광을 보리라"**(11:40). 신앙의 법칙은 '보여 주면 믿겠다'는 세상의 법칙과는 달리 '믿으면 볼 것이다'라는 것이다. 하나님의 영광을 경험하지 못하는 이유는 '믿음'이 '순종'으로 이어지지 못하기 때문이다. 심지어 죽은 나사로도 '나오라'는 말씀에 순종했다.
3. 죽음에서 베로 동인 채 살아난 나사로를 위해 예수님은 **"풀어놓아 다니게 하라"**(11:44) 하신다. 무엇이 그대를 묶어 놓았는가? 과거의 무거운 인생의 경험들인가? 스스로 자신을 얽어매고 살지는 않는가? 예수님은 '풀어놓아 다니게 하는 자유'를 주셨다. 진리는 자유케 하는 힘이 있다.

[깊은 연구]

1. 유대인의 수전절(修殿節) (요 10:22)

수전절은 구약성경에 나오지 않고 성경의 이곳에만 기록된 절기이다. 중간시대(말라기에서 세례 요한 사이의 어두운 시기)인 주전 164년에 유대 마카비가 헬라의 안티오쿠스 에피파네스로부터 빼앗긴 국권을 찾고 더럽혀진 성전을 청결케 하고 다시 봉헌한 것을 기념하는 '빛의 절기(하누카)'이다. 〈성서연대표 참고〉

2. 왜 나사로를 죽도록 두셨는가? (요 11장)

마리아와 마르다가 병든 나사로를 살려 달라고 간청할 때 예수님은 왜 지체하셨을까? 죽은 이후에 오신 것은 사랑이 부족했거나 유대인을 두려워했기 때문이 아니라 하나님의 계획이 이루어질 때를 기다리고 계셨던 것이다(11:42, 아버지께서 나를 보내신 것을 저희로 믿게 하려 함). 그리고 예수님은 나사로의 부활을 통해 자신이 바로 **"생명이며 부활"**이라는 것(11:25-26)을 사람들에게 가르치기 원하셨다.

3. 가룟 유다는 누구며 어떤 일을 했나? (요 12장 외)

① 유일하게 유대 출신의 제자로 생각됨(대부분 갈릴리 출신). ② 제자들을 위해 돈궤를 맡아 관리했으나 무자비한 강도(요 12:4-6). ③ 그리스도의 사역 초기부터 사단에게 팔리움(요 6:70-71). ④ 은 삼십에 그리스도를 팔기로 모의함(마 26:15-16). ⑤ 사단이 실제적으로 그의 마음속에 들어오도록 허락함(눅 22:3, 요 13:27). ⑥ 다락방에서 그리스도와 함께 그릇에 손을 담금(요 13:26-30). ⑦ 그리스도를 체포하기 위하여 겟세마네로 군병들을 이끌고 찾아옴(요 18:2-4). ⑧ 입맞춤으로 구세주를 배반함(마 26:49). ⑨ 양심의 가책을 받아 그분의 피 값을 돌려주고 스스로 목매어 죽음(마 27:3-5).

공부 요한복음 10장~12장 : 예루살렘을 향하여

1. 양의 우리에...다른 데로 넘어가는 자는 (　　　　)요 문으로 들어가는 이가 (　　　　)라(10:1-2).
2. 내가 온 것은 양으로 (　　　)을 얻게 하고 (　　　　　) 얻게 하려는 것이라(10:10).
3. 예루살렘에 (　　　　　)이 이르매 때는 겨울이라(10:22).
4. 내가 저희에게 (　　　)을 주노니 영원히 멸망치 (　　　　) 터이요(10:28).
5. 만일 내가 내 (　　　　　)을 행치 아니하거든 나를 믿지 말려니와(10:37).
6. 예수님은 나사로가 병들었다는 소식을 듣고 어떻게 하셨나?(11:6-7) -
7. 예수님이 '나사로가 잠들었도다' 하신 것은 실제 무엇을 가리킴인가?(11:11-14) -
8. (11:25-26) -
9. 예수님은 죽은 지 나흘이나 된 나사로를 어떻게 부르셨나?(11:43) -
10. 살아난 나사로를 위해 무엇을 하라 하셨나?(11:44) -
11. 사람들이 무슨 절기를 지키려고 예루살렘으로 올라오는가?(11:55) -

◇ 다음 말씀의 절수를 쓰고, 말씀과 관계있는 것을 찾아 줄로 연결하세요(12장).

12. (　　절) 비싼 향유 나드 한 근을 예수의 발에 붓고 머리털로 그 발을 씻음　　가) 나사로
13. (　　절) 저를 가만 두어 나의 장사할 날을 위하여 이를 두게 하라　　나) 헬라인
14. (　　절) 이 사람 까닭에 많은 유대인들이 가서 예수를 믿음이러라　　다) 마리아
15. (　　절) '두려워 말라 보라 너의 왕이 나귀 새끼를 타고 오신다' 한 예언자　　라) 예수님
16. (　　절) 명절에 예배하러 올라온 사람 중에 빌립에게 청하여 예수를 뵈옵고자　　마) 스가랴

▲▼△▽ -----≪하나님 뜻과 다른 내 뜻≫----- ▽△▼▲

젊은 도망자가 적의 눈을 피해 작은 마을에 왔다. 마을 사람들은 그를 숨겨 주었으나 도망자를 찾는 병사들이 와서 동트기 전까지 도망자를 내놓지 않으면 마을에 불을 지르고 마을 사람들을 죽이겠다고 협박했다. 마을 사람들은 목사에게 어떻게 해야 할지 물었고, 목사는 고심하다가 혼자 방으로 들어가 성경을 읽었다. 새벽녘에, "한 사람이 백성을 위하여 죽어서 온 민족이 망하지 않게 되는 것이 너희에게 유익하다" 한 구절을 보고 병사들을 불러 소년이 숨은 곳을 알려 주자 도망자를 끌고가 죽였다.

목사가 마을 사람들의 목숨을 구했기 때문에 축제가 벌어졌으나 목사는 깊은 슬픔에 잠겨 방에 틀어박혔다. 그날 밤 한 천사가 찾아와 물었다. "네가 메시아를 넘겨주었다는 사실을 모르는가?" 목사는 깜짝 놀라 반문했다. "제가 무슨 수로 그것을 알 수 있었겠습니까?" 그러자 천사가 말했다. "성경을 읽는 대신, 단 한 번이라도 소년을 찾아가 그 눈을 들여다보았다면 그 사실을 알았을 것이다."

♧ ♧ ♧

헨리 나우웬이 쓴 ≪상처 입은 치유자≫에 나오는 이야기다. 우리가 기독교인이며 하나님의 자녀라고 고백하지만, 때로는 하나님의 뜻은 헤아리지 않고, 나 홀로 크리스천이 되는 경우를 본다. 하나님의 뜻에 순종하지 않고, 내가 결정하고 행하면서 마치 나의 생각에 하나님이 동의하시는 것처럼 생각하면서 산다. 예수님은 율법의 문항보다 그 정신을 중요하게 여기셨다(마 5:21-48).

(요한복음 11:50) 한 사람이 백성을 위하여 죽어서 온 민족이 망하지 않게 되는 것이 너희에게 유익한 줄을 생각지 아니하는도다 하였으니 (18:14도 참고)

신현주, 〈좌충우돌 예화〉〈시시콜콜 예화〉, www.sbs66.net

[오늘의 말씀] 요한복음 13장~15장 : 하나님 아들이 주신 위로 → 먼저 성경 읽기

13-17장은 "다락방 강화"라 하여 예수님의 고별설교와도 같으나 성령의 약속으로 위로를 주신다.
(13장) 예수님이 제자들의 발을 씻기신다. "서로 사랑하라"는 새 계명을 선포하신다.
(14장) 예수님이 떠나실 것을 제자들에게 말씀하시자 제자들은 근심하기 시작하고 예수님은 위로하신다.
(15장) 예수님은 포도나무의 비유로 주님과 제자들과의 관계를 가르치신다.

[말씀 묵상]

1. 하나님이 우리에게 가르치시는 사랑은 어떤 수준일까? 그것은 "내가 너희를 사랑한 것 같이 너희도 서로 사랑하라"(13:34)는 것이다. 예수님의 사랑에 비하면 우리의 사랑은 얼마나 초라하고 낮은 수준인지 모른다. 너무도 쉽게 변질되는 사랑을 말하는 시대 속에서 우리를 위하여 목숨을 주신 그 사랑을 본받아 진정한 그리스도인이라 인정받는 삶을 살아야 할 것이다.
2. 세상에서 버림받은 경험이 있는가? 주님은 제자들에게 "내가 너희를 고아와 같이 버려두지 아니하고"(14:18)라며 함께하심을 약속하신다. 또한 "나의 평안을 너희에게 주노라 내가 너희에게 주는 것은 세상이 주는 것 같지 아니하니라"(14:27) 하셨다. 주님이 주시는 평화를 맛보는가?
3. 예수님은 "나는 포도나무요 너희는 가지니"(15:5)라고 하셨다. 가지가 열매를 맺으려면 줄기에 붙어 있어 양분을 공급받아야 한다. 그리스도인으로서 풍성한 삶을 살기 위해서는 반드시 주님께 붙어 있어 매일의 삶에 주님이 공급하시는 영적 능력을 받아 풍성한 열매를 맺어야 할 것이다.

[깊은 연구]

1. 보혜사 성령은 어떤 분인가? (요 13-17장)

성령은 인격체이시므로 생각하시며(롬 8:27), 그의 뜻과 목적을 갖고 계시며(고전 12:11), 모든 것을 아는 지식이 있으시고(롬 8:27, 고전 2:10-12), 사랑하시고(롬 15:30), 슬퍼하기까지 하시는(엡 4:30) 인격적인 분이다. 또한 성령은 하나님 아버지와 예수님과 동등하신 하나님이다. 성령은 영원히 계시며(히 9:14), 어디에나 계시고(시 139:7-10), 전능(욥 26:13, 눅 1:35), 전지(요 14:26, 16:12-13)하시다. 거룩하시고(눅 11:13), 자비하신(느 9:20) 진리의 영이시다(요일 5:7). '보혜사'(요 15:26)는 '옆에서 늘 같이 있는 분', '그리스도인들을 힘 있고 강건하게 하며 능력을 주시는 분'이라는 뜻이다.

2. 성령은 어떤 일을 하시는가? (요 13-17장)

성령은 창조에 참여하시고(창 1:1-2), 예수님의 잉태와 탄생을 가능케 하셨다(눅 1:35). 사람들에게 영감을 주어 성경을 쓰게 하셨다(벧후 1:21, 딤후 3:16). 죄, 의, 심판에 대하여 세상을 책망하신다(요 16:8). 예수님을 증거하시고, 성도들을 진리 가운데로 이끄시며, 예수님의 영광을 나타내신다(요 15:26, 16:13-14). 성도들을 위해 중보하며(롬 8:26), 권능을 주어 증인의 삶을 살게 한다(행 1:8). 사람을 거듭나게 하고(요 3:3, 딛 3:5) 성도들을 인치시며(엡 1:13), 거룩한 성품을 갖게 하신다(살후 2:13). 성도를 인도하시고(롬 8:14), 성령의 은사를 주시고(고전 12장), 성령의 열매를 맺게 하신다(갈 5:22-23).

통독	349
확인	

공부

요한복음 13장~15장 : 하나님 아들이 주신 위로

1. 누가 가룟 유다의 마음에 예수를 팔 생각을 넣었나?(13:1-3) -
2. 베드로가 "발뿐 아니라 손과 머리도 씻겨 주옵소서" 할 때에 예수님의 대답은?(13:10)
 -
3. 예수님이 주신 새 계명은 무엇인가?(13:34) -
4. 베드로의 "주를 위하여 내 목숨을 버리겠나이다"라는 말에 예수님의 대답은?(13:37-38) -
5. (14: 절) 너희는 마음에 ( )하지 말라 하나님을 ( ) 또 ( )를 믿으라.
6. (14: 절) 예수께서 가라사대 내가 곧 ( )이요 ( )요 ( )이니.
7. (14: 절) 나의 ( )을 가지고 ( ) 자라야 나를 사랑하는 자니 나를 ( )하는 자는 내 아버지께 ( )을 받을 것이요 나도 그를 ( )하여 그에게 나를 나타내리라.
8. (14: 절) ( ) 곧 아버지께서 내 이름으로 보내실 ( ) 그가 너희에게 모든 것을.

◇ 다음 중 서로 관계있는 것을 찾아 줄로 연결하세요(9-14문, 15장).

9. 참 포도나무	가) 그리스도인(제자들)
10. 포도원 농부	나) 깨끗게 하여 주심
11. 과실을 맺지 않는 가지	다) 아버지께서 제하여 버림
12. 과실을 맺는 가지	라) 예수님
13. 포도나무 가지	마) 하나님 아버지
14. 아버지께서 보내실 것	바) 보혜사 곧 진리의 성령

▲▼△▽ -----《말씀으로 화해한 부부》----- ▽△▼▲

남편을 전도한 이한라 집사는 남편 김백두가 설교를 잘 듣고 집에서 성경을 읽으며 암송까지 하므로 자랑스러웠다. 어느 날 이 부부가 서로 심사가 뒤틀려 대판 싸우고 이한라는 방으로 들어가 문을 잠그고 꼼짝도 안 했다. 날은 저물고 아이들 저녁밥을 줘야 하는데 주방 일을 싫어하는 김백두는 아이들에게 자장면을 먹일까 생각하던 중에 번개처럼 스치는 부부문제 해결 방안이 나왔다.

아이들과 함께 잠긴 방 문 앞에서 큰 소리로 성구를 암송했다.

(계 3:20) "볼지어다 내가 문 밖에 서서 두드리노니 누구든지 내 음성을 듣고 문을 열면 내가 그에게로 들어가 그로 더불어 먹고 그는 나로 더불어 먹으리라"

세 번, 네 번을 반복하자 드디어 문이 열렸고 응답이 왔다.

(요 15:5) "나를 떠나서는 너희가 아무것도 할 수 없음이라"

♧ ♧ ♧

물론 이들은 크게 웃고 말씀으로 화해했으며 늦은 시간에 거창한 저녁식사를 하며 행복해했다.
말씀을 부부싸움의 해결도구로 쓰는 것이 합당한가 하겠지만, 말씀이란 언제 어디서나 그 가치를 발휘하는 힘이 있다. 말씀이 삶을 윤택하게 만드는 힘이 있음을 체험하고 살면 복이다.
부부가 서로에게 속하였듯이 성도는 예수님에게 속해 있어야만 열매를 맺을 수 있다.

(요한복음 15:5) 나는 포도나무요 너희는 가지니 저가 내 안에 내가 저 안에 있으면 이 사람은 과실을 많이 맺나니 나를 떠나서는 너희가 아무것도 할 수 없음이라

신현주, 〈좌충우돌 예화〉 〈시시콜콜 예화〉, www.sbs66.net

[오늘의 말씀] 요한복음 16장~18장 : 겟세마네 기도와 체포 → 먼저 성경 읽기

(16장) 예수님은 제자들 곁을 떠날 준비를 하시며 자기 대신에 성령을 보내실 것을 말씀하신다.
(17장) 또한 이 땅에 남겨 둘 제자들이 힘 있는 사역을 감당할 수 있도록 그들을 위해 중보기도를 드린다.
(18장) 예수님은 제자 유다의 배신으로 체포되셨으며, 빌라도와 헤롯 사이를 오가며 심문과 고난을 당하셨다.

[말씀 묵상]

1. 예수님은 경고를 하신다. "때가 이르면 무릇 너희를 죽이는 자가 생각하기를 이것이 하나님을 섬기는 예(例)라 하리라"(16:2). 기독교 역사에서 이 말씀은 현실화되었다. 하나님의 이름으로 전쟁을 하고 이단으로 정죄를 하고 화형을 했다. 그러면서 '하나님을 섬기는 예(例)'라고 합리화를 한 기독교의 죄악사가 있다. 사단의 앞잡이 노릇을 하면서 '하나님의 뜻'이라고 우기지는 않나?
2. "세상에서는 너희가 환난을 당하나 담대하라 내가 세상을 이기었노라"(16:33). 그러기에 예수님은 십자가를 두려워하지 않았다. 예수님은 환난당하는 것을 기정사실화하였다(마 5:10-12). 바울은 "오직 하나님의 능력을 좇아 복음과 함께 고난을 받으라"(딤후 1:8)라고 분명하게 말한다.

[깊은 연구]

1. 예수님은 유월절 어린 양 (요 1, 18장)

세례 요한은 예수님을 보았을 때 "보라 세상 죄를 지고 가는 하나님의 어린 양이로다"(1:29)라고 말했다. 유월절은 유월절 양의 피를 문설주에 발라 구원을 받은 데 근거한다(출 12장). 예수님이 십자가에 달린 때도 유월절이었다(마 26:12, 막 14:1, 눅 22:7, 요 18:39). 즉 첫 번째 유월절 때 어린 양의 피는 이스라엘을 애굽의 바로로부터 구원했고, 신약에서 예수님은 유월절에 어린 양으로 십자가에서 피를 흘리시므로 온 인류를 구원하셨다. 〈통독 345일째 참고〉

2. 죄 없음을 알고도 사형에 내어준 빌라도 (요 18-19장)

1) 유대교는 예수님에 대한 종교적인 재판은 할 수 있었지만, 사형에 대한 정치적인 판결은 로마의 식민지로서 로마가 파송한 본디오 빌라도가 한다. 빌라도는 예수님에게서 사형에 해당할 만한 죄를 찾지 못했음에도 여론에 밀려 사형에 내어준다.

2) 그는 '예수님에게 죄가 없다'고 했다(18:38, 19:4, 6). 빌라도의 아내도 "저 옳은 사람에게 아무 상관도 하지 마옵소서 오늘 꿈에 내가 그 사람을 인하여 애를 많이 썼나이다"(마 27:19) 했다. "예수를 놓으려고 힘썼으나"(19:12) 유대인들의 항의에 밀려 "예수를 십자가에 못 박히게 넘겨"(19:16)준 죄가 있다. **사도신경**에서는 '본디오 빌라도에게 고난을 받으사'라 한다.

■ 내 양을 먹이라(요 21장)
예수님은 자신을 배반했던 베드로에게 나타나셔서 "내 양을 먹이라" 하신다. 〈가버나움 베드로 수위권 교회의 청동조각〉

통독	350
확인	

공부 요한복음 16장~18장 : 겟세마네 기도와 체포

1. "내가 떠나가는 것이 너희에게 유익이라"(7절)라는 예수님의 말씀은 누가 오시기 때문인가?(16장) -
2. 그(보혜사 성령)가 오셔서 무엇에 대하여 세상을 책망하시는가?(세 가지)(16장) -
3. 우리가 하나님께 구할 때 누구 이름으로 구하라고 하셨나?(16장) -
4. 예수님은 어디로부터 세상에 왔으며 다시 세상을 떠나 어디로 가시는가?(16장) -
5. 우리가 세상에서 환난을 당하나 담대할 수 있는 이유는 무엇인가?(16장) -
6. 영생은 무엇인가?(17:3) -
7. 아버지를 영화롭게 하려면?(17:4) -
8. 예수님은 누구께서 보내신 줄 믿었나?(17:8) -
9. 무엇이 진리인가?(17:17) -

◇ 다음 내용을 시간 순서대로 (　) 안에 숫자로 나열하고 해당 절수를 쓰세요(18장).

10. (　) 유다가 군대와 및 대제사장들과 바리새인들의 하속들을 데리고 함께 옴 - (18:　절)
11. (　) 제자들과 함께 (겟세마네) 동산에 (기도하러) 들어가심 - (18:　절)
12. (　) 안나스(대제사장 가야바의 장인)에게 끌려가심 - (18:　절)
13. (　) 베드로가 예수님을 부인함 - (18:　,　,　절)
14. (　) 베드로가 대제사장의 종 말고의 귀를 검으로 베어 버림 - (18:　절)
15. (　) 유대인들이 소리 질러 바라바를 놓아주기를 원함 - (18:　절)
16. (　) 빌라도의 질문 "네가 유대인의 왕이냐" - (18:　절)

▲▼△▽ -----≪잃음으로 얻어지는 평안≫----- ▽△▼▲

한 노인이 중앙 인도(印度)를 횡단하는 낡은 버스를 타고 여행을 하고 있었다. 버스는 사람들로 만원이었고 가방과 가구, 가축까지 있었다. 노인의 머리 위에 있는 화물칸에는 깨끗이 포장된 작은 짐이 있었다. 버스는 달렸고, 노인은 쏟아지는 졸음을 이기지 못해 깜박깜박 졸다가 문득 깨어나면서 누군가가 자기의 짐을 훔쳐가지는 않을까 순간순간 공포를 느끼며 깨어났다. 그때마다 재빨리 고개를 올려 짐이 그대로 있는지를 확인했다. 그는 몹시 피곤했기에 잠을 자고 싶었으나 그럴 수가 없었다.

그렇게 몇 시간이 흘렀을까? 노인은 몇 분 동안 깊은 잠에 떨어졌다가 깨어 화들짝 놀라 눈을 위로 향해 짐을 확인해 보니 자신의 짐이 사라졌다. 자신의 짐을 도둑맞은 것을 확인했을 때, 노인의 얼굴에 어떤 낙심과 공포가 지나갔다. 몇 분의 시간이 지나자 그는 씁쓸한 미소를 짓고는 좌석 깊이 몸을 파묻고 편안한 상태로 달콤한 깊은 잠에 떨어졌다.

♧ ♧ ♧

편히 쉬지 못하던 노인은 계속해서 자신의 신경을 건드렸던 것으로부터 자유를 얻었다. 짐을 끌어안고 평안히 잠을 자든, 아니면 짐으로부터 해방되기 위한 다른 방안을 마련해야 한다.
자녀들도 너무 끌어안으려 한다면 그렇게 되지도 않거니와 서로 간에 피곤하다. 자녀들은 개인 인격체로 하나님의 자녀이다. 나는 주인이 아니라 다만 위탁을 받은 청지기일 뿐이다.

(요한복음 18:36) 예수께서 대답하시되 내 나라는 이 세상에 속한 것이 아니라 만일 내 나라가 이 세상에 속한 것이었더면 내 종들이 싸워 나로 유대인들에게 넘기우지 않게 하였으리라

신현주, 〈좌충우돌 예화〉 〈시시콜콜 예화〉, www.sbs66.net

[오늘의 말씀] 요한복음 19장~21장 : 고난, 부활과 베드로의 고백 → 먼저 성경 읽기

(19장) 예수님은 골고다에서 이 세상의 죄를 대신 지고 십자가에 못 박혀 죽으셨다.
(20장) 장사된 지 사흘 만에 말씀하신 대로 살아나셨으며 여인들과 제자들에게 친히 나타나셨다.
(21장) 세 번이나 예수님을 모른다고 부인했던 베드로를 찾아가 "내 양을 먹이라"는 사명을 주신다.

[말씀 묵상]

1. 부활하신 예수님이 저녁에 제자들이 있는 곳에 오셨을 때 도마는 함께 있지 않고는 "믿지 아니하겠노라"(20:25)라고 한다. 교회에서도 예배나 회의 때 참석을 하지 않고 나중에 딴소리를 하는 사람들이 있다. 예수님이 여드레 후 다시 나타나셨을 때 도마는 "나의 주시며 나의 하나님이시니이다"(20:28)라는 고백을 하게 만든다. 내가 꼭 보아야 믿는가? "보지 못하고 믿는 자들은 복되도다"(20:29).
2. 〈요한복음〉의 목적이 분명하게 "오직 이것을 기록함은 너희로 예수께서 하나님의 아들 그리스도이심을 믿게 하려 함이요 또 너희로 믿고 그 이름을 힘입어 생명을 얻게 하려 함이니라"(20:31)라고 하였다. 그대는 〈요한복음〉 공부를 통해 예수는 그리스도이심과 새 생명을 얻은 확신이 있는가?
3. 주님은 고통당하는 자들의 삶의 현장으로 오셔서 **네 가지를 말씀**하신다(21장).
   1) 5절: 너희에게 고기가 있느냐(주님, 오늘 내 하는 일이 잘 안 됩니다)
   2) 6절: 그물을 배 오른편에 던지라(내게도 방법을 가르쳐 주세요)
   3) 10절: 지금 잡은 생선을 좀 가져오라(모든 것이 주께로부터 왔는데 드려야지요)
   4) 12절: 와서 조반을 먹으라(웬떡! 떡과 생선을 오늘 우리의 생업과 삶에도 베풀어 주소서!)

[깊은 연구]

1. 네가 나를 사랑(아가페와 필레오)하느냐? (요 21:15-17)

1) 예수님은 세 번이나 자신을 부인한 베드로를 포기하지 않으시고 찾아가셔서 세 번이나 그의 사랑을 확인하셨고, 다시 중요한 사명을 맡기는 은혜를 베푸신다. '내 어린 양을 먹이라, 내 양을 치라, 내 양을 먹이라'(21:15-17) 하신다. 주님을 진심으로 사랑하는 사람은 주님께 다시 쓰임을 받는다.

2) 예수님은 베드로에게 "요한의 아들 시몬아 네가 (이 사람들보다) 나를 더 사랑하느냐"(21:15-17) 하고 세 번을 물으셨다. 이 질문에 처음 두 번의 '사랑'이란 단어는 '아가페'(아가파스, ἀγαπᾷς)이고, 세 번째는 '필레오'(필레이스, φιλεῖς)였으나 베드로의 대답은 세 번 모두 필레오(필로, φιλῶ)였다. 이 언어의 뉘앙스에 대한 언어학적 차이에 대해 정확히 말하기는 어렵다. 통상적으로 '사랑'에 대한 헬라어의 의미를 단순히 말하면, 남녀 간(에로스)·친구의 우정(필레오)·부모 자식 간(스톨게)·하나님의 인간을 향한 것(아가페)으로 말한다. 그러나 언어학자 트렌취는 아가페를 '계시 종교의 품에서 탄생한 낱말'이라고 했다.

3) 예수님께서 요구하신 것은 신앙의 대상으로서의 숭고한 사랑 '아가페'였다. 그러나 베드로가 주님을 사랑하였던 것은 인정적인 '필레오'였다. 베드로의 이런 인정적인 사랑은 가이사랴 빌립보 도상에서 주를 붙들고 십자가에서 죽지 말라고 한 것도(마 16:22), 동산에서 칼을 뽑아 말고를 친 것도(요 18:10) 모두 그의 풍성한 인정적인 사랑을 표현한 것이지만 신앙적인 아가페에는 못미치는 것이다.

통독	351
확인	

공부 요한복음 19장~21장 : 고난, 부활과 베드로의 고백

1. 군병들이 예수님의 머리에 무엇을 씌우고 자색 옷을 입혔나?(19:2) -
2. 빌라도는 예수님의 죄를 찾았는가?(19:4, 6) -
3. 예수께서 자기의 십자가를 지고 어디로 나오셨나?(19:17) -
4. 십자가상의 다음 말씀은 몇 절에 나왔나?(19장) - 1) 여자여 보소서 아들이니이다 - (절), 2) 보라 네 어머니라 - (절), 3) 내가 목마르다 - (절), 4) 다 이루었다 - (절)
5. 예수님과 함께 못 박힌 두 사람과 예수님의 최후에 다리를 꺾는 일의 차이는?(19:31-37) -
6. 예수님의 장례에 공헌한 두 사람은?(19:38-41) -
7. 안식 후 첫날 이른 아침에 무덤에 와서 돌이 옮겨진 것을 본 여자는?(20장) -
8. 마리아에게 '여자여 어찌하여 울며 누구를 찾느냐'고 말한 자는?(20장) -
9. 예수님의 부활에 대해 '못 자국을 보고 손을 넣어 보아야 믿겠다'고 한 제자는?(20장) -
10. 예수님의 말씀 네 가지를 쓰세요(21:1-14에서, 해설 참고).
   1) 2) 3) 4)
11. 요한의 아들 시몬아 네가 이 사람들보다 나를 ( ) 하시니 가로되 ( ) 그러하외다 내가 주를 ( )하는 줄 주께서 아시나이다(21:15).
12. 가라사대 내 ( )을 먹이라...가라사대 내 양을 ( )...내 양을 ( )(21:15-17).
13. 예수의 행하신 일이 이 외에도 많으니 만일 ( ) 기록된다면 이 ( )이라도 이 기록된 책을 두기에 부족할 줄 아노라(21:25).

▲▼△▽ -----≪십자가에서 다리를 꺾는 이유는?≫----- ▽△▼▲

예수님의 십자가 처형에 대한 복음서의 기록은 매우 사실적이다. 로마의 사형 방법은 목을 자르는 '참수형', 굶주린 맹수들의 먹이로 넘겨주는 '맹수형', 그리고 '십자가형'이다. 로마 제국에 반기를 든 정치범은 십자가형에 처해졌다. 십자가형의 순서는 ① 형리들이 죄수에게 태형을 가하고, ② 자신이 매달리게 될 횡목을 죄수 스스로 사형장까지 나르고(요 19:17), ③ 손목과 발등에 못을 박아 죄수를 십자가에 고정시키고, ④ 죄수는 대략 하루를 못 넘기고 질식사했다.

십자가에 달린 죄수는 극심한 고통을 겪는다. 고통을 조금이라도 덜어 주려 '몰약을 탄 포도주'를 해면에 적셔 마시게 했는데 아마 약간의 마취효과가 있었던 모양이다. 십자가 죄수는 손목에 못을 박았으니 손목 동맥 파열로 인한 과다출혈로 숨을 거두었다고 생각할지 모르나 실은 질식사였다. 몸이 아래로 처지면 횡격막이 눌려 숨을 못 쉬게 되고 못으로 고정된 발의 힘을 빌려 몸을 추스르는 과정을 여러 번 반복하다가, 마침내 몸을 추스를 기운이 빠지면 호흡 곤란으로 죽는 것이다. 그래도 죽지 않을 경우 완전히 숨을 거두게 하기 위해 '다리를 꺾어' 발에 힘을 못 주게 하는 조치를 취했다.

형리로 선발된 군인들은 사형수의 죽음을 눈으로 직접 확인해야 할 의무가 있었으므로 누구인가 예수에게로 다가가 창으로 옆구리를 찔러 보았다. 만일 이때 작은 신음 소리라도 들렸다면 여지없이 '다리꺾기'를 하였을 것이다. 그러나 예수님은 이미 숨을 거둔 상태라 창이 찔린 곳에서 물과 피만 흘러나왔으므로 다리를 꺾지는 않았다(요 19:31-34). 예수님은 미처 3시간을 못 버텼는데 이는 3년의 공생애 동안 고생과 영양 공급이 부실했기에 그만큼 몸이 쇠약해졌기 때문일 것이다.

박태식(서강대), ≪2007 예배와 강단≫, "짧은 이틀 긴 시간", 기독교문사, pp. 381-385에서 요약 인용

[오늘의 말씀] 요한복음 1장~21장 복습 → 먼저 성경 읽기, 단숨에...

〈요한복음〉은 공관복음(마태, 마가, 누가)과는 달리 '영의 복음서'로 불리며 성령에 관해 자주 말한다(3:5, 6:63, 7:39, 14:16-17, 26, 15:26, 16:13-14, 20:22). 성령이 주는 통찰력으로 조명되어 있다.

〈1〉 예수님의 공적 활동 (요 1-12장)

1. 태초에 (　　)이 계시니라 이 말씀이 하나님과 함께 계셨으니 이 (　　　　　　)이시니라(1:1).
2. 보라 (　　　　　)를 지고 가는 (　　　　　　　　　)이로다(1:29).
3. 예수님의 처음 이적은 갈릴리 (　　)의 혼인잔치에서 (　　)로 (　　　)를 만든 것이다(2:1-11).
4. 예루살렘에서 사람들이 예수님이 행하시는 표적을 보고 믿던 그때의 절기는?(2:23) -
5. 하나님의 나라를 볼 수 없는 자는?(3:3) -
6. (3:16) -
7. (4:24) -
8. 예수님의 양식은?(4:34) -
9. "네가 낫고자 하느냐"는 예수께서 (　　　　) 못가의 (　　)년 된 병자에게 하신 말씀이다(5:1-9).
10. 내 말을 듣고 또 나 보내신 이를 믿는 자는 (　　　)을 얻었고 (　　　)에 이르지 아니하나니 (　　　　　　　　)으로 옮겼느니라(5:24).
11. 선한 일을 행한 자는 (　　　)의 부활로, 악한 일을 행한 자는 (　　　)의 부활로(5:29).
12. 사람들이 예수님을 억지로 (　　　　) 삼으려는 줄을 아시고 산으로 떠나셨다(6:15).
13. 하나님의 (　　　　　　)를 믿는 것이 (　　　　　　　)이니라(6:29).
14. 진실로 진실로 너희에게 이르노니 인자의 (　　)을 먹지 아니하고 인자의 (　　　)를 마시지 아니하면 너희 속에 (　　　)이 없느니라(6:53).
15. "너희도 가려느냐"라는 예수님의 말씀에 베드로의 대답은?(6:67-68)
 -
16. 예수님의 교훈은 누구의 것인가?(7:16) -
17. 나를 믿는 자는 성경에 이름과 같이 그 배에서 (　　　　　　　　)이 흘러나리라(7:38).
18. 예수께서 땅에 글을 쓰시는 중간에 하신 말씀은?(8:6-8) -
19. 죄를 지으면 누구의 종이 되나?(8:34) -
20. 소경이 (　　　　) 못에서 눈을 씻고 보게 되었으며 그 말을 번역하면?(9:6-7)
 -
21. 나는 (　　　　　)라 선한 목자는 양들을 위하여 (　　　)을 버리거니와(10:11).
22. 예수님에 대한 유대인들의 의혹 내용은?(10:24) -
23. 나는 (　　　　　　　　　)이니 나를 믿는 자는 죽어도 살겠고(11:25).
24. 마리아와 유대인들의 우는 것을 보시고 예수님께서도 어떻게 하셨나?(11:35) -

25. 예수께서 예루살렘 성에 입성하실 때에 무리가 무엇이라 외쳤나?(12:12-13)
-

26. 명절에 예배하러 올라온 사람 중에 빌립에게 청하여 예수를 뵈옵고자 한 사람들은 어디 출신인가?(12:20-21) -

〈2〉 예수님의 다락방 강화 (요 13-17장)

27. 새 계명은 무엇인가?(13:34) -
28. (14:6) -
29. 보혜사 성령은 모든 것을 ( ), 모든 것을 ( ) 하신다(14:26).
30. 나는 ( )요 너희는 ( )니 저가 내 안에, 내가 저 안에 있으면 이 사람은 ( )을 많이 맺나니...(15:5).
31. 제자들을 출회하고 죽이는 자들이 어떤 생각을 하는가?(16:2) -
32. 보혜사(성령)가 오시면 무엇에 대하여 세상을 책망하시는가?(16:8) -
33. 영생은 무엇인가?(17:3) -
34. 예수님의 제자들을 위한 기도는 오직 무엇을 위함인가?(17:15) -

〈3〉 예수님의 죽으심과 부활 (요 18-21장)

35. 예수님이 체포될 때에 베드로는 검으로 무엇을 했나?(18:10-11) -
36. 빌라도는 예수님께 무엇을 물었나?(18:33) -
37. 유대인들의 법대로 예수님이 낭연히 죽어야 한다는 이유는?(19:7) -
38. 다음 구절에서 예수님께서 십자가 위에서 하신 말씀(架上七言 중 본문에 3가지가 나옴, 누가복음 해설 참고)을 쓰세요(19:26-30).
    1) 26-27절:
    2) 28절:
    3) 30절:
39. 예수님의 장례에서 다음 사람은 어떤 큰 역할을 했나?(19:38-42)
    1) 아리마대 사람 요셉 -
    2) 니고데모 -
40. "여자여 어찌하여 울며 누구를 찾느냐"라는 말은 누가 했나?(20:11-16) -
41. 예수님께서 제자들에게 숨을 내쉬며 하신 말씀은?(20:22) -
42. 요한복음을 기록한 목적은?(20:31) -
43. 예수님이 제자들에게 하신 네 가지 말씀은?(21:1-14)
    1) 5절 - 2) 6절 -
    3) 10절 - 4) 12절 -
44. 시몬 베드로가 예수님의 가르침대로 하여 잡은 물고기의 숫자는?(21:11) -
45. 예수님께서 베드로에게 부탁하신 말씀의 ( )를 채우세요(21:15, 16, 17).
    1) 내 ( )을 먹이라, 2) 내 양을 ( ), 3) 내 양을 ( )
46. (21:25) -

〈요한일·이·삼서〉를 소개합니다

저작에 대하여

저자: 초대교회 교부들의 전통을 따라 〈요한복음〉, 〈요한계시록〉, 〈요한일,이,삼서〉를 '사도 요한'의 저작으로 본다. 그는 그리스도께서 하신 일을 목격했고(1:1-4), 권위 있는 말투는 사도적인 언급이다(명령 - 요일 2:15, 24, 4:1, 5:21 / 확고한 주장 - 요일 2:6, 3:14, 4:12 / 잘못을 지적 - 1:6, 8, 2:4, 22).

〈요한복음〉과 〈요한서신〉의 표현 방식이 매우 유사하여 동일 저자로 보게 한다(예: 빛과 어두움, 생명과 죽음, 진리와 거짓, 사랑과 미움 등의 대조). 〈요한이, 삼서〉의 '장로'가 이름이 기록되지 않아서 요한을 가리키는 지는 논쟁이 있다.

수신자: 〈요한일서〉 - 특별한 언급이 없으나 소아시아 지역의 회람서신으로 추정. / 〈요한이서〉 - 한 특정한 공동체에 보낸 것이다. 그 공동체는 1절에서 '택하심을 입은 부녀'라고 일컬어졌다. / 〈요한삼서〉 - '가이오'라는 성도에게 보낸 것이다.

연대 및 장소: 〈요한일서〉는 〈요한복음〉과 같이 '요한공동체'에서 생긴 것이다. 요한복음 기록 이후인 85-95년경 에베소에서 기록한 것으로 보인다.

〈요한이서〉는 〈요한삼서〉와 마찬가지로 〈요한일서〉보다 후대에 기록된 것으로 보인다. 9-10절에 "그리스도의 교훈"이 후대의 표현이기 때문이다.

특기 사항

1) 〈요한일서〉: 영지주의에 대한 경계

당시의 상황은 교회 회중의 한 집단이 사도들의 선포와는 다른 구원 교리를 따르므로 결국은 갈려 나갔다(2:19). 이들이 영지주의자(Gnosticism)들이다.

(1) 이단자, '영지주의'(靈知主義, 그노시스)

① 이들은 예수 그리스도의 죽으심(목숨 바침)을 통해서가 아니라 자신의 본래적 본질에 대한 지식을 통하여 인간이 그리스도 안에서 구원받는다고 한다.

② 그리스도는 단지 가현적(假現的)으로만 사람이 되셨으며(4:2-3), 실제로는 십자가에서 죽지 않으셨다고 한다(2:22, 4:3). 그리스도가 하신 일은 인간들에게 그들의 본래의 천성에 대한 '지식'을 가져다준 것이라 한다.

③ 인간은 본질에 있어서 하나님과 하나이기 때문에 영지주의자들은 지식과 영적 관조를 통해 하나님과 합일할 수 있으며 모든 지상적인 속박으로부터 자유롭게 된다고 생각했다.

(2) 이단에 대한 그리스도적 고백

① 예수는 '그리스도'이시다. 하나님의 아들이 실제로 사람이 되시고 죄를 위하여 속죄 제물로 죽으셨다는 것을 믿는 사람만이 참으로 하나님과 친교를 누린다(2:23, 4:2, 15, 5:1, 5).

② 하나님과의 친교는 '형제들', 즉 그리스도 교회의 형제자매들에 대한 구체적 사랑에서 입증되어야 한다(1:6-7, 2:4, 5, 9-11 등).

2) 〈요한이서〉: 거짓 교훈 대적

〈요한이서〉가 기록된 상황은 〈요한일서〉로부터 도출해 낼 수 있는 상황과 일치한다. 〈요한일,이서〉에서 문제가 된 자들은 같은 거짓 교사들이다(7절). 그러나 짧은 글에서는 그들과의 논쟁이 기록되지는 않는다. 공동체 회중들은 거짓 교훈의 전도자들을 집에 들이지도 말고 인사조차도 하지 말라고 경고한다(10-11절). 다른 한편으로 그들은 서로 얽매이는 현재 사랑의 계명을 기억하라고 권고한다(5-6절).

3) 〈요한삼서〉: 자발적인 접대

〈요한삼서〉에서 장로는 '가이오'에게, 파송한 선교사(순회 전도자)를 후하게 접대했음을 감사한다(3-6절). 그러나 이러한 일이 그 외에는 가이오의 교회에서 일어나지 않음에 아픔을 표현한다. 지도자적인 지위가 있는 듯한 디오드레베는 장로를 비방하고 그가 보낸 전도자를 영접하지 아니하고 또한 남들이 접대하지 못하도록 방해했다(9-10절). 〈요한이서〉에서는 거짓 교사들을 집에 영접하지 말라고 했으나 〈요한삼서〉에서는 전도자들을 배척하는 디오드레베에게 경고한다. 아마 그는 〈요한삼서〉 7절에 나온 거짓 교리의 대변자일 수도 있다. 장로는 방문할 때에 디오드레베에게 답변을 추궁할 수 있으리라고(10절) 확신하며 갈등을 해소하리라 희망한다. 이 편지는 12절에 의하면, 순회전도자들 가운데 한 사람인 데메드리오를 위한 추천장이다.

〈유다서〉를 소개합니다

제목에 대한 해설

공동서신(일반서신)은 회람용으로 저자가 그 책의 이름이 되었다. 따라서 본서의 헬라어 제목은 '이오다'로 '유다' 이름 그대로이다. '유다의 편지', 또는 '유다서'로 불렸다. 〈공동서신에 대해서는 제3권 p. 212 참고〉

저작에 대하여

저자: 저자는 자신을 '예수 그리스도의 종이요 야고보의 형제'(1:1)라고 말한다. 성경에는 유다가 5명이 나온다. 본서의 저자 유다의 형제 야고보는 주의 형제요(마 13:55, 막 6:3), 예루살렘 교회의 첫 번째 목회자이며(행 15:12-21), 사도(갈 1:19)로 알려져 있다. 예수님의 제자로서 야고보의 아들 유다(눅 6:16, 행 1:13)도 있으나 본서 저자는 아닐 것이다.

수신자: 이름이나 거주지가 나와 있지 않은 것으로 보아 저자는 모든 사람이 이 서신을 읽기를 원한 것 같다. 굳이 수신자를 선정한다면 소아시아나 수리아 지방을 들 수 있는데 이 지역들의 영지주의나 도덕 폐기론을 비판하고 있기 때문이다.

연대 및 장소: 사도 시대 말기 및 직후(17-18절)인 70-80년경으로 본다. 유다가 70-80년경에 순교했다고 보면 적어도 80년 이전에 기록했을 것이다. 혹은 70년의 예루살렘 멸망에 관한 언급이 없으므로 70년 직전이라고도 보며, 또는 위경 에녹서(30-50년경)의 인용(1:14)으로 보아 에녹서 이후이며, 영지주의(1세기 후반부터 일어남)를 언급한 것으로 보아 70-80년경으로 본다. 기록 장소는 유대인들이 살던 지방으로 본다.

특징 및 주제

1) 특징

(1) 본서는 자유방종주의자들, 영지주의자들(그노시스), 거짓 교사들에 대한 이단 공격문서로서 표현이 직설적이고 신랄하다.

(2) 배경은 고린도 부근에서 파급되었던 음탕, 방종주의와 같은 것이 이 편지의 독자들에게도 영향을 끼쳤으므로 베드로 사도가 〈베드로후서〉에서 경계를 했던 것과 같은 경계를 유다가 할 필요를 절감했기 때문일 것이다.

(3) 본서는 모든 문장의 표현이 강경하고 매우 준엄하다. 그것은 본 서신이 배도하는 일을 엄히 꾸짖었기 때문이다.

(4) 본서의 주제는 "믿음의 도를 위하여 힘써 싸우라"(1:3)는 것이다. '믿음'은 모든 성도의 삶의 기초인 동시에 잘못된 교훈으로부터 지켜져야 할 대상으로 설명하고 있다(1:20-21).

2) 〈유다서〉의 위경 인용문제

유다는 정경(Canon)이 아닌 책 "모세 승천기"(9절)와 "에녹서"(14, 15절)를 인용하였다. 그렇다고 유다가 이 위경을 정경(Canon)으로 사용했다고는 볼 수 없다. 당시 독자들에게도 이 책이 잘 알려져 있었으므로 유다가 이해를 돕기 위하여 이것을 인용한 것 같다. 바울도 디도서 1:12을 보면 주전 600년경 그레데 성 출신의 이교(異敎)인 에피메니데스의 "신탁에 관하여"란 6행시에서 인용하여 말하고 있다.

3) 〈유다서〉와 〈베드로후서〉의 관계성

〈유다서〉는 베드로후서 2장과 유사하므로 한쪽이 다른 한쪽을 인용하였다고 볼 수 있다. 그렇더라도 각각 독립된 책으로 사용되었으므로 가치가 낮아지는 것은 아니다. 어느 책이 먼저 있었는가는 확실히 말하기 어렵지만 베드로는 거짓 교사들의 사역이 미래에 있을 것으로 보았으나(벧후 2:1), 유다는 그런 행위가 이미 존재하는 것으로 보았으므로(1:4), 〈베드로후서〉가 먼저 기록된 것으로 본다. 그러나 먼저 기록된 글보다 나중에 기록된 것이 구체적이므로 〈유다서〉가 먼저 기록되었다고 주장하기도 한다.

4) 이단에 속한 거짓 교사들(8-10절)

(1) 꿈꾸는 자: 허망한 가르침으로 사람들을 미혹하는 거짓 선지자들을 비난하는 표현(신 13:1).

(2) 훼방하는 자: 훼방은 사단의 일로서 훼방하는 자는 용서받을 수 없다(마 12:31-32).

(3) 이성 없는 짐승: 자신의 욕망에 사로잡혀 짐승처럼 살아가며 결국 짐승처럼 죽는다. 진리를 떠난 자는 짐승과 같다(시 49:20).

[오늘의 말씀] 요한일서 1장~3장 : 교제의 조건과 특성 → 먼저 성경 읽기

(1장) 우리는 하나님과 그의 아들 예수 그리스도와의 사귐(교제)을 통하여 기쁨이 충만케 되며 그에게 죄를 자백하면 우리를 모든 불의에서 건지신다.
(2장) 주님과 사귀는 자는 빛 가운데 거하므로 죄를 범치 않는다.
(3장) 하나님의 사랑 안에 거하는 자는 형제를 사랑한다.

[말씀 묵상]

1. 우리의 사귐(교제)은 성도들과 더불어 "아버지와 그 아들 예수 그리스도와 함께"(1:3)하며 그러한 사귐은 큰 기쁨을 준다. 나의 사귐이 내 중심인지 진정 다른 성도나 주님을 위한 것인지를 함께 생각해 보아야 한다. 사랑하는 자만을 사랑하는 일은 세리도 할 수 있다(마 5:46).
2. "세상에 있는 모든 것이 육신의 정욕과 안목의 정욕과 이생의 자랑이니..."(2:16)라 하였다. 현대의 모든 분야가 이러한 것을 야기시키고 있다. 특히 문화라는 이름으로 타락을 조장하는 것은 세계적인 추세가 되었고 교회는 더 큰 책임을 안게 되었다. 그러므로 보는 것, 듣는 것, 먹는 것, 노는 것 모두를 잘 살펴보고 하나님 앞에 바른 선택을 해야 한다.

[깊은 연구]

1. 초대교회의 이단, '영지주의'(靈知主義, 그노시스, Gnosticism)

사도 요한이 경계한 이단인 영지주의자들은 사도들의 선포와는 다른 구원 교리를 가졌다.

1) 이들은 예수 그리스도의 죽으심(목숨 바침)을 통해서가 아니라 자신의 본래적 본질에 대한 지식을 통하여 인간이 그리스도 안에서 구원받는다고 한다.

2) 그리스도는 단지 가현적(假現的)으로만 사람이 되셨으며 실제로는 십자가에서 죽지 않으셨다는 것이다. 그리스도가 하신 일은 인간들에게 그들 본래의 천성에 대한 '지식'을 가져다준 것이라 한다.

3) 인간은 근본적 본질에 있어서 하나님과 하나이기 때문에 영지주의자들은 지식과 영적 관조를 통해 하나님과 합일할 수 있으며, 그리하여 모든 지상적인 속박으로부터 자유롭게 된다고 생각했다.

2. 이단에 대한 그리스도적 고백

바른 신앙에서 이단과 다른 정통의 고백적인 요소는 무엇인가?

1) 예수는 '그리스도'이시다. 하나님의 아들이 실제로 사람이 되시고 죄를 위하여 속죄 제물로 죽으셨다는 것을 믿는 사람만이 참으로 하나님과 친교를 누린다(2:23, 4:2, 15, 5:1, 5).

2) 하나님과의 친교는 '형제들', 즉 그리스도 교회의 형제자매들에 대한 구체적 사랑에서 입증되어야 한다(1:6-7, 2:4, 5, 9-11 등).

요한일서	요한복음
1:1	1:1, 14
1:4	16:24
1:6-7	3:19-21
2:7	13:34-35
3:8	8:44
3:14	5:24
4:6	8:47
4:9	1:14, 18, 3:16
5:9	5:32, 37
5:12	3:36

■ 두 책의 병행구절

통독	353
확인	

공부 요한일서 1장~3장 : 교제의 조건과 특성

1. 생명의 말씀에 관한 요한의 고백은?(1:1) - 1) 귀: 2) 눈: 3) 손:
2. 1) (1:6) 만일 우리가 하나님과 사귐이 있다 하고 어두운 가운데 행하면 ~
   2) (1:8) 만일 우리가 죄 없다 하면 ~
   3) (1:10) 만일 우리가 범죄하지 아니하였다 하면 ~
3. (1:9) 만일 우리가 우리 죄를 자백하면 ~
4. 요한서신을 쓰는 이유는 무엇이며 무엇에 관하여 쓴 것인가?(2:1, 26) -
5. 우리의 대언자는 누구이며 그는 우리의 죄를 위한 무엇인가?(2:1-2) -
6. 형제를 사랑하는 자의 특징은?(2:10) -
7. 세상에 있는 모든 것이란 무엇인가?(2:16) -
8. 적그리스도는 누구인가?(2:22) -
9. 우리가 지금은 하나님의 자녀라 장래에...그가 나타내심이 되면 우리가 ( )을 아는 것은 그의 계신 그대로 ( )을 인함이니. - (3: 절)
10. 하나님의 아들이 나타나신 것은 ( )을 멸하려 하심이다. - (3: 절)
11. 하나님께로서 난 자마다 죄를 짓지 아니하나니 이는 ( )가 그의 속에 거함이다. - (3: 절)
12. 우리가 말과 혀로만 사랑하지 말고 오직 ( )으로 하자. - (3: 절)
13. 하나님의 계명은 곧 그 아들 예수 그리스도의 ( )을 믿고, 그가 우리에게 주신 계명내로 서로 ( )하는 것이다. - (3: 절)

▲▼△▽ -----≪성경읽기 연변 버전≫----- ▽△▼▲

고저 저희 천국에서는 성경 10번 읽어 가지고는 성경 보았단 소리도 못함다. 고저 한 100~200번 읽었다 싶으면 고놈 성경공부시키면 좀 이해하갔구나 하고 의심은 해봄다. 새로 천국 온 사람이 성경을 300번 읽었다고 자랑하다가 천사한테 끌려가서리 성경인물 빙고게임하다 욱실나게 혼나고 다시는 성경 많이 읽었다고 자랑 안 함다. 요전엔 성경 600번 읽은 권사님이 예수님 앞에서 성경 외우다 글씨 하나 틀려 고저 혼났음다.

그런데 어느 날이였음다. 예수님이 웃으시면서 이렇게 성경을 잘 아는 자가 누구냐며 칭찬하시는 것이였음다. 그래서 성경을 한 1000번은 읽었나 보다 생각했음다. 아니였음다. 그는 성경을 이제 겨우 한 번 읽고 사고가 나서 천국에 온 신입이였음다. 예수님이 성경에 대해 이야기해 보거라. 그가 떨리는 목소리로 이야기하는 것이였음다. "성경은...고조...사랑임네다..."

♧ ♧ ♧

예수님이 그를 쓰다듬으며 '성경 제대로 안다'며 칭찬하셨다.
천국에서는 성경을 얼마나 많이 읽었느냐가 중요한 것이 아니라 어떻게 이해하고 실천하는가가 더 중요하다. 물론 성경도 읽지 않고 입만 살아 있는 자는 경계해야 하지만...
성경의 주제는 누가 뭐래도 '사랑'이다. 사랑은 믿음과 행위에 대한 분명한 증거이다.

(요한일서 2:5) 누구든지 그의 말씀을 지키는 자는 하나님의 사랑이 참으로 그 속에서 온전케 되었나니 이로써 우리가 저 안에 있는 줄을 아노라

신현주, 〈좌충우돌 예화〉 〈시시콜콜 예화〉, www.sbs66.net

[오늘의 말씀] 요한일서 4장~5장 : 사랑의 교제와 근거 → 먼저 성경 읽기

(4장) 서로 사랑하며, 주가 성령을 주심으로, 예수를 하나님의 아들이라 시인하며, 하나님의 사랑 안에 거하는 자는 하나님 안에 거하고 하나님이 그 안에 거한다.
(5장) 예수께서 그리스도이심을 믿는 자마다 하나님께로서 난 자이며 그에게는 영생이 있다.

[말씀 묵상]

1. 예수님의 오심을 한두 가지만으로 설명할 수는 없다. 인류를 구원하시려고(살리려고) 오셨으며(요일 4:9), 섬기려 하고, 대속물로 주려 오셨고(막 10:45), 전도하러 오셨으며(눅 4:43), 양으로 생명을 얻게 하려고 오셨다(요 10:10). 또한 "하나님의 아들이 나타난 것은 마귀의 일을 멸하려 하심이니라"(요일 3:8) 하였다. 그럼에도 특정한 한 구절만을 들어 예수의 오심이 '마귀를 멸하려 하심'이라고만 강조한다면 문제가 된다. 이단들의 편협한 성경 해석 방법에 현혹되지 말아야 한다.
2. 기독교를 한 마디로 말할 때에 **'사랑'**이라고 한다. 그렇다. 예수님은 큰 계명을 '하나님 사랑', '이웃 사랑'이라 하셨다(막 12:30-31, 눅 10:27). 사도 요한도 "사랑하지 아니하는 자는 하나님을 알지 못하나니 이는 하나님은 사랑이심이라"(4:8) 하였다. 성도는 **서로를 사랑**해야 한다(4:7). 하나님은 우리에게 가장 큰 사랑을 하셨다. "사랑은 여기 있으니 우리가 하나님을 사랑한 것이 아니요 오직 하나님이 우리를 사랑하사 우리 죄를 위하여 화목제로 그 아들을 보내셨음이니라"(4:10).

[깊은 연구]

1. 요한문서는 5권이다.

1) 요한문서란 〈요한복음〉, 〈요한일서〉, 〈요한이서〉, 〈요한삼서〉, 〈요한계시록〉 등 요한 이름으로 되어 있는 문서를 일컫는 말이다. 이 5권의 저자가 한 사람 요한이 아닌 서로 다른 요한이라는 주장도 있으나 전통적으로는 사도 요한의 문서로 이해해 왔다.

2) 요한문서 5권은 "예수의 제자 중 하나, 곧 그 사랑하시는 자가 예수의 품에 누웠는지라"(요 13:23)라고 서술된 사람이 아니고는 쓸 수 없다는 것은 문체의 일관성과 체험을 근거로 했기 때문이다(요일 1:1). 요한의 아버지는 세베대이고 어머니는 살로메이며 예수님의 제자 야고보는 그의 형제이다. 신약성경에 요한이 많이 등장하는데, 세베대의 아들 요한을 가리킬 때는 "예수의 사랑하는 제자"라 표현한다(요 13:23). '사랑의 사도'라 하는 것은 요한문서에 '사랑'을 강조하고 있기 때문이다(요일 4:11).

3) 갈릴리 어부 출신인 사도 요한의 과격한 성격도 묘사된다(막 3:17, 9:38, 눅 9:54, 마 20:21). 그러나 결점이 많은 요한을 예수님은 야고보와 함께 당신 곁에 두셨다(막 5:37, 마 17:1, 눅 22:8, 요 13:23, 마 26:37, 요 18:15, 요 19:27).

■ 황금으로 그려진 사도 요한
12세기의 한 비잔틴 화가가 황금과 에나멜로 그린 것. 성 마르코(마가) 교회의 황금 제단 중 일부이다.

통독	354
확인	

공부 요한일서 4장~5장 : 사랑의 교제와 근거

◇ 다음 물음에 답하세요(4장).

1. 하나님의 영은 무엇으로 아는가?(4:2-3) -

2. (4:7) -

3. 우리를 살리려 하나님이 하신 일은?(4:9) -
4. 우리가 하나님 안에 거하고 하나님이 우리 안에 거하시는 비결은?(4:12-16)
   1) 우리가 서로 (　　　)하면,　　　2) 그가 (　　　)을 우리에게 주시므로,
   3) 예수를 (　　　　　　) 하면,　　4) (　　　) 안에 거하는 자가 되면
5. 보는 바 형제를 사랑하지 못하는 자는 누구도 사랑할 수 없는가?(4:20) -

◇ 다음 말에서 틀린 단어에 밑줄을 긋고 바르게 고치세요(5장).

6. 예수께서 그리스도이심을 아는 자마다 하나님께로서 난 자니. →
7. 하나님을 사랑하는 것은 이것이니 우리가 그의 사명을 지키는 것이라. →
8. 세상을 이긴 이김은 이것이니 우리의 사랑이니라. →
9. 증거하는 이가 셋이니 성부와 물과 피라 또한 이 셋이 합하여 하나이니라. →
10. 아들이 있는 자에게는 생명이 있고 하나님의 아들이 없는 자에게는 사망도 없느니라. →
11. 하나님께로서 나신 자가 저를 지키시매 악한 자가 저를 죽이지도 못하느니라. →

▲▼△▽ -----≪어미 새의 희생적 사랑≫----- ▽△▼▲

아파트에 사는 이한라 집사가 새 한 쌍을 선물받아 매일 아침 신선한 공기와 햇빛을 받으라고 초롱을 베란다에 걸었다가 저녁이면 들여오곤 하였다. 그동안 새는 자라서 어미 새가 되었고, 사랑의 결실로 알을 품어 두 마리의 예쁜 새끼가 초롱 속의 둥지에서 함께 자라게 되었다.

어느 날, 영하의 날씨에 베란다에 새장을 둔 것을 깜빡 잊고 밤을 그냥 보낸 후 아침에서야 새 초롱을 생각하고 허둥지둥 나가 보니 아뿔사! 어미 새는 둥지에 몸을 덮은 채로 얼어 죽어 있었다. 인간의 실수로 인해 생명을 잃게 한 것을 생각하고 가슴을 치며 죽은 어미 새를 집어 들었다.

아! 거기 얼어 죽은 어미 새 밑에 한 마리의 큰 새와 두 마리의 새끼는 그대로 살아 있었다. 어미 새의 지극한 헌신은 자신의 육체로 둥지를 덮어 얼어 죽으면서까지 남편 새와 아기 새들의 생명을 지킨 기막힌 사랑의 헌신을 이루어 놓았다.

♧ ♧ ♧

차가워지는 혈관을 의식하며 무엇을 생각했을까? 그리스도는 죄악의 한파가 몰아 닥쳐 모두가 죽음에 직면하였을 때 차디찬 십자가에 몸을 던져 스스로 차가워지면서 세상이라는 둥지를 덮음으로 뜨거운 피로 소생케 한 주님의 사랑이 있다. 나는 남을 위하여 사랑의 희생을 해 보았나? 새도 자기의 새끼를 위하여 죽음으로 지켰는데 작은 희생도 부담스러워하는 수준은 아닌가?

(요한일서 4:18) 사랑 안에 두려움이 없고 온전한 사랑이 두려움을 내어 쫓나니 두려움에는 형벌이 있음이라 두려워하는 자는 사랑 안에서 온전히 이루지 못하였느니라

신현주, 〈좌충우돌 예화〉〈시시콜콜 예화〉, www.sbs66.net

[오늘의 말씀] 요한이서 1장 : 거짓 교훈 대적 → 먼저 성경 읽기

〈요한이서〉는 13절의 짧은 서신으로 고대의 종이(양피지와 파피루스) 중에 대중적인 파피루스 딱 한 장(보통 25X20cm) 정도의 길이이다. 본서는 적그리스도의 거짓 교훈에 대적하는 서신이다.

[말씀 묵상]

1. 하나님의 종의 기쁨은 성도들이 믿음으로 바르게 사는 것을 보는 것이다. "아버지께 받은 계명대로 진리에 행하는 자를 내가 보니 심히 기쁘도다"(요이 1:4) 하였고 "내가 내 자녀들이 진리 안에서 행한다 함을 듣는 것보다 더 즐거움이 없도다"(요삼 1:4) 하였다. 진리 안에 사는 변화된 모습을 통하여 기쁨과 즐거움을 안겨 주는 성도가 되면 자신에게도 큰 은혜가 될 것이다.
2. "미혹하는 자, 적그리스도"에 대해서는 '집에 들이지도 말고 인사도 말라'(1:7-11)고 경계한다. 교회의 역사처럼 이단의 역사도 2천 년이다. 이단에 넘어가는 자들의 대부분은 잘못된 욕심과 소속 교회에 대한 불만을 가진 자들이다. 바른 가르침에 귀를 기울여야 한다.
3. 이단자에 대한 태도를 분명히 해야 한다(1:10-11). **폴리갑**이 마르키온(Marcion, 구약성경을 부정)과 상봉했을 때에 마르키온이 폴리갑에게 "내가 누구인지 아는가?" 한 말에 "사단의 맏아들로 안다."라고 대답했다. **요한** 자신도 이단자 케린투스(Cerinthus)가 공중목욕탕에 들어왔을 때에 거기서 도망한 사람이다. 호기심에 따라가면 자신도 이단의 잘못된 영의 지배를 받게 되므로 경계해야 한다.

[깊은 연구]

1. 적그리스도 (요이 1:7)

1) '적그리스도'라는 말은 **신약성경에 4회 사용**되었고, 모두 요한 서신에만 나온다(요일 2:18, 22, 4:3, 요이 1:7). 그러나 같은 의미의 말들이 다른 본문에도 많다. 바울은 "불법의 사람", "멸망하는 자"(살후 2:3, 10)라고 하여 인물의 성질을 나타내어 불렀다. 예수님께서는 "많은 사람이 내 이름으로 와서 이르는"데 더욱 "멸망의 가증한 것"이 출현한다고 하였다(마 24:5, 15).

2) 주의 오실 때와 세상 끝의 전조(前兆)로서 그가 출현한다고 말하였다(마 24:7-8, 21-22, 29). "많은 사람이 내 이름으로"라는 말처럼 적그리스도의 수가 많을 것이며, 그는 "나는 그리스도라"고 하여 많은 사람을 미혹한다고 지적한다(마 24:5). 그런 의미에서 그는 거짓 그리스도이다. 적그리스도의 출현은 **'예수님 직후의 시대'**나, **'사도 요한의 시대'**를 포함하여 마지막 그의 출현은 **'주님의 재림 직전'**이다(살후 2:6, 8).

3) 바울은 "불법의 사람"(살후 2:3)이라 하였고, 요한은 "한 짐승"(계 13:1), "적그리스도의 영"(요일 4:3)이라 했으며, 예수님은 "멸망의 가증한 것"(마 24:15, 막 13:14)이라 하여 여러 표현으로 말한다.

2. 〈요한이서〉의 시기

〈요한이서〉는 〈요한일서〉와 〈요한복음〉과 같이 '요한공동체'에서 생긴 것으로 본다. 그렇지만 〈요한이서〉는 〈요한삼서〉와 마찬가지로 〈요한일서〉보다 후대에 기록된 것으로 보인다. 9-10절에 '그리스도의 교훈' 등 후대의 표현들이 나온다.

통독	355
확인	

공부 요한이서 1장 : 거짓 교훈 대적

◇ 다음 묻는 말에 답하세요(1장).

1. 〈요한이서〉를 보내는 자는 누구인가? -
2. 이 서신의 수신자는 누구인가?(~에게 편지) -
3. 바울서신(로마서~빌레몬서)이나 여러 서신들의 전통적인 인사(대개 1-3절에 나타남)에는 '은혜와 평강'을 빌었는데 〈디모데전후서〉와 〈요한이서〉에만 덧붙여진 말은 무엇인가?
   -
4. 기뻐하는 이유는 어디에 있나? -
5. "서로 사랑하자"라는 계명은 언제부터 가진 것인가? -
6. 1) 사랑은 무엇인가? -
   2) 계명은 무엇인가? -
7. 미혹하는 자, 적그리스도는 무엇을 주장하는 자인가? -
8. 그리스도 교훈 안에 거하는 사람은 누구를 모시는가? -
9. 바른 교훈을 가지지 않은 자(이단, 미혹하는 자, 적그리스도)에 대한 성도의 처신은?
   -
10. 쓸 것이 많으나 오히려 어떻게 하여 말하려 하는가? -

▲▼△▽ -----≪인생 전부가 날아간 학자≫----- ▽△▼▲

김백두 박사가 시골을 여행하는 중에 나룻배로 강을 건너게 되었다.

"사공 양반, 곤충학을 아시오?" 사공이 '모른다'고 하자 김백두는, "곤충학을 모른다면 당신 인생 1/4이 날아간 것이나 마찬가지요." 했다. 다시 학자가 물었다. "식물학을 아시오?" 사공이 '모른다'고 하자 김백두는, "식물학을 모르니 당신 인생 1/4이 또 날아간 것이오." 하며 계속 지구학, 우주학을 말하며 인생을 모른다고 조롱했다. 열 받은 사공이 방향 감각을 잃어버려 노를 잘못 저어 배가 바위에 부딪히고 말았다. 배는 파손이 되고 기울어져 물이 들어왔다. 겁먹은 김백두에게 사공이 "학자 양반, 수영을 할 줄 아시오?" 물었더니 김백두가 벌벌 떨며 "수영을 할 줄 모르오!" 하자, 사공이 외쳤다.

"수영을 할 줄 모르면 당신 인생 전부가 날아간 것이오."

말 그대로 학자는 물속으로 그의 인생이 꼬르륵 사라져 가고 있었다.

♧ ♧ ♧

세상의 학문을 알고 모름에 따라 결코 인생을 논할 수 없다. 한 가지에 인생을 거는 것은 무모하다고들 하지만, 실제 그리스도인들은 예수님에게 인생을 걸었고, 반대로 예수님을 모르면 그의 인생은 날아간 것이나 다름없었다. 어떤 일에 몰입하는 자신은 그것이 인생의 1/4, 1/2, 또는 전부일 수 있지만 그것을 남이 모른다고 내 기준으로 판단할 수는 없다.

(요한이서 1:3-4) 은혜와 긍휼과 평강이 하나님 아버지와 아버지의 아들 예수 그리스도께로부터 진리와 사랑 가운데서 우리와 함께 있으리라 너의 자녀 중에 우리가 아버지께 받은 계명대로 진리에 행하는 자를 내가 보니 심히 기쁘도다

신현주, 〈좌충우돌 예화〉 〈시시콜콜 예화〉, www.sbs66.net

[오늘의 말씀] 요한삼서 1장 : 자발적인 접대 → 먼저 성경 읽기

〈요한삼서〉는 〈요한이서〉처럼 15절로 된 짧은 서신으로 고대의 종이(양피지와 파피루스) 중에 대중적인 파피루스 딱 한 장(보통 25×20cm) 정도의 길이이다. 본서는 자발적인 접대에 대해 말하고 있다.

[말씀 묵상]

1. '남이 잘되는 꼴을 못 보는 사람'이 있다면 자신도 피곤하고 남도 괴롭게 한다. "으뜸 되기를 좋아하는 디오드레베"는 주의 일꾼들을 "접대치도 아니하고 접대하고자 하는 자를 금하"였고(1:9-12). 폄론(깎아 내림)까지 했다. 한국 교회는 음주, 흡연은 큰 죄인 양 취급하면서 시기, 질투, 거짓 증거, 폄론, 수군거리는 일, 중상모략, 모사 등 진정 무서운 죄는 지나쳐 버리는 경향이 많다. 한 입에서 쓴 물과 단물이 나지 않도록(약 3장) 해야 한다.
2. 요한은 서신의 시작에서 두 번이나 "사랑하는"이라는 말을 한다(1:1-2). 이 요한서신에서 **'아가페'**(사랑, ἀγαπη)라는 말을 열 번이나 사용하고 있다. 요한서신들은 엄격한 것이요, 경고와 힐책의 서신이지만 그래도 말투는 '사랑'의 말이다. 하나님은 우리를 사랑하셔서 예수님을 보내셨고, 예수님은 우리를 위해 십자가에서 죽기까지 사랑하셨다. 그대도 사랑의 실천자이어야 한다.

[깊은 연구]

1. 본서의 수신자 가이오(요삼 1:1)와 같은 이름은 모두 네 명

신약성경에 본서 외에도 '가이오'라는 이름의 사람이 다음과 같이 세 명이나 더 나오므로 〈요한삼서〉의 수신자와 같은 가이오인지 알 수 없다.

1) 고린도 출신(롬 16:23), 2) 마게도냐 출신(행 19:29), 3) 더베 출신(행 20:4-5)

2. 〈요한이서〉, 〈요한삼서〉는 짧은 편지이다.

〈요한이서〉, 〈요한삼서〉는 초대교회 시대의 편지 양식에 따라 쓰였는데, 신약성경에서 이 서신처럼 그 사실을 분명하게 보여 주는 것은 없다. 한 선장인 이레나이우스(Irenaeus)가 자신의 동생인 아폴리나리우스(Apolinarius)에게 쓴 파피루스 편지가 있는데, 〈요한이서〉, 〈요한삼서〉의 형식과 똑같다. 즉 문안으로 시작하여 할 말(용건, 소식을 실은 본문)을 하고 문안으로 맺는 것으로서, 오늘날의 편지 형식도 이런 오랜 전통의 산물이라 할 수 있다.

3. 디오드레베의 죄는 다섯 가지이다. (요삼 1:9-11)

1) 으뜸 되기를 좋아했다(기어코 맨 윗자리를 차지해야겠다).
2) 실제로 요한을 영접하지 않았다.
3) 사도들에 대하여 악의에 찬 험담(망령되이 폄론)을 했다.
4) 형제(순회전도자)들을 접대하지 아니했다.
5) 형제(순회전도자)들을 접대하는 자를 금하여 사람들을 출교시켰다.

통독	356
확인	

공부 요한삼서 1장 : 자발적인 접대

◇ 성경을 읽고 빈칸을 알맞은 말로 채우세요(1장).

1. 〈요한삼서〉는 사랑하는 (   )에게 편지한 것이다(이름을 쓰세요).
2. 사랑하는 자여 (   )이 잘됨같이 네가 (   )에 잘 되고 (   )하기를 간구하노라.
3. 내가 (   ) 함을 듣는 것보다 더 (   )이 없도다.
4. 사랑하는 자여 네가 무엇이든지 형제 곧 (   )에게 행하는 것이 신실한 일이니 저희가 교회 앞에서 (   )하였느니라.
5. 우리가 이 같은 자들을 (   )하니 이는 우리로 진리를 위하여 함께 (   )가 되게 하려 함이니라.
6. 저희 중에 (   ) 되기를 좋아하는 (   )가 우리를 (   ) 이러므로 내가 가면 그 (   )을 잊지 아니하리라 저가 악한 말로 우리를 (   )하고도 유위부족하여 형제들을 (   )치도 아니하고 접대하고자 하는 자를 (   ) 교회에서 내어 쫓는도다.
7. 데메드리오는 (   )에게도, (   )에게도 증거를 받았으매 우리도 증거하노니 너는 우리의 증거가 (   )을 아느니라.
8. 요한복음 15장 13-17절에서 주님이 제자들에 대한 칭호와 요한삼서 15절의 문안하는 자에 대한 칭호는 무엇인지 한 단어로 말하세요. -

▲▼△▽ -----≪이웃을 생각하는 교육≫----- ▽△▼▲

이한라 집사는 큰아들은 공부도 못하면서 남에게 나눠 줄 줄만 알아 못마땅했으나, 작은아들은 공부도 잘하고 학급회장도 하고, 약아서 제 것을 잘 챙겨서 작은아들을 키우는 기쁨에 산다.

어느 날 이 집사가 두 아들을 데리고 백화점에 가서 둘러보다가 보석점 앞에서 무심코 말했다. "얘들아, 저 반지 참 예쁘지? 너희가 커서 저 반지 엄마 사 줄 수 있지?" 그러자 큰아들은 얼른 "그럼 엄마, 백 개나 사 줄게."라 말했다. 큰아들의 대답에 '저런 푼수' 하면서도 기분이 나쁘지 않았다. 그런데 작은아들은 "좀 생각해 봐야 해. 내가 크면 내 색시 사 줘야지!" 하는 바람에 기분을 잡쳤다.

상처받은 마음으로 함께 버스를 탔다. 겨우 자리를 잡아 앉힌 큰아들은 노인이 차를 타자 벌떡 일어서고 작은아들은 모른 척하고 앉아 있었다. 이 집사는 처음으로 바보짓을 하고 흔들리는 차에 서서 휘청거리고 있는 큰아들이 예뻐 보이고 영리한 짓을 한 작은아들이 얄미웠다.

♧ ♧ ♧

어머니는 이제 제대로 눈이 떠져 푼수 짓을 하는 큰아들이 예뻐 보이고 작은아들의 태도에는 머리를 쥐어박고 싶었다. 현대의 교육은 지식과 처세를 중심으로 하는데, 바른 인간관을 가르치는 것을 소홀히 할 수는 없다. 유대인들은 유치원에서 창의력을 키워 주고 공동체 놀이를 중요시하는 데 비하여 우리는 지식 주입에 관심을 가지므로 인간관계에 문제가 크다는 지적이 있다.

(요한삼서 1:12) 데메드리오는 뭇사람에게도, 진리에게도 증거를 받았으매 우리도 증거하노니 너는 우리의 증거가 참된 줄을 아느니라

신현주, 〈좌충우돌 예화〉〈시시콜콜 예화〉, www.sbs66.net

[오늘의 말씀] 유다서 1장 : 신앙을 위한 변론 → 먼저 성경 읽기

1. 〈유다서〉는 자유방종주의자들, 영지주의자들(그노시스), 거짓 교사들을 배격하는 이단 공격문서이다.
2. 그 배경은 고린도 부근에서 파급된 음탕, 방종주의와 같은 것으로 독자들에게도 경계를 하고 있다.
3. 〈유다서〉는 '신약성경의 사사기'라고 불리며, 베드로후서 2장과 유사하다. 베드로는 거짓 교사들의 사역이 미래에 있을 것으로 보았으나(벧후 2:1), 유다는 그런 행위가 이미 존재하는 것으로 보았다(유 4절).

[말씀 묵상]

1. 유다는 "단번에 주신 믿음의 도를 위하여 힘써 싸우라"(3절)라고 권한다. 신앙을 위한 싸움은 언제나 많은 희생을 필요로 한다. 신앙은 하나님께서 헌신된 사람들에게 맡겨 수호하여서 다음 세대에 전하게 한다. 이를 위하여 오늘도 힘써 싸우는 것이다.
2. "가만히 들어온 사람"(4절)은 영지주의자들일 것이다. 이들은 영만이 선하고 물질은 본질적으로 악하다고 하였다. 그러므로 인간이 자기 육체로 행하는 일은 아무 문제가 되지 않으며, 욕구를 마음껏 충족시켜도 좋다고 한다. 그러나 이런 사상은 부도덕하고 타락을 조장하는 일이다. 초대교회가 이런 악한 사상들과 싸웠듯이 오늘도 이단들과 싸워 교회를 지켜야 한다. 〈p. 194 "특기 사항" 참고〉
3. 성도들이 몰라서 말씀대로 못 사는 것이 아니라 잊고(알면서도 만성이 되어) 사는 경우가 많다. 유다는 "너희가 본래 범사를 알았으나 내가 너희로 다시 생각나게 하고자 하노라"(5절) 했다.

[깊은 연구]

1. 배교에 대한 성경 구절들

누가복음 18:8, 데살로니가후서 2:3, 디모데전서 4:1, 디모데후서 4:3, 베드로후서 2:1, 3:3. 〈유다서〉에서 배교에 관한 전체 성경의 교훈이 절정에 이른다.

2. 〈유다서〉에서 언급한 책들

〈유다서〉에서는 정경(Canon)이 아닌 두 권의 책을 언급한다. 즉 (1) "모세 승천기"(유 9절), (2) "에녹서"(유 14, 15절)이다.

3. 중요한 용어 한 줄 해설

1) 믿음의 도(3절) - 믿기만 하면 단번에 구원을 얻게 된다는 복음
2) 다른 색(7절) - 정상적인 남녀관계가 아닌 동성간, 수간(獸姦) 등
3) 가인의 길(11절) - 동생 아벨을 살해한 가인과 같은 행위(창 4장)
4) 발람의 길(11절) - 모압 왕 발락의 요구로 돈을 받고 이스라엘을 저주하려 한 발람의 악행과 이스라엘을 음행하게 한 악행(민 22-25장)
5) 고라의 패역(11절) - 고라가 모세와 아론의 직책에 대적(민 16장)
6) 애찬의 암초(12절) - 친교의 식사를 암초같이 그릇된 목적에 사용

■ 천사장 미가엘(유 1:9)
사단과의 투쟁에서 하나님의 세력을 대표하는 천사장 미가엘의 장엄하고 위엄 있는 모습이 묘사되었다. 〈14세기의 이콘(Icon). 판자에 그린 템페라화. 아테네의 비잔틴미술관 소장. 168×80cm〉

통독	357
확인	

공부

유다서 1장 : 신앙을 위한 변론

1. 〈유다서〉의 저자는 자신을 어떻게 소개했나?(1:1) -
2. 유다는 무엇을 권하여야 할 필요를 느꼈나?(1:3) -
3. 가만히 들어온 사람들은 누구를 부인하는 자인가?(1:4) -
4. 꿈꾸는 사람들(거짓 교사들, 배교자들)은 어떻게 했나?(1:8) -
5. 천사장 미가엘이 모세의 시체에 대하여 마귀와 다툴 때 한 말은?(1:9) -
6. 이 사람(거짓 교사들, 배교자들)들의 훼방은 결국 무엇으로 멸망을 받는가? -
7. 다음 비유는 구약의 어느 사건인지 보기에서 골라 (　) 안에 쓰세요(1:11, "깊은 연구" 참고).
   {보기} 창세기 4장, 민수기 16장, 민수기 22-25장
   1) 가인의 길 - 　 2) 발람의 어그러진 길 - 　 3) 고라의 패역 -
8. 이들은 어떤 자이며(1-2번), 이들의 최후에 대하여(3-6번) 비유로 든 평가는?(1:12-13)
   1) 애찬의 (　), 2) (　) 목자, 3) 바람에 불려가는 (　),
   4) 뿌리까지 뽑힌 (　), 5) 수치의 거품을 뿜는 (　)
   6) 영원히 예비된 캄캄한 흑암에 돌아갈 (　)
9. 이 사람들은 (　) 자며, (　) 자며, (　) 자라(1:16).
10. 이 사람들은 (　) 자며, (　) 자며, (　) 자니라(1:19).
11. 신앙의 성숙을 위하여 해야 할 일은? - 1) 1:22 -
    2) 1:23 -

▲▼△▽ -----≪사나이는 말을 바꾸지 않는다≫----- ▽△▼▲

어느 날 김백두 집사가 길에서 담임목사님을 만났다.
간단한 인사를 나누고 나서 김 집사가 뜬금없이 목사님에게 나이를 물었다.
"목사님, 금년에 연세가 어떻게 되십니까?" 목사는 대뜸 "마흔 살일세." 했다.
"아니 목사님, 그게 무슨 말씀입니까? 제가 십 년 전쯤엔가 여쭤 보았을 때도 마흔 살이라고 하지 않았습니까? 어떻게 사람이 계속 같은 나이에 머무를 수가 있습니까? 저는 지금의 나이를 여쭤 본 것입니다." 그러자 목사님이 말했다. "집사님, 사나이는 함부로 말을 바꾸는 게 아니에요!"
〈허기야 남아일언중천금(男兒一言重千金)이라는 말도 있긴 하지만, 여기에 적용되는 말인가?〉

♧ ♧ ♧

나이가 계속 제자리에만 머물러 있다면 얼마나 좋으련만 하루하루 늙어 가고 있는 것은 사실이다.
아무리 마음은 젊게 산다고 하지만 거울을 보며, 일을 해 보면 달라진 자신을 보기 마련이다.
나이 먹음에 대해 두려워 말고 인생은 그러려니 생각하고 주어진 그대로 수용해야 한다.
우리는 말에 대해서도 책임을 가져야 한다. 어떤 사람들은 약속을 해 놓고 지키지 않거나 심지어 상황이 달라지면 그런 약속을 한 적이 없다고 오리발을 내밀기도 한다.

(유다서 1:9) 천사장 미가엘이 모세의 시체에 대하여 마귀와 다투어 변론할 때에 감히 훼방하는 판결을 쓰지 못하고 다만 말하되 주께서 너를 꾸짖으시기를 원하노라 하였거늘

신현주, 〈좌충우돌 예화〉 〈시시콜콜 예화〉, www.sbs66.net

〈시 감상〉

그대를 만남으로

詩人 신 현 주

죽음보다 깊은 잠을 잘 때
그대는 내게로 다가와
나를 깨웠습니다

탕자보다 더 방황할 때에
그대는 나를 붙잡아
바른길로 인도했습니다

지옥보다 무서운 절망에 빠졌을 때
그대는 손을 내밀어
나를 끌어올렸습니다

깨어나 일에 전념하게 되었습니다
바른길로 돌아서게 되었습니다
희망으로 노래하며 살게 되었습니다

그대를 만남으로

*시인 泉田 신현주는 남양주영락교회(용천노회) 담임목사이다. 장로회신학대학교에서 신학석사(구약학)를, 미국 코헨대학교에서 신학박사(구약학) 학위를 받았다. 한국문인협회 회원으로 〈꿈꾸는 것 같았습니다〉(시집), 〈성경통독 이백주간〉, 〈예화철학〉 외 다수의 저서가 있다. www.sbs66.net

〈요한계시록〉을 소개합니다

제목에 대한 해설

신약성경 27권의 마지막 책으로, 헬라어 제목은 '아포칼륍시스 요안누'이며 그 뜻은 '요한의 계시'이다. 우리말 성경에서는 '요한계시록'이라 하였다. 영어 성경들은 'Revelation'이라 하였다. 헬라어 아포칼륍시스(Apocalypse)와 함께 두 단어 공히 '가려진 것을 드러낸 것', '비밀을 열어 보임'이라는 의미로 해석할 수 있다.

저작에 대하여

저자: 사도 요한. 초대교회 교부들의 전통을 따라 〈요한복음〉, 〈요한계시록〉, 〈요한일,이,삼서〉를 사도 요한이 기록했다고 본다.

연대 및 장소: 로마 황제 도미티안 통치(81-96년) 말년인 95년경 밧모 섬에서 기록한 것으로 본다.

수신자: 소아시아(터키)의 일곱 교회.

예언의 성격: 묵시문학으로 계시(1:1)이며, 예언(1:3)이며, 서신(1:4, 22:21)이다.

본서의 기록 배경

당시의 황제는 도미티안으로 그가 정권을 잡을 때는 베수비오 화산 폭발(주후 79년)로 폼페이와 헤르큘레니움이 파괴되고 또 한 번의 화재(처음 대화재는 64년 네로 당시) 사건과 괴질(81년)로 로마는 폐허와 같았다. 이런 상황에서도 정치욕이 강한 도미티안은 자신을 '신'(神)의 위치에 올려놓은 후 불복하는 자는 처벌하였으므로 초대교회 박해 상황을 짐작할 수 있다. 또한 이교 사상의 팽배와 유대주의자들의 위협에 직면하였을 때 기록되었다.

특기 사항

1) 〈요한계시록〉 해석에 대한 견해들

(1) 과거파: 사도 요한 당대의 삶의 정황 속에서 당대의 독자들에게 의미를 주기 위해 쓰였다.

(2) 역사파: 역사의 시발과 종점이 제시되어 있으므로 세계사(교회사) 전체를 계시해 준다고 본다.

(3) 온건미래파: 처음 세 장을 제외하고는 거의가 주의 재림 직전의 어느 기간 동안에 일어날 종말 사건을 다룬다고 한다.

(4) 극단미래파(세대주의): 1장 19절에 근거하여 1장은 부활하신 예수님의 환상, 2-3장은 교회사 전체, 4장 이하는 장차 될 일을 다룬다고 본다.

2) 십사만 사천은 누구인가?(7:4, 14:3)

(1) 이단자들은 잘못된 선민사상(選民思想)으로 구원받는 144,000명이 자신들뿐이라고 강조한다(특히 안식교, 여호와의 증인, 몰몬교).

그러나 성경은 7장 4절에서는 '인침 받은 자'의 총수가 144,000명이라 했고 14장 3절에서는 '구속함을 받은 자'라 했다. 두 곳의 말씀은 같으며 유대 지파나 유대인들만을 의미하는 것이 아니라 구속받은 모든 성도들을 총칭한 완성된 교회를 말한다.

(2) 7장에서 144,000은 아직 대환난을 겪지 않았으나 14장에서는 대환난을 겪고 천년 왕국 시대에 들어서고 있다. 7장에서 그들이 단순히 인치심을 받는 반면 14장에서는 그들의 이마에 어린양과 아버지의 이름이 새겨져 있다.

3) 천년에 대한 해석들(20:1-6)

사단이 일천 년 동안 결박당하여 무저갱(無底坑)에 던져진다. 성도들은 그리스도와 더불어 천 년 동안 왕노릇 한다. 1-3절은 지상의 사건이고, 4-6절은 하늘의 사건이다. 천년왕국에 대한 대표적인 세 가지 학설이 있다.

(1) 전천년설(前千年說) - 천 년을 문자적으로 해석하여 그리스도께서 먼저(前) 재림하시고 그 후에 천년왕국이 건설된다는 견해다(저스틴, 이레나이우스, 터툴리안, 파피아스 등 후사도 시대에 유행했던 학설이며, 세대주의자들도 여기에 속한다. 한국에서는 박형룡, 박윤선 등이 주장한다).

(2) 후천년설(後千年說) - 예수님의 재림이 천년왕국 후(後)에 있다는 학설이다(A. H. 스트롱, C. H. 핫지, 헹게스텐버그, 횟티 등이 주장한다).

(3) 무천년설(無千年說) - 문자적 천 년을 부정하고 다른 부분에서와 같이 영적으로 해석한다(어거스틴, 칼빈, 카이퍼, 렌스키, 벌코프, 보스, 워필드 등이 주장하고 한국에서는 이종성, 신성종 등 대개 복음주의 교회들이 주장한다).

요한계시록

[오늘의 말씀] 요한계시록 1장~3장 : 일곱 교회를 향한 편지 → 먼저 성경 읽기

(1장) 요한은 일곱 교회에 보낸 편지의 인사말을 하고, 요한 자신에게 주신 위탁을 말한다.
(2-3장) 이어서 '일곱 교회'를 향한 주님의 말씀이 일정한 형식으로 기록되었다(다음 쪽의 도표 참고).

[말씀 묵상]

1. 성경을 얼마나 읽고 있는가? "이 예언의 말씀을 읽는 자와 듣는 자들과 그 가운데 기록한 것을 지키는 자들이 복이 있나니"(1:3) 라고 하였다. 성경을 읽기만 해도 복인데 그 말씀을 지키려하는 그대는 얼마나 복이 있는 자인가? 성경을 읽는 데서 그칠 것이 아니라 삶에의 적용은 꼭 필요하다. 성경읽기 프로그램인 이 교재로의 공부도 필히 삶에 적용해야 참된 의미가 있다.
2. 예수님은 오른 손에 일곱 별(일곱 교회의 사자(使者))과 일곱 촛대(일곱 교회)를 쥐고 계신다(1:20-2:1). 교회의 주인은 주님이시다. 주의 종도 주의 교회도 모두 주님 앞에 합당하도록 해야 한다. '이기는 자에게 주어지는 약속'들은 크고 찬란하여 감격스럽다(2:7, 10-11, 17, 26-28, 3:5, 12, 21). 다가올 실상들을 믿음으로 바라본다. 〈일곱교회 이름 첫 자로 외우기: 에서버두사빌라〉

[깊은 연구]

1. 〈요한계시록〉 해석에 대한 견해들

대체적으로 4가지의 해석 방법이 있다. 즉 **1) 과거파, 2) 역사파, 3) 온건미래파, 4) 극단미래파(세대주의)** 등으로, 앞 쪽의 개요("요한계시록을 소개합니다")를 꼭 참고하라.

2. 〈요한계시록〉에 나타난 예수님

1) 〈요한계시록〉에는 다른 책에서는 나오지 않는 예수님에 대한 독특한 이름들이 나온다. "예수"나 "그리스도"(1:1)는 다른 책들에도 나오지만 "인자와 같은 이"(1:13, 14:14 - '사람'이라는 뜻), "처음이요 마지막"(알파와 오메가, 1:17, 2:8, 22:13), "다윗의 뿌리"(5:5, 22:16 - 다윗의 자손이라는 뜻)와 같은 호칭은 신약의 다른 저자들은 사용하지 않았다. 가장 독특한 것은 "어린 양"(5:7, 15:3 등)으로 예수의 죽음의 희생제의적(犧牲祭儀的) 성격을 부각시키고 있으며 때로는 "죽임을 당한 어린 양"(5:12, 13:8)이라고 말한다. 요한복음 1:29, 36에서는 "하나님의 어린 양"이라고 불린다.

2)천상의 배경은 예수님의 죽음과 부활, 하늘로 올려지심(1:5, 18, 2:8), 그리고 계속되는 그의 활동(6:1, 8:1)과 연결시킨다. 또한 예수님의 사역은 어떤 한 나라나 선택된 소수를 위한 것이 아니라(14:1-5), 보편적이고 우주적인 효과를 창출한다는 것을 강조한다. 예수님은 창조 시에 활동했던 것처럼(3:14) 지금은 "만왕의 왕이요 만주의 주"(19:16)이다. 참으로 그는 "처음과 마지막이요 시작과 끝"(21:6, 22:13)이다.

■ 책을 편 학자적인 모습의 사도 요한
요한은 '예언의 말씀을 읽는 자 듣는 자 지키는 자들이 복이 있다' 하였다(계 1:3). 사진은 에히델낙하의 복음서 초록(抄錄)의 삽화이다. 〈쥐르메르크 국립도서관 소장〉

통독	358
확인	

공부 요한계시록 1장~3장 : 일곱 교회를 향한 편지

1. 예수 그리스도의 계시인 〈요한계시록〉은 어떤 말씀인가?(1:1) -
2. 이 예언의 말씀에 대해 어떻게 하는 자에게 복이 있나?(1:3) -
3. 나는 알파와 (   )라 이제도 있고 전에도 있었고 장차 올 자요(1:8).
4. 요한은 어디에 있었으며, 큰 음성을 들은 날은?(1:9-10) -
5. 촛대 사이에 (   ) 같은 이가 발에 끌리는 옷을 입고 가슴에 (   )를 띠고(1:13)
6. 그 오른손에 (   )이 있고 그 입에서 좌우에 날 선 (   )이 나오고 그 얼굴은 (   )가 힘 있게 비취는 것 같더라(1:16).
7. 다음은 무엇을 가리키나?(1:20)
   1) 일곱 별: 2) 일곱 금 촛대:
8. 다음 '일곱 교회에 보낸 편지'에서 해당 절을 참고해서 도표의 빈칸을 완성하세요(2-3장).

교회 / 성경	주님의 모습	칭 찬	책 망	권면 / 당부	승리자에 약속
에베소 교회 2:1-7	1절/ 오른손에 일곱 별을 붙잡고 일곱 금 촛대 사이에 다니시는 이	2-3절/	4절/	5절/ 회개하여 처음 행위를 가지라. 회개치 아니하면 촛대를 옮기리라	7절/
______ 교회 2:8-11	8절/	9절/ 환난과 궁핍을 아노니 실상은 부요한 자	없음	10절/	10-11절/ 생명의 면류관을 주리라. 둘째 사망의 해를 받지 아니하리라.
버가모 교회 2:12-17	12절/	13절/ 나를 믿는 믿음을 저버리지 아니하였다	14-15절/ 발람의 교훈을 지키는 자 있다. 니골라 당의 교훈을 지키는 자 있다	16절/	17절/
두아디라 교회 2:______	18절/ 눈이 불꽃 같고, 그 발이 빛난 주석 같은 하나님의 아들	19절/	20-21절/	22-25절/ 회개치 않으면 큰 환난에 던지고 자녀를 죽인다. 행한 대로 갚아 주리라	26-28절/
사데 교회 3:1-6	3:1/	4절/	1-2절/ 살았다는 이름은 가졌으나 죽은 자. 행위의 온전한 것 찾지 못했다	3절/	5절/
______ 교회 3:7-13	7절/	8절/ 적은 능력을 가지고도 내 말을 지키며 내 이름을 배반치 아니하였도다	없음	11절/	12절/ 하나님 성전의 기둥이 되게 하리니...새 예루살렘의 이름과 새 이름을...
라오디게아 교회 3:______	14절/ 아멘이시요 충성되고 참된 증인이시요 하나님의 창조의 근본이신 이	없음	15-17절/ 차지도 더웁지도 않다. 곤고 가련 가난 눈먼 것 벌거벗은 것을 알지 못한다	18-19절/	21절/

[오늘의 말씀] 요한계시록 4장~6장 : 일곱 인(印) 재앙 → 먼저 성경 읽기

〈요한계시록〉의 시제(時制): 1장 과거, 2-3장 현재(일곱 교회를 향한 말씀), 4-22장 미래이다.
(4장) 하나님의 보좌와 신실한 백성을 대표하는 장로들과 전 피조물을 대표하는 생물들의 경배가 나온다.
(5장) 보좌에 앉으신 하나님의 손에 인봉(印封)한 책이 들려 있고, 어린양이 인봉된 책을 취하신다.
(6장) 일곱 인 중에 첫째부터 여섯째 인을 떼는 장면이 나오며 그때마다 신비한 환상들을 보게 된다.

[말씀 묵상]

1. 성도의 기도는 참으로 아름다운 것이다. "이 향은 성도의 기도들이라"(5:8), "금 향로를 가지고 많은 향을 받았으니 이는 모든 성도의 기도들과 합하여 보좌 앞 금단에 드리고자 함이라"(8:3). 이처럼 성도의 기도는 하나님께 드려지는 고귀성이 있다. 어찌 한 마디의 기도라도 헛되겠는가? 오늘도 아름다운 향내 나는 기도로 그대 인생이 풍성하기를 소망한다.

[깊은 연구]

1. 일곱 인(印) 재앙과 관계된 재앙들 대계

이 도표는 사도 요한이 받은 계시로서 세상 종말에 발생할 사건을 상징하는 일곱 인(印) 재앙의 대계이다. 일곱 나팔 및 일곱 대접의 재앙은 일곱 인 재앙과 무관하지 않다. 즉 일곱 나팔의 재앙은 일곱 인 재앙의 마지막 단계와 연결되고, 일곱 대접 재앙과 일곱 나팔 재앙과의 상관관계도 같은 것을 본다. 더욱 확대 세분화된 것이며 시간적으로 연속된 일련의 사건들이다. 각 내용은 예수님의 감람산 강화 중 소개된 마지막 날의 징조를 연상케 한다(마 24:2-35). 하나님은 태초(太初)에 만물을 질서 있게 창조하셨듯이 태말(太末)에도 만물을 질서 있게 심판하실 것이다. 이것이 성경의 참된 역사관이다(롬 11:36).

일곱 인(印)의 재앙	일곱 나팔의 재앙	일곱 대접의 재앙		
1			흰 말, 큰 전쟁에서의 승리와 끝없는 정복	6:1-2
2			붉은 말, 전쟁과 반란, 살인으로 평화가 붕괴됨	6:3-4
3			검은 말, 극심한 기근, 인플레로 인한 경제 파탄	6:5-6
4			적황색 말, 전쟁과 기근으로 수많은 사람들이 죽음	6:7-8
5			순교자의 영혼들이 하나님께 호소함	6:9-11
6			지진과 천체의 대혼란으로 악한 자들이 두려워함	6:12-17
7	1		피 섞인 우박과 불로 땅과 식물의 1/3이 불 탐	8:1-2, 8:7
	2		불붙는 큰 산이 바다에 던져져 바다 생물과 배의 1/3이 소멸됨	8:8-9
	3		쑥이란 이름의 큰 별로 인하여 강과 물샘의 1/3이 쓰게 됨	8:10-11
	4		천체(해, 달, 별)의 밤낮 1/3이 어두워짐	8:12-13
	5		황충이 다섯 달 동안 사람들을 괴롭게 함	9:1-12
	6		네 천사와 이만만(2억)의 마병대가 사람의 1/3을 죽임	9:13-21
	7	1	짐승의 표를 받은 자와 우상 숭배자들에게 독한 헌데가 생김	11:15-19, 16:2
		2	바다가 피같이 되어 그 속의 모든 생물이 죽음	16:3
		3	강과 샘이 피로 인해 악한 자들이 그 피를 마심	16:4-7
		4	태양이 뜨거워져 사람들을 태움	16:8-9
		5	어두움과 질병으로 큰 고통을 당함	16:10-11
		6	귀신의 영들이 하나님을 대적하기 위해 사람들을 모음	16:12-16
		7	번개, 지진, 우박으로 큰 성 바벨론이 멸망함	16:17-21

통독	359
확인	

공부

요한계시록 4장~6장 : 일곱 인(印) 재앙

1. 보좌 위에 앉으신 이의 모습은?(4:2-3) -
2. 보좌 앞에 일곱 등불을 켠 것은 무엇인가?(4:5) -
3. 네 생물은 무엇과 같은가?(4:6-8, 겔 1:10, 10:14 참고) -
4. 누가 보좌에 앉으신 이에게 경배하고 자기의 면류관을 보좌 앞에 던졌나?(4:10) -
5. 보좌에 앉으신 이의 오른손에 (　　)이 있으니 안팎으로 썼고 (　　)으로 봉하였더라. - (5:　절)
6. 보좌와 네 생물과 장로들 사이에 (　　　　)이 섰는데 일찍 죽임을 당한 것 같더라 일곱 뿔과 일곱 눈이 있으니 이 눈은 온 땅에 보내심을 입은 (　　　　　　)이더라. - (5:　절)
7. 각각 거문고와 향이 가득한 금 대접을 가졌으니 이 향은 (　　　　　)들이라. - (5:　절)
8. 죽임을 당하신 (　　　　)이 능력과 (　　)와 지혜와 (　　)과 존귀와 (　　)과 찬송을 받으시기에 (　　　)하도다. - (5:　절)
9. 다음 (　　) 안에 해당 절수를 쓰고 관계있는 것을 찾아 줄로 연결하세요(6장).

1) 첫째 인 (*1-2절*)	가) 붉은 말	a) 활을 가졌고 면류관을 받고(*성결, 승리 상징*)
2) 둘째 인 (　　)	나) 검은 말	b) 손에 저울을...한 데나리온에 밀 한 되(*기근 상징*)
3) 셋째 인 (　　)	다) 흰 말	c) 화평을 제하여 버리며...큰 칼을 받음(*전쟁 상징*)
4) 넷째 인 (　　)	라) 청황색 말	d) 흰 두루마기를 주시며...죽임을 받아(*순교자의 신원*)
5) 다섯째 인(　　)	마) 큰 지진	e) 하늘의 별이 떨어지며 하늘은 떠나가고(*종말 사건*)
6) 여섯째 인(　　)	바) 죽임당한 영혼	f) 검과 흉년과 사망과 땅의 짐승으로써(*공포, 죽음 상징*)

▲▼△▽ -----≪다시 결혼한다면 첫사랑과≫----- ▽△▼▲

직장의 부부 동반 회식에서 사회자가 묻는다. "과장님은 세상에 다시 태어나도 사모님과 결혼하시겠습니까?" 곧 '물론입니다' 대답해서 모두의 박수를 받았다. "사모님은 다시 태어나도 지금의 남편과 결혼하시겠습니까?" 아내는 곧 "아니오. 어떻게 두 번 속을 수 있나요?" 했다. 장내가 조용해졌다.

남편이 집으로 오는 길에서 말했다. "나를 공개 망신시켜?" "당신은 총각 때에는 신사였고, 친절하고 사랑이 풍부했는데..." "잡은 고기에게 계속 낚싯밥 주는 사람 봤어? 당신은 다시 태어나면 누구랑 결혼하겠소?" "난 내 첫사랑과 결혼할 겁니다." "뭐? 숨겨 논 첫사랑이 있었다구?" "그래요. 보고 싶다면 사진을 보여 주지요." 하고는 품에서 사진 한 장을 꺼내들자 남편은 열을 받았다. "남몰래 숨겨 놓은 첫사랑이라구?" 사진은 남편의 젊은 때 사진이었다. 순간적으로 남편은 멍하니 변해진 자신의 모습을 뒤돌아보며 뉘우치고 옛날의 사랑으로 돌아갔다.

♧ ♧ ♧

아내는 남편에게 '바로 이 사람이 내게 죽기까지 사랑하고, 아껴 주고, 기쁨을 주었던 내 첫사랑이오'라 했던 것이다. 처음 사랑을 잃으면 그 사랑을 회복하려고 힘써야 하는데, 포기하고 사는 무대책의 사람들이 대부분이다. 에베소 교회는 처음 사랑을 잃어버렸다고 책망을 받았다. 그대의 가슴 속에 예수님을 처음 만났을 때의 감동이 아직도 살아 있는가?

(요한계시록 2:4-5) 그러나 너를 책망할 것이 있나니 너의 처음 사랑을 버렸느니라 그러므로 어디서 떨어진 것을 생각하고 회개하여 처음 행위를 가지라

신현주, 〈좌충우돌 예화〉 〈시시콜콜 예화〉, www.sbs66.net

[오늘의 말씀] 요한계시록 7장~9장 : 일곱 나팔 재앙 → 먼저 성경 읽기

(7장) 인맞은 자 십사만 사천이 나오며, 큰 무리가 흰옷을 입고 구원하시는 하나님과 어린양을 찬양한다.
(8-9장) 일곱째 인을 뗄 때에 일곱 나팔의 재앙으로 이어지며 그때마다 신비한 환상들을 본다.

[말씀 묵상]

1. 큰 무리가 흰옷을 입고 외치기를 "구원하심이 보좌에 앉으신 우리 하나님과 어린 양에게 있도다"(7:10) 했다. 이 아름다운 외침에 곡을 붙이기도 했다(복음성가). 우리 구원은 '하나님과 어린 양 예수'를 떠나서는 이루어질 수 없다. 이 은혜를 입은 그대의 삶에도 찬양이 울려 퍼져야 한다.

[깊은 연구]

1. 성도의 기도와 향 (계 8:1-5)

천사들이 나팔을 불기 전에 "모든 성도가 기도"를 드린다(3절). 또 다른 천사는 "금 향로를 가지고 제단" 앞에 서 있었다. 이 제단은 번제단이라기보다는 향단이었을 것이다(출 30:1, 40:5). 그에게는 "많은 향"이 주어졌는데, 5장 8절과 같이 성도들의 기도와 동일시되지는 않고 "모든 성도의 기도들과 합하여" 금단(제단)에 드려야 하는 것이다. "향연이 성도의 기도와 함께"(4절) 하나님 앞으로 올라갔다. '향'은 성도들의 기도 자체가 아니고 하나님 앞에 이르도록 돕는 것이다. '향의 연기(향연)'는 성도들의 기도를 정결케 하는 것이라 해석할 수 있다. 이 향연이 "천사의 손으로부터 하나님 앞으로" 올라갔다는 사실은 성도들의 기도는 단순한 독백이 아니라 하나님 앞에 상달되도록 하나님께서 돕는 자를 보내 주신다는 것을 암시한다. 그렇다고 천사가 성도의 기도를 중보한다는 것은 아니고 '종'일 뿐이다(19:10, 22:9).

2. 십사만 사천은 누구인가? (계 7:4, 14:3)

1) 이단자들은 자신들만 구원을 받는다는 잘못된 선민사상(選民思想)을 가지고 있다. 구원받는 십사만 사천(144,000)이 자신들뿐이라고 강조한다(특히 안식교, 여호와의 증인, 몰몬교 등).

2) 7장 4절에서는 "인맞은 자"(공동번역: 도장 받은 자)의 총수가 144,000이라 했고 14장 3절에서는 "구속함을 받은 자"라 했다. 두 곳의 말씀은 같은 것으로 단순히 유대 지파나 유대인 성도들만을 의미하는 것이 아니라 구속받은 모든 성도를 총칭한 완성된 교회이다.

3) 7장에서 144,000은 아직 대환난을 겪지 않았으나 14장에서는 대환난을 경험하고 천년왕국 시대에 들어서고 있다. 7장에서 그들이 단순히 이마에 인맞은 반면 14장에서는 이제 그들에게는 이마에 어린양의 이름과 그 아버지의 이름을 쓴 것이 있다.

■ 하나님의 어린 양(요 1:29, 계 7:10)
세례 요한은 예수님을 가리켜 "보라 세상 죄를 지고 가는 하나님의 어린 양이로다"(요 1:29)라 하였고 큰 무리는 "구원하심이 하나님과 어린 양께 있도다"(계 7:10) 하며 찬양하였다. 〈베네치아 산마르코 대성당의 시리아풍(風) 제단 돔의 조각, 16세기〉

통독	360
확인	

공부

요한계시록 7장~9장 : 일곱 나팔 재앙

◇ 다음은 누가 한 말인지 그 이름이나 신분을 쓰세요(나: 사도 요한, 7장).

1. 우리가 우리 하나님의 종들의 이마에 인치기까지 땅이나 바다나 나무나 해하지 말라. -
2. 인맞은 자의 수를 들으니 이스라엘 자손의 각 지파 중에서 인맞은 자들이 십사만 사천이니. -
3. 구원하심이 보좌에 앉으신 우리 하나님과 어린 양에게 있도다. -
4. 이 흰옷 입은 자들이 누구며 또 어디서 왔느뇨. -
5. 어린 양의 피에 그 옷을 씻어 희게 하였느니라. -

◇ 다음 (　　)를 채우고 몇째 천사가 나팔을 불 때인지를 쓰세요(8장: 6-9문, 9장: 10-12문).

6. 피 섞인 우박과 불이 나서 (　　　)에 쏟아지매 땅, 수목, 풀이 타서 사위더라. - (　　　째)
7. 불붙는 큰 산과 같은 것이 (　　　)에 던지우매 바다의 삼분의 일이 (　　)가 되고. - (　　　째)
8. 큰 별이 하늘에서 떨어져 (　　)들의 삼분의 일과 여러 (　　　)에 떨어져 물들이 쓰게 됨. - (　　　째)
9. (　　　) 삼분의 일과 (　　　) 삼분의 일과 (　　　)들의 삼분의 일이 침을 받아 그 삼분의 일이 어두워지니. - (　　　째)
10. 하늘에서 땅에 떨어진 (　　　) 하나가 있는데 저가 무저갱의 열쇠를 받았더라...또 (　　　)이 연기 가운데로부터 땅 위에 나오매...권세를 받았더라. - (　　　째)
11. 그 날에는 사람들이 (　　　　　) 얻지 못하고 (　　　　) 죽음이 저희를 피하리로다. - (　　　째)
12. 큰 강 유브라데에 결박한 (　　　　)를 놓아 주라 하매...사람 삼분의 일을 죽이기로 예비한 자들이더라. - (　　　째)

▲▼△▽ -----≪그 나이에 공부 더하면 뭐하슈?≫----- ▽△▼▲

시골 목사가 가끔 특별시에서 하는 세미나에 가거나 출신 신학대학에 가서 놀라는 일이 있다. 목사님들이 어떻게든 배우려는 것이다. 과거에 공부한 것이 부족한지, 아니면 새로운 것을 배우려는지, 그것도 아니면 학위가 필요한지, 공부를 더 하면 목회를 더 잘한다고 생각하는지...

광나루에 있는 대학원에 다닐 때 다른 과정의 분들도 보았다. 거제도에서, 여수에서, 교통이 불편한 울진이나 태백에서도 공부하러 올라온다. 비행기를 타고, 야간열차를 타고, 새벽 버스를 타고 특별시로 온다. 월요일 새벽 3시에 일어나 울진에서 삼척까지 차를 운전해 와서는 새벽 첫 고속버스를 타고 학교로 와서 공부를 하고 다시 밤에 막차로 삼척에 내려가서 다시 차를 몰고 화요일 새벽에 울진에 도착하여 새벽기도회를 인도한 후에 잠잔다는 선배도 보았다. 철인경주자처럼!

"형님! 그 나이(회갑이 지났다)에 힘들게 공부 더 하면 뭐하우?"

♧ ♧ ♧

공부를 하다 보면 어느새 늙고 돈과 세월을 먹어 버린다. 공부를 하다 보면 회의마저 드는 때도 있으나 필자도 결국 하고 싶은 구약학을 공부했다. 아내에게 환난과 핍박과 구박을 당하면서... 한국 교회에 희망이 있는 것은 학문적으로 공부를 하든, 기도원에 올라가 목숨을 걸고 기도를 하든 이처럼 애쓰는 분들이 많기 때문이다. 고생한 것에 대해 주님의 위로가 있을 것이다.

(요한계시록 7:17) 이는 보좌 가운데 계신 어린 양이 저희의 목자가 되사 생명수 샘으로 인도하시고 하나님께서 저희 눈에서 모든 눈물을 씻어 주실 것임이러라

신현주, 〈좌충우돌 예화〉 〈시시콜콜 예화〉, www.sbs66.net

[오늘의 말씀] 요한계시록 10장~12장 : 두 감람나무와 두 증인 → 먼저 성경 읽기

(10장) 요한은 하나님께서 주신 작은 책을 받아먹는다.
(11장) 복음의 두 증인의 사역과 그들의 능력과 순교에 대한 말씀이 나온다. 그리고 천사가 일곱 째 나팔을 불며 그 재앙이 소개된다.
(12장) 해(태양)를 입은 여인과 큰 붉은 용, 즉 사단과의 싸움이 소개된다.

[말씀 묵상]

1. 천사가 주는 작은 책을 사도 요한이 받아먹으니 "입에는 다나 배에서는 쓰다"(10:10) 하였다. 하나님의 말씀은 내게서 소화가 되어 그 말씀에 젖어야 한다. 하나님은 에스겔에게도 "인자야 너는 받은 것을 먹으라 너는 이 두루마리를 먹고 가서 이스라엘 족속에게 고하라"(겔 3:3-4) 하셨다. 말씀이 믿는 자에게는 구원의 복음이므로 달지만, 거절하는 자에게는 심판의 메시지로 쓰기 마련이다.
2. 미가엘 천사와 용(옛 뱀, 마귀, 사단)의 싸움에서 용은 내어 쫓긴다(12:7-9). 그리고 이어서 승리의 찬양이 울려 퍼지는데(12:10-12), 특히 11절을 주목해 보자. 순교자들의 승리는 "어린 양의 피"에 의한 것으로 그리스도의 속죄는 죄인을 하나님과 화해시켜 믿음을 통하여 의롭게 하므로 사단이 아무리 하나님 앞에 참소해도 소용이 없다. 또한 "자기의 증거하는 말로 인하여"처럼 그리스도를 통한 구원을 증거하는 것이다. 더욱 강력한 것은 "그들의 증거는 죽기까지 자기 생명을 아끼지 아니하였도다"(12:11)라 하였다. 박해에도 지지 않고 용감하게 증거하여 자신의 생명을 잃어버렸다. 그러나 이때에 하나님은 그들에게 승리를 내려 주셨다(눅 14:26, 요 12:35).

[깊은 연구]

1. 두 증인은 누구인가? (계 11:3-5)

1) 두 증인은 '두 선지자'라고 일컬어지며(11:10) 보다 더 비유적으로는 "이 땅의 주 앞에 섰는 두 감람나무와 두 촛대"로 일컬어지고 있다(11:4). 두 증인을 "두 감람나무와 두 촛대"로 비유한 것은 **'감람나무'**는 〈스가랴〉에 의하면 촛대의 기름접시에 기름을 붓고 있는 두 명의 기름 발리운 자를 나타낸다. 기름은 성령의 능력을 뜻한다(슥 4:12-14). 또한 **'촛대'**는 교회를 상징하며, 교회가 세상의 빛으로 그 사명을 다하기 위해서는 교회의 기둥 역할을 하는 예수 그리스도의 신실한 증인들이 소멸하여서는 안 된다(1:20, 2:5). 이처럼 교회는 박해 때에도 성령을 충만히 받아 주 앞에서 세상에 빛을 비칠 사명을 다하는 것이다.

2) **'두 증인'**의 신분에 대해서는 역사적으로 여러 견해가 있으므로 어느 하나를 독단적으로 취하지 않는 것이 지혜롭다. ① **'에녹과 엘리야'**이다(초대 기독교 시대 교부 터툴리안). ② **'다시 돌아온 모세와 엘리야'**이다(이 견해는 유대교의 일반화된 인식인데, 초기 기독교가 수용하였다). 또는 '모세와 엘리야와 동일한 직능을 수행할 미래의 두 예언자'로 간주하기도 한다. ③ 두 증인을 **'교회'**로 본다. 교회의 왕과 제사장 기능을(브루스), 또는 순교자의 대표자를 가리킨다고 했다(모리스). ④ **'베드로와 바울'**이다(문크). ⑤ 교회 안의 **'유대인 신자와 이방인 신자'**들의 대표이다(리시). 〈강병도, ≪QA성경연구15≫, 기독지혜사, p. 427-8 요약〉

공부 요한계시록 10장~12장 : 두 감람나무와 두 증인

1. 힘센 천사의 모습을 기록하세요(10장). - 1) (　　)을 입음, 2) 머리 위에 (　　　　)가 있음, 3) 얼굴은 (　　) 같음, 4) 발은 (　　　　) 같음, 5) 손에 펴 놓인 (　　　　)을 들음, 6) 오른발은 (　　)를 밟고, 왼발은 (　　)을 밟음, 7) 사자의 부르짖는 것 같이 (　　　)로 외침
2. 세세토록 살아 계신 자는 무엇을 창조하신 자인가?(단어로, 10장) - 1)　　　2)　　　3)
3. 일곱째 나팔을 불게 될 때에 무엇을 이루게 되는가?(10:7) -
4. 작은 책의 맛은 어떠한가?(10:8-11) -
5. '지팡이 같은 갈대'는 하나님의 성전과 제단과 경배하는 자들을 (　　)하는 데 사용된다(11:1).
6. 이방인이 거룩한 성을 짓밟는 기간과 두 증인이 굵은 베옷을 입고 예언하는 기간은?(11:2-3) - (　　　　달 =　　　년　　　개월), (　　　　　일 =　　　년　　　개월)
7. 두 증인은 이 땅의 주 앞에 섰는 누구인가?(11:3-4) - (두　　　　　　와 두　　　　　)
8. 짐승이 전쟁을 일으켜 저희(두 증인)를 죽일 터인데 그 성은 영적으로 하면 (　　　,　　　)이라고도 하니 곧 주께서 (　　　　)에 못 박히신 곳이니라(11:7-8).
9. '세상 나라가 주와 그리스도의 나라가 되어 왕 노릇 하시리로다' 말은 (　　　) 천사가 나팔을 불 때다(11:15).
10. 하늘에 있는 하나님의 성전이 열리니 성전 안에 보이는 것은 (　　　　　궤)이다(11:19).
11. (12:　절) 해를 입은 한 여자가 ~
12. (12:　절) 여자가 아들을 낳으니 ~
13. (12:　절) 어린 양의 피와 ~

▲▼△▽ -----≪가장 귀한 것은 무엇인가?≫----- ▽△▼▲

가령 내가 탄 비행기가 사막에 추락했고 혼자만 생존했다고 하자. 구출을 기대하기는 어렵다. 앉아서 죽음을 기다릴 수는 없고 사막 지역으로부터 탈출을 강행해야 한다. 휴대품을 간편하게 꾸리기 위해 제시된 수십 종의 물품 중에서 생존에 필요한 것, 버려도 되는 것 각각 10가지씩을 적어 보라.

이것은 위기상황에 대처하는 능력이 있는지를 테스트하는 문제이다. 생각하기를, 사막은 낮에는 고온이지만 밤에는 추워지니까 이에 대비하여 체온을 높이는 방법을 찾는다. 필요한 것 목록에 '위스키' 한 병을 먼저 적었다. 또 화장용 '손거울'이 있었으나 살아남느냐 죽느냐 하는 위기 상황에서 전혀 불필요한 것이기 때문에 버려야 할 품목 제1번에 적어 넣었다. 그리고 각각 다른 9가지를 적어 넣었다.

채점 결과는 정반대이다. 탐색하는 비행기가 날아온다면 현 위치를 알려 주기 위해 손거울로 햇빛을 반사하여 신호를 해야 하므로 손거울이 가장 필요한 물품이라는 것, 그리고 위스키는 체온을 높여 주는 것이 아니라 체온을 떨어뜨리는 것이므로 버려야 할 물품의 제1번이라는 것이다.

♧ ♧ ♧

우리는 눈에 보이는 것에 연연하고 진정한 것을 모르고 산다. 예수님의 십자가는 당장은 잘 모르나 실제는 영원을 준비하는 생명임에도 현대인들은 그 순위를 한참 뒤에 두고 있다. "주 예수보다 더 귀한 것은 없네"라는 찬송에 감동이 있나? 요한은 작은 책을 먹었더니 꿀같이 달다고 했다.

(요한계시록 10:10) 내가 천사의 손에서 작은 책을 갖다 먹어버리니 내 입에는 꿀같이 다나 먹은 후에 내 배에서는 쓰게 되더라

신현주, 〈좌충우돌 예화〉 〈시시콜콜 예화〉, www.sbs66.net

[오늘의 말씀] 요한계시록 13장~15장 : 육육육과 십사만 사천 → 먼저 성경 읽기

(13장) 바다와 땅에서 짐승이 나온다(이는 적그리스도로 해석되어 왔다). 짐승의 수는 666이다.
(14장) 어린양과 함께 시온산에서 144,000인이 새 노래를 부른다.
(15장) 일곱째 천사의 나팔은 11장 5절에서 불었으나 그 내용은 15장에 나온다. 일곱 천사에 의한 일곱 대접 재앙(그리스도께서 재림하셔서 세상을 심판하시기 바로 직전)의 준비가 상징적으로 묘사된다.

[말씀 묵상]

1. 성도는 어린양 예수와 함께 시온산에 선 144,000인이 되어 새 노래를 부르는(14:1-5) 복된 날을 사모한다. 그 노래를 부를 자는 ① 여자로 더럽히지 아니하고 정절이 있는 자(우상을 숭배하지 않고 하나님께 신앙의 정절이 있는 자), ② 어린양이 어디로 인도하든지 따라가는 자(순종), ③ 구속을 받아 처음 익은 열매로 하나님과 어린양에게 속한 자, ④ 거짓말이 없는 자, ⑤ 흠이 없는 자이다.
2. 요한은 **'불이 섞인 유리 바다'**를 보았는데, '불'은 정결과 심판의 상징으로 이는 악인들에 대한 심판에서 나타나는 하나님의 공의를 의미한다(3:18, 11:5). "유리 바다 가에 서서 하나님의 거문고를 가지고 하나님의 종 모세의 노래, 어린 양의 노래를"(15:2-3) 부르는 자들은 짐승과 우상을 이기고 승리한 자들이다. '유리 바다'는 깨끗하고 순결한 것을 의미한다. 천국에서 이것을 누리게 될 것이다.

[깊은 연구]

1. 육백육십육(666)이란? (계 13:18)

"총명 있는 자는 그 짐승의 수를 세어 보라 그 수는 사람의 수니 육백육십육이니라"(13:18). 인치심을 받은 하나님의 백성(7:3-4)에 대한 반대 표시로 그 짐승(적그리스도)의 추종자들은 식별 표시를 받는다. 그 식별은 황제를 신으로 추종하는 사람들만 상거래를 할 수 있다는 것을 의미한다. 666은 당시 관습의 전제로 특정한 수치에 해당하는 자모를 알고 있었다. 1831년 필랑체의 해석은 유력한데, 666이란 수는 히브리 글자로 **'네로 황제'(Neron Qesar)**를 나타낸다고 풀이한다. 다른 해석으로 666은 각 계단 모두 완전수인 7보다 하나 적은 수이므로 **'적그리스도'**를 나타낸다고 하는 이들도 있다(브릭스, 미리간 등).

2. 〈창세기〉와 〈요한계시록〉의 비교

신구약 성경은 서로 유기적인 관계를 가지고 있으므로 〈창세기〉와 〈요한계시록〉을 비교할 수 있다.

	창 세 기	요한계시록
1	에덴 동산(1:1) - (처음 하늘과 처음 땅)	하나님의 나라(21:1) - (새 하늘과 새 땅)
2	생명나무(3:22-24) - (타락 후 금지된 나무)	생명나무(22:2) - (허락된 나무)
3	죄, 슬픔, 고통의 시작(3:16)	죄, 슬픔, 고통이 끝남(22:5)
4	첫 사망(2:17)	사망이 없음(21:4)
5	첫 아담의 통치(고전 15:22, 45)	둘째 아담의 통치(고전 15:22, 45)
6	바벨탑(반역, 11장)	바벨론의 멸망(18장)
7	사단이 하나님의 말씀을 가감(3:3)	말씀의 가감자에 대한 심판(22:1-19)
8	만물의 시작(1:1)	만물의 종말(22:20)

통독	362
확인	

공부

요한계시록 13장~15장 : 육육육과 십사만 사천

1. 1) 13:1-10은 어디에서 나온 짐승에 관한 것인가? -
   2) 13:11-18은 어디에서 나온 짐승에 관한 것인가? -
2. 짐승이 입을 벌려 하나님을 어떻게 훼방하나?(13:6) -
3. 누가 짐승에게 경배하나?(13:8) -
4. 땅에서 나온 짐승이 모든 자에게 무엇을 받게 하나?(13:16) -
5. 짐승의 수를 어떻게 설명했나?(13:18) -
6. 어린양과 함께 시온산에 선 십사만 사천의 이마에 쓴 것은?(14:1) -
7. 구속함을 받은 십사만 사천은 어떤 사람들인가?(14:4-5)
   -
8. 공중에 날아가는 다른 천사가 무엇을 가졌는가?(14:6-7) -
9. 짐승과 그 우상에게 경배하고 이마에나 손에 표를 받으면 어떤 고난을 받게 되나?(14:9-11)
   -
10. 곡식과 포도를 거둔 이는 각각 누구인가?(14:14-20)
    1) 곡식: 2) 포도:
11. 일곱 천사가 가진 것은 무엇인가?(15:1) -
12. 이긴 자들이 유리 바다 가에 서서 하나님의 거문고로 누구의 노래를 불렀나?(15:2-4) -
13. 네 생물 중에 하나가 일곱 천사에게 준 것은 무엇인가?(15:5-8) -

▲▼△▽ -----≪네로 황제의 박해≫----- ▽△▼▲

초대교회 성도들은 로마 황제의 극심한 박해를 받았다. 박해 때에 교회는 위축되지만, 오히려 신앙적으로는 더 정결해진다는 것이 역사적 교훈이다. 초대교회 때의 박해는 우리의 믿음을 다지게 한다.

〈신자들을 산 채로 역청(콜타르)에 말아서는 거기에 불을 붙여 자기 정원을 밝히는 횃불로 사용했다. 야생동물 가죽으로 옷을 만들어 입혀서는 사냥개들을 풀어 그들을 찢어 죽이게 했다. 그들은 또한 심한 고문을 받았다. 즉 바늘 같은 것으로 그들의 온 몸을 긁고 찔렀으며, 열로 녹인 쇳물을 그들에게 부어 부지직 소리가 나며 타게 했고, 시뻘겋게 단 놋접시를 그들의 몸의 가장 민감한 곳에 갖다 붙이기도 하고 눈을 빼기도 했으며, 몸의 일부분을 잘라서 이것을 그들 눈앞에서 그을러 굽기도 했다. 또 고통을 길게 하기 위하여 손과 발을 태우면서 온 몸에는 찬물을 끼어 붓기도 했다.〉

♧ ♧ ♧

이런 박해란 생각하기도 무서운 것이지만 초대교회에선 그리스도를 믿기로 작정하면 각오해야 하는 일이었다. 박해를 받음은 그리스도에게 충성을 나타내는 기회였으며, 선진들이 겪은 박해를 의를 위하여 같이 받는 것이다. 이런 박해 덕분에 후대에는 편안하게 믿음을 소유하는 환경이 만들어졌으며, 오늘 그대와 내가 그 혜택을 누리고 있다.

이런 일들을 생각한다면 어찌 믿음을 저버릴 수 있겠는가?

(요한계시록 13:16-17) 저가 모든 자 곧 작은 자나 큰 자나 부자나 빈궁한 자나 자유한 자나 종들로 그 오른손에나 이마에 표를 받게 하고 누구든지 이 표를 가진 자 외에는 매매를 못 하게 하니

신현주, 〈좌충우돌 예화〉〈시시콜콜 예화〉, www.sbs66.net

[오늘의 말씀] 요한계시록 16장~18장 : 일곱 대접 재앙 → 먼저 성경 읽기

(16장) 일곱 대접의 재앙으로 임하는 심판을 말한다.
(17장) 음녀(바벨론)에 대한 심판과,
(18장) 바벨론의 멸망과 같은 사건을 두 가지 측면에서 묘사한 것으로 둘 다 '세상'을 말한다.

[말씀 묵상]

1. 예수님은 "보라 내가 도적같이 오리니 누구든지 깨어 자기 옷을 지켜 벌거벗고 다니지 아니하며 자기의 부끄러움을 보이지 아니하는 자가 복이 있도다"(16:15) 하였다. 어린양 예수를 따르는 성도는 깨어 사단의 미혹에 넘어가지 않도록 주의해야 하며, 주님께 충성을 다해야 한다. 예수님이 '도적같이 온다'는 말씀은 사데 교회(3:2-4)와 라오디게아 교회(3:18)에도 주어진 말씀이다.
2. 바벨론을 17장에서는 '여자', '음녀', '어미' 등으로 묘사한 데 비해 18장에서는 '처소', '큰성', '시장' 등으로 묘사한다. 바벨론의 운명은 예레미야 50-51장에서도 예언하고 있다(렘 50:4을 보라). 이사야는 바벨론이 소돔과 고모라 같이 될 것을 말했다(사 13:19-20). 힘 있고 찬란한 성 예루살렘이 "무너졌도다 무너졌도다"(18:2) 하였다. 멸망 원인은 영적 음행, 즉 우상 숭배 때문이다(18:3).

[깊은 연구]

1. 전쟁의 대명사 아마겟돈 (계 16장)

일곱 대접 재앙 중에 여섯째 재앙에서는 유브라데 강물이 말라서 동방에서 오는 왕들의 길이 예비되리라(16:12) 하였다. 이로 인해 동서를 가르던 유브라데 강의 경계는 사라지고 전쟁이 일어난다. 그 장소는 '아마겟돈'(16:16)으로 '므깃도'의 산(언덕), 즉 갈멜 산맥 통로를 감시할 수 있는 이스르엘 평지 끝의 유명한 요새로서 수많은 전쟁을 치른 곳이기에 므깃도는 전쟁의 대명사이다. 혹자는 이곳에서 제3차 세계대전이 일어날 것이라고 주장하기도 한다. '아마겟돈'을 주제로 최후의 전쟁에 대한 영화나 책자들도 많이 나오기도 하지만 성경적인 것은 아니다. 이곳은 주전 605년 애굽과 바벨론의 전쟁이 있었던 곳이고, 요시야 왕이 애굽의 바로느고에게 죽임을 당한 곳이다(왕하 23:29, 므깃도).

2. 바벨론의 멸망 (계 17-18장)

바벨론의 멸망에 대한 예언(17:1-19:5)들은 구약의 모든 큰 멸망에 관한 예언들의 사상과 언어를 반영해 준다(사 13-14장, 렘 50-51장, 겔 26-28장). 이들은 악을 발판으로 하여 세력을 키우고 사람들을 팔고 사는 단순한 상품으로 취급한다(18:13). 바벨론은 세계를 지배하는 강대국인데 과거에 거룩한 도시를 파괴했으며 그 때문에 심판을 받는다. 바벨론은 여기서는 주후 70년에 예루살렘을 파괴한 '로마'의 별명으로 사용되었다.

■ 일곱 대접 재앙(계 16:1-21)
일곱 천사가 하나님의 진노의 일곱 대접을 쏟고 있다. 이는 하나님의 심판이다. 작자 미상의 이 그림은 진노의 대접을 든 천사들의 모습을 보여 주고 있다.

공부 요한계시록 16장~18장 : 일곱 대접 재앙

1. (다섯째: 짐승의 보좌) - 그 나라가 (   ) 사람들이 아파서 자기 혀를 깨물고 아픈 것과 종기로 인하여 하늘의 하나님을 (   )하고 자기 행위를 회개치 아니하더라.〈1번처럼 답을 쓰세요. 16장, 1-7문〉
2. (:   ) 죽은 자의 (   ) 같이 되니 바다 가운데 모든 (   )이 죽더라.
3. (:   ) 강물이 말라서 (   )에서 오는 왕들의 길이 (   ) 되더라.
4. (:   ) 전에도 계셨고 시방도 계신 거룩하신 이여 이렇게 (   )하시니 의로우시도다.
5. (:   ) 큰 음성이 (   )에서 보좌로부터 나서 가로되 (   ) 하니.
6. (:   ) 헌데가 (   )를 받은 사람들과 그 우상에게 (   )에게 나더라.
7. (:   ) 이 재앙들을 행하는 권세를 가지신 (   )을 훼방하며...
8. 세 영이 히브리 음으로 (   )이라 하는 곳으로 왕들을 모으더라. - (16:   절)
9. 음녀의 이름 셋은 각각 무엇인가?(17:5) -
10. 음녀(여자)는 무엇에 취했는가?(17:6) -
11. 어린양과 함께 이기는 자는 누구인가?(17:14) -

◇ 다음 중 서로 관계있는 것을 찾아 줄로 연결하세요(18장).

12. 무너졌도다 무너졌도다 큰 성 바벨론이여	가) 그의 죄에 참예하지 말고 재앙들을 받지 말라
13. 내 백성아 거기서 나와	나) 귀신의 처소, 더러운 영과 새의 모이는 곳
14. 화 있도다 화 있도다 큰 성...바벨론이여	다) 일시간에 네 심판이 이르렀다
15. 하늘의 성도들과 사도들과 선지자들아	라) 하나님이 너희를 신원하시는 심판을 하셨다

▲▼△▽ -----≪남편을 잘 죽이는 완전범죄≫----- ▽△▼▲

제목이 너무 자극적이라고 생각하나? 이 내용이 주는 원래의 의미를 살펴보아야 한다.

① 술을 마음껏 마시게 하라. ② 늘 편안히 쉬게 하고 걷지 못하게 하라. ③ 매일 아침 달걀 프라이를 두서너 개씩 먹여라. ④ 기름기 많은 고기에 설탕과 버터가 듬뿍 든 디저트를 매일 먹여라. ⑤ 요리는 가급적 짜게 만들어 먹여라. ⑥ 커피나 홍차에 설탕을 듬뿍 넣어라. ⑦ 담배를 마음껏 피우게 하라. ⑧ 매일 밤늦게 자게 함으로써 수면 부족이 되게 하라. ⑨ 휴가나 여행을 못 가게 하여 스트레스가 쌓이게 하라. ⑩ 돈과 자녀 교육 문제로 매일 바가지를 긁어서 신경을 자극하라.

이 열 가지 제안은 하버드대학교 영양학 교수 '진 메이어' 박사가 "이렇게 하면 남편이 빨리 죽으므로 그렇게 하지 말라"는 권고를 역설적으로 재미나게 쓴 것이다.

♧ ♧ ♧

상기의 10가지 권고를 실제 시행한다면 일부 남편들은 좋아하겠지만 건강에는 문제가 생긴다.
작은 일들이 쌓여 큰 문제가 되므로 대화, 음식, 습관 같은 작은 것들을 잘 관리해야 한다.
지금은 괜찮은 것 같은 일들이 세월이 지나면서 축척되어 결국은 인생 전체를 흔들어 놓는다.
선천적인 것은 어쩔 수 없다지만, 후천적인 것은 내 책임이므로 오늘을 바르게 살아야 한다.
성도는 언제나 영적으로 깨어 있어야 한다. 그래야 복된 성도가 되는 것이다.

(요한계시록 16:15) 보라 내가 도적같이 오리니 누구든지 깨어 자기 옷을 지켜 벌거벗고 다니지 아니하며 자기의 부끄러움을 보이지 아니하는 자가 복이 있도다

신현주, 〈좌충우돌 예화〉 〈시시콜콜 예화〉, www.sbs66.net

[오늘의 말씀] 요한계시록 19장~22장 : 새 하늘과 새 땅 → 먼저 성경 읽기

(19장) 네 번의 할렐루야 찬미가 나오며 어린양 그리스도와 그의 신부인 교회의 혼인잔치를 보게 된다.
(20장) 마귀는 일천 년 동안 결박을 당하고 승리한 자들은 그리스도와 더불어 천 년 동안 왕 노릇 한다.
(21장) 처음 하늘과 처음 땅은 사라지고 새 하늘과 새 땅이 보인다.
(22장) 주님의 얼굴을 직접 보며 햇빛은 쓸데없으니 하나님이 저희를 비추신다. 아멘 주 예수여 오시옵소서.

[말씀 묵상]

1. 요한에게 보여 준 새 하늘과 새 땅이 인간의 언어로 소개되는 것은 얼마나 제한적이었을까? 그럼에도 계시록의 마지막 부분들에 소개된 새 하늘과 새 땅은 그 설명만으로도 감격스럽다. **"보석으로 꾸며졌고**(21:19), **생명나무에서 각종 실과가 열리는 곳**(22:2), **주 하나님이 비취시므로 등불과 햇빛이 쓸데없는 곳**"(22:5)이다. 천국은 그 어디에도 비교될 수 없는 좋은 곳, 그대가 갈 곳이다.
2. 주님은 **"보라 내가 속히 오리니 내가 줄 상이 내게 있어 각 사람에게 그의 일한 대로 갚아 주리라"**(22:12) 하였다. 주님 맞을 준비가 되었는가? 상 받을 만큼 행한 것이 있나? 주님은 갚아 주신다고 약속하셨다. 22장 11절에는 '**그대로**'라는 말이 네 번이나 나옴을 눈여겨보고 준비해야 한다.
3. **"아멘, 주 예수여 오시옵소서"**(*'Αμήν, ἔρχου κύριε Ἰησοῦ.*, 22:20). 사도 요한은 신비한 하나님의 나라의 계시를 받고 최종적으로 이러한 고백을 한다. 성도들은 핍박의 때에 주님의 재림을 기다렸고 새 하늘과 새 땅을 바라보며 순교하였다. 요한계시록 22장 20절을 '마라나타'라고 잘못 알고 있는데, 고린도전서 16장 22절 **"주께서 임하시느니라"**가 아람어로서 **'마라나타'**(*Μαρανα θα*)이다.

[깊은 연구]

1. 천년왕국에 대한 해석들 (20:1-6)

사단이 일천 년 동안 결박당하여 무저갱(無底坑)에 던져진다. 성도들은 그리스도와 더불어 천 년 동안 왕 노릇 한다 하였다. 1-3절은 지상의 사건이고, 4-6절은 하늘의 사건이다. 천년왕국에 대한 대표적인 세 가지 학설이 있으며 교파마다, 학자마다 주장이 다른데 여기에 간단히 소개한다. 〈각 주장에 대한 문제점과 반대 견해는 소개하지 않으므로 소속 교회 목사님의 지도를 받으시기 바랍니다.〉

1) **전천년설**(前千年說) - 천 년을 문자적으로 해석하여 그리스도께서 먼저(前) 재림하시고 그 후에 천년왕국이 건설된다는 견해이다(저스틴, 이레나이우스, 터툴리안, 파피아스 등 후사도 시대에 유행한 학설이며, 한국에서는 박형룡, 박윤선 박사 등이 주장한다.). 세대주의자들의 주장도 여기에 속한다.

2) **후천년설**(後千年說) - 예수님의 재림이 천년왕국 후(後)에 있다는 학설이다(A. H. 스트롱, C. H. 핫지, 헹게스텐버그, 휫티 등이 주장한다.).

3) **무천년설**(無千年說) - 문자적 천년을 부정하고 다른 부분에서와 같이 영적으로 해석한다(어거스틴, 칼빈, 카이퍼, 렌스키, 벌코프, 보스, 워필드 등이 주장하고, 한국에서는 이종성, 신성종 등 대개 복음주의 교회들이 주장한다.).

통독	364
확인	

공부 요한계시록 19장~22장 : 새 하늘과 새 땅

1. '여호와를 찬양하라'라는 뜻이 있는, 네 번 나오는 이 단어는?(19:1, 3, 4, 6) -
2. 세마포는 무엇을 상징하나?(19:8) -
3. 짐승과 거짓 선지자, 이 둘이 산 채로 던지우는 이 못은?(19:20) -
4. 천사가 손에 가지고 내려온 것 두 가지는 무엇인가?(20:1-3) -
5. 무저갱에 던져질 용의 다른 이름 세 가지는?(20:2-3) -
6. 첫째 부활에 참예하는 자들은 제사장이 되어 무엇을 하는가?(20:4-6) -
7. 불과 유황 못에 들어가는 자 셋은 누구인가?(20:7-10) -
8. 책들에 기록된 대로 심판을 받는데 흰 보좌 앞에 무슨 책이 펴져 있는가?(20:11-15) -
9. (21:　절) 또 내가 보매 ~
10. (21:　절) 그러나 두려워하는 자들과 ~
11. (21:　절) 그 성에 성곽은 ~
12. (21:　절) 그 성은 해나 달의 ~
13. 맑은 생명수의 강은 어디로부터 흘러나오는가?(22:1) -
14. 이 책의 예언의 말씀을 인봉하지 말라는 이유는?(22:10) -
15. 두루마기를 빠는 자는 어떤 권세를 얻는가?(22:14) -
16. 예언의 말씀을 더하거나 제하여 버릴 수 있는가?(22:18) -
17. 성경의 마지막 구절은 "아멘 주 예수여 오시옵소서"인가, 아닌가?(22장) -

▲▼△▽ -----≪부치지 못한 편지≫----- ▽△▼▲

'해외전도위원회'(Foreign Mission Board)가 한 젊은 선교사를 아프리카에 보내기로 결정하였다. 이 젊은이와 여러 해 교제해 온 여인은 '그가 이 결정을 받아들인다면 결혼하지 않겠다'고 했다.

선교사는 떠나기 한 달 전에 편지를 한 통만 더 쓰기로 결심했고 그녀의 마음에 변화가 생기기를 바랐다. 편지를 쓴 후 추신에 "이 편지로 당신 마음이 상했다면 휴지통에 넣고 답장을 하지 마시오"라고 썼다. 그런데 여인의 마음에 변화가 일어나서 '세상 끝까지라도 당신과 함께 갈 만큼 사랑한다'는 편지를 기쁘게 썼다. 그 편지를 부치려 했으나 비가 심하게 내리고 있어 남동생에게 편지를 부쳐 주면 15센트를 주기로 했다. 그녀는 애타게 답장을 기다렸지만 연락이 없었다. 한 달이 지루하게 지나갔고 그 사람이 선교지로 가 버렸다고 생각했다.

여러 해 뒤, 이사를 하며 남동생의 낡은 코트를 정리하였다. 편지는 그 주머니 속에 들어 있었다.

♧ ♧ ♧

결정을 잘못하면 평생을 후회하며 잃어버린 사랑, 잃어버린 세월에 안타까워하지만 이미 늦었다. 한 통의 편지가 인생을 바꿔 놓고, 다른 사람을 만나게 하는 일도 있다. 잃어버린 사랑을 아쉬워하는 한 중년남성은 '그 당시에 둘 중 한 사람의 집에 전화만 있었어도...'라지만 소용없는 일이다. 우리는 믿음에 대한 바른 결정을 했기에 새 하늘과 새 땅을 바라보는 복된 성도가 되었다.

(요한계시록 22:17) 성령과 신부가 말씀하시기를 오라 하시는도다 듣는 자도 오라 할 것이요 목마른 자도 올 것이요 또 원하는 자는 값없이 생명수를 받으라 하시더라

신현주, 〈좌충우돌 예화〉 〈시시콜콜 예화〉, www.sbs66.net

[오늘의 말씀] 요한서신, 유다서, 요한계시록 복습 → 먼저 성경 읽기, 단숨에...

1. 신약성경 27권 중에 **비울서신은 13권**(히브리서를 포함하면 14권)이고 **요한문서는 5권**이다.
2. **요한문서란** 〈요한복음〉, 〈요한일서〉, 〈요한이서〉, 〈요한삼서〉, 〈요한계시록〉 등 5권이 요한 이름으로 되어 있는 것을 일컫는 말이다. 이 5권을 한 사람 요한이 아닌 서로 다른 요한이라는 주장도 있으나 전통적으로는 사도 요한의 문서로 이해해 왔다.(통독 354일째 참고)
3. 요한문서는 "예수의 제자 중 하나, 곧 그 사랑하시는 자가 예수의 품에 누웠는지라"(요 13:23)라고 서술된 사람이 아니고는 쓸 수 없다는 것은 문체의 일괄성과 체험을 근거로 했기 때문이다(요일 1:1).

〈1〉 요한일서, 요한이서, 요한삼서

1. 성도의 사귐은 누구와 함께함인가?(요일 1:3) -
2. (요일 1:9) 우리 죄를 자백하면 ~
3. 만일 우리가 범죄하지 아니하였다 하면?(요일 1:10) -
4. 하나님 앞에 있는 우리의 대언자는?(요일 2:1) -
5. 예수께서 그리스도이심을 부인하는 자, 아버지와 아들을 부인하는 그는 누구인가?(요일 2:22) -
6. 하나님의 아들이 나타나신 것은 무엇을 하려 하심인가?(요일 3:8) -
7. 주님의 계명은?(요일 3:23) -
8. 하나님의 성품은 무엇이며, 성도는 서로 무엇을 하는 것이 마땅한가?(요일 4:7-13) -
9. 보는바 그 형제를 사랑치 아니하는 자는 누구도 사랑할 수 없는가?(요일 4:20) -
10. 세상을 이긴 이김은 무엇인가?(요일 5:4) -
11. 생명이 있는 자는 누가 함께 있는가?(요일 5:12) -
12. 처음부터 가진 계명은 무엇인가?(요이 5) -
13. 미혹하는 자요 적그리스도는 무엇을 부인하는가?(요이 7) -
14. (요삼 2) 사랑하는 자여 ~
15. 으뜸 되기를 좋아했고 접대치도 아니하고 접대하고자 하는 자를 쫓아낸 자는?(요삼 9-10) -
16. 뭇사람에게도 진리에게도 증거를 받은 자는?(요삼 12) -

〈2〉 유다서

1. 유다가 편지로 권하여야 할 필요를 느낀 것은?(3절) -
2. 가만히 들어온 사람은 누구를 부인하는 자인가?(4절) -
3. 꿈꾸는 이 사람들(거짓 교사)의 행위는?(8절) -
4. 이 사람들(거짓 교사)의 악행을 비유한 구약의 세 사람은?(11절) -
5. 권면하는 20-21절의 말씀을 쓰세요. -

〈3〉 요한계시록 1-22장

1. 이 예언의 말씀을 (　　　　　)와 (　　　　　)들과 그 가운데 기록한 것을 (　　　　　)들이 복이 있나니 때가 가까움이라(1:3).
2. 요한에게 무엇을 기록하라 했나?(1:19) -
3. 다음은 무엇을 가리키나?(1:20) - 1) 일곱별:　　　　　　2) 일곱 금 촛대:
4. 일곱 교회에 보낸 편지(2-3장)는 여기서는 생략하므로 357일째 공부를 복습하세요.
5. 누가 보좌에 앉으신 이 앞에 엎드려 경배하고 면류관을 던졌나?(4:10-11) -
6. 거문고와 향이 가득한 (　　　　　)을 가졌으니 이 향은 (　　　　　)들이라(5:8).
7. 일곱 인(印) 중에 다음의 인을 뗄 때에 나타난 말(馬)은?(6:1-8)
   1) 첫째 인 -　　　　2) 둘째 인 -　　　　3) 셋째 인 -　　　　4) 넷째 인 -
8. 인(印)맞은 자의 수는 얼마인가?(7:4) -
9. 큰 무리가 보좌 앞과 어린양 앞에 서서 무엇이라 외쳤나?(7:9-10) -
10. 큰 환난에서 나오는 자들의 모습은?(7:14) -
11. 일곱째 인을 뗄 때에 일곱 천사는 무엇을 받았나?(8:1-2) -
12. 향연이 무엇과 함께 하나님 앞으로 올라갔는가?(8:4) -
13. 어떤 사람들만 해하라고 했나?(9:4) -
14. 작은 책을 먹어 버리니 그 맛은?(10:9-10) -
15. 저희(이방인)가 거룩한 성을 (　　　　　) 동안 짓밟으리라 내가 나의 (　　　　　)에게 권세를 주리니 저희가 굵은 베옷을 입고 (　　　　　)을 예언하리라(11:2-3).
16. 하늘의 전쟁은 누구와 누구의 싸움인가?(12:7) -
17. 큰 용의 정체는 무엇인가?(12:9) -
18. 바다에서 나온 짐승의 모습은?(13:1) -
19. 짐승의 표를 모든 자의 어디에 받게 했나?(13:16-17) -
20. 어린양과 시온산에 선 십사만 사천의 이마에 무엇을 쓴 것이 있는가?(14:1)
21. 어떻게 하면 진노의 포도주를 마시게 되는가?(14:9-10) -
22. 하나님의 거문고를 가지고 어디에서 어린양의 노래를 불렀나?(15:2-3) -
23. 성전에서 난 음성은 천사에게 무엇을 하라 했나?(16:1) -
24. 세 영은 각각 어느 입에서 나왔으며, 어디로 왕들을 모았나?(16:13, 16) -
25. 붉은 빛 짐승을 탄 여자의 이마에 기록된 이름은?(17:3, 5) -
26. 하나님이 누구의 신원하는 심판을 하므로 즐거워하라 했나?(18:20) -
27. 하늘 찬양의 소리에 언제나 나오는 말은?(19:1, 3, 4, 6에 나온 한 단어로 답) -
28. 어린양의 신부가 입는 세마포는 무엇을 상징하나?(19:7-8) -
29. 짐승과 거짓 선지자들은 어디에 던져지나?(19:20) -
30. 첫째 부활에 참예하는 자들은 천 년 동안 무엇을 하는가?(20:6) -
31. 불못에 던지움을 받을 자는?(20:15) -
32. 처음 하늘과 땅, 바다는 없어지고 무엇이 보이는가?(21:1) -
33. 새 예루살렘 성안의 성전은 누구인가?(21:22) -
34. 생명수의 강은 어디로부터 나와서 흐르는가?(22:1) -
35. 예수님은 자신을 무엇으로 소개하는가?(22:16) -
36. 이것을 증거하신 이(예수님)의 마지막 말씀은?(22:20) -

성경통독365일④ 해답집

<성경통독365일(4권)> 해답집

통독 274일째 <이사야 1-4장>

1. 웃시야, 요담, 아하스, 히스기야 / 2. 1) 황무하였고, 2) 불에 탔고, 3) 이방인에게 삼키웠으며, 4) 포도원의 망대같이 원두밭의 상직막같이 에워싸인 성읍같이 겨우 남았도다 / 3. 기도할지라도, 피가 가득함, 15절 / 4. 눈, 양털, 18절 / 5. 4절 / 6. 17절 / 7. 20절 / 8. 22절 / 9. 1)-다), 2)-가), 3)-나), 4)-마), 5)-라), 6)-바)

통독 275일째 <이사야 5-8장>

1. 들포도를 맺었다 / 2. 이스라엘 민족, 유다 사람 / 3. 공평하심, 의로우심 / 4. 여호와 / 5. 1절, 웃시야 왕 / 6. 2-3절, 스랍들 / 7. 5절, 이사야 / 8. 7절, 스랍(하나님의 사자) / 9. 13절, 여호와 / 10. 1절, 아하스 / 11. 1절, 베가 / 12. 14절, 이사야 / 13. 20절, 앗수르 왕 / 14. 다메섹의 재물과 사마리아의 노획물이 앗수르 왕 앞에 옮긴 바 될 것이다 / 15. 1) 여호와의 능력, 2) 앗수르 왕과 그 위력 / 16. 임마누엘(하나님이 우리와 함께하심이라) / 17. 징조와 예표

통독 276일째 <이사야 9-12장>

1. 1-2절 / 2. 기묘자, 모사, 전능하신 하나님, 영존하시는 아버지, 평강의 왕 / 3. 1) 르신, 2) 아람, 3) 블레셋 / 4. 에브라임, 므낫세, 유다 / 5. (사 10:5) 화 있을진저~ 앗수르 사람이여 그는 나의 진노의 막대기요 그 손의 몽둥이는 나의 분한이라 / 6. (사 10:17) 이스라엘의 빛은 불이요~ 그 거룩한 자는 불꽃이라 하루 사이에 그의 형극과 질려가 소멸되며 / 7. (사 10:20) 그 날에 이스라엘의 남은 자와~ 야곱 족속의 피난한 자들이 다시 자기를 친 자를 의뢰치 아니하고 이스라엘의 거룩하신 자 여호와를 진실히 의뢰하리니 / 8. (사 10:27) 그 날에 그의 무거운 짐이~ 네 어깨에서 떠나고 그의 멍에가 네 목에서 벗어지되 기름진 까닭에 멍에가 부러지리라 / 9. 1)-나), 2)-다), 3)-가), 4)-바), 5)-마), 6)-라)

통독 277일째 <이사야 13-17장>

1. 구별한 자, 용사들, 풀게, 3절 / 2. 메대 사람, 갈대아 사람, 바벨론, 소돔, 고모라, 17, 19절 / 3. 궁성, 화려한 전, 22절 / 4. 여호와의 땅(예루살렘) / 5. 바벨론 왕 / 6. 아침의 아들 계명성(루시퍼) / 7. 여호와의 말 / 8. 모압 알(모압의 수도, 현재는 랍바), 모압 길(길은 길하레셋, 16:7, 11), 바잇, 디본, 느보, 메드바, 헤스본, 엘르알레, 야하스, 소알, 에글랏 슬리시야, 루힛, 호로나임, 니므림, 에글라임, 브엘엘림, 디몬 / 9. (사 16:5) 다윗의 장막에 왕위는~ 인자함으로 굳게 설 것이요 그 위에 앉을 자는 충실함으로 판결하며 공평을 구하며 의를 신속히 행하리라 / 10. (사 16:6) 우리가 모압의 교만을~ 들었나니 심히 교만하도다 그의 거만하며 교만하며 분노함도 들었거니와 그 과장이 헛되도다 / 11. (사 16:12) 모압 사람이 그 산당에서~ 피곤하도록 봉사하며 자기 성소에 나아가서 기도할지라도 무효하리로다 / 12. 에브라임의 요새와 다메섹 나라와 아람의 남은 백성 / 13. 자기의 구원의 하나님을 잊어버리며 자기의 능력의 반석을 마음에 두지 않은 까닭

통독 278일째 <이사야 18-23장>

1. 구스, 갈대 배, 1-2절 / 2. 예물, 이름을 두신 곳, 7절 / 3. 어리석었고 우준하여졌다 / 4. 장망성 / 5. 이스라엘, 앗수르, 애굽 / 6. X / 7. O / 8. 1) 두마(에돔), 2) 아라비아, 3) 바벨론 / 9. (사 22:5) 이상의 골짜기에 주 만군의~ 여호와께로서 이르는 분요와 밟힘과 혼란의 날이여 성벽의 무너뜨림과 산악에 사무치는 부르짖는 소리로다 / 10. (사 22:22) 내가 또 다윗 집의 열쇠를~ 그의 어깨에 두리니 그가 열면 닫을 자가 없겠고 닫으면 열 자가 없으리라 / 11. 두로, 다시스, 깃딤, 시돈, 시홀, 나일, 애굽, 가나안, 갈대아, 앗수르 / 12. 무역 / 13. 칠십 년

통독 279일째 <이사야 24-27장>

1. 1) 제사장, 2) 상전, 3) 가모(家母), 4) 파는 자, 5) 채용하는 자, 6) 이자를 내는 자 / 2. 세계 민족 / 3. 영화롭게 한다 / 4. 벌하신다 / 5. 1절, 나의 하나님, 높이고, 찬송 / 6. 6절, 만군의 여호와, 기름진, 포도주, 기름진 것, 맑은 포도주 / 7. 8절, 멸하실, 눈물을 씻기시며, 제하시리라, 말씀 / 8. 평강과 평강으로 / 9. 정직함(정직하신 주께서 의인의 첩경을 평단케 하신다) / 10. 주만 바라보고 주의 이름을 부르리이다 / 11. 빛난 이슬이니 땅이 죽은 자를 내어 놓으리로다 / 12. 날랜 뱀 곧 꼬불꼬불한 뱀 / 13. 앗수르 땅에서 파멸케 된 자와 애굽 땅으로 쫓겨난 자

통독 280일째 <이사야 28-33장>

1. 교만한 면류관, 술에 빠진 자, 교만한 면류관, 밟힐 / 2. 남은 백성, 영화로운 면류관 / 3. 한 돌, 급절 / 4. 시온 즉 예루살렘 / 5. 마음은 / 6. 겸손한 자 / 7. 애굽 / 8. 앗수르 / 9. 1절, 말을 의뢰하며 병거의 많음과 마병의 심히 강함을 의지한다 / 10. 5절, 예루살렘을 보호할 것이라 / 11. 8절, 앗수르 / 12. 한 왕 / 13. 화평이요 영원한 평안과 안전이라 / 14. (사 33:6) 너의 시대에 평안함이 있으며~ 구원과 지혜와 지식이 풍성할 것이니 여호와를 경외함이 너의 보배니라 / 15. (사 33:13) 너희 먼데 있는 자들아~ 나의 행한 것을 들으라 너희 가까이 있는 자들아 나의 권능을 알라 / 16. (사 33:22) 대저 여호와는 우리 재판장이시요~ 여호와는 우리에게 율법을 세우신 자시요 여호와는 우리의 왕이시니 우리를 구원하실 것임이니라

통독 281일째 <이사야 34-39장>

1. 에돔 / 2. 궁궐에는 가시나무가 나며 그 견고한 성에는 엉겅퀴와 새품이 자라서 시랑의 굴과 타조의 처소가 될 것이니(참고. 답을 15절까지로 확대할 수 있음) / 3. 동물과 새들에 대한 것(문법적으로는 특히 17절과 연결하여 보면 더 분명하다. 그러나 어떤 학자들은 '예언으로 선포한 말은 이루어진다'라고 해석한다) / 4. 1) 밝을 것이다, 2) 열릴 것이다, 3) 사슴같이 뛸 것이다, 4) 노래한다 / 5. 구속함을 입은 자 / 6. 앗수르 왕 산헤립이 올라와서 유다 모든 견고한 성을 쳐서 취하니라 / 7. 랍사게 / 8. 옷을 찢고 굵은 베를 입고 여호와의 전으로 가서 여호와께 기도하였다 / 9. 다윗을 위하여 / 10. 아들 아드람멜렉과 사레셀, 에살핫돈 / 11. 여호와여 구하오니 내가 주의 앞에서 진실과 전심으로 행하며 주의 목전에서 선하게 행한 것을 추억하옵소서 / 12. 네 기도를 들었고 네 눈물을 보았노라 내가 네 수한에 십오 년을 더하고 너와 이 성을 앗수르 왕의 손에서 건져내겠고 내가 또 이 성을 보호하리라 / 13. 한 뭉치 무화과를 취하여 종처에 붙이면 왕이 나으리라 / 14. 궁중 보물 곧 은금과 향료와 보배로운 기름과 모든 무기고와 보물고에 있는 것 / 15. 네 집에 있는 모든 소유와 네 열조가 오늘까지 쌓아둔 것이 모두 바벨론으로 옮긴 바 되고 남을 것이 없으리라 / 16. 사로잡혀 바벨론 왕궁의 환관이 되리라

통독 282일째 <이사야 40-43장>

1. 눅 3:4-6 / 2. 벧전 1:24-25 / 3. 장인, 장색 / 4. 앙망, 날개 / 5. 1) 내 앞에 잠잠하라, 2) 힘을 새롭게 하라, 3) 그리하고 말하라 / 6. 1) 너 이스라엘아, 2) 야곱아, 3) 아브라함의 자손아 / 7. 1) 내가 너와 함께함이니라, 2) 나는 네 하나님이 됨이니라, 3) 참으로 나의 의로운 손으로 너를 붙들리라 / 8. 내가 기쁜 소식 전할 자를 예루살렘에 주리라 / 9. 그들의 부어 만든 우상은 바람이요 허탄한 것 뿐이니라 / 10. 내가(하나님이) 붙드는 나의 종, 내 마음에 기뻐하는 나의 택한 사람 / 11. 1) 백성의 언약, 2) 이방의 빛이 되게 한다 / 12. 물리침을 받아 크게 수치를 당하리라 / 13. 많은 것을 볼지라도 유의치 아니하며 귀는 밝을지라도 듣지 아니하는도다 / 14 (사 43:1) 너는 두려워 말라~ 내가 너를 구속하였고 내가 너를 지명하여 불렀나니 너는 내 것이라 / 15. (사 43:7) 내 이름으로 일컫는 자~ 곧 내가 내 영광을 위하여 창조한 자를 오게 하라 그들을 내가 지었고 만들었느니라 / 16. (사 43:19) 보라 내가 새 일을~ 행하리니 이제 나타낼 것이라 너희가 그것을 알지 못하겠느냐 정녕히 내가 광야에 길과 사막에 강을 내리니 / 17. (사 43:21) 이 백성은 내가 나를 위하여~ 지었나니 나의 찬송을 부르게 하려 함이니라

통독 283일째 <이사야 44-47장>

1. 여수룬(뜻은 해설 참고) / 2. 42:9-20 / 3. 내(여호와)가 너(야곱)를 지었으니 너는 내 종이니라 / 4. 1) 나의 목자라 나의 모든 기쁨을 성취하리라, 2) 중건되리라, 3) 네 기초가 세움이 되리라 하는 자니라 / 5. 고레스 / 6. 여호와 / 7. 이스라엘 자손 / 8. 5, 6, 14, 18, 21, 22절 / 9. 우상 이름 / 10. 야곱(이스라엘) 집의 남은 모든 자 / 11. 나: 여호와, 누구: 우상 / 12. 구원 / 13. 3절, 1) / 14. 4절, 2) / 15. 5절, 1) / 16. 9절, 2)

통독 284일째 <이사야 48-51장>

1. 무쇠, 놋, 4절 / 2. 유익하도록, 행할 길, 17절 / 3. 바벨론, 갈대아, 선파, 야곱을 구속하셨다, 20절 / 4. 이방의 빛을 삼아 하나님의 구원을 베풀어서 땅 끝까지 이르게 하리라 / 5. 내가 장차 너를 보호하여 너로 백성의 언약을 삼으며 나라를 일으켜 그들로 그 황무하였던 땅을 기업으로 상속케 하리라 / 6. 나 여호와는 네 구원자요 네 구속자요 야곱의 전능자인 줄 알리라 / 7. 너희는 너희의 죄악을 인하여 팔렸고 너희 어미는 너희의 허물을 인하여 내어보냄을 입었느니라 / 8. 곤핍한 자를 말로 어떻게 도와줄 줄을 알게 하신다 / 9. 6절 / 10. 1) 부끄러워, 2) 수치, 3) 정죄 / 11. 여호와의 이름을 의뢰하며 자기 하나님께 의지할지어다 / 12. 아브라함이 혈혈단신으로 있을 때에 하나님이 부르고 그에게 복을 주어 창성케 하였음을 알라는 것이다 / 13. 율법 / 14. 의, 구원 / 15. 1) 분노의 잔, 2) 네 손에서 거두어서 너로 다시는 마시지 않게 한다

통독 285일째 <이사야 52-55장>

1. (사 52:1) 시온이여 깰지어다~ 깰지어다 네 힘을 입을지어다 거룩한 성 예루살렘이여 네 아름다운 옷을 입을지어다 이제부터 할례 받지 않은 자와 부정한 자가 다시는 네게로 들어옴이 없을 것임이니라 / 2. (사 52:7) 좋은 소식을 가져오며~ 평화를 공포하며 복된 좋은 소식을 가져오며 구원을 공포하며 시온을 향하여 이르기를 네 하나님이 통치하신다 하는 자의 산을 넘는 발이 어찌 그리 아름다운고 / 3. (사 52:12) 여호와께서 너희 앞에 행하시며~ 이스라엘의 하나님이 너희 뒤에 호위하시리니 너희가 황급히 나오지 아니하며 도망하여 행하지 아니하리라 / 4. 연한 순, 줄기, 풍채, 흠모, 아름다운, 2절 / 5. 우리의 허물, 우리의 죄악, 평화를 누리고, 우리가 나음, 5절 / 6. 입을 열지 아니, 7절 / 7. 네가 좌우로 퍼지며 네 자손은 열방을 얻으며 황폐한 성읍들로 사람 살 곳이 되게 할 것이므로 / 8. 1) 너를 지으신 자, 2) 네 남편, 3) 만군의 여호와, 4) 네 구속자, 5) 이스라엘의 거룩한 자, 6) 온 세상의 하나님 / 9. 1) 너를 노하지 아니한다, 2) 너를 책망하지 아니한다, 3) 네게서 떠나지 아니한다, 4) 나의 언약을 옮기지 아니한다 / 10. 여호와의 교훈을 받을 것이며 크게 평강할 것이다 / 11. 없는 자, 사 먹되, 사라 / 12. 언약, 다윗 / 13. 만날 만한 때에, 부르라

통독 286일째 <이사야 56-59장>

1. 복 / 2. 이방인 / 3. 기도 / 4. 파수꾼 / 5. 3, 5절, 무녀, 음녀, 음욕, 죽이는도다 / 6. 13절, 땅을 차지, 거룩한 산 / 7. 15절, 통회, 겸손한 자, 통회하는 자 / 8. 오락을 찾음, 온갖 일을 시킴, 다투며 싸우며 악한 주먹을 침 / 9. 흉악의 결박을 풀어 주며 멍에의 줄을 끌러 주며 압제당하는 자를 자유케 하며 모든 멍에를 꺾는 것, 주린 자에게 네 식물을 나눠 주며 유리하는 빈민을 네 집에 들이며 벗은 자를 보면 입히며 또 네 골육을 피하여 스스로 숨지 아니하는 것 / 10. 네 발을 금하여 내(여호와) 성일에 오락을 행치 아니하고 안식일을 일컬어 즐거운 날이라 여호와의 성일을 존귀한 날이라 하여 이를 존귀히 여기고 네 길로 행치 아니하며 네 오락을 구치 아니하며 사사로운 말을 하지 않는 것 / 11. X, 1절 / 12. O, 2절 / 13. X, 12절 / 14. O, 21절

통독 287일째 <이사야 60-63장>

1. (사 60:1) 일어나라 빛을 발하라~ 이는 네 빛이 이르렀고 여호와의 영광이 네 위에 임하였음이니라 / 2. (사 60:15) 전에는 네가 버림을~ 입으며 미움을 당하였으므로 네게로 지나는 자가 없었으나 이제는 내가 너로 영영한 아름다움과 대대의 기쁨이 되게 하리니 / 3. (사 60:19) 다시는 낮에 해가 네 빛이~ 되지 아니하며 달도 네게 빛을 비취지 않을 것이요 오직 여호와가 네게 영영한 빛이 되며 네 하나님이 네 영광이 되리니 / 4. 누가복음 4:16-21 /

5. 1) 화관, 2) 희락의 기름, 3) 찬송의 옷 / 6. 1) 여호와의 제사장, 2) 하나님의 봉사자 / 7. 여호와께 복 받은 자손이라 / 8. 구원의 옷, 의의 겉옷 / 9. 1) 나의 기쁨이 그녀 안에 있다, 2) 결혼한 여자 / 10. 여호와를 찬송할 것이다 / 11. 1) 거룩한 백성, 2) 여호와의 구속하신 자, 3) 찾은 바 된 자, 4) 버리지 아니한 성읍 / 12.-나)-c) / 13.-가)-a) / 14.-다)-d / 15.-라)-b)

통독 288일째 <이사야 64-66장>

1. 주의 이름, 주의 앞, 2절 / 2. 의를 행하는 자, 주를 기억하는 자, 범죄, 5절 / 3. 아버지, 진흙, 토기장이, 8절 / 4. 산 위에서 분향하며 작은 산 위에서 나(여호와)를 능욕하였음이라 / 5. 1) 양떼의 우리 2) 소떼의 눕는 곳 / 6. 1) 주릴 것, 2) 갈할 것, 3) 수치를 당할 것, 4) 울며 통곡할 것 5) 저주 거리가 될 것, 6) 죽임을 당함 / 7. 하나님께서 새 하늘과 새 땅을 창조할 때 / 8. 1) 백 세에 죽는 자가 아이겠다, 2) 가옥을 건축하고 그것에 거하겠다, 3) 포도원을 재배하고 열매를 먹을 것이다, 4) 그 손으로 일한 것을 길이 누릴 것이다, 5) 이리와 어린 양이 함께 먹을 것이다, 6) 사자가 소처럼 짚을 먹을 것이다, 7) 뱀은 흙으로 식물(食物)을 삼을 것이다 등 / 9. (사 66:2) 무릇 마음이 가난하고~ 심령에 통회하며 나의 말을 인하여 떠는 자 그 사람은 내가 권고하려니와 / 10. (사 66:12) 내가 그에게 평강을~ 강같이, 그에게 열방의 영광을 넘치는 시내 같이 주리니 너희가 그 젖을 빨 것이며 너희가 옆에 안기며 그 무릎에서 놀 것이라 / 11. (사 66:22) 나의 지을 새 하늘과~ 새 땅이 내 앞에 항상 있을 것 같이 너희 자손과 너희 이름이 항상 있으리라 / 12. (사 66:23) 매 월삭과 매 안식일에~ 모든 혈육이 이르러 내 앞에 경배하리라

통독 289일째 <예레미야 1-4장>

1. 아나돗, 힐기야 / 2. 요시야, 시드기야 / 3. 살구나무, 끓는 / 4. 견고한 성읍, 쇠기둥, 놋 성벽 / 5. 1) 여호와께서 어디 계시냐 하지 아니하며, 2) 나를 알지 못하며, 3) 나를 항거하며, 4) 바알의 이름으로 예언하고 무익한 것을 좇았느니라 / 6. 1) 생수의 근원이 되는 나(여호와)를 버린 것, 2) 스스로 웅덩이를 판 것 / 7. 애굽과 앗수르, 수치를 당하게 된다 / 8. 이방 포도나무의 악한 가지가 되었다 / 9. 나는 죄를 범치 아니하였다 / 10. (렘 3:12) 배역한 이스라엘아 돌아오라~ 나의 노한 얼굴을 너희에게로 향하지 아니하리라 나는 긍휼이 있는 자라 노를 한없이 품지 아니하느니라 여호와의 말이니라 / 11. (렘 3:15) 내 마음에 합하는 목자를~ 너희에게 주리니 그들이 지식과 명철로 너희를 양육하리라 / 12. (렘 3:23) 이스라엘의 구원은 진실로~ 우리 하나님 여호와께 있나이다 / 13. (렘 4:6) 시온을 향하여 기호를 세우라~ 도피하라 지체하지 말라 내가 북방에서 재앙과 큰 멸망으로 이르게 할 것임이니라 / 14. (렘 4:14) 예루살렘아 네 마음의 악을~ 씻어 버리라 그리하면 구원을 얻으리라 네 악한 생각이 네 속에 얼마나 오래 머물겠느냐 / 15. (렘 4:22) 내 백성은 나를 알지 못하는~ 우준한 자요 지각이 없는 미련한 자식이라 악을 행하기에는 지각이 있으나 선을 행하기에는 무지하도다

통독 290일째 <예레미야 5-8장>

1. 1절, 2) / 2. 9절, 1) / 3. 15절, 2) / 4. 16절, 1) / 5. 2절, 시온 / 6. 8절, 훈계 / 7. 10절, 할례 / 8. 22절, 북방, 땅 끝 / 9. 여호와의 집 문에서 유다인에게 / 10. 너희 길과 행위를 바르게 하라 / 11. 도적의 굴혈 / 12. 여호와를 청종치 아니하며 귀를 기울이지 아니하고 목을 굳게 하여 너희 열조보다 악을 더 행하였다 / 13. 5절-나) / 14. 7절-다) / 15. 11절-가) / 16. 18절-라)

통독 291일째 <예레미야 9-12장>

1. 물, 눈물 근원 / 2. 무더기, 굴혈 / 3. 열국 / 4. 마음 / 5. (렘 10:2) 열방의 길을~ 배우지 말라 열방인은 하늘의 징조를 두려워하거니와 너희는 그것을 두려워 말라 / 6. (렘 10:10) 오직 여호와는~ 참 하나님이시요 사시는 하나님이시요 영원한 왕이시라 그 진노하심에 땅이 진동하며 그 분노하심을 열방이 능히 당치 못하느니라 / 7. (렘 10:16) 야곱의 분깃은 ~이같지 아니하시니 그는 만물의 조성자요 이스라엘은 그 산업의 지파라 그 이름은 만군의 여호와시니라 / 8. (렘 10:23) 인생의 길이~ 자기에게 있지 아니하니 걸음을 지도함이 걷는 자에게 있지 아니하니이다 / 9. 7번(2, 3, 4, 5, 6, 8, 10절) / 10. (렘 11:4) 너희는 나의 목소리를 청종하고~

나의 모든 명령을 좇아 행하라 그리하면 너희는 내 백성이 되겠고 나는 너희 하나님이 되리라 / 11. (렘 11:6) 유다 성읍들과 예루살렘 거리에서~ 선포하여 이르기를 너희는 이 언약의 말을 듣고 준행하라 / 12. (렘 11:21) 네 생명을 취하려고~ 찾아 이르기를 너는 여호와의 이름으로 예언하지 말라 두렵건대 우리 손에 죽을까 하노라 하도다 / 13. 2절, 입, 마음 / 14. 6절, 속이며, 크게 외치나니, 말지니라 / 15. 16절, 백성의 도, 여호와, 바알, 세움

통독 292일째 〈예레미야 13-16장〉

1. 유다의 교만과 예루살렘의 큰 교만을 이같이 썩게 하리라 / 2. 구스인이 그 피부를, 표범이 그 반점을 변할 수 있느뇨 / 3. 예루살렘 / 4. 7절 / 5. 9절 / 6. 12절 / 7. 20절 / 8. 모세와 사무엘, 1절 / 9. 강하게, 복을 얻게, 간구, 11절 / 10. 주의 이름으로 일컬음을 받는 자, 16절 / 11. 1) 이 땅에서 아내를 취하지 말며 자녀를 두지 말지니라, 2) 상가에 들어가지 말라 가서 통곡하지 말며 그들을 위하여 애곡하지 말라, 3) 잔치집에 들어가서 그들과 함께 앉아 먹거나 마시지 말라 / 12. 이스라엘 자손을 북방 땅과 그 모든 쫓겨났던 나라에서 인도하여 내신 여호와의 사심 / 13. 힘, 보장, 환난

통독 293일째 〈예레미야 17-20장〉

1. 금강석 끝 철필, 마음 판, 단 뿔, 1절 / 2. 사람, 혈육, 저주, 의지, 의뢰, 복, 5, 7절 / 3. 만물, 마음, 9절 / 4. 찬송, 고치소서, 14절 / 5. O / 6. X / 7. O / 8. 도벳, 살륙의 골짜기 / 9. 사람이 토기장이의 그릇을 한번 깨뜨리면 다시 완전하게 할 수 없나니 이와 같이 내가 이 백성과 이 성을 파하리니 / 10. 하늘의 만상에게 분향하고 다른 신들에게 전제를 부음으로 더러워졌은즉 / 11. 선지자 예레미야를 때리고 여호와의 집 베냐민의 윗문에 있는 착고에 채웠다 / 12. 너로 너와 네 모든 친구에게 두려움이 되게 하리니 그들이 그 원수의 칼에 엎드러질 것이요 네 눈은 그것을 볼 것이며 내가 온 유다를 바벨론 왕의 손에 붙이리니 그가 그들을 사로잡아 바벨론으로 옮겨 칼로 죽이리라 / 13. (렘 20:9) 내가 다시는 여호와를 선포하지 아니하며~ 그 이름으로 말하지 아니하리라 하면 나의 중심이 불붙는 것 같아서 골수에 사무치니 답답하여 견딜 수 없나이다 / 15. 욥기 3장

통독 294일째 〈예레미야 21-24장〉

1. 1) 여호와께 간구하라 / 2. 바벨론 왕과 군대, 2) 예루살렘 / 3. 2) 항복하는 자 / 4. 그들이 자기 하나님 여호와의 언약을 버리고 다른 신들에게 절하고 그를 섬긴 연고라 / 5. 못하고, 죽으리니, 살룸 / 6. 예루살렘, 나귀, 여호야김 / 7. 무자, 형통치 못할 자, 고니야 / 8. 2절, 거짓 / 9. 5절, 참 / 10. 16절, 거짓 / 11. 28절, 참 / 12. 유다 왕 여호야김의 아들 여고냐와 유다 방백들과 목공들과 철공들 / 13. 내 백성이 되겠고 나는 그들의 하나님이 되리라 / 14. 유다 왕 시드기야와 그 방백들과 예루살렘에 남은 자로서 이 땅에 남아 있는 자와 애굽 땅에 거하는 자들

통독 295일째 〈예레미야 25-28장〉

1. (렘 25:3) 유다 왕 아몬의 아들~ 요시야의 십삼년부터 오늘까지 이십삼 년 동안에 여호와의 말씀이 내게 임하기로 내가 너희에게 이르되 부지런히 일렀으나 너희가 듣지 아니하였으며 / 2. (렘 25:12) 칠십 년이 마치면~ 내가 바벨론 왕과 그 나라와 갈대아인의 땅을 그 죄악으로 인하여 벌하여 영영히 황무케 하되 / 3. (렘 25:35) 목자들은 도망할 수 없겠고~ 양떼의 인도자들은 도피할 수 없으리로다 / 4. 19-26절 / 5. 이 집이 실로같이 되겠고 이 성이 황무하여 거민이 없으리라 / 6. 이 사람은 죽음이 합당하니 너희 귀로 들음 같이 이 성을 쳐서 예언하였느니라 / 7. 예레미야를 보호하여 예레미야를 백성의 손에 내어주지 아니하여 죽이지 못하게 하니라 / 8. 〈=로 지울 것〉 거짓 선지자를 섬김 / 9. 바른 예언 / 10. 대항하라 / 11. 다 옮겨 갔고 / 12. 하나냐, 예레미야 / 13. 예레미야, 하나냐 / 14. 예레미야, 하나냐

통독 296일째 〈예레미야 29-32장〉

1. 포로 중 남아 있는 장로들과 제사장들과 선지자들과 모든 백성에게 / 2. 칠십 년 / 3. 칼, 기근, 염병 / 4. 여호와께서 선지자들을 부지런히 보내었으나 이스라엘이 여호와의 말을 듣지 아니하였다 / 5. 이스라엘, 유다 / 6. 하나님 나 여호와, 다윗 / 7. 원방, 포로된 땅 / 8. 본족, 그들 중 / 9. 15절, 마 2:18 / 10. 30절, 신 24:16 / 11. 33절, 출 6:7

/ 12. 38절, 슥 14:10 / 13. 네게 어찌 이같이 예언하였느뇨 / 14. 아나돗에 있는 밭 / 15. 하나님 말씀에 청종치 아니함 / 16. 그들을 떠나지 아니하리라

통독 297일째 <예레미야 33-36장>

1. (렘 33:3) 너는 내게 부르짖으라~ 내가 네게 응답하겠고 네가 알지 못하는 크고 비밀한 일을 네게 보이리라 / 2. (렘 33:15) 그 날 그 때에 내가~ 다윗에게 한 의로운 가지가 나게 하리니 그가 이 땅에 공평과 정의를 실행할 것이라 / 3. (렘 33:22) 내가 그와 같이 내 종 다윗의~ 자손과 나를 섬기는 레위인을 번성케 하리라 하시니라 / 4. (렘 33:26) 내가 야곱과 내 종 다윗의 자손을~ 버려서 다시는 다윗의 자손 중에서 아브라함과 이삭과 야곱의 자손을 다스릴 자를 택하지 아니하리라 내가 그 포로 된 자로 돌아오게 하고 그를 긍휼히 여기리라 / 5. O / 6. O / 7. X / 8. O / 9. 너희와 너희 자손은 영영히 포도주를 마시지 말며 집도 짓지 말며 파종도 하지 말며 포도원도 재배치 말며 두지도 말고 너희 평생에 장막에 거처하라 / 10. 이 백성(이스라엘)은 나(여호와)를 듣지 아니하였다 / 11. 레갑의 아들 요나답에게서 내 앞에 설 사람이 영영히 끊어지지 아니하리라 / 12. 네리야의 아들 바룩 / 13. 왕 / 14. 소도(小刀)로 그것을 연하여 베어 화로 불에 던져서 온 두루마리를 태웠더라 / 15. 여호와께서 그들을 숨기셨더라

통독 298일째 <예레미야 37-40장>

1. 시드기야 / 2. 바로의 군대 / 3. 노하여 예레미야를 때려서 서기관 요나단의 집에 가두었다 / 4. 왕이 바벨론 왕의 손에 붙임을 입으리이다 / 5. 왕께 고하되 이 사람이 백성의 평안을 구치 아니하고 해를 구하오니 청컨대 이 사람을 죽이소서 / 6. 물이 없고 진흙뿐이었다 / 7. 구스인 에벳멜렉 / 8. 갈대아인이 나를 그들(갈대아인에게 항복한 유다인)의 손에 붙이면 나를 조롱할까 염려된다 / 9. 1-2절, 시드기야, 느부갓네살, 예루살렘, 제십일년 사월 구일 / 10. 6-7절, 목전, 아들들, 귀인, 눈을 빼게 / 11. 17절, 구원, 두려워하는 사람들 / 12. 느부사라단 / 13. 그다랴 / 14. 바벨론 왕 / 15. 요하난

통독 299일째 <예레미야 41-44장>

1. 그다랴, 그다랴와 함께한 모든 유다인과 거기 있는 갈대아 군사 / 2. 암몬 자손 / 3. 애굽 / 4.-나) / 5.-다) / 6.-가) / 7.-라) / 8. O / 9. X / 10. O / 11. O / 12. 애굽 땅에 거하는 모든 유다인 / 13. 13절 / 14. 하늘 여신 / 15. 유다 왕 시드기야

통독 300일째 <예레미야 45-48장>

1. 3) / 2. 바룩 / 3. 나는 나의 세운 것을 헐기도 하며 나의 심은 것을 뽑기도 하나니 / 4. 2) 생명 - 예레미야 / 5. 열국에 관한 예언이다 / 6. 애굽 왕 바로느고이다 / 7. 북방 유브라데 하숫가이다 / 8. 처녀 딸, 암송아지 / 9. 가사, 블레셋, 두로, 시돈, 갑돌, 아스글론 / 10. 1) 진멸, 2) 삭발, 3) 멸망 / 11 (렘 48:10) 여호와의 일을 태만히~ 하는 자는 저주를 받을 것이요 자기 칼을 금하여 피를 흘리지 아니하는 자도 저주를 당할 것이로다 / 12. (렘 48:13) 이스라엘 집이 벧엘을~ 의뢰하므로 수치를 당한 것 같이 모압이 그모스로 인하여 수치를 당하리로다 / 13. (렘 48:35) 모압 산당에서 제사하며~ 그 신들에게 분향하는 자를 내가 그치게 하리라 / 14. (렘 48:42) 모압이 여호와를 거스려 자만하였으므로~ 멸망하고 다시 나라를 이루지 못하리로다

통독 301일째 <예레미야 49-52장>

1.-라)-d) / 2.-나)-b) / 3.-다)-a) / 4.-마)-e) / 5.-가)-c) / 6. 2절, 바벨론, 벨, 므로닥 / 7. 17절, 흩어진 양, 앗수르 왕, 바벨론 왕 / 8. 34절, 강, 만군의 여호와 / 9. 8절, 바벨론, 파멸 / 10. 37절, 무더기, 치솟거리 / 11. 58절, 넓은 성벽, 높은 문 / 12. 약 1년 6개월 / 13. 바벨론 왕 느부갓네살 십구년 오월 십일, 시위대장관 느부사라단 / 14. 4천6백인 / 15. 37년, 에윌므로닥

통독 302일째 <예레미야애가 1-3장>

1. 1) 어찌 그리 적막히 앉았는고, 2) 과부 같고, 3) 조공드리는 자가 되었다 / 2. 떠나감이여 / 3. 크게 범죄하였으므로 / 4. 내가 우니 내 눈에 눈물이 물같이 흐름이여 / 5. 주께서 이렇게 행하심(예루살렘 멸망)을 기뻐하였다 / 6. 처녀 / 7. 주(여호와) /

8. 묵시 / 9. 눈물 / 10. 1절, 노하신 매, 내로다 / 11. 8절, 도움, 물리치시며 / 12. 26절, 잠잠히 기다림 / 13. 33절, 고생, 근심, 본심 / 14. 59절, 감찰, 신원

통독 303일째 〈예레미야애가 4-5장〉

1. (애 4:1) 슬프다~ 어찌 그리 금이 빛을 잃고 정금이 변하였으며 성소의 돌이 각 거리 머리에 쏟아졌는고 / 2. (애 4:6) 전에 소돔이~ 사람의 손을 대지 않고 경각간에 무너지더니 이제 처녀 내 백성의 죄가 소돔의 죄악보다 중하도다 / 3. (애 4:13) 그 선지자들의~ 죄와 제사장들의 죄악을 인함이니 저희가 성읍 중에서 의인의 피를 흘렸도다 / 4. (애 4:17) 우리가 헛되이~ 도움을 바라므로 우리 눈이 상함이여 우리를 구원치 못할 나라를 바라보고 바라보았도다 / 5. (애 4:22) 처녀 시온아~ 네 죄악의 형벌이 다하였으니 주께서 다시는 너로 사로잡혀 가지 않게 하시리로다 처녀 에돔아 주께서 네 죄악을 벌하시며 네 허물을 드러내시리로다 / 6. 19절, 4 / 7. 12절, 2 / 8. 6절, 1 / 9. 16절, 3 / 10. 21절, 5

통독 304일째 〈사-렘, 애 복습〉

〈이사야〉

1. 웃시야, 요담, 아하스, 히스기야 / 2. (사 1:18) 오라 우리가~ 서로 변론하자 너희 죄가 주홍 같을지라도 눈과 같이 희어질 것이요 진홍같이 붉을지라도 양털같이 되리라 / 3. 보습, 낫 / 4. 이사야 / 5. 14절 / 6. ② / 7. 다윗, 메시아(예수님) / 8. ② / 9. 기름진 것, 저장하였던 포도주 / 10. (사 27:3) 나 여호와는 포도원지기가 됨이여~ 때때로 물을 주며 밤낮으로 간수하여 아무든지 상해하지 못하게 하리로다 / 11. 의로 통치, 공평으로 정사 / 12. (사 35:5-6) 그 때에 소경의~ 눈이 밝을 것이며 귀머거리의 귀가 열릴 것이며 그 때에 저는 자는 사슴같이 뛸 것이며 벙어리의 혀는 노래하리니 이는 광야에서 물이 솟겠고 사막에서 시내가 흐를 것임이라 / 13. ① / 14. 한 뭉치 무화과를 취하여 종처에 붙이면 / 15. 예수님 / 16. (사 41:10) 두려워 말라~ 내가 너와 함께함이니라 놀라지 말라 나는 네 하나님이 됨이니라 내가 너를 굳세게 하리라 참으로 너를 도와주리라 참으로 나의 의로운 오른손으로 너를 붙들리라 / 17. 내 마음에 기뻐하는 나의 택한 사람 / 18. 고레스, 나의 목자, 나의 기름 / 19. 태에서 남으로부터, 백발이 되기까지 / 20. 우리의 허물, 우리의 죄악, 5절 / 21. (사 55:1) 너희 목마른 자들아~ 물로 나아오라 돈 없는 자도 오라 너희는 와서 사먹되 돈 없이 값없이 와서 포도주와 젖을 사라 / 22. 흉악의 결박을 풀어 주며 멍에의 줄을 끌러 주며 압제당하는 자를 자유케 하며 모든 멍에를 꺾는 것 / 23. (사 60:1) 일어나라~ 빛을 발하라 이는 네 빛이 이르렀고 여호와의 영광이 네 위에 임하였음이니라 / 24. 진흙, 토기장이 / 25. (사 66:22) 나의 지을 새 하늘과 새 땅이~ 내 앞에 항상 있을 것 같이 너희 자손과 너희 이름이 항상 있으리라

〈예레미야〉

1. 1) 베냐민 땅 아나돗(참고. 예루살렘 근교), 2) 요시야의 아들 유다 왕 여호야김 시대(실제는 요시야 십삼년)부터 요시야의 아들 유다 왕 시드기야의 제십일년 말까지 / 2. 살구나무 가지, 끓는 가마 / 3. 애굽, 앗수르 / 4. 북방, 땅 끝, 22절 / 5. 무더기를 만들며 시랑의 굴혈이 되게 하겠고 유다 성읍들로 황폐케 하여 거민이 없게 된다 / 6. 7번 / 7. 입, 마음, 8절 / 8. 1) 아내를 취하지 말라, 2) 상가(喪家)에 들어가지 말라, 3) 잔칫집에 가지 말라 / 9. 토기장이, 내 손 / 10. 이 백성과 이 성을 파하리니 그들을 매장할 자리가 없도록 도벳에 장사하리라 / 11. (사 20:9) 내가 다시는 여호와를 선포하지 아니하며 ~ 그 이름으로 말하지 아니하리라 하면 나의 중심이 불붙는 것 같아서 골수에 사무치니 답답하여 견딜 수 없나이다 / 12. 유다 시드기야 왕 때에 바벨론 왕 느부갓네살 / 13. 유다 왕 시드기야와 그 방백들과 예루살렘의 남은 자로서 이 땅에 남아 있는 자와 애굽 땅에 거하는 자 / 14. 70년 / 15. 그 해 칠월에 죽었다 / 16. 칼과 기근과 염병 / 17. (렘 31:31) 보라 날이 이르리니~ 내가 이스라엘 집과 유다 집에 새 언약을 세우리라 / 18. 네가 어찌 이같이 예언하였느냐 / 19. (렘 33:3) 너는 내게 부르짖으라 내가 네게 응답하겠고 네가 알지 못하는 크고 비밀한 일을 네게 보이리라 / 20. 바벨론 왕 군대의 손 / 21. 바룩 / 22. 갈대아인에게 항복하면 산다 / 23. 시드기야의 제십일년 사월 구일(주전 587년) / 24. 애굽 땅 / 25. 이방에 대한 심판 / 26. 1) 느부갓네살 제7년(주전 597년), 3,023인, 2) 18년

(587년), 832인, 3) 23년(582년), 745인

〈예레미야애가〉

1. 1) 22절, 2) 22절, 3) 66절, 4) 22절, 5) 22절 / 2. 예루살렘이 크게 범죄하므로 / 3. 눈물 / 4. 59절, 억울, 감찰, 신원 / 5. 21절, 주께로 돌아가겠사오니, 옛적 같게

통독 305일째 <에스겔 1-3장>

1. 제삼십년 사월 오일(여호야긴의 사로잡힌 지 5년 즉 주전 593년), 갈대아 땅 그발 강가 / 2. 부시의 아들 제사장 / 3. 1) 사람, 2) 사자, 3) 소, 4) 독수리 / 4. 그룹, 수정 같은 궁창의 형상 / 5. 여호와의 영광의 형상의 모양 / 6. 인자야 / 7. 이스라엘 자손 곧 패역한 백성, 하나님을 배반한 자에게 보낸다 / 8. 애가(哀歌)와 애곡과 재앙의 말 / 9. 3절, 두루마리, 창자, 꿀 / 10. 5절, 방언, 이스라엘 족속 / 11. 17절, 파수꾼(파숫군), 말 / 12. 18절, 깨우치지, 구원, 손

통독 306일째 <에스겔 4-7장>

1. 예루살렘 / 2. 40일, 40년 / 3. 열국으로 쫓아 흩을 이스라엘 자손이 거기서 부정한 떡을 먹으리라 / 4. 1) 성읍 안에서 불사르고 2) 성읍 사방에서 칼로 치고 3) 바람에 흩으라 / 5. 예루살렘 / 6. 모든 미운 물건과 가증한 일로 성소를 더럽혔으므로 / 7. 너희 가운데서 삼분지 일은 온역으로 죽으며 기근으로 멸망할 것이요 삼분지 일은 너희 사방에서 칼에 엎드러질 것이며 삼분지 일은 내가 사방에 흩고 또 그 뒤를 따라 칼을 빼리라 / 8. 3절, 산당 / 9. 6절, 성읍 / 10. 8절, 남아 있는 자 / 11. 1) 6번, 2) 2번, 3) 2번, 4) 1번 / 12. 18절, 두려움, 수치, 대머리 / 13. 26절, 선지자, 제사장, 장로

통독 307일째 <에스겔 8-11장>

1.-2)-a) / 2.-1)-c) / 3.-3)-d) / 4.-6)-e) / 5.-4)-f) / 6.-5)-b) / 7. 살륙하는 기계 / 8. 모든 가증한 일로 인하여 탄식하며 우는 자의 이마에 표하라 / 9. 이마에 표 있는 자 / 10. 하나님이 베옷 입은 자에게 / 11. 그룹, 사람, 사자, 독수리 / 12. 3번, 4절, 18절, 19절 / 13. 방백 / 14. 고기, 가마 / 15. 만민, 열방, 미운 물건, 가증한 일

통독 308일째 <에스겔 12-14장>

1. 2절, ~패역한 족속임이니라 / 2. 11절, ~사로잡혀 옮겨 갈지라 / 3. 18절, ~놀라고 근심하면서 네 물을 마시며 / 4. 25절, ~더디지 아니하고 응하리라 / 5. 본 것이 없이 자기 심령을 따라 예언하는 자 / 6. 황무지에 있는 여우 / 7. 허탄한 것과 거짓된 점괘를 본다 / 8. 예루살렘에 대하여 예언하여 평강이 없으나 평강의 묵시를 본다고 하였다 / 9. 1) 거짓말을 지어서 죽이고, 2) 살리는도다, 3) 거짓말로 근심하게 함, 4) 손을 굳게 하여 그 악한 길에서 돌이켜 떠나 삶을 얻지 못하게 함 / 10. 우상을 마음에 들였기 / 11. 같은 것 / 12. 기근, 사나운 짐승, 칼, 온역

통독 309일째 <에스겔 15-18장>

1. 2절 / 2. 4절, 요 15:6(사람이 내 안에 거하지 아니하면 가지처럼 밖에 버리워 말라지나니 사람들이 이것을 모아다가 불에 던져 사르느니라) / 3. 5상 / 4. 가나안, 아모리, 헷, 3절 / 5. 언약, 8절 / 6. 애굽, 갈대아, 26, 29절 / 7. 언약, 영원한 언약, 60절 / 8. 1) 바벨론 왕 느부갓네살, 2) 여호야긴 왕, 3) 시드기야 왕, 4) 애굽 왕, 5) 메시아(그리스도) / 9. 아비가 신포도를 먹었으므로 아들의 이가 시다 / 10. 살리라 / 11. 죽을지라 / 12. 마음과 영을 새롭게 할지어다

통독 310일째 <에스겔 19-21장>

1. 애굽 땅 / 2. 바벨론 왕 / 3. 사람을 삼킴 / 4. 물가에 심긴 포도나무 / 5. 이방인, 애굽 땅, 내 이름 / 6. 아름다운 곳, 우상 / 7. 바마 / 8. 열국 광야, 국문(鞫問), 국문, 국문 / 9. 열국, 흩어진 열방, 향기, 거룩함 / 10. (겔 21:2) 인자야 너는 얼굴을 예루살렘으로~ 향하며 성소를 향하여 소리내어 이스라엘 땅을 쳐서 예언하라 / 11. (겔 21:14) 인자야 너는 예언하며 손뼉을 쳐서 칼로~ 세 번 거듭 씌우게 하라 이 칼은 중상케 하는 칼이라 밀실에 들어가서 대인을 중상케 하는 칼이로다 / 12. (겔 21:19) 인자야 너는 바벨론 왕의 칼이~ 올 두 길을 한 땅에서 나오도록 그리되 곧 성으로 들어가는 길머리

에다가 길이 나뉘는 지시표를 하여 / 13 (겔 21:28) 인자야 주 여호와께서 암몬 족속과~ 그 능욕에 대하여 말씀하셨다고 너는 예언하라 너는 이르기를 칼이 뽑히도다 칼이 뽑히도다 살륙하며 멸절하며 번개같이 되기 위하여 마광되었도다

통독 311일째 <에스겔 22-24장>

1.-가) / 2.-나) / 3.-다) / 4.-라) / 5.-바) / 6.-마) / 7. 사마리아와 예루살렘 / 8. 애굽, 바벨론(갈대아) / 9. 바벨론의 침공 / 10. 성소를 더럽히고 안식일을 범한 일 / 11. 그들(유다인)을 돌로 치며 칼로 죽이고 그 자녀도 죽이며 그 집들을 불사르리라 / 12. 피 흘린 성읍(예루살렘) / 13. 음란 / 14. 에스겔의 아내 / 15. 성소 / 16. 표징

통독 312일째 <에스겔 25-28장>

1. 아하 좋다 하였으며, 손뼉을 치며 발을 구르며 마음을 다하여 멸시하며 즐거워하였다 / 2. 유다 족속은 모든 이방과 일반이라 / 3. 블레셋 / 4. 암몬, 모압, 에돔, 블레셋 / 5. 아하 좋다 만민의 문이 깨어져서 내게로 돌아왔도다 그가 황무하였으니 내가 충만함을 얻으리라 / 6. 바벨론 왕 느부갓네살 / 7. 바다의 모든 왕 / 8. 두로 / 9. 스닐(잣나무), 레바논(백향목), 바산(상수리나무), 깃딤 섬(황양목), 애굽(가는 베), 엘리사 섬(청색 자색 베), 시돈과 아르왓 거민(사공), 두로(선장), 그발(배의 틈 막는 자), 바사, 룻, 붓(군대), 아르왓(성 수비) / 10. 다시스, 야완, 두발, 메섹, 도갈마, 드단, 아람, 유다, 이스라엘, 다메섹, 워단, 야완, 아라비아, 게달, 스바, 라아마, 하란, 간네, 에덴, 스바, 앗수르, 길맛 / 11. 바벨론 / 12. 두로 왕 / 13. 무역이 풍성하고 강포가 가득하여 / 14. 시돈

통독 313일째 <에스겔 29-32장>

1. 십년 시월 십이일, 이십칠년 정월 초일일, 여호와 / 2. 강, 나를 위하여 / 3. 사막과 황무지 / 4. 사십, 애굽 / 5. 느부갓네살 / 6. 구스, 붓, 룻, 굽 / 7. 바벨론 왕 느부갓네살 / 8. 십일년 정월 칠일 / 9. 앗수르 사람 / 10. 교만함을 책망했다 / 11. 바로와 그 모든 군대 / 12. 애굽 / 13. 애굽 왕 바로 / 14. 황무하여 사막이 되게 하여 거기 풍성한 것이 없게 할 것임이여 / 15. 1) 22절, 2) 24절, 3) 26절, 4) 29절

통독 314일째 <에스겔 33-36장>

1. 7절, 파수꾼, 경고 / 2. 19절, 법과 의 / 3. 21절, 십이년 시월 오일, 성이 함락 / 4. 자기만 먹이는 이스라엘 목자들 / 5. 발로 밟았다, 발로 더럽혔다 / 6. 메시아(예수님) / 7. 이스라엘 족속 / 8. (겔 35:3) 세일산아 내가 너를 대적하여~ 내 손을 네 위에 펴서 너로 황무지와 놀라움이 되게 할지라 / 9. (겔 35:6) 네가 피를 미워하지~ 아니하였은즉 피가 너를 따르리라 / 10. (겔 35:15) 세일산아 너와 에돔 온 땅이~ 황무하리니 무리가 나를 여호와인 줄 알리라 하셨다 / 11. 자기 수욕을 정녕 당하리라 / 12. 가지를 내고 이스라엘을 위하여 열매를 맺음 / 13. 1) 수욕을 듣지 않게 하며, 2) 비방을 다시 받지 않게 하며, 3) 네 나라 백성을 다시 넘어뜨리지 않게 하리라 / 14. 19절 / 15. 7절

통독 315일째 <에스겔 37-39장>

1. 1) 극히 큰 군대, 2) 이스라엘 온 족속 / 2. 유다(남), 이스라엘(북) / 3. 다윗 / 4. 이스라엘을 거룩케 하시는 여호와 / 5. 마곡, 곡 / 6. 땅을 치게, 거룩함 / 7. 존대함, 거룩함, 여호와 / 8. 곡 / 9. 칠년 동안 / 10. 일곱 달 / 11. 죄악 / 12. 여호와의 거룩한 이름

통독 316일째 <에스겔 40-44장>

1. 십사년 정월 십일 / 2. 삼줄, 척량하는 장대 / 3. 바깥 뜰 / 4. 7번 / 5. 40척, 20척 / 6. 사람, 어린 사자 / 7. 2개, 3층 / 8. 제사장들이 지성물을 먹는 곳이며 소제와 속죄제와 속건제의 제물을 두는 곳 / 9. 거룩한 것과 속된 것을 구별하는 것 / 10. 동문, 성신 / 11. 이스라엘, 죄악 / 12. 속죄제, 봉헌 / 13. 이스라엘 하나님 여호와께서 그리로 들어왔음이라 / 14. 이스라엘 족속이 그릇하여 여호와를 떠날 때에 사독 자손은 성소의 직분을 지켰으므로 / 15. 1) X, 2) O, 3) X, 4) O, 5) X

통독 317일째 <에스겔 45-48장>

1. 기업, 거룩한 땅 / 2. 공평과 공의 / 3. 수송아

지, 정결케 / 4. 유월절, 누룩 없는 떡 / 5. 안식일, 월삭 / 6. 어린 양, 수양, 밀가루, 기름, 수송아지 / 7. 못하였다 / 8. 발목, 무릎, 허리, 헤엄할 물 / 9. 각종 먹을 실과나무가 자라서 그 잎이 시들지 아니하며 실과가 끊치지 아니하고 달마다 새 실과를 맺으리니 / 10. 본토에서 난 이스라엘 족속 같이 / 11. 단, 아셀, 납달리, 므낫세, 에브라임, 르우벤, 유다, 베냐민, 시므온, 잇사갈, 스불론, 갓 / 12. 유다, 베냐민 / 13. 단, 갓 / 14. 일만 팔천 척, 여호와 삼마

통독 318일째 <다니엘 1-3장>

1. 여호야김, 삼, 느부갓네살, 방언, 삼 / 2. 아하부나스, 벨드사살, 사드락, 메삭, 아벳느고 / 3. 뜻, 포도주, 채식, 물 / 4. 이상, 몽조, 고레스 / 5. O / 6. O / 7. O / 8. X / 9. 1) 60규빗, 27m, 2) 6규빗, 2m 70cm / 10. 금신상에게 절하라 / 11. 16-18절 / 12. 칠, 네, 신의 아들

통독 319일째 <다니엘 4-6장>

1. 바벨론의 신의 이름을 좇아 / 2. 인생으로 지극히 높으신 자가 인간 나라를 다스리시며 자기의 뜻대로 그것을 누구에게든지 주시며 또 지극히 천한 자로 그 위에 세우시는 줄을 알게 하려 함이니라 / 3. 왕이 사람에게서 쫓겨나서 들짐승과 함께 거하며 소처럼 풀을 먹으며 하늘 이슬에 젖을 것이요 / 4. 지극히 높으신 이에게 감사하며 영생하시는 자를 찬양하고 존경하였다 / 5.-다) / 6.-가) / 7.-라) / 8.-나) / 9. 셋, 다니엘, 2절 / 10. 어인, 예루살렘, 세 번씩, 기도, 감사, 10절 / 11. 천사, 입, 무죄함, 22절

통독 320일째 <다니엘 7-9장>

1. 1) 표범, 2) 사자, 3) 열 뿔 짐승, 4) 곰 / 2. 네 왕 / 3. 지극히 높으신 자의 성민에게 붙인 바 된다 / 4. 엘람도 수산 성, 을래 강변 / 5. 숫양, 숫염소, 현저한 뿔 넷 / 6. 매일 드리는 제사, 성소, 이천삼백 주야 / 7. 메대와 바사, 헬라 / 8. 예루살렘의 황무함이 칠십 년 만에 마치리라 / 9. 가브리엘(참고. 실세는 하나님이며 가브리엘은 응답을 전하는 자이다) / 10. 일곱 이레와 육십이 이레

통독 321일째 <다니엘 10-12장>

1. 1) 큰 전쟁에 관한 것, 2) 세 이레 / 2. 세마포 옷을 입었고 허리에는 우바스 정금 띠를 띠었고 그 몸은 황옥 같고 그 눈은 횃불 같고 그 팔과 발은 빛난 놋과 같고 그 말소리는 무리의 소리와 같더라 / 3. 하나님 앞에 스스로 겸비케 하기로 결심하던 첫날부터 / 4. 미가엘 / 5. O / 6. X / 7. O / 8. O / 9. (단 12:1) 그 때에 네 민족을 호위하는 대군 미가엘이~ 일어날 것이요 또 환난이 있으리니 이는 개국 이래로 그때까지 없던 환난일 것이며 그 때에 네 백성 중 무릇 책에 기록된 모든 자가 구원을 얻을 것이라 / 10. (단 12:2) 땅의 티끌 가운데서~ 자는 자 중에 많이 깨어 영생을 얻는 자도 있겠고 수욕을 받아서 무궁히 부끄러움을 입을 자도 있을 것이며 / 11. (단 12:4) 다니엘아 마지막 때까지~ 이 말을 간수하고 이 글을 봉함하라 많은 사람이 빨리 왕래하며 지식이 더하리라 / 12. (단 12:10) 많은 사람이 연단을 받아~ 스스로 정결케 하며 희게 할 것이나 악한 사람은 악을 행하리니 악한 자는 아무도 깨닫지 못하되 오직 지혜 있는 자는 깨달으리라

통독 322일째 <겔, 단 복습>

〈에스겔〉

1. 제삼십년(해설: 에스겔의 나이, 삼십은 제사장의 일하는 때), 5년 / 2. 사로잡힌 백성(바벨론 포로민), 그발 강가 / 3. 인분 / 4. 구별된 자 / 5. 그룹의 얼굴, 사람의 얼굴, 사자의 얼굴, 독수리의 얼굴 / 6. 성전 파괴(또는 바벨론 포로) / 7. 칼과 기근과 사나운 짐승과 온역 / 8. 가나안, 아모리 사람, 헷 사람 / 9. 애굽, 앗수르, 갈대아(바벨론) / 10. 애굽 땅, 바벨론 / 11. 인자(人子)야 / 12. 앗수르, 갈대아 / 13. 녹슨 가마 / 14. 슬퍼하거나 울거나 눈물을 흘리거나 하지 말라 / 15. 이방 / 16. 애굽 왕 바로 / 17. 자기만 먹이는 이스라엘 목자들 / 18. 하나님, 왕 / 19. 이스라엘 족속의 기업이 황무함 / 20. 극히 큰 군대, 이스라엘 온 족속 / 21. 유다, 이스라엘 / 22. 여호와의 거룩한 이름을 위하여 / 23. 새 성전에 대한 이상 / 24. 거룩한 것과 속된 것을 구별하는 담 / 25. 마음과 몸에 할례 받지 아니한 이방인을 데려오고 떡과 기름과 피를 드릴 때에 그들로 내 성소 안에 있게 하여 / 26. 유월절, 누룩 없는 떡 / 27. 번제와 감사제 / 28. 발목, 무릎, 허리, 헤엄

할 물 / 29. 실과는 먹을 만하고, 잎사귀는 약 재료 / 30. 여호와 삼마

〈다니엘〉

1. 여호야김, 삼, 느부갓네살, 방언, 삼 년 / 2. 몽조, 십, 고레스 왕 / 3. 자기 다니엘과 동무들이 바벨론의 다른 박사와 함께 죽임을 당치 않게 하시기를 그들로 구하게 하니라 / 4. 1) 육십 규빗=27m, 2) 여섯 규빗= 2m 70cm / 5. 16-18절 / 6. 칠, 네, 신들의 아들 / 7. (바벨론의) 신의 이름 / 8. 지극히 높으신 자에게 감사하며 영생하시는 자를 찬양하고 존경하였다 / 9. 메네는 하나님이 이미 왕의 나라의 시대를 세어서 그것을 끝나게 하셨다 함이요 데겔은 왕이 저울에 달려서 부족함이 뵈었다 함이요 베레스는 왕의 나라가 나뉘어서 메대와 바사 사람에게 준 바 되었다 / 10. 어인(御印), 예루살렘, 기도, 감사, 10절 / 11. 네 왕 / 12. 매일 드리는 제사, 성소, 이천삼백 주야 / 13. 메대와 바사, 헬라 / 14. 가브리엘 / 15. 25절 / 16. 큰 전쟁에 관한 것, 세이레 / 17. 미가엘 / 18. 헬라국 / 19. (단 12:3) 지혜 있는 자는~ 궁창의 빛과 같이 빛날 것이요 많은 사람을 옳은 데로 돌아오게 한 자는 별과 같이 영원토록 비취리라 / 20. (단 12:10) 많은 사람이 연단을 받아~ 스스로 정결케 하며 희게 할 것이나 악한 사람은 악을 행하리니 악한 자는 아무도 깨닫지 못하되 오직 지혜 있는 자는 깨달으리라

통독 323일째 〈호세아 1-3장〉

1. 1) 웃시야, 요담, 아하스, 히스기야, 2) 여로보암 / 2. 이사야 / 3. 고멜 / 4. 1)-다)-b), 2)-가)-a), 3)-나)-c) / 5. 음행, 음란 / 6. 가시로 그 길을 막으며 담을 쌓아 저로 그 길을 찾지 못하게 한다 / 7. 하나님, 이스라엘 / 8. 1) 너는 내 백성이라, 2) 주는 내 하나님이시라 / 9. 사랑하신다, 1절 / 10. 여호와와 다윗이다, 5절

통독 324일째 〈호세아 4-7장〉

1. (호 4:1) 이 땅에는~ 진실도 없고 인애도 없고 하나님을 아는 지식도 없고 / 2. (호 4:6) 내 백성이 지식이 없으므로~ 망하는도다 네가 지식을 버렸으니 나도 너를 버려 내 제사장이 되지 못하게 할 것이요 네가 네 하나님의 율법을 잊었으니 나도 네 자녀들을 잊어버리리라 / 3. (호 4:12) 내 백성이 나무를 향하여 묻고~ 그 막대기는 저희에게 고하나니 이는 저희가 음란한 마음에 미혹되어 그 하나님의 수하를 음란하듯 떠났음이니라 / 4. (호 4:17) 에브라임이 우상과~ 연합하였으니 버려두라 / 5. 제사장들, 이스라엘 족속, 왕족들 / 6. 음란한 마음이 그 속에 있어 여호와를 알지 못하는 까닭에 / 7. 지계표를 옮기는 자 / 8. 여호와 / 9. 아침 구름, 이슬 / 10. 인애, 하나님을 아는 것 / 11. 세겜 길에서 살인 / 12. 1절, 에브라임의 죄, 사마리아의 악 / 13. 3-4절, 왕, 방백들, 간음하는 자, 빵 만드는 자 / 14. 11절, 에브라임, 애굽을 향하여 / 15. 13-14절, 구속, 거짓, 성심, 곡식과 새 포도주

통독 325일째 〈호세아 8-10장〉

1. 무리가 내(여호와) 언약을 어기며 내 율법을 범함이라 / 2. 내게로(여호와께로) 말미암지 아니하였고, 나의 모르는 바이다 / 3. 앗수르 / 4. 관계없는 것으로 여겼다 / 5. O, 1절 / 6. X, 4절 / 7. O, 8절 / 8. X, 11절 / 9. X, 12절 / 10. O, 17절 / 11. 제단을 많게 하고 주상을 아름답게 하였다 / 12. 하나님과 우상(제단, 주상) / 13. 그 영광이 떠나감으로 / 14. 우리를 가리우라, 우리 위에 무너지라 / 15. 유다가 밭을 갈고 야곱이 흙덩이를 깨뜨리리라(참고. 포로생활에서 농사일을 하는 모습을 말함) / 16. 여호와를 찾을 때니 묵은 땅을 기경해야 한다

통독 326일째 〈호세아 11-14장〉

1. 1절 / 2. 5절 / 3. 11절 / 4. 3절, 창 25:26절 / 5. 6절, 미가 6:8 / 6. 10절, 렘 7:25 / 7. 13절, 출애굽기 13:3 / 8. 바알, 우상 / 9. 아침 구름, 쉽게 사라지는 이슬, 타작마당에서 광풍에 날리우는 쭉정이, 굴뚝에서 나가는 연기 / 10. 이스라엘의 요구 / 11. 여호와의 바람 / 12. 돌아오라, 불의함, 1절 / 13. 앗수르의 구원, 말을 타지, 손으로 지은 것, 3절 / 14. 지혜, 총명, 정직, 도, 9절

통독 327일째 〈요엘 1-3장〉

1. 1:15, 2:1, 2:11, 2:31, 3:14 / 2. 메뚜기, 늣, 황충 / 3. 포도나무를 멸하며 무화과나무를

긁어 말갛게 벗겨서 버리니 그 모든 가지가 하얗게 되었다 / 4. 깨어 울지어다(곡할지라, 슬피 울지어다) / 5. 금식일을 정하고 성회를 선포하여 장로들과 이 땅 모든 거민을 너희 하나님 여호와의 전으로 몰수히 모으고 여호와께 부르짖을지어다 / 6. 마음, 여호와, 13절 / 7. 시온의 자녀들아, 기뻐하며, 23절 / 8. 신, 장래 일, 꿈을 꾸며, 이상을 볼 것, 남종, 여종, 28-29절 / 9. 여호와의 이름을 부르는 자, 32절 / 10. 여호사밧 골짜기 / 11. 헬라 족속 / 12. 칼, 창 / 13. 예루살렘 / 14. 단포도주, 젖, 물, 샘

통독 328일째 <아모스 1-3장>

1. 유다 왕 웃시야의 시대, 곧 이스라엘 왕 요아스의 아들 여로보암의 시대의 지진 전 이 년 / 2. 1) 다메섹, 2) 가사, 3) 두로 / 3. 1) 에돔, 2) 암몬, 3) 모압 / 4. 모압, 암몬 / 5. 1) 유다, 2) 유다, 3) 이스라엘, 4) 이스라엘 / 6. 아모리 사람 / 7. (암 3:2) 내가 땅의 모든 족속 중에~ 너희만 알았나니 그러므로 내가 너희 모든 죄악을 너희에게 보응하리라 하셨나니 / 8. (암 3:7) 주 여호와께서는 자기의 비밀을~ 그 종 선지자들에게 보이지 아니하시고는 결코 행하심이 없으시리라 / 9. (암 3:14) 이스라엘의 모든 죄를 보응하는 날에~ 벧엘의 단들을 벌하여 그 단의 뿔들을 꺾어 땅에 떨어뜨리고

통독 329일째 <아모스 4-6장>

1. 6, 8, 9, 10, 11절 / 2. 1) 11절, 2) 10절, 3) 9절, 4) 6절, 5) 7절 / 3. 여호와, 살리라, 6절 / 4. 잠잠, 악한 때, 13절 / 5. 공법, 정의, 7절 / 6. 공법, 정의, 24절 / 7. 1) O, X, 2) X, O / 8. 1) 죄악, 2) 심판, 3) 심판, 4) 죄악, 5) 심판

통독 330일째 <아모스 7-9장>

1. 다림줄 / 2. 불 / 3 황충 / 4. 아마샤 / 5. 아모스 / 6. 여호와 / 7. O / 8. X / 9. X / 10. O / 11. 화, 복 / 12. (암 9:9) 이스라엘 족속을~ 만국 위에 체질하기를 곡식을 체질함 같이 하려니와 그 한 알갱이도 땅에 떨어지지 아니하리라 / 13. 1) 다윗의 무너진 천막, 2) 사로잡힌 것, 3) 본토, 나의 준 땅

통독 331일째 <오바댜 1장>

1. 에서 / 2. 1) (옵 1:6) 에서가~ 어찌 그리 수탐되었으며 그 감춘 보물이 어찌 그리 수탐되었는고, 2) (옵 1:8) 에서의 산에서~ 지각 있는 자를 멸하지 아니하겠느냐, 3) (옵 1:9) 에서의 산의~ 거민이 살륙을 당하여 다 멸절되리라, 4) (옵 1:18) 에서 족속은~ 초개가 될 것이라, 5) (옵 1:18) 에서 족속에 남은 자가 없으리니 이는 여호와께서 말씀하셨음이니라, 6) (옵 1:19) 에서의 산을~ 얻을 것이며 평지 사람은 블레셋을 얻을 것이요, 7) (옵 1:21) 에서의 산을~ 심판하리니 나라가 여호와께 속하리라

통독 332일째 <요나 1-4장>

1. 니느웨, 욥바, 다시스 / 2. 나는 히브리 사람이요. 바다와 육지를 지으신 하늘의 하나님 여호와를 경외하는 자로다 / 3. 나를 들어 바다에 던지라 / 4. 죽음과 부활(참고. 때로는 요나의 전도를 듣고 회개한 것에 초점을 맞추기도 한다) / 5. 2절, 고난, 아뢰었삽더니, 스올, 주께서 / 6. 4절, 목전, 성전 / 7. 9절, 감사, 제사, 서원 / 8. 사십일이 지나면 니느웨가 무너지리라 / 9. 니느웨 백성이 하나님을 믿고 금식을 선포하고 무론 대소하고 굵은 베를 입었다 / 10. 금식 / 11. 뜻을 돌이키사 그들에게 내리리라 말씀하신 재앙을 내리지 아니하시니라 / 12. 1) 박넝쿨, 2) 벌레, 3) 뜨거운 동풍 / 13. 엘리야 / 14. 4절, 9절, 10-11절

통독 333일째 <미가 1-3장>

1. 요담, 아하스, 히스기야 / 2. 사마리아와 예루살렘 / 3. 사마리아로 들의 무더기 같게 하고 또 포도 심을 동산 같게 하며 또 그 돌들을 골짜기에 쏟아 내리고 그 지대를 드러내며 그 새긴 우상을 다 파쇄하고 그 음행의 값을 다 불사르며 그 목상을 다 훼파하리니 그가 기생의 값으로 모았은즉 그것이 기생의 값으로 돌아가리라 / 4. 1) 라기스, 2) 마레사 / 5. 제비를 뽑고 줄을 띨 자 / 6. 그 즐거운 집에서 쫓아내고 그 어린 자녀에게서 하나님의 영광을 영원히 빼앗는다 / 7. 여호와 / 8. 5절, 유혹하는 선지자, 평강을 외치나, 전쟁을 준비 / 9. 8절, 여호와의 신, 야곱의 허물, 이스라엘의 죄 / 10. 11절, 뇌물을 위

하여, 삯을 위하여, 돈을 위하여, 아니

통독 334일째 <미가 4-7장>

1.-다) / 2.-가) / 3.-나) / 4.-라) / 5.-바) / 6.-마) / 7. 쟁변 / 8. 오직 공의를 행하며 인자를 사랑하며 겸손히 네 하나님과 함께 행하는 것 / 9. 내가 만일 부정한 저울을 썼거나 주머니에 거짓 저울 추를 두었으면 깨끗하겠느냐 / 10. 오므리의 율례와 아합 집의 모든 행위를 지키고 그들의 꾀를 좇으니 / 11. (미 7:5) 너희는 이웃을 믿지 말며~ 친구를 의지하지 말며 네 품에 누운 여인에게라도 네 입의 문을 지킬지어다 / 12. (미 7:7) 오직 나는 여호와를~ 우러러보며 나를 구원하시는 하나님을 바라보나니 하나님이 나를 들으시리로다 / 13. (미 7:9) 주께서 나를 인도하사~ 광명에 이르게 하시리니 내가 그의 의를 보리로다 / 14. (미 7:18) 주와 같은 신이~ 어디 있으리이까 주께서는 죄악을 사유하시며 그 기업의 남은 자의 허물을 넘기시며 인애를 기뻐하심으로 노를 항상 품지 아니하시나이다

통독 335일째 <나훔 1-3장>

1. 니느웨, 1절 / 2. 엘고스, 1절 / 3. 선하시며, 산성, 의뢰하는 자, 7절 / 4. 화평, 발, 15절 / 5. 니느웨 / 6. 이스라엘의 영광 / 7. 니느웨 / 8. 여호와 / 9. 음행(우상 숭배)을 많이 함을 인함 / 10. “니느웨가 황무하였도다. 누가 위하여 애곡하며 내가 어디서 너를 위로할 자를 구하리요”라며 조롱한다 / 11. 구스, 애굽, 붓, 루빔 / 12. 1) 무화과나무의 처음 익은 열매가 흔들리기만 하면 먹는 자의 입에 떨어짐과 같으리라, 2) 여인 같고, 3) 대적 앞에 넓게 열리고, 4) 황충이 날개를 펴서 날아감과 같고, 5) 메뚜기 같고, 6) 큰 메뚜기 떼가 추운 날에는 울타리에 깃들였다가 해가 뜨면 날아감과 같으니 그 있는 곳을 알 수 없다 / 13. 네(니느웨) 악행을 받지 않은 자가 없으므로

〔특별문제〕 1. 에돔 / 2. 앗수르(수도: 니느웨) / 3. 갈대아(바벨론)

통독 336일째 <하박국 1-3장>

1. 1) 해이하고, 2) 시행되지 못하오니, 3) 의인을 에워쌌으므로, 4) 굽게 행함이니이다 / 2. 갈대아 / 3. 표범, 이리 / 4. 힘 / 5. 소득, 식물 / 6. 묵시 / 7. 1) 17절, 2) 11절, 3) 38절 / 8. 6, 9, 12, 15, 19절 / 9. 성전 / 10. (합 3:2) 여호와여 주는 주의 일을~ 이 수년 내에 부흥케 하옵소서 이 수년 내에 나타내시옵소서 진노 중에라도 긍휼을 잊지 마옵소서 / 11. (합 3:9) 주께서 활을 꺼내시고~ 살을 바로 발하셨나이다 (셀라) 주께서 하수들로 땅을 쪼개셨나이다 / 12. (합 3:17) 비록 무화과나무가~ 무성치 못하며 포도나무에 열매가 없으며 감람나무에 소출이 없으며 밭에 식물이 없으며 우리에 양이 없으며 외양간에 소가 없을지라도 / 13. (합 3:18) 나는 여호와를 인하여~ 즐거워하며 나의 구원의 하나님을 인하여 기뻐하리로다 / 14. (합 3:19) 주 여호와는 나의 힘이시라~ 나의 발을 사슴과 같게 하사 나로 나의 높은 곳에 다니게 하시리로다 이 노래는 영장을 위하여 내 수금에 맞춘 것이니라

통독 337일째 <스바냐 1-3장>

1. 바알, 그마림, 일월성신, 말감 / 2. 1) 곡성, 2) 부르짖는 소리, 3) 무너지는 소리 / 3. 1) 분노, 2) 환난, 3) 패괴, 4) 캄캄, 5) 흑암, 6) 경고, 7) 견고한 성읍, 8) 높은 망대 / 4.-다) / 5.-나) / 6.-가) / 7.-마) / 8.-라) / 9.-바) / 10.-자) / 11.-차) / 12.-사) / 13.-아) / 14. 1) 명령을 듣지 아니하며, 2) 교훈을 받지 아니하며, 3) 여호와를 의뢰하지 아니하며, 4) 자기 하나님에게 가까이 나아가지 아니한다 / 15. 의로우사 불의를 행치 아니하시고 아침마다 간단없이 자기의 공의를 나타내시거늘 불의한 자는 수치를 알지 못하는도다 / 16. 악을 행치 아니하며 거짓을 말하지 아니하며 입에 궤휼한 혀가 없으며 먹으며 누우나 놀라게 할 자가 없으리라 / 17. (습 3:17) 너의 하나님 여호와가~ 너의 가운데 계시니 그는 구원을 베푸실 전능자시라 그가 너로 인하여 기쁨을 이기지 못하여 하시며 너를 잠잠히 사랑하시며 너로 인하여 즐거이 부르며 기뻐하시리라 하리라

통독 338일째 <학개 1-2장>

1. 1) 유다 총독 스룹바벨, 2) 대제사장 여호수아 / 2. 산에 올라가서 나무를 가져다가 전을 건축하면 / 3. 1) 많이 뿌릴지라도 수입이 적으며 먹을지라도 배부르지 못하며 마실지라도 흡족하지 못하며 입

어도 따뜻하지 못하며 일꾼이 삯을 받아도 그것을 구멍 뚫어진 전대에 넣음이 된다, 2) 하나님께서 한재를 불러 이 땅에, 산에, 곡물에, 새 포도주에, 기름에, 땅의 모든 소산에, 사람에게, 육축에게, 손으로 수고하는 모든 일에 임하게 하였다 / 4. 하나님 여호와께서 그를 보내셨음을 인하여 / 5. 남아 있는 자, 전, 영광, 3절, 나중 영광, 9절 / 6. 스스로 굳세게 할지어다 / 7. 은, 금 / 8. 여호와가 스룹바벨을 택하셨으므로 / 9. 1) 2년 6월 1일, 2) 2년 7월 21일, 3) 2년 9월 24일, 4) 2년 9월 24일 / 10. 1) 1:4, 2) 1:9, 3) 2:3, 4) 2:12, 5) 2:13, 6) 2:19 / 11. 5번, 9번

통독 339일째 <스가랴 1-3장>

1. 1) 다리오 왕 이년 팔월, 2) 다리오 왕 이년 십일월, 3) 다리오 왕 사년 구월 곧 기슬래월 사일 / 2. 내(여호와)가 너희에게로 돌아오리라 / 3. 1) 홍마를 탄 사람, 홍마, 자마, 백마, 2) 내(여호와) 집이 그 가운데 건축되리니 / 4. 1) 유다와 이스라엘과 예루살렘을 헤친 뿔, 2) 유다 땅을 헤친 열국의 뿔을 떨어 치려 하느니라 / 5. 예루살렘을 척량하여 그 장광을 보고자 / 6. 내(여호와)가 임하여 네(시온의 딸) 가운데 거할 것이므로 / 7. 유다를 취하여 거룩한 땅에서 자기 소유를 삼으시고 다시 예루살렘을 택하신다 / 8. 여호와 → 사단 / 9. 여호와 → 여호수아 / 10. 스가랴 → 여호와의 사자 / 11. 여호와 → 여호수아 / 12. 여호와 → 여호수아

통독 340일째 <스가랴 4-6장>

1. (슥 4:2-3) 네가 무엇을 보느냐~ 내가 대답하되 내가 보니 순금 등대가 있는데 그 꼭대기에 주발 같은 것이 있고 또 그 등대에 일곱 등잔이 있으며 그 등대 꼭대기 등잔에는 일곱 관이 있고 그 등대 곁에 두 감람나무가 있는데 하나는 그 주발 우편에 있고 하나는 그 좌편에 있나이다 하고 / 2. (슥 4:6) 이는 힘으로~ 되지 아니하며 능으로 되지 아니하고 오직 나의 신으로 되느니라 / 3. (슥 4:9) 스룹바벨의 손이 이~ 전의 지대를 놓았은즉 그 손이 또한 그것을 마치리라 하셨나니 만군의 여호와께서 나를 너희에게 보내신 줄을 네가 알리라 하셨느니라 / 4. (슥 4:12) 금 기름을 흘려내는~ 두 금관 옆에 있는 이 감람나무 두 가지는 무슨 뜻이니이까 / 5. 이십, 십, 저주 / 6. 한 여인, 악 / 7. 홍마, 흑마, 백마, 어룽지고 건장한 말, 하늘의 네 바람 / 8. 북방, 마음을 시원케 / 9. 면류관, 여호수아의 머리, 순, 여호수아의 전 / 10. 여호와의 전

통독 341일째 <스가랴 7-10장>

1. 자기를 위하여 / 2. 하지 않았다 / 3. 진리의, 성산 / 4. 12절, 13절, 15절 / 5. 기쁨, 즐거움, 희락 / 6. 다메섹, 하맛, 두로, 시돈, 아스글론, 가사, 에그론, 아스돗, 블레셋(블레셋의 5대 도시는 앞의 밑줄 친 네 곳과 가드이다) / 7. 9:9 / 8. 양떼같이 / 9. 드라빔, 복술자, 거짓 꿈, 2절 / 10. 유다 족속, 요셉 족속, 긍휼히, 6절 / 11. 애굽 땅, 앗수르, 길르앗 땅과 레바논, 10절

통독 342일째 <스가랴 11-14장>

1. 1) 잣나무, 2) 상수리나무, 3) 목자, 4) 어린 사자 / 2. 1) 은총: 모든 백성과 세운 언약을 폐하려 하였음, 2) 연락: 유다와 이스라엘 형제의 의를 끊으려 함이었느니라 / 3. 1) 은 삼십, 2) 같다 / 4. 없이진 자를 마음에 두지 아니하며 흩어진 자를 찾지 아니하며 상한 자를 고치지 아니하며 강건한 자를 먹이지 아니하고 오히려 살진 자의 고기를 먹으며 또 그 굽을 찢는다 / 5. 여호와 / 6. 예루살렘 거민이 그들의 하나님 만군의 여호와로 말미암아 힘을 얻었다 할지라 / 7. 그 중에 약한 자가 그 날에는 다윗 같겠고 다윗의 족속은 하나님 같고 무리 앞에 있는 여호와의 사자 같을 것이라 / 8. 네가 여호와의 이름을 빙자하여 거짓말을 하니 살지 못하리라 / 9. 은같이 연단하며 금같이 시험할 것이라 / 10. 5절 / 11. 9절 / 12. 11절 / 13. 20절

통독 343일째 <말라기 1-4장>

1. 이스라엘 / 2. 그들이 쌓을지라도 나는 다시 헐리라 / 3. 제사장들 / 4. 흠 있는 것으로 사기하여 내게 드리는 자는 저주를 받으리니 / 5. 1장-8번, 2장-6번, 3장-8번, 4장-2번 / 6. 생명, 평강 / 7. 지식을 지켜야, 율법을 구하게 / 8. 성결, 이방신의 딸 / 9. 이혼하는 것, 학대로 옷을 가리우는 자 / 10. 분별 / 11 (말 3:1) 보라 내가 내 사자를~ 보내리니 그가 내 앞에서 길을 예비할 것이요 또 너희의 구

하는바 주가 홀연히 그 전에 임하리니 곧 너희의 사모하는바 언약의 사자가 임할 것이라 / 12. (말 3:10) 너희의 온전한~ 십일조를 창고에 들여 나의 집에 양식이 있게 하고 그것으로 나를 시험하여 내가 하늘 문을 열고 너희에게 복을 쌓을 곳이 없도록 붓지 아니하나 보라 / 13. (말 3:11) 내가 너희를 위하여 황충을~ 금하여 너희 토지소산을 멸하지 않게 하며 너희 밭에 포도나무의 과실로 기한 전에 떨어지지 않게 하리니 / 14. 의로운 해가 떠올라서 치료하는 광선을 발하리니 너희가 나가서 외양간에서 나온 송아지 같이 뛰리라 / 15. 1) 엘리야, 2) 세례 요한

통독 344일째 <소예언서 단-말 복습>

〈1〉 1. 학개 / 2. 나훔 / 3. 하박국 / 4. 요나 / 5. 미가 / 6. 스바냐 / 7. 말라기 / 8. 호세아 / 9. 스가랴 / 10. 요엘 / 11. 오바댜 / 12. 아모스 / 13. 12권

〈2〉 14. 요엘, 오바댜, 요나, 나훔, 하박국, 말라기 / 15. 학개, 스가랴, 말라기 / 16. 1) 오바댜, 2) 호세아 / 17. 이스라엘(북국) / 18. 나라가 음란해서 / 19. 성경 참고 / 20. 신, 장래 일, 꿈을 꾸며, 이상을 볼 것, 28-29절 / 21. 여호와, 살리라, 6절 / 22. 공법, 정의, 24절 / 23. 에서 / 24. 죽음과 부활 / 25. 1) 4절, 2) 9절, 3) 10-11절 / 26. (미 4:3) 무리가 그 칼을 쳐서~ 보습을 만들고 창을 쳐서 낫을 만들 것이며 이 나라와 저 나라가 다시는 칼을 들고 서로 치지 아니하며 다시는 전쟁을 연습하지 아니하고 / 27. (미 5:2) 베들레헴 에브라다야~ 너는 유다 족속 중에 작을지라도 이스라엘을 다스릴 자가 네게서 내게로 나올 것이라 그의 근본은 상고에 태초에니라 / 28. 1) 엘고스, 2) 없다 / 29. 화평, 발, 15절 / 30. 1) 17절, 2) 11절, 3) 38절 / 31. 수년, 긍휼 / 32. 에돔, 니느웨(앗수르의 수도), 갈대아(바벨론) / 33. 1) 바알, 2) 그마림, 3) 일월성신, 4) 말감 / 34. (습 3:17) 너의 하나님 여호와가~ 너의 가운데 계시니 그는 구원을 베푸실 전능자시라 그가 너로 인하여 기쁨을 이기지 못하여 하시며 너를 잠잠히 사랑하시며 너로 인하여 즐거이 부르며 기뻐하시리라 / 35. 다리오 왕 이년 / 36. 1) 유다 총독 스룹바벨, 2) 대제사장 여호수아 / 37. 힘, 능, 신 / 38. 나귀의 작은 것 곧 새끼 나귀 / 39. (말 3:10) 너희의 온전한 십일조를~ 창고에 들여 나의 집에 양식이 있게 하고 그것으로 나를 시험하여 내가 하늘 문을 열고 너희에게 복을 쌓을 곳이 없도록 붓지 아니하나 보라 / 40. 1) 8번, 2) 6번, 3) 8번, 4) 2번

통독 345일째 <요한복음 1-3장>

1. 태초, 하나님 / 2. 그 이름을 믿는 자, 하나님의 자녀 / 3. 모세, 예수 그리스도 / 4. 세상 죄, 하나님의 어린양 / 5. 메시아를 만났다 / 6. 하나님의 아들, 이스라엘의 임금 / 7. 갈릴리 가나 / 8. 사람마다 먼저 좋은 포도주를 내거늘 그대는 지금까지 좋은 포도주를 두었도다 / 9. 장사하는 집 / 10. 자기 육체 / 11. 행하시는 표적을 보고 / 12.-가) / 13.-다) / 14.-나) / 15.-라) / 16.-마)

통독 346일째 <요한복음 4-6장>

1. 사마리아 여자 / 2. 그 속에서 영생하도록 솟아나는 샘물 / 3. 신령과 진정으로 예배할지니라 / 4. 메시아 곧 그리스도 / 5. 그리스도 / 6. 왕의 신하 아들 / 7. 베데스다, 2절 / 8. 일어나, 걸어가라, 8절 / 9. 듣고, 믿는, 영생, 심판, 사망, 생명, 24절 / 10. 성경, 영생, 성경, 내게 대하여 증거, 39절 / 11. 5절, 예수 / 12. 9절, 안드레 / 13. 20절, 예수 / 14. 53절, 예수 / 15. 68절, 시몬 베드로

통독 347일째 <요한복음 7-9장>

1. O / 2. X / 3. X / 4. X / 5. O / 6. 고소할 조건을 얻고자 / 7. 너희 중에 죄 없는 자가 먼저 돌로 치라 / 8. 나도 너를 정죄하지 아니하노니 가서 다시는 죄를 범치 말라 / 9. 진리 / 10. 내 말(예수님 말씀)을 지키면 / 11. 5절 / 12. 7절 / 13. 22절 / 14. 25절 / 15. 38절

통독 348일째 <요한복음 10-12장>

1. 절도며 강도, 양의 목자 / 2. 생명, 더 풍성히 / 3. 수전절 / 4. 영생, 아니함 / 5. 아버지의 일 / 6. 그 계시던 곳에 이틀을 더 유하시고 / 7. 죽음 / 8. (요 11:25-26) 예수께서 가라사대 나는 부활이요 생명이니 나를 믿는 자는 죽어도 살겠고 무릇 살아서 나를 믿는 자는 영원히 죽지 아니하리니 이것을

네가 믿느냐 / 9. 큰 소리로 '나사로야 나오라' 부르시니 / 10. 풀어 놓아 다니게 하라 / 11. 유월절 / 12. 3절, 다) / 13. 7절, 라) / 14. 11절, 가) / 15. 15절, 마) / 16. 20절, 나)

통독 349일째 <요한복음 13-15장>

1. 마귀 / 2. 이미 목욕한 자는 발밖에 씻을 필요가 없느니라 온 몸이 깨끗하니라 너희가 깨끗하나 다는 아니니라 / 3. 서로 사랑하라 / 4. 네가 나를 위하여 목숨을 버리겠느냐 내가 진실로 네게 이르노니 닭 울기 전에 네가 세 번 나를 부인하리라 / 5. 1절, 근심, 믿으니, 나 / 6. 6절, 길, 진리, 생명 / 7. 21절, 계명, 지키는, 사랑, 사랑, 사랑 / 8. 26절, 보혜사, 성령 / 9. 라) / 10. 마) / 11. 다) / 12. 나) / 13. 가) / 14. 바)

통독 350일째 <요한복음 16-18장>

1. 보혜사(성령) / 2. 죄, 의, 심판 / 3. 예수님 / 4. 아버지께로 나와서 아버지께로 가신다 / 5. 예수님이 이미 세상을 이기셨기에 / 6. 유일하신 하나님과 그의 보내신 자 예수 그리스도를 아는 것 / 7. 내게 하라고 주신 일을 이룸 / 8. 아버지 / 9. 아버지의 말씀 / 10. 2, 3절 / 11 1, 1절 / 12. 4, 13절 / 13. 5, 17절, 25절, 27절 / 14. 3, 10절 / 15. 7, 40절 / 16. 6, 33절

통독 351일째 <요한복음 19-21장>

1. 가시 면류관 / 2. 찾지 못함 / 3. 해골(히브리말로 골고다) / 4. 1) 26절, 2) 27절, 3) 28절, 4) 30절 / 5. 예수의 다리는 꺾지 않았다 / 6. 아리마대 사람 요셉, 니고데모 / 7. 막달라 마리아 / 8. 예수 / 9. 도마 / 10. 1) 얘들아 너희에게 고기가 있느냐, 2) 그물을 배 오른편에 던지라 그리하면 얻으리라, 3) 지금 잡은 생선을 좀 가져오라, 4) 와서 조반을 먹으라 / 11. 더 사랑하느냐, 주여, 사랑 / 12. 어린양, 치라, 먹이라 / 13. 낱낱이, 세상

통독 352일째 <요한복음 복습>

1. 말씀, 말씀은 곧 하나님 / 2. 세상 죄, 하나님의 어린양 / 3. 가나, 물, 포도주 / 4. 유월절 / 5. 사람이 거듭나지 아니하면 하나님 나라를 볼 수 없느니라 / 6. (요 3:16) 하나님이 세상을 이처럼 사랑하사 독생자를 주셨으니 이는 저를 믿는 자마다 멸망치 않고 영생을 얻게 하려 하심이니라 / 7. (요 4:24) 하나님은 영이시니 예배하는 자가 신령과 진정으로 예배할지니라 / 8. 아버지(나를 보내신 이)의 뜻을 행하며 그의 일을 온전히 이루는 것 / 9. 베데스다, 38년 / 10. 영생, 심판, 사망에서 생명 / 11. 생명, 사망 / 12. 임금 / 13. 보내신 자, 하나님의 일, 14. 살, 피, 생명 / 15. 주여 영생의 말씀이 계시매 우리가 뉘게로 가오리이까 / 16. 나를 보내신 이(아버지 하나님) / 17. 생수의 강 / 18. 너희 중에 죄 없는 자가 먼저 돌로 치라 / 19. 죄의 종 / 20. 실로암, 보냄을 받았다 / 21. 선한 목자, 목숨 / 22. 그리스도인가? / 23. 부활이요 생명 / 24. 눈물을 흘리심 / 25. 호산나 찬송하리로다 주의 이름으로 오시는 이 곧 이스라엘의 왕이시여 / 26. 헬라인 몇 / 27. 서로 사랑하라 내가 너희를 사랑한 것 같이 너희도 사로 사랑하라 / 28. (요 14:6) 예수께서 가라사대 내가 곧 길이요 진리요 생명이니 나로 말미암지 않고는 아버지께로 올 자가 없느니라 / 29. 가르치시고, 생각나게 / 30. 포도나무, 가지, 과실 / 31. 이것이 하나님을 섬기는 예라 / 32. 죄, 의, 심판 / 33. 유일하신 하나님과 그의 보내신 자 예수 그리스도를 아는 것 / 34. 악에 빠지지 않게 보전하기를 / 35. 대제사장의 종 말고의 귀를 베었다 / 36. 네가 유대인의 왕이냐 / 37. 자기를 하나님의 아들이라 했으므로 / 38. 1) 여자여 보소서 아들이니이다 보라 네 어머니라, 2) 내가 목마르다, 3) 다 이루었다 / 39. 1) 빌라도에게 가서 예수의 시체를 가져옴, 2) 몰약과 침향 섞은 것 백 근쯤 가져옴 / 40. 부활하신 예수 / 41. 성령을 받으라 / 42. 예수께서 하나님의 아들 그리스도이심을 믿게 하려 함이요 또 너희로 믿고 그 이름을 힘입어 생명을 얻게 하려 함이니라 / 43. 1) 얘들아 너희에게 고기가 있느냐, 2) 그물을 배 오른편에 던지라 그리하면 얻으리라, 3) 지금 잡은 생선을 좀 가져오라, 4) 와서 조반을 먹으라 / 44. 153마리 / 45. 1) 어린양, 2) 치라, 3) 먹이라 / 46. (요 21:25) 예수의 행하신 일이 이 외에도 많으니 만일 낱낱이 기록된다면 이 세상이라도 이 기록된 책을 두기에 부족할 줄 아노라

통독 353일째 <요한일서 1-3장>

1. 1) 들은 바, 2) 본 바, 3) 만진 바 / 2. 1) 거짓말을 하고 진리를 행치 아니함이다, 2) 스스로 속이고 또 진리가 우리 속에 있지 아니할 것이요, 3) 하나님을 거짓말하는 자로 만드는 것이니 또한 그의 말씀이 우리 속에 있지 아니하니라 / 3. 저는 미쁘시고 의로우사 우리 죄를 사하시며 모든 불의에서 우리를 깨끗케 하실 것이요 / 4. 죄를 범치 않게 하려 함이라, 미혹케 하는 자들 / 5. 의로우신 예수 그리스도, 화목 제물 / 6. 빛 가운데 거하여 자기 속에 거리낌이 없다 / 7. 육신의 정욕과 안목의 정욕과 이생의 자랑 / 8. 예수께서 그리스도이심을 부인하는 자, 아버지와 아들을 부인하는 자 / 9. 그와 같을 줄, 볼 것, 2절 / 10. 마귀의 일, 8절 / 11. 하나님의 씨, 9절 / 12. 행함과 진실함, 18절 / 13. 이름, 사랑, 23절

통독 354일째 <요한일서 4-5장>

1. 예수 그리스도께서 육체로 오신 것을 시인하는 영마다 하나님께 속한 것이요 예수를 (육체로 오신 것을) 시인하지 아니하는 영마다 하나님께 속한 것이 아니니 이것이 곧 적그리스도의 영이니라 / 2. (요일 4:7) 사랑하는 자들아 우리가 서로 사랑하자 사랑은 하나님께 속한 것이니 사랑하는 자마다 하나님께로 나서 하나님을 알고 / 3. 자기의 독생자를 세상에 보내심 / 4. 1) 사랑, 2) 성령, 3) 하나님의 아들이라 시인, 4) 사랑 / 5. 보지 못하는바 하나님 / 6. 아는 → 믿는 / 7. 사명 → 계명 / 8. 사랑 → 믿음 / 9. 성부 → 성령 / 10. 사망 → 생명 / 11. 죽이지도 → 만지지도

통독 355일째 <요한이서 1장>

1. 장로(사도 요한) / 2. 택하심을 입은 부녀와 그의 자녀 / 3. 긍휼 / 4. 너의 자녀 중에 우리가 아버지께 받은 계명대로 진리에 행하는 자를 내가 보니 심히 기쁘도다 / 5. 처음부터 / 6. 1) 우리가 그 계명을 좇아 행하는 것, 2) 너희가 처음부터 들은 바와 같이 그 가운데서 행하라 하심 / 7. 예수 그리스도께서 육체로 임하심을 부인하는 자 / 8. 아버지와 아들 / 9. 집에 들이지도 말고 인사도 말라 / 10. 너희에게 가서 면대하여

통독 356일째 <요한삼서 1장>

1. 가이오 / 2. 네 영혼, 범사, 강건 / 3. 내 자녀들이 진리 안에서 행한다, 즐거움 / 4. 나그네 된 자들, 너의 사랑을 증거 / 5. 영접하는 것이 마땅, 수고하는 자 / 6. 으뜸, 디오드레베, 접대하지 아니하니, 행한 일, 망령되이 폄론, 접대, 금하여 / 7. 뭇사람, 진리, 참된 줄 / 8. 친구

통독 357일째 <유다서 1장>

1. 예수 그리스도의 종이요 야고보의 형제 / 2. 성도에게 단번에 주신 믿음의 도를 위하여 힘써 싸우라 / 3. 우리 주 예수 그리스도 / 4. 육체를 더럽히며 권위를 업신여기며 영광을 훼방하는도다 / 5. 주께서 너를 꾸짖으시기를 원하노라 / 6. 이성 없는 짐승 같은 본능으로 아는 그것 / 7. 1) 창세기 4장, 2) 민수기 22-25장, 3) 민수기 16장 / 8. 1) 암초, 2) 자기 몸만 기르는, 3) 물 없는 구름, 4) 열매 없는 가을 나무, 5) 바다의 거친 물결, 6) 유리하는 별들 / 9. 원망하는, 불만을 토하는, 그 정욕대로 행하는 / 10. 당을 짓는, 육에 속한, 성령은 없는 / 11. 1) 긍휼히 여기라, 2) 불에서 끌어내어 구원하라, 그 육체로 더럽힌 옷이라도 싫어하여 두려움으로 긍휼히 여기라

통독 358일째 <요한계시록 1-3장>

1. 하나님이 그에게 주사 반드시 속히 될 일을 그 종들에게 보이시려고 그 천사를 그 종 요한에게 보내어 지시하신 것 / 2. 읽는 자, 듣는 자들, 지키는 자 / 3. 오메가 / 4. 1) 밧모 섬, 2) 주의 날 / 5. 인자, 금띠 / 6. 일곱 별, 검, 해 / 7. 1) 일곱 별: 일곱 교회의 사자, 2) 일곱 금 촛대: 일곱 교회 / 8. 〈성경 참고〉

통독 359일째 <요한계시록 4-6장>

1. 벽옥과 홍보석 같고 또 무지개가 있어 보좌에 둘렸는데 그 모양이 녹보석 같더라 / 2. 하나님의 일곱 영 / 3. 사자, 송아지, 사람, 독수리 / 4. 이십사 장로 / 5. 책, 일곱 인, 1절 / 6. 어린양, 하나님의 일곱 영, 6절 / 7. 성도의 기도, 8절 / 8. 어린양, 부, 힘, 영광, 합당, 12절 / 9. 1) 1-2절, -다)-a), 2) 3-4절, -가)-c), 3) 5-6절, -나)-b), 4) 7-8

절, -라)-f), 5) 9-11절, -바)-d), 6) 12-17절, -마)-e)

통독 360일째 <요한계시록 7-9장>

1. 천사 / 2. 요한 / 3. 큰 무리 / 4. 장로 중의 하나 / 5. 장로 / 6. 땅, 첫째 / 7. 바다, 피, 둘째 / 8. 강, 물샘, 셋째 / 9. 해, 달, 별, 넷째 / 10. 별, 황충, 다섯째 / 11. 죽기를 구하여도, 죽고 싶으나, 다섯째 / 12. 네 천사, 여섯째

통독 361일째 <요한계시록 10-12장>

1. 1) 구름, 2) 무지개, 3) 해, 4) 불기둥, 5) 작은 책, 6) 바다, 땅, 7) 큰 소리 / 2. 1) 하늘, 2) 땅, 3) 바다 / 3. 하나님의 비밀이 그 종 선지자들에게 전하신 복음과 같이 / 4. 배에는 쓰나 입에는 꿀같이 달다 / 5. 척량 / 6. 마흔두 달= 3년 6개월, 1260일= 3년 6개월 / 7. 감람나무, 촛대 / 8. 소돔, 애굽, 십자가 / 9. 일곱째 / 10. 하나님의 언약궤 / 11. (계 12:1) 해를 입은 한 여자가~ 있는데 그 발 아래는 달이 있고 그 머리에는 열두 별의 면류관을 썼더라 / 12. (계 12:5) 여자가 아들을 낳으니~ 이는 장차 철장으로 만국을 다스릴 남자라 그 아이를 하나님 앞과 그 보좌 앞으로 올려가더라 / 13. (계 12:11) 어린 양의 피와~ 자기의 증거하는 말을 인하여 저를 이기었으니 그들은 죽기까지 자기 생명을 아끼지 아니하였도다

통독 362일째 <요한계시록 13-15장>

1. 1) 바다, 2) 땅 / 2. 그의 이름과 그의 장막 곧 하늘에 거하는 자들을 훼방하더라 / 3. 죽임을 당한 어린 양의 생명책에 창세 이후로 녹명되지 못하고 이 땅에 사는 자들 / 4. 그 오른손에나 이마에 표를 받게 하고 / 5. 그 짐승의 수를 세어 보라 그 수는 사람의 수니 육백육십육이니라 / 6. 어린양과 아버지의 이름 / 7. 여자로 더불어 더럽히지 아니하고 정절이 있는 자, 어린양이 어디로 인도하든지 따라가는 자, 사람 가운데서 구속을 받아 처음 익은 열매로 하나님과 어린양에게 속한 자, 그 입에 거짓말이 없고 흠이 없는 자들 / 8. 영원한 복음 / 9. 불과 유황으로 고난 / 10. 1) 사람의 아들과 같은 이(구름 위에 앉으신 이), 2) 천사 / 11. 일곱 재앙 / 12. 하나님의 종 모세의 노래, 어린양의 노래 / 13. 금 대접 일곱

통독 363일째 <요한계시록 16-18장>

1. 다섯째: 짐승의 보좌, 곧 어두워지며, 훼방 / 2. 둘째: 바다, 피, 생물 / 3. 여섯째: 큰 강 유브라데, 동방, 예비 / 4. 셋째: 강과 물 근원, 심판 / 5. 일곱째: 공기, 성전, 되었다 / 6. 첫째: 땅, 짐승의 표, 경배하는 자들 / 7. 넷째: 해, 하나님의 이름 / 8. 아마겟돈, 16절 / 9. 비밀, 큰 바벨론, 어미 / 10. 성도들의 피와 예수 증인들의 피 / 11. 부르심을 입고 빼내심을 얻고 진실한 자들 / 12. 나) / 13. 가) / 14. 다) / 15. 라)

통독 364일째 <요한계시록 19-22장>

1. 할렐루야 / 2. 성도들의 옳은 행실 / 3. 유황불 붙는 못 / 4. 무저갱 열쇠, 큰 쇠사슬 / 5. 옛뱀, 마귀, 사단 / 6. 천 년 동안 그리스도로 더불어 왕 노릇 / 7. 미혹하는 마귀, 짐승, 거짓 선지자 / 8. 생명책 / 9. (계 21:2) 또 내가 보매~ 거룩한 성 새 예루살렘이 하나님께로부터 하늘에서 내려오니 그 예비한 것이 신부가 남편을 위하여 단장한 것 같더라 / 10. (계 21:8) 그러나 두려워하는 자들과~ 믿지 아니하는 자들과 흉악한 자들과 살인자들과 행음자들과 술객들과 우상 숭배자들과 모든 거짓말하는 자들은 불과 유황으로 타는 못에 참예하리니 이것이 둘째 사망이라 / 11. (계 21:14) 그 성에 성곽은~ 열두 기초석이 있고 그 위에 어린 양의 십이 사도의 열두 이름이 있더라 / 12. (계 21:23) 그 성은 해나 달의~ 비췸이 쓸데없으니 이는 하나님의 영광이 비취고 어린 양이 그 등이 되심이라 / 13. 하나님과 어린양의 보좌 / 14. 때가 가까우니라 / 15. 생명나무에 나아가며 문들을 통하여 성에 들어갈 권세를 얻음 / 16. 없다 / 17. 아니다

통독 365일째 <요한일,이,삼, 유다서, 계시록 복습>

〈1〉 요한일,이,삼서

1. 우리(사도 또는 성도), 아버지, 아들 예수 그리스도 / 2. (요일 1:9) 만일 우리가 우리 죄를 자백하면 저는 미쁘시고 의로우사 우리 죄를 사하시며 모든 불의에서 우리를 깨끗케 하실 것이요 / 3. 하나님을

거짓말하는 자로 만드는 것이니 또한 그의 말씀이 우리 속에 있지 아니하니라 / 4. 의로우신 예수 그리스도 / 5. 적그리스도(거짓말하는 자) / 6. 마귀의 일을 멸하려 하심 / 7. 그 아들 예수 그리스도의 이름을 믿고 그가 우리에게 주신 계명대로 서로 사랑하는 것 / 8. 사랑 / 9. 하나님 / 10. 우리의 믿음 / 11. 하나님의 아들 / 12. 서로 사랑하자 / 13. 예수 그리스도께서 육체로 임하심을 부인하는 자 / 14. (요삼 1:2) 사랑하는 자여~ 네 영혼이 잘 됨 같이 네가 범사에 잘되고 강건하기를 내가 간구하노라 / 15. 디오드레베 / 16. 데메드리오

〈2〉 유다서

1. 성도에게 단번에 주신 믿음의 도를 위하여 힘써 싸우라 / 2. 우리 주 예수 그리스도 / 3. 육체를 더럽히며 권위를 업신여기며 영광을 훼방한다 / 4. 가인, 발람, 고라 / 5. (유 1:20-21) 사랑하는 자들아 너희는 너희의 지극히 거룩한 믿음 위에 자기를 건축하며 성령으로 기도하며 하나님의 사랑 안에서 자기를 지키며 영생에 이르도록 우리 주 예수 그리스도의 긍휼을 기다리라

〈3〉 〈요한계시록〉

1. 읽는 자, 듣는 자, 지키는 자 / 2. 네 본 것과 이제 있을 일과 장차 될 일 / 3. 1) 일곱 교회의 사자, 2) 일곱 교회 / 4. 해당 성구 참조 / 5. 이십사 장로들 / 6. 금 대접, 성도의 기도 / 7. 1) 흰 말, 2) 붉은 말, 3) 검은 말, 4) 청황색 말 / 8. 십사만 사천 / 9. 구원하심이 보좌에 앉으신 우리 하나님과 어린 양에게 있도다 / 10. 어린 양의 피에 그 옷을 씻어 희게 하였다 / 11. 일곱 나팔 / 12. 성도의 기도 / 13. 이마에 하나님의 인 맞지 아니한 사람들 / 14. 입에는 꿀같이 다나 먹은 후에 배에서는 쓰다 / 15. 마흔두 달, 두 증인, 일천이백육십일 / 16. 미가엘과 그의 사자들: 용과 그의 사자들 / 17. 옛 뱀 곧 마귀 사단 / 18. 뿔이 열이요 머리가 일곱이라 그 뿔에는 열 면류관이 있고 그 머리들에는 참람한 이름들이 있더라 / 19. 오른손이나 이마 / 20. 어린양의 이름과 그 아버지의 이름 / 21. 짐승과 우상에게 경배하고 이마에나 손에 표를 받으면 / 22. 유리 바다가 / 23. 하나님의 진노의 대접을 땅에 쏟으라 / 24. 용, 짐승, 거짓 선지자, 아마겟돈 / 25. 비밀, 큰 바벨론, 땅의 음녀들과 가증한 것들의 어미 / 26. 하늘, 성도들, 사도들, 선지자들 / 27. 할렐루야 / 28. 성도의 옳은 행실 / 29. 유황불 붙는 못 / 30. 그리스도로 더불어 왕 노릇 / 31. 생명책에 기록되지 못한 자 / 32. 새 하늘과 새 땅 / 33. 주 하나님 곧 전능하신 이와 및 어린양 / 34. 하나님과 어린양의 보좌로부터 / 35. 다윗의 뿌리요 자손이니 곧 광명한 새벽별이라 / 36. 내가 진실로 속히 오리라

실로암성경학교

실로암성경학교는
하나님의 말씀에 대하여 눈을 뜨게 도와줍니다.
실로암은 '보냄을 받았다'는 뜻으로서
기혼샘의 물이 '실로암 못'으로 보내졌으며
소경이 보냄 받고 '눈을 뜬 곳'입니다.
실로암성경학교의 〈주간성경공부〉 〈성경통독 오십일(주간)〉 〈성경통독 이백주간〉 및 〈성경통독 365일〉 〈성서대지도〉 〈성서연대표〉 등 각종 성경 연구 교재와 강의는
한국교회 성도들의 심령에 시원한 생수가 되며
신령한 눈을 뜨게 하는 데 일익을 담당할 것입니다.

◘ * 감수 또는 추천 * <원문은 '성경통독 이백주간'이나 www.sbs66.net 참조>

* 신학자 *
강사문 박사 (구약학, 장로회신학대학교)
차준희 박사 (구약학, 한세대학교)
최재덕 박사 (신약학, 장로회신학대학교)
원용국 박사 (구약학, 안양대학교)
이 달 박사 (신약학, 한남대학교)

* 목회자 *
강상원 목사 (광주 새밝교회)
김형준 목사 (충남대학병원 원목)
박태희 목사 (성락성결교회)
곽전태 목사 (구로중앙감리교회)
박조준 목사 (갈보리교회)
최복규 목사 (한국중앙장로교회)

◘ * 저술 작업 *

대표저자 : 신현주 목사 / 실로암성경학교 대표, 남양주영락교회 담임목사
(장로회신학대학교 구약학 신학석사, 미 코헨대학교 구약학 신학박사)

전문저자 : 이원희 목사(포토바이블 대표, 성서지도 및 성지 자료 제공)
협력저자 : 조남용 · 신정임 목사(강릉 성덕장로교회, 책임교정)
유경준 목사(성내중앙감리교회, 책임교정)
성명희 목사(벧엘장로교회) · 전영섭 목사(대전감리교회)
정훈우 목사(희망장로교회) · 윤석진 선교사(용산그리스도교회)
박성은 목사(모세장로교회) · 서승아 전도사(이화여자대학교)
윤상은 목사(반석영광교회) · 윤만철 장로(반석영광장로교회)
영동성서연구회 : 김광덕 목사(예닮장로교회) · 김기준 목사(한마음침례교회)
김형남 목사(전원침례교회) · 이귀성 목사(하평장로교회)
임용남 목사(동산감리교회) · 조민희 목사(소명성결교회)
최기성 목사(대산장로교회) · 황석영 목사(축복장로교회)

성경통독학교 운영 및 세미나 상담 (실로암성경학교)
010-5064-5554 / www.sbs66.net

365 DIARY OF BIBLE READING 4
by Siloam Bible School
www.sbs66.net